Iran

EDITION TEMMEN

Claudia Stodte

.... Iran

EDITION ERDE  REISEFÜHRER

EDITION TEMMEN

INHALT

Kleine Landeskunde

Khosh âmadid 10
   Iran im Überblick 17

Iran – Land der Kontraste
Geographie 19
Klima – und empfohlene Reisezeit 21
Flora und Fauna 26
Landschaftsschäden und Umweltschutz 28

Leben in Iran
Bevölkerung 31
   Geburtenkontrolle *36*
Die Religionen Irans 38
   Sufismus: die islamische Mystik *50*
   Die religiösen Minderheiten heute *52*
Die iranischen Kalender 54
Die Feste 54
Die persische Küche 61

Moderne Gesellschaft
Bildung 67
Wirtschaft 69
Staat und Regierung 71
   Die Rolle der Stiftungen *72*
Moderne Literatur 79
   Deutsch-iranischer Kulturaustausch mit Hindernissen *80*
Medien 82
   Die frühe persische Poesie *84*

Geschichte
Vor- und Frühgeschichte 89
Persien im Altertum 90
Persien im islamischen Mittelalter 102
Iran in der Moderne 113
Iran in den 90er Jahren 125

Kunst und Kultur
Kunst im islamischen Mittelalter 131
Architektur 132
Der Garten – das Paradies auf Erden 140
Bauernornamentik 142
Kunstgewerbe 148

INHALT

Reisen in Iran

Teheran – Das Zentrums Irans
Teheran 161
   Kampf um Karbâschi *165*
   Frauen und Sport: Was ist erlaubt? *171*
   Zur-Khâne *176*
   Der Bazar *178*
   Schiitischer Märtyrer-Kult *180*
Ray 182
Wandern und Skifahren im Alborz-Gebirge 185
Varâmin 187
   Der verwahrloste Hund *188*
Qom 189
   Ayatollahs im Internet *192*
Sâve 192

Die Kaspiküste
Provinz Gilân 197
   Rebellen im Norden *197*
   Rasht, Bandar-e Anzali 198
   Kaviar – das grauschwarze Gold *199*
   Mâs'ule, Lâhijân 200
   Wie der Tee nach Persien kam *202*
Provinzen Mâzanderân und Gorgân 203
   Râmsar 203
   Châlus und Umgebung; Sâri 205
   Âmol; Bâbol 206
   Behshahr, Gorgân 207
   Ein Italiener in Mâzanderân *207*
   Gonbad-e Qâbus 209
   Die Entdeckung des Gelehrten al-Biruni *209*
   Sadd-e Eskandar, Golestân-Nationalpark 210

Der Nordwesten
Provinzen Qazwin und Zanjân 214
   Qazwin 214
   Soltâniye 217
   Die Assassinen *222*
   Die Burg der Assassinen 222
Provinzen Ardabil, Ost- und Westaserbeidschan 224
   Ardabil 226
   Der Orden der Safawiye *229*
   Tabriz 230

Thaddäus-Kirche (Qara Kelisâ) ... 238
Bastam, Orumiye-See ... 239
Orumiye (Stadt) ... 240
Marâghe ... 241
Hasanlu ... 243
Takht-e Soleimân ... 244

Der Westen
Hamadân ... 246
Der Arzt und Philosoph Ibn Sina ... *253*
Kermânshâh (Bâkhtarân) ... 254
    Tâq-e Bostân ... 255
    Bisotun ... 257
    Kangâvar ... 259

Der Südwesten
Provinz Khuzestân ... 261
    Ahvâz ... 262
    Susa ... 263
    Haft Tepe ... 268
    Chogha Zanbil ... 270
    Shushtar ... 274
    Âbâdân ... 275
Provinz Fârs ... 275
    Schiraz ... 277
    Die Schirazer Dichter Saadi und Hafis ... *286/288*
    Persepolis ... 291
    Naqsh-e Rajab ... 305
    Die Magier ... *306*
    Naqsh-e Rostam ... 307
    Kaaba-ye Zardosht ... 310
    Istakhr ... 311
    Pasargadae ... 312
    Bishâpur ... 314
    Firuzâbâd ... 319
    Sarvestân ... 321

Zentral-Iran
Provinz Isfahan ... 323
    Isfahan ... 323
    Eine Audienz beim Schah in Isfahan ... *339*
    Ausflüge in und um Isfahan ... 346
    Kâshân ... 347
    Rosenwasser ... *349*
    Natanz ... 350
    Ardestân, Zavâre ... 351
    Nâ'in ... 354

INHALT

Provinz Yazd 355
    Yazd 355
    Chak Chak 361
    Fahraj, Abarkuh 362

Der Südosten und die Golfregion
Die Provinz Bushehr, Bandar-e Bushehr 365
Die Provinz Hormozgân, Bandar-e Abbâs 367
    Wilhelm Wassmuss, der deutsche »Lawrence« *368*
    Die Inseln des Persischen Golfs: Hormuz, Qeshm, Kish 370
Provinz Kermân, Kermân 374
    Mâhân 377
    Bam 381

Der Nordosten
Provinz Khorâsân 385
    Mashhad 385
    Tus 392
    Sangbast, Nishâpur 394
    Durch die Salzwüste Kavir *396*
    Sabzavâr, Tabas 397
Provinz Semnân 400
    Semnân 400
    Dâmghân 401
    Bastâm 403

Die grünen Seiten

    Glossar 407
    Reiseinformationen von A–Z 410
    Literatur 424
    Kleiner Sprachführer 425
    Register 436
    Bildnachweis, Impressum und Dank 440

Khosh âmadid

خوش آمديد

»Bei allen, die Persien kennen, zeigt sich
die Eigentümlichkeit, daß sie jenen
bernsteingelben Ebenen, jenen
Bergspitzen von Amethyst, der Majestät
jener halb versunkenen Herrlichkeit, *Ewigkeit*
jenem Schweigen zweier Jahrtausende
für immer verfallen bleiben.«

Lord Curzon

Khosh âmadid – »Herzlich willkommen« – empfängt ein großes Schild die Ankommenden am Teheraner Flughafen. Als ich zu Beginn der 90er Jahre das erste Mal nach Iran reiste, fuhr ich allerdings mit gemischten Gefühlen. Zu einseitig waren die Berichte und Bilder, die in den westlichen Medien vermittelt wurden: Man glaubte das Land voller »mittelalterlicher« Mullahs, fanatischer Gläubige, düster gekleideter und unterdrückter Frauen – Menschen, die sich dem Kampf gegen alles Westliche verschrieben hatten.
Doch als ich die Menschen im Land näher kennenlernte, wurde ich bald eines Besseren belehrt. Viele Vorurteile wurden entkräftet, denn auch für Iran gilt die Binsenweisheit, daß zwischen den Regierenden und dem Volk zu unterscheiden ist. Tatsächlich habe ich selten in einem islamischen Land derart selbstbewußte und zielstrebige Frauen und Mädchen getroffen. Auch findet sich im Alltag kaum eine Spur von Fremden- oder Westfeindlichkeit, im Gegenteil: Von der Gastfreundschaft und Herzlichkeit der Menschen war ich sehr beeindruckt. Besonders die Jugendlichen in den Großstädten interessieren sich für das Leben in Europa und den USA – Fußball, Literatur, Musik und Kinofilme. Der Kontakt zum Westen ist auch deshalb eng, da rund 5 Mio. Iraner im Ausland leben (allein 3,5 Mio. in den USA, 114.000 in Deutschland) und die verwandtschaftlichen Kontakte weiter gepflegt werden.
Noch ein weiteres Bild galt es zu revidieren: Zwar leiden die Iraner unter ihrer außenpolitischen Isolation und der innenpolitischen Re-

pression, der Alltag aber wird vor allem bestimmt durch die angespannte wirtschaftliche Lage. Produkte und Dienstleistungen, die für uns sehr preisgünstig sind, sind für viele Iraner unerschwinglich. Um die ökonomische Situation zu verbessern, wird seit den 90er Jahren auch der Tourismus staatlicherseits wieder gefördert – wenn auch nur zögerlich. So können heute sowohl Gruppen- als auch Individualreisende das Land bereisen. Dabei sollte man bedenken, daß viele Regionen nach wie vor touristisch kaum erschlossen sind und die Infrastruktur generell unterentwickelt ist. Wer aber bereit ist, hier und da manche Unvollkommenheit in Kauf zu nehmen – oder die geringe touristische Erschließung als besonderen Reiz zu würdigen weiß –, kann ein Land von faszinierender landschaftlicher Schönheit kennenlernen, das mit zahlreichen historischen Stätten aufwartet. Ich wünsche Ihnen eine schöne und erlebnisreiche Reise.

Iran oder Persien?

Beide Bezeichnungen sind tief in der Geschichte des Landes verwurzelt und gehen auf die Besiedlung der indoiranischen **Perser** im 2. Jt. v. Chr. zurück. Der Begriff »Persien« stammt von ihrem Hauptsiedlungsgebiet im heutigen Südwestiran. Es wurde nach seinen persischen Bewohnern (altpers. *Pârsa*), **Pârs** genannt – über die griechische Bezeichnung *Persis* wurde daraus unser Wort »Persien«. Die Region Pârs blieb über Jahrhunderte das Kernland der Perser; hier entstanden auch die bedeutendsten persischen Dynastien der Achämeniden (559–330 v. Chr.) und Sasaniden (224–651 n. Chr.). Nach der Eroberung Irans durch die muslimischen Araber, deren Sprache kein »p« kennt, wurde aus Pârs die Bezeichnung *Fârs*; auch die neupersische Sprache wird seither *Fârsi* genannt.
Die Bezeichnung »Iran« geht auf die indoiranische Herkunft der Perser zurück. Ihre Sprache gehört – ebenso wie die der Stämme der Meder, Baktrier oder Sogdier – zum indoiranischen Zweig der indoeuropäischen Sprachfamilie. Die Perser bezeichnen sich seit alters als »Arier« (altpers. *Âriyâ*), was soviel wie »Edle« bedeutet. (Dieser Begriff wurde später durch die Nationalsozialisten pervertiert, die eine angeblich »arische Rasse« propagierten.)

Reisen durch Iran – Touristin in den 50er Jahren vor einem Taubenturm

BERÜHMTE PERSIENREISENDE

Ebenso wie die Identität als »Perser« spielte die Identität als »Arier« unter den Achämeniden eine bedeutende Rolle. Dareios I. und Xerxes betonen in ihren Inschriften mehrfach ihre »arische Herkunft«; auch ihre Sprache und Schrift gelten ihnen als »arisch« - ebenso wie ihr Gott Ahura Mazda.

Aus dem altpersischen *Âriyâ(n)* wurde dann im Mittelpersischen *Erân*. Die Bezeichnung Persiens als *Erânshahr*, das »Land der Arier«, geht auf die Dynastie der Sasaniden zurück. Sie wollte mit diesem Begriff an die achämenidische Geschichte anknüpfen und ihre Herrschaft über Persien legitimieren. Die anderen Länder wurden im Gegensatz dazu als *An-Erân* (Nicht-Iran) bezeichnet.

Mit dem Untergang des Sasanidenreiches verschwand der Begriff *Erân* zunächst; die muslimischen Historiker benutzten ihn nurmehr zur »historisierenden« Bezeichnung des Sasanidenstaates. Erst unter der Herrschaft der Ilkhaniden tauchte der Begriff zur Bezeichnung des gegenwärtigen Reiches wieder auf und blieb bis ins 19. Jh. bestimmend - obwohl die offizielle Staatsbezeichnung weiterhin »Persien« war. Dies änderte sich erst 1934, als der Pahlaviherrscher Rezâ Shâh die Umbenennung in »Iran« verfügte - man wollte zu Zeiten des Nationalsozialismus die »arische Herkunft« der Iraner betonen.

Berühmte Persienreisende

Reisen nach Iran - und das Schreiben darüber - besitzt eine lange Tradition. Der erste prominente Persienreisende war der griechische Historiker **Herodot** (gest. um 420 v. Chr.), der im 5. Jh. v. Chr. das Land der »Barbaren« erkundete. Seine neunbändigen »Historien« stellen noch heute eine wichtige Quelle über die Verhältnisse des achämenidischen Iran dar.

Im frühen Mittelalter waren es vor allem **arabische** Geographen und Historiker, die Reisebeschreibungen über Iran verfaßten. Die **europäische** Reiseliteratur begann erst mit **Marco Polo** (gest. 1324), der um 1270 das iranische Hochland von Tabriz bis zur Insel Hormuz durchquerte. Ob der venezianische Kaufmann auch nach China gelangte, wie er in seinem *Buch der Wunder* behauptet, ist umstritten; vermutlich stammt sein Wissen über China aus persischen Quellen. Es ist dennoch das Verdienst Marco Polos, daß eine breite Öffentlichkeit in Europa erstmals von Asien - und Persien - Kenntnis nahm.

Zahlreiche europäische Reiseberichte entstanden dann im 16. und 17. Jh., als die Safawiden den Handel mit Europa nach Kräften förderten. Die Motive der englischen, italienischen, französischen und deutschen Reisenden waren dabei sehr unterschiedlich: Neben Kaufleuten und Geistlichen gab es auch Abenteurer, die die

Grabturm Gonbad-e-Ali in Arbakuh

HERZLICH WILLKOMMEN

Titel des Reiseberichtes von Adam Olearius

Ferne lockte. Den Italiener **Pietro Della Valle** (gest. 1652) vertrieb der Liebeskummer aus Rom: Freunde rieten dem 28jährigen, seinem Leben durch eine Orientreise einen neuen Sinn zu geben. Tatsächlich heiratete Della Valle in Bagdad die assyrische Christin Maani Gioerida, gemeinsam brachen sie im Jahr 1617 nach Persien auf. In seinen Reisebeschreibungen zeigt sich Della Valle als ein unvoreingenommener Beobachter, der auch dem Islam offen gegenübertrat.

Berühmt wurde auch der deutsche Reisende **Adam Olearius** (gest. 1671), ein Theologe, Philosoph, Mathematiker und Physiker. Er reiste als Sekretär der Gesandtschaft, die unter Herzog Friedrich III. von Schleswig-Holstein-Gottorp nach Persien aufbrach (1637–38), um einen Orienthandel zu begründen. Nach seiner Rückkehr verfaßte er den spannenden und amüsanten Reisebericht *Muscowitische und Persische Reyse*, den Goethe »höchst erfreulich und belehrend« fand. Darüber hinaus übersetzte Olearius Saadis *Golestân* (»Rosengarten«) und machte damit den persischen Dichter erstmals in Deutschland bekannt.

Anders als die Gesandtschaftsteilnehmer verfaßten die **Kaufleute** nur selten Reiseberichte. Ihrer Mitteilsamkeit stand wohl ihr Geschäftsinteresse entgegen; auch fehlte ihnen meist die literarische Schulung. Eine Ausnahme bildet der Edelsteinhändler **Jean Chardin**, der bereits als 22jähriger nach Persien aufbrach. Nach achtzehn Monaten in Isfahan kehrte er nach Frankreich zurück und widmete sein weiteres Leben der Niederschrift seiner Reiseerlebnisse und der Erforschung Persiens: Ein zehnbändiges Werk entstand. Erst über einen Umweg gelangte der deutsche Mediziner und Naturwissenschaftler **Engelbert Kaempfer** (gest. 1716) nach Iran. Aufgrund des fortschrittlichen geistigen Klimas zog er als 30jähriger nach Schweden und nahm von dort als Arzt und Sekretär an der Gesandtschaft des schwedischen Königs Karl XI. nach Persien teil. Nachdem die Gesandtschaft nach einjähriger Reise Isfahan erreicht hatte, verbrachte Kaempfer 20 Monate am Hofe Shâh Soleimâns; sein Buch *Am Hofe des persischen Großkönigs 1684–1685* ist noch heute ein Lesevergnügen.

Berühmtheit erlangte im 19. Jh. der Engländer **James Morier**, der neben seinem satirischen Roman *Haji Baba von Isfahan* auch Reiseberichte und Landkarten veröffentlichte. Seine Werke sind

BERÜHMTE PERSIENREISENDE

Reisende warten in der Karawanserei auf die Abreise (19. Jh.)

jedoch nicht frei von Klischees – sie spiegeln bereits die Überheblichkeit des künftigen Kolonialregimes gegenüber den Einheimischen wider. Ähnlich verhält es sich mit den Werken der Wienerin **Ida Pfeiffer** (gest. 1858), die als eine der ersten Frauen mehrere Weltreisen antrat und dabei auch Persien besuchte.

Ganz vom Orient verzaubert war dagegen der Franzose **Pierre Loti** (gest. 1923). Die Motivation für seine Reise war die Flucht vor dem Fortschritt und der europäischen Zivilisation. Bewußt entschied sich Loti für den schwierigsten Weg nach Isfahan; die Hindernisse vermittelten ihm das Gefühl, in ein noch unberührtes Gebiet vorzudringen. Das Bild, das er in seinem Reisebuch *Nach Isfahan* von der ehemaligen Hauptstadt entwirft, ist ganz vom Reiz des Exotischen geprägt. Lotis Sprachgewalt wußten nicht nur seine zahlreichen Leser zu schätzen: Auch die Académie Française würdigte den Reiseschriftsteller und machte ihn zu ihrem seinerzeit jüngsten Mitglied.

Der Erste und Zweite Weltkrieg brachten eine neue Art von Reiseschriftstellern hervor: den **Diplomaten** in besonderer Mission. Zu ihnen gehört auch der Deutsche Dr. Werner Otto von Hentig, den seine Mission im Zweiten Weltkrieg mitten durch die Wüste Kavir führte.

Ende des 19. und zu Beginn des 20. Jh. nimmt die Zahl der persienreisenden **Frauen** zu, unter denen die Engländerinnen die reise-

HERZLICH WILLKOMMEN

»Bitte sei Dir im klaren darüber, liebster Vater, daß ich über kurz oder lang wieder hier sein werde. Man kann vom Orient nicht mehr lassen, wenn man einmal so tief in ihn vorgedrungen ist.«

Gertrude Bell

und schreibfreudigsten waren. Berühmtheit erlangte vor allem die Historikerin **Gertrude Bell** (gest. 1926), die spätere Mitarbeiterin von T.E. Lawrence sowie Gründerin des Irak-Museums in Bagdad. Sie reiste im Jahr 1892 nach Persien und war sofort fasziniert. Ihre Reiseerlebnisse veröffentlichte sie 1894 unter dem Titel *Miniaturen aus dem Morgenland*; 1897 folgte eine ausgezeichnete Übersetzung von *Gedichten aus dem Divan des Hafis*.

Bekannt wurden auch die Werke der Diplomatengattin **Vita Sackville-West**, einer Freundin Virgina Woolfs, die ihren Mann zweimal in Persien besuchte und 1927 einen Ritt durch das zentrale Zagros-Gebirge, das Stammesgebiet der Bakhtiâri-Nomaden, unternahm.

Als Grund für ihre oft anstrengenden und gefährlichen Unternehmungen nennen die Frauen immer wieder die Reiselust. **Freya Stark** gesteht es in ihrem Buch *Das Tal der Mörder. Persische Reisen* freimütig ein: »Ich für meinen Teil bin jedenfalls ausschließlich zu meinem Vergnügen gereist.«

Iran im Überblick

	Gesamtfläche	Bevölkerung	Dichte	Bruttosozialprodukt pro Einwohner
Iran	1.648.000 km²	71,5 Mio.	43 EW/km²	5720 US$
Ägypten	997.739 km²	61,50 Mio.	62 EW/km²	710 US$
Irak	438.317 km²	21,36 Mio.	49 EW/km²	3115 US$
Saudi-Arabien	2.240.000 km²	19,50 Mio.	9 EW/km²	9908 US$
Israel	21.946 km²	5,42 Mio.	247 EW/km²	14.410 US$
Pakistan	996.452 km²	143,8 Mio.	181 Ew/km²	1605 US$
Deutschland	356.978 km²	81,56 Mio.	228 EW/km²	25.580 US$
Österreich	83.857 km²	8,03 Mio.	96 EW/km²	24.950 US$
Schweiz	39.987 km²	7,02 Mio.	175 EW/km²	37.180 US$

Bevölkerung: Nur 51% der Iraner sind Perser. Daneben 20% Aserbeidschaner, 8% Mazandaraner und Gilaner, 7% Kurden, 4% Luren und Bakhtiâren, 3% Araber, 2% Turkmenen, ferner Belutschen, Armenier u.a. Zudem beherbergt Iran etwa 2 Mio afghanische Flüchtlinge. 43% der iranischen Bevölkerung ist unter 14 Jahren. Das jährliche Bevölkerungswachstum liegt derzeit bei 2%, die durchschnittliche Lebenserwartung der Männer bei 69, die der Frauen bei 70 Jahren. Schulpflicht besteht von 6-10 J., die Einschulungsquote im Primarbereich liegt bei 97%. Allgemeine Wehrpflicht besteht für 2 Jahre; der Anteil des Militäretats am Staatshaushalt betrug 1994 13,6%. Finanzielle Unterstützung durch den Staat bei Krankheit, Arbeitslosigkeit und im Ruhestand.
60% der Bevölkerung lebt in Städten. In Teheran etwa 10 Mio., dazu täglich 2 bis 3 Mio. Pendler. Weitere große Städte sind Mashhad (4 Mio), Isfahan (2,5 Mio), Schiraz (2 Mio) und Tabriz (1,5 Mio).

Religion: 99% Muslime, davon 90% Schiiten (Perser, Aserbeidschaner, Luren, Araber) und 10% Sunniten (Turkmenen, Belutschen, die meisten kurdischen Stämme). Iran besitzt den höchsten Schiiten-Anteil aller islamischen Länder. Daneben etwa 360.000 Christen, 300.000 Bahai, 30.000 Zoroastrier und 30.000 Juden.

Politik: Seit 1979 Islamische Republik. Staatsoberhaupt ist der »herrschende Rechtsgelehrte« bzw. »Revolutionsführer«, der vom Expertenrat auf Lebenszeit ernannt wird (seit Juni 1989 Ali Khâmenei). Dem Revolutionsführer untergeordnet ist der Staatspräsident, der alle vier Jahre direkt vom Volk gewählt wird (seit August 1997 Mohammad Khâtami). Das Parlament umfaßt 270 Abgeordnete, die ebenfalls alle vier Jahre direkt gewählt werden. Allerdings werden die Kandidaten, wie bei der Wahl zum Staatspräsidenten, zuvor vom Wächterrat ausgewählt. Wahlrecht ab 16 Jahre.

Wirtschaft: Rückgrat der Industrie ist die Öl- und Erdgasindustrie, die über 85% der Exporterlöse erzielt. Bedeutend auch Eisen-, Stahl-, Teppich-, Textil- und Nahrungsmittelindustrie.

Iran im Internet: Auch die Islamische Republik ist im Internet vertreten (http://www.netiran.com); weitere Adressen siehe »Die grünen Seiten« am Ende dieses Bandes.

Iran –
Land der Kontraste

■Geographie

Mit einer Fläche von 1.648.000 km² ist der heutige Iran mehr als viermal so groß wie die Bundesrepublik Deutschland. Im Westen grenzt er an die Türkei und den Irak, im Norden an Aserbeidschan, Armenien und Turkmenistan, im Osten an Afghanistan und Pakistan. Im Süden wird Iran vom Persischen Golf und dem Golf von Oman begrenzt.

Die ganz unterschiedlichen Reliefformen und klimatischen Bedingungen machen Iran zu einem »Land der Kontraste«, das in **fünf natürliche Regionen** unterteilt wird. Den Kernraum bildet das **Hochland von Iran**, das mit über 700 km Nord-Süd-Erstreckkung den größten Teil der Staatsfläche umfaßt. Es handelt sich um ein durchschnittlich 800 bis 1000 m hoch gelegenes Wüsten- und Steppenland mit einzelnen Bergzügen und Oasen, das von bis zu 4000 m hohen Randgebirgen eingerahmt wird. Die wirtschaftlich und politisch bedeutsamen Städte entstanden fast alle in der fruchtbaren, gebirgigen Peripherie des Hochlandes – wie Persepolis, Ekbatana, Susa, Isfahan, Mashhad oder Teheran.

Bei den Wüsten und Halbwüsten des Hochlandes handelt es sich um ausgedehnte, graubraune Kies- und Salzwüsten. Während in der im Nordosten gelegenen **Dasht-e Kavir**, der größten persischen Salzwüste, Oasen existieren, verunmöglichen die extreme Hitze und der völlige Mangel an Wasser in der **Dasht-e Lut** menschliches Leben völlig. Die Wüste Lut, die etwa 15% der iranischen Bodenfläche einnimmt, bildet die tiefste Landsenke des Hochlandes.

Eine weitere Großeinheit bilden die **Zagrosketten**, die das Hochland nach Westen, Südwesten und Süden hin abschließen. Das gewaltige Faltengebirge besteht aus zahlreichen parallel liegenden Ketten, die durch tief eingeschnittene Täler voneinander getrennt sind. Es werden Höhen von über 4000 m erreicht.

Der **Gebirgswall des Alborz und die östlich anschließenden Gebirgszüge Khorasâns** stellen eine weitere natürliche Großeinheit dar. In seinen zentralen Teilen erreicht der im Gebirgsknoten Arme-

Landschaft bei Qazwin

LAND DER KONTRASTE

>»Die Salzwüsten können sich in der Regenzeit in gefährliche Sümpfe verwandeln, wie der Persienreisende **Della Valle** im 17. Jh. beschreibt: »Der Grund ist ganz eben, unfruchtbar und weißlich, und auch nichts als eitel Salz zu sehen. Im Sommer herrscht hier eine unerträgliche Hitze; im Winter aber ist das Land tief überschwemmt, und das Wasser reicht dann den Pferden bis zum Bauch. Der Boden wird so weich und tief, daß man kaum weiterkommen kann, und eine Wanderung in diesem Gebiet ist in der Regenzeit mit großer Gefahr verbunden. Wenn man nur etwas vom gebahnten Weg, der durch übereinandergelegte Steine bezeichnet ist, abweicht, fällt man unfehlbar in tiefe Löcher, aus denen man nur sehr schwer wieder heraus kann. Nicht nur Menschen, auch Pferde und Kamele bleiben in den Gruben stecken und verderben.«
>
> Pietro Della Valle,
> *zit. n. Gabriel, Die Erforschung Persiens, 1952*

niens wurzelnde Alborz Höhen von über 4000 m. Die höchsten Erhebungen des tertiären Faltengebirges sind der Vulkankegel des **Damâvand** (5671 m) und der granitische **Alam Kuh** (etwa 4800 m). Die westlichen und östlichen Fortsetzungen des zentralen Alborz erreichen Höhen um 3000 m.

Die zusammenhängende Gebirgsbarriere bewirkte schon im Altertum eine kulturelle Trennung zwischen dem Hochland von Iran und dem **südkaspischen Tiefland**. Der über 600 km lange und nur wenige Kilometer breite Schwemmlandstreifen liegt großenteils unter dem Meeresspiegel. Das Kaspische Meer selbst – mit 371000 km² das größte Binnengewässer der Welt – liegt 28 Meter unter NN. Viele Bäche und Flüsse bedingen die natürliche Fruchtbarkeit und die ursprünglich dichte Bewaldung des Tieflandstreifens, der nach Osten in die Turkmenensteppe übergeht.

Im Gegensatz zum Kaspitiefland handelt es sich bei den **Tiefländern der Golfküste** um einen Naturraum, der klimatisch für Menschen sehr ungünstig ist. Auch fehlt den relativ schmalen Küstensäumen ein größeres Hinterland. Dies führte zu Benachteiligungen in der wirtschaftlichen und politischen Entwicklung innerhalb Irans. Lediglich an der Straße von Hormuz entwickelten sich gewisse Aktivitäten aufgrund der strategisch günstigen Lage. Tropische Vegetationsformen der Mangrovenküste wie auf der Insel Qeshm spiegeln die ökologischen Bedingungen des feuchtwarmen Klimas.

Wie seine Nachbarstaaten um das Kaspische Meer liegt auch Iran in einem **Erdbebengebiet**. In den letzten vier Jahrzehnten haben sich im Nordwesten und Nordosten des Landes acht verheerende Beben ereignet, bei denen meist Tausende ums Leben kamen. Die Spannungen in der Erdkruste werden von drei tektonischen Platten verursacht, die in dieser Region aneinanderstoßen und deren Kollision noch nicht abgeschlossen ist: Iran liegt am Südrand der eurasischen Kontinentalplatte, gegen die sich zwei andere Platten verschieben – von Süden her die indische, von Südwesten her die arabische Platte. Dabei wechselte im Lauf der Zeit die seismische Hauptaktivität zwischen den nördlichen (= Alborz) und südlichen (= Zagros) Gebirgsketten: Während der nördliche Gebirgszug früher nur von kleineren Beben heimgesucht wurde, ereignen sich hier nun die stärksten Erdstöße. Iran unternimmt heute viele Anstrengungen, die Erdbebenforschung sowie die Entwicklung von möglichst erdbebensicheren Gebäuden voranzutreiben.

■Klima – und empfohlene Reisezeit

Iran liegt zwischen dem 40. und dem 25. nördlichen Breitengrad etwa in der Mitte des afrikanisch-asiatischen Trockengürtels, das entspricht ungefähr der Lage von Madrid bis Algerien. Die unterschiedlichen Breitengrade und Reliefformationen sorgen dafür, daß Temperatur und Luftfeuchtigkeit in den verschiedenen Regionen Irans extrem unterschiedlich ausfallen. Aridität und Wüstenhaftigkeit im inneren Hochland werden durch die hohen Randgebirge noch verstärkt. Dagegen erhalten die Außenflanken im Westen und Nordwesten zum Teil erhebliche Niederschlagsmengen. So ist Iran auch bezüglich der klimatischen Verhältnisse ein Land der Kontraste: Das **Teheraner** Kontinentalklima mit trockenen, bis zu 40° C heißen Sommern und zum Teil sehr kalten Wintern mit starken Schneefällen steht in deutlichem Gegensatz zu den Temperaturen am **Golf**, die Werte von über 50° C erreichen können und kaum je unter 15° C fallen.

Die besten Reisezeiten für das ganze Land stellen **Frühling** (März–Mai) und **Herbst** (September–November) dar. Insbesondere in den Monaten **April** und **Oktober** sorgen in den meisten Gebieten Irans gemäßigte Temperaturen für ein äußerst angenehmes Klima – so auch in der Hauptstadt. Nur in den Bergregionen von Kurdistan und Aserbeidschan kann es im April noch schneien, und in der kaspischen Tiefebene ist im Herbst Regenzeit.

Die wärmsten Monate sind in allen iranischen Regionen **Juli** und **August**. Dabei erwärmen sich die tiefgelegenen Wüsten im Inneren und die sie umgebenden Regionen früher als die Küstenstreifen. Die Badesaison im Kaspitiefland wird nur durch eine spürbar hohe Luftfeuchtigkeit (bis zu 90%) beeinträchtigt. Am Persischen Golf können die Temperaturen bei ebenfalls hoher Luftfeuchtigkeit Werte über 50° C erreichen – was die Küstenbewohner dazu veranlaßt, die Sommer in den angrenzenden, kühleren Bergregionen zu verbringen. Auch im iranischen Hochland sind die Sommer sehr heiß. Das Kontinentalklima sorgt jedoch für eine trockene Hitze, die gut zu ertragen ist; auch fällt die Temperatur in der Nacht schnell ab. In der Wüste Lut werden im Sommer die wahrscheinlich höchsten Temperaturwerte der Erde erreicht. Hier wie auch in den anderen Wüstengebieten des Hochlands sind Luftspiegelungen weit verbreitet.

Folgende Doppelseite: Dorf in der Turkmenensteppe

LAND DER KONTRASTE

Durchschnitts-Temperaturangaben (an ausgewählten Orten):

Ort	Höhe	Jan.	April	Juli	Okt.
Âbâdân	3 m	13° C	25° C	37° C	27° C
Bandar-e Abbâs	6 m	19° C	26° C	35° C	30° C
Bushehr	14 m	15° C	25° C	34° C	26° C
Isfahan	1590 m	4° C	16° C	28° C	16° C
Kermân	1749 m	6° C	17° C	27° C	17° C
Kermânshâh	1322 m	2° C	12° C	27° C	16° C
Mashhad	985 m	3° C	14° C	26° C	14° C
Bandar-e Anzali	15 m	8° C	13° C	26° C	18° C
Schiraz	1530 m	6° C	16° C	29° C	14° C
Tabriz	1405 m	-1° C	11° C	25° C	18° C
Teheran	1190 m	4° C	16° C	29° C	19° C
Yazd	1240 m	7° C	20° C	32° C	19° C

Reisen empfehlen sich im Sommer vor allem in die höher gelegenen Bergregionen in Aserbeidschan und Kurdistan sowie in die Höhenzüge nordwestlich und -östlich von Teheran.

Der **Januar** ist in fast allen Regionen Irans der kälteste Monat. Sehr streng sind die Winter im zentralen Hochland sowie in den Bergzügen von Zagros und Alborz. In Tabriz, Kermân und Mashhad können die Temperaturen in besonders kalten Wintern auf -24° C fallen, doch auch in Isfahan kann es bis -16° C kalt werden. In den Gebirgszügen um Teheran und am Kaspischen Meer besteht die Möglichkeit zum Wintersport. Reisen empfehlen sich in dieser Jahreszeit an den Persischen Golf und nach Khuzestân, wo selbst die Winterdurchschnittswerte um 20° C liegen. Vorübergehende Abkühlung kann nur die kalte Hochlandluft bringen, die zuweilen zum Golf hin abfließt.

Wasser und Bewässerungssysteme

»In einen Fluß harnen und spucken sie nicht, auch waschen sie sich in ihm nicht die Hände und dulden das auch bei keinem anderen; vielmehr erweisen sie den Flüssen besondere Verehrung«, berichtet der griechische Historiker Herodot von den Persern der Achämenidenzeit. Die besondere Wertschätzung des Wassers resultierte vor allem aus seiner Knappheit. Abgesehen von den niederschlagsreichen Gebirgsregionen sowie dem Kaspischen Tiefland fallen in den meisten Regionen Irans nur geringe Niederschläge. Im flächenmäßig dominierenden Iranischen Hochland gibt es nur wenige Flüsse, von denen zudem viele im Sommer austrocknen oder einfach versickern – wie der durch Isfahan fließende Zayânde Rud. Teilweise schiffbar ist allein der 850 km lange Kârun, der im

Zagros-Gebirge entspringt und in den Persischen Golf mündet.

Auch die iranischen Seen eignen sich in der Mehrzahl nicht zur Bewässerung. Nur zwei wirklich große Seen führen ganzjährig Wasser: der Hâmun-e Sâberi in Sistan und der Orumiye westlich von Tabriz, der jedoch wegen seines hohen Salzgehaltes (bis zu 30%) für Bewässerungszwecke ausscheidet. Aufgrund dieser prekären Lage sind weite Teile Irans auf künstliche Bewässerung angewiesen. Bereits in vorachämenidischer Zeit, wohl erstmals im Königreich Urartu, wurde die Technik der **Qanate** entwickelt, bei der unterirdische Kanäle (arab. *Qanât*) das Quellwasser aus den Gebirgsregionen in die Siedlungen transportieren. Viele Städtegründungen, so auch Persepolis, wurden durch die Qanat-Technik überhaupt erst ermöglicht, und noch heute werden weite Gebiete Irans durch die unterirdischen Wassergänge versorgt.

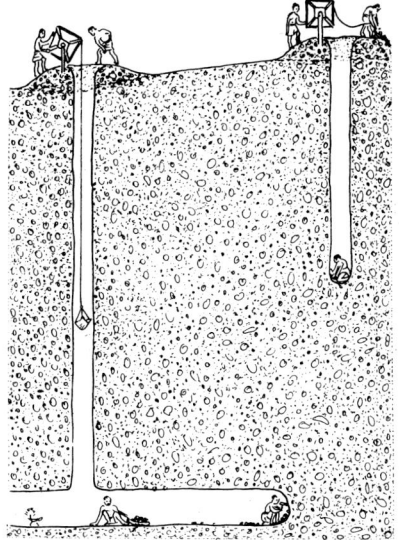

Bau eines Qanat (Zeichnung nach Heidemarie Koch)

Die Qanate bestehen aus bis zu 100 m tiefen horizontalen »Mutterschächten«, an deren Grund das Wasser durch ein geringes Gefälle zum bestimmten Ort fließt. Das anfallende Material wurde durch vertikale Schächte nach oben transportiert und am Einstieg deponiert, noch heute erkennt man diese Einstiege an kleinen Erdhügeln, die unvermutet in der Landschaft auftauchen und den Verlauf der bis zu 40 km langen Wassergänge anzeigen. Über diese in regelmäßigen Abständen vorhandenen Einstiegsschächte werden die Kanäle auch instand gehalten. Graben und Wartung der Qanate ist ein angesehener und gutbezahlter Beruf.

Noch bis zum Zweiten Weltkrieg wurde nicht nur die Feldbewässerung, sondern auch die Wasserversorgung der meisten Dörfer und vieler Städte, sogar Teherans, aus insgesamt rund 35.000 Qanaten gespeist. In neuerer Zeit sind jedoch viele Qanate infolge Grundwasserabsenkung versiegt, was seit Mitte der 60er Jahre durch Brunnenbewässerung ausgeglichen wird. Um eine Erschöpfung der Grundwasservorräte des Landes zu umgehen, wurden seit 1955 zahlreiche Stau- und Verteilerdämme in Flußtälern gebaut. Heute gibt es etwa 40 Staudammprojekte, unter ihnen der Dezdamm (1,7 Mio. ha) und der Sefid-Rud-Damm (5,6 Mio. ha).

Andere wertvolle Wasserspender sind die Karstquellen in Kalkgesteinen am Rande des Hochlandes, in deren Nähe bereits in neolithischer und frühgeschichtlicher Zeit Siedlungen entstanden. Berühmte Quellen sind Fin/Kâshân und Tâq-e Bostân bei Kermânshâh; die beiden Quellen Cheshme Ali bei Ray und Dâmghân waren wohl Voraussetzung für die Entstehung der alten Hauptstädte Rhages und Hekatompylos.

LAND DER KONTRASTE

Flora und Fauna

Fliesenbogen mit Reitern auf der Jagd, 17. Jh.; Museum f. Kunst und Gewerbe, Hamburg

Entsprechend den unterschiedlichen ökologischen Bedingungen von Relief, Gestein, Böden und Klimazonen ist die **Flora** Irans außerordentlich vielfältig: Mehr als 8000 Pflanzenarten wurden festgestellt, von denen rund ein Fünftel endemisch ist. Im kühleren Norden wachsen viele Pflanzen, die auch in Europa heimisch sind wie Tannen und Fichten, Schneeglöckchen, Enzian und Edelweiß.

Allerdings ist die ursprüngliche Pflanzendecke durch die seit Jahrtausenden betriebene Landnutzung weitgehend umgestaltet und vielfach zerstört worden. Das gilt vor allem für die flächenmäßig vorherrschende Vegetation der Wüsten und Halbwüsten und für die Wälder. Nur noch circa 1% der iranischen Staatsfläche ist heute von ökologisch intakten Wäldern bedeckt. Die übrigen, mit 10% des Landes angegebenen Waldflächen sind extrem aufgelichtet und artenarm.

Schon in sasanidischer Zeit wurden große Teile der Wälder des Landes gerodet. Im 19. und 20. Jh. führten der Bau- und Brennholzbedarf der wachsenden Städte, Holzkohlengewinnung und Waldweide zur Auflösung der meisten Waldreste außerhalb des nördlichen Alborz.

Eindrucksvoll sind dennoch auch heute noch die Wuchskraft und Artenfülle der **Feuchtwälder** im Kaspischen Tiefland, deren Bezeichnung als *Jangal* (»Dschungel«) durchaus gerechtfertigt erscheint. Zwischen den bis 35 m aufragenden Bäumen findet man z.B. die kastanienblättrige Eiche, den Eisenbaum und die ulmenartige *Zelkowa crenata*, darunter u.a. Flügelnuß, Feigen, Gleditschie sowie im Unterwuchs Buchsbaum, Granatapfel, Brombeeren, Lorbeerkirschen, Weißdorn sowie Kletterpflanzen und Farne.

Trockenwaldtypen sind der Eichen-Wacholderwald Nordwestirans, der Zagros-Eichenwald, der Wacholderwald des Alborz und Khorasâns. An den Berghängen des Hochlands von Iran sind häufig Bergmandel-Pistazien-Baumfluren landschaftsbestimmend.

Auf den weiten Schotter-, Sand- und Salztonflächen der Hochländer dominieren meist schüttere **salzliebende Pflanzengemeinschaften**; einige Salzwüsten und zentrale Teile der Lut sind ganz vegetationslos. Charakteristisch für die Salzsteppe sind Wermutsträucher, Traganth und die rhabarberähnliche *Rheum ribes*.

Vielfältige Lebensräume und die zentrale Lage Irans zwischen dem Mittelmeerraum im Westen, dem Industiefland im Osten, den arabischen Wüsten im Süden und Eurasien im Norden sind der

FLORA UND FAUNA ∎∎∎∎∎∎

Im Frühling sind viele Wiesen und Berghänge mit Mohnblumen übersät.

Grund für eine große Artenvielfalt der **Tierwelt**. Von 129 Säugetierarten sind rund 18% endemisch.

Die bedeutendsten Verbreitungsgebiete für **Säugetiere** und **Vögel** sind das Kaspische Tiefland und die lichten Wald- und Wüstensteppen der Gebirgsvorländer des Iranischen Hochlandes. Besonders zu erwähnen sind der Mesopotamische Hirsch, der bereits als ausgestorben galt, der Wildesel, verschiedene Gazellenarten, Wildschafe, Bergziegen, das Mufflon und der Steinbock sowie zahlreiche Nagetiere. Noch mehr oder weniger häufige Beutegreifer sind Füchse, Schakale, Hyänen, Wölfe und Raubkatzen wie Sandkatze, Leopard und Luchs. Auch der Braunbär soll noch vorkommen, während der letzte persische Löwe schon Mitte des 19. Jh. bei Schiraz erlegt und der aus Indien eingewanderte Mâzandarân-Tiger wohl vor einigen Jahrzehnten ebenfalls ausgerottet wurde.

Die meisten Vogelarten kommen am Kaspischen Meer, an bestimmten Küstenabschnitten des Persischen Golfs und am See Hâmun-e Sâberi vor. Von den über 500 gezählten Vogelarten, darunter auch Pelikane und Flamingos, brüten etwa 300 in Iran.

LAND DER KONTRASTE

■Landschaftsschäden und Umweltschutz

Neben den schon erwähnten Waldverwüstungen ist vor allem die empfindliche Vegetation der ariden Ökosysteme des Hochlandes durch Übernutzung geschädigt und großräumig zerstört worden. Überweidung und intensive Bewässerungslandwirtschaft führten zu Artenverarmung und schließlich zur Vernichtung der Pflanzendecke. Ökologisch gravierende Folgen waren Bodenerosion, Abspülung und Windverwehung. Gravierende Umweltschäden rief insbesondere die Winderosion hervor. Dazu zählen die Versandung und Aufgabe von Siedlungen und Nutzflächen, die Vernichtung von Acker- und Weideland sowie die Versandung von Qanaten, Brunnen und Bewässerungsgräben.

Die Vernichtung von Ackerland führte vor allem seit dem 13. Jh. zur Ausbreitung des Nomadentums.

Zu Beginn der 60er Jahre wurden auch Umweltbelastungen durch den forcierten industriellen Ausbau und das rapide Anwachsen der Bevölkerung in den Städten spürbar, so daß staatliche Gegenmaßnahmen in Gang kamen: Verstaatlichung des Waldbestandes (1963), Verstaatlichung der Wasserressourcen (1967), Wiederaufforstungen, Weideverbote, Erosionsschutzmaßnahmen u.a. So wurden z.B. im unmittelbaren Randbereich der Hauptstadt Teheran umfangreiche Grüngürtel angelegt. Großflächige Anpflanzungen mit standortgerechten Gehölzen, vor allem Koniferen, entstanden z.B. zwischen Teheran und Karaj im Westen, im Alborz-Vorland zwischen Shemiran und dem Latiandamm im Norden und Nordosten.

Darüber hinaus wurde auf der Grundlage des Umweltgesetzes von 1974 ein breit gefächertes Schutzgebietssystem entwickelt, das als modellhaft für aride und semiaride Regionen des Vorderen Orients und Südwestasiens galt. Es beinhaltet vier Schutzgebietskategorien: Nationalpark, Nationales Naturdenkmal, Tierreservat und die Geschützte Zone.

In einer Empfehlung der zuständigen Behörde von 1975 sind 13 großflächige Gebiete als Nationalparks vorgeschlagen worden. Eine herausragende Artenvielfalt von Flora und Fauna bietet der **Golestân-Nationalpark** (91.895 ha) bei Gorgân. Neben Gazellen und Wildschweinen kommt hier auch der Persische Leopard vor, von

UMWELTSCHUTZ ■ ■ ■ ■ ■ ■

Kurdisches Dorf in einem vollständig entwaldeten Gebiet in Aserbeidschan

dem in Iran heute nur noch 20 Exemplare leben. Weitere große Nationalparks sind der **Orumiye-See** mit seinen unbewohnten Inseln (483000 ha), der **Zentral-Alborz** (203000 ha) und das **Kavir-Reservat** (609438 ha) südöstlich von Teheran, in dem u.a. Gazellen, Steinböcke und Trappen leben.

In den Kategorien »Tierreservat« und »Geschützte Zone« waren neben Schutz- auch vielfältige Management-Maßnahmen vorgesehen. Hierzu zählen u.a. wissenschaftliche Untersuchung und Förderung schonender Landnutzungspraktiken, Erhaltung bestimmter Sukzessionsstadien der Vegetation, Wiederansiedlung ausgerotteter Arten, Demonstrations- und Erziehungsprojekte. Beispiele besonders gefährdeter und zu fördernder Tierarten sind der Persische Damhirsch, das Wildschaf, der Persische Steinbock, der Schwarze Bär und das Persische Wildpferd.

Insgesamt hat Iran heute rund 70 Schutzgebiete mit einer Gesamtfläche von fast 10 Mio. ha ausgewiesen, das sind mehr als 5% der Staatsfläche. Daneben gibt es noch Schutz- und Erholungswälder der Forstverwaltung und speziell dem Tourismus und der Freizeitgestaltung dienende Gebiete. Neben den flächenhaften Schutzgebieten sind die Flüsse Châlus, Sardab, Karaj, Jalrud, Jâr und Harrâz sowie alle Feuchtgebiete (Marschen, Lagunen und Buchten) am Kaspischen Meer geschützt.

Leben in Iran

■ Bevölkerung

Die zahlreichen Wanderungsbewegungen in der iranischen Geschichte haben das Land zu einem Vielvölkerstaat gemacht: Nur etwa die Hälfte der Iraner spricht heute Persisch (*Fârsi*) als Muttersprache. Dabei unterscheiden sich die ethnischen Gruppen nicht nur durch Sprache und Religionszugehörigkeit, sondern auch durch ihre unterschiedlichen Lebens- und Wirtschaftsformen.
Denn die Geschichte Irans ist - wie fast im gesamten Nahen Osten - durch das Dreieck **Stadtkultur, Bauernkultur und Nomadentum** geprägt: Während Bauern und Städter in festen Siedlungen leben, sind die Nomaden mobil, wenn auch nach relativ festen Regeln. Ihre Lebensgrundlage ist die Viehwirtschaft, während die Bauern von der Landwirtschaft, vor allem vom Feldbau leben und die Stadtbewohner von Handwerk oder Handel. Heute hat sich diese Sozialstruktur, die in der Vergangenheit häufig zu einem Gegeneinander der drei Gruppen führte, teilweise aufgelöst. Zudem wurden viele Nomaden in Dörfern angesiedelt, während andere nurmehr als Halbnomaden während der heißen Jahreszeit auf die Sommerweide ziehen.
Archäologisch ist die Entstehung des **Nomadentums** schwer nachweisbar, doch geht die Forschung im allgemeinen davon aus, daß sie sich parallel zur Entwicklung der Seßhaftigkeit vollzog (also um 8000 v. Chr.). Seine große Bedeutung als dritte Lebens- und Wirtschaftsform erhielt das Nomadentum in Iran jedoch erst mit den türkischen und mongolischen Eroberungszügen. Die folgende Nomadisierung des Landes, auch mittelalterliche Beduinisierung genannt, hatte zwei Gründe: Zum einen übertrugen die turkstämmigen Eroberer ihre althergebrachte nomadische Lebensweise nach Iran. Noch heute führen viele turksprachige Nomaden Irans, wie die oghuzischen Turkmenen, ihre Geschichte bis auf die seldschukischen und mongolischen Invasionen zurück. Zum anderen wurden vagabundierende Bauern, die sich infolge der Zerstörung ihrer Dörfer und Felder in die Berge zurückgezogen hatten, zu neuen Nomaden.
Das nomadische Leben ist geprägt durch den Wechsel der Jahreszeiten. Von der Winterweide (türk. *Kishlâk*) ziehen die Nomaden mit ihren Schafen, Ziegen und Lasttieren (Kamele, Pferde, Maultiere

Fischer am Kaspischen Meer

Nomaden

»Der Hang war übersät mit blökenden Tieren. Ja, es erschien uns, als würde der Abhang selbst sich auf uns zubewegen, als hätten die Steine und Felsen sich plötzlich gelöst und würden den Berg herunterpurzeln, bald einzeln, bald in einer Kaskade, die sich stetig vom Gipfel ergoß ... Im Frühjahr verlassen die Nomaden die verdorrten Ebenen; im Herbst kehren sie wieder um, treiben ihr gesamtes Eigentum, ihre gewaltigen Herden, zweihundert Meilen zurück über die Berge. Und wir waren jetzt mitten unter ihnen, ganz im wörtlichen Sinne, denn ihre Herden umbrandeten uns, machten jedes Vorwärtskommen unmöglich, und wir mußten geduldig im Sattel sitzen, auf ein Meer von Tierrücken hinunterschauen und warten, bis der Weg wieder frei war und unsere Maultiere mit plötzlicher Kraftanstrengung auf dem steilen, felsigen Pfad einige Meter weiterklettern konnten ... Wir schwammen gegen diesen lebendigen Strom, sahen ständig neue Tiergesichter auf uns zukommen, trieben einen Keil in die Herde, die sich einen Moment lang teilte, um sich hinter uns wieder zu schließen und weiterzufluten. Das Gefühl, das mich beschlich, war das der Sklaverei, der Notwendigkeit; diese Nomaden, dachte ich, während ich mein Maultier zu einer erneuten Kletterpartie antrieb, sind abhängig – trotz ihrer Unabhängigkeit. Sie sind getrieben, gejagt, sind auf einen bestimmten Weg festgelegt, wie alle anderen Menschen.«

Vita Sackville-West, Bakhtiâri-Berge, 1927

oder Esel) zwischen März und Mai zur kühleren, hochgelegenen Sommerweide (türk. *Yaylâk*), die durch tiefhängende Wolken oder andere Wasserquellen noch grün ist. Hier schlagen sie ihre dunklen Zelte aus gewebtem Ziegenhaar auf, bis sie Ende August ihre Herbstwanderung antreten. Auf der Wanderung selbst, bei der täglich rund 15 km zurückgelegt werden, werden einfachere Zelte verwendet. Von November bis Mitte März leben die Bergnomaden dann auf ihrer Winterweide, auf einer gebirgsnahen Ebene.

Der Lebensunterhalt speist sich aus den Viehherden und deren Erzeugnissen: Milch, Fleisch, Felle, Häute, Vliese und Wolle. Die Frauen und Mädchen stellen überdies Käse, Butter und Joghurt her und arbeiten an den mitgeführten Webstühlen. Dem Vieh drohen jedoch viele Gefahren: Plötzliche Wetterumschwünge können zum Tod der ganzen Herde führen. Auch Trockenjahre, Seuchen und Raubtiere (Wölfe, Raubkatzen) können den Tierbestand erheblich dezimieren. So ist das Nomadenleben risikoreich und gleichzeitig von großer Mobilität gekennzeichnet.

Da Nomaden und Bauern in den Steppengebieten häufig denselben Lebens- und Wirtschaftsraum beanspruchten, kam es in der iranischen Geschichte immer wieder zu Auseinandersetzungen zwischen beiden Gruppen. Insbesondere in politisch instabilen Zeiten griffen kriegerische Nomaden die seßhafte Bevölkerung an. Manche Nomadenstämme begründeten eigenständige Fürstentümer und avancierten zu politischen Machtfaktoren. Städter und Bauern versuchten, die Überfälle mit Schutzmauern und Wehrtürmen abzuwehren. Außerdem waren viele Nomaden gezwungen, fruchtbare Gebiete mit anderen Nomadenstämmen zu teilen. Gerieten sie miteinander oder mit der Zentralgewalt in Streit, zog ein Stamm weiter. Diese Wanderbewegungen lassen sich heute nur schwer nachvollziehen; manch-

BEVÖLKERUNG

mal sind es lediglich die Muster der Kelims und Teppiche, die Hinweise auf Verwandtschaft oder Kontakte zu anderen Stämmen oder auf die ursprünglichen Siedlungsgebiete der einzelnen Völker geben.

Um die Nomaden unter staatliche Kontrolle zu bringen, verfügte Rezâ Shâh in den 20er und 30er Jahren ihre Zwangsansiedlung und Entwaffnung. Dies ging mit erheblichen Verlusten an Menschen und Tieren einher (bis zu 80% des Herdenbestandes). Nach der Absetzung Rezâ Shâhs durch die Alliierten 1941 nahmen die meisten Nomadenstämme ihre Wanderung jedoch wieder auf. In Südiran gelang ihnen durch Überfälle auf alliierte Waffentransporte sogar die Wiederbewaffnung. In den 60er Jahren unterband Shâh Mohammad Rezâ – im Zusammenhang mit der Bodenreform – erneut ihre Freiheitsbestrebungen.

Araber in Khuzestân

Die Völker Irans

Im 20. Jh. wuchs die iranische Bevölkerung stark an: Lebten um 1875 nur etwa 6 Mio. Menschen in Iran, sind es heute rund 67 Mio., davon leben 60% in den Städten. Aufgrund des hohen Bevölkerungswachstums insbesondere in den 80er Jahren liegt der Anteil der unter 15jährigen bei 44%.

Die Mehrheit der heutigen Iraner ist **indoeuropäischen Ursprungs** und spricht indoeuropäische Sprachen oder Dialekte. Neben den schiitischen Persern im engeren Sinne zählen dazu die

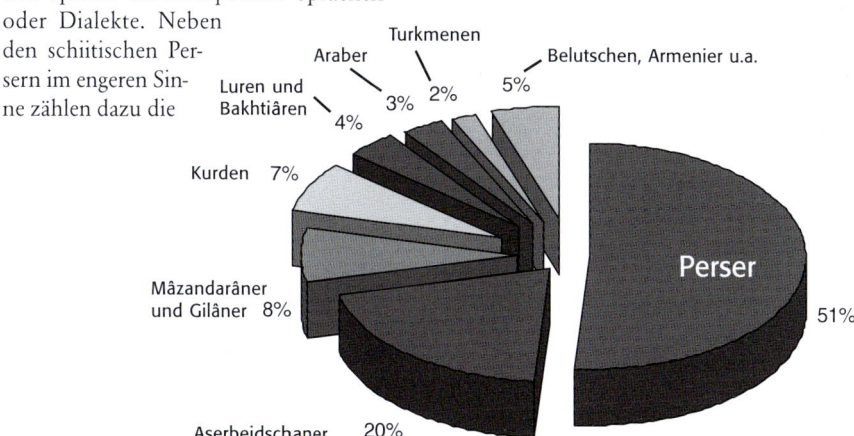

LEBEN IN IRAN

Viele iranische Kurden tragen noch ihre traditionelle Bekleidung.

ebenfalls schiitischen Bakhtiâren, die ihnen verwandten Luren sowie die überwiegend sunnitischen Kurden.

Die Bewohner der nördlichen Küstenprovinzen Gilân und Mâzandarân gehören, obwohl sie eigene Dialekte sprechen, gleichfalls zu den Iranern – außerdem die sunnitischen **Belutschen**. Letztere leben vor allem in der nach ihnen benannten Provinz Belutschistan im Südosten Irans sowie jenseits der iranisch-afghanischen Grenze. Ursprünglich stammen sie aus Khorâsân, wurden jedoch im 12. und 13. Jh. durch türkische Stämme vertrieben. In Belutschistan vermischten sie sich mit der einheimischen Bevölkerung – u.a. dem altiranischen Stamm der Brâhui, dessen Angehörige nur noch in wenigen isolierten Orten anzutreffen sind. In der extrem trockenen Gegend nahmen die Belutschi bald eine nomadische Lebensweise an; noch heute gelten sie als hervorragende Teppichknüpfer. Allerdings sind heute viele der rund 1,2 Mio. Belutschen seßhaft und arbeiten in regionalen Zentren wie Zâhedân. Aufgrund der beschränkten Existenzmöglichkeiten wanderten in den vergangenen Jahrzehnten viele Belutschi in die ölproduzierenden Golfemirate aus.

Die etwa 5,5 Mio. **Kurden** stellen in vier iranischen Provinzen die absolute bzw. relative Bevölkerungsmehrheit (Kurdistan, Westaserbeidschan, Kermanshâhân und Ilâm). Sie betrachten sich als Nachfahren der indoeuropäischen Meder, die im zweiten vorchristlichen Jt. nach Iran einwanderten. Heute sind die meisten Kurden seßhaft; doch noch immer leben einige Stämme im nördlichen Zagros als Halb- oder Vollnomaden. Während der Revolution 1978/

BEVÖLKERUNG

79 versprach Ayatollah Khomeini den Kurden politische und kulturelle Autonomie, wenn sie sich am Kampf gegen den Schah beteiligten. Nach dem Sieg der Revolution löste der Geistliche sein Versprechen jedoch nicht ein. Ein Aufstand in den kurdischen Provinzen war die Folge, der vom islamistischen Regime blutig niedergeschlagen wurde.

Die rund 2,5 Mio. **Luren** leben vor allem in den Provinzen Bâkhtarân und Lurestân und sprechen eine dem Pahlevi verwandte Sprache (Luri). Wie die Kurden waren die Luren im Altertum ein seßhaftes Volk. Erst die türkischen und mongolischen Invasionen zwangen einen Großteil der Luren zum Nomadentum. Eng verwandt mit den Luren sind die rund 900.000 **Bakhtiâri**, die im Zagros-Gebirge westlich von Isfahan leben und Fârsi oder einen lurischen Dialekt sprechen. Sie zerfallen in die nomadisierenden Haft-Lang und die weniger zahlreichen, überwiegend seßhaften Chahâr-Lang im Süden.

Die größte nichtpersischsprachige ethnische Gruppe stellen die iranischen **Turkvölker** dar. Seit der ersten großen Einwanderungswelle im 11. Jh., die auf den Eroberungszug der türkischen Seldschuken folgte, ließen sich immer wieder nomadisierende Turkvölker in Iran nieder. Zu ihnen zählen die sunnitischen **Turkmenen**, die als direkte Nachfahren der Oghuzen gelten. Sie siedeln überwiegend in der nach ihnen benannten Turkmenensteppe im Nordosten Irans.

Über die Bakhtiâri-Nomaden

»Die Bakhtiâri sind ein stolzes Volk; sie behaupten, von allen Volksstämmen Persiens als einziger nie von Alexander besiegt worden zu sein. Auf diese Weise prahlen sie sowohl mit ihrem kriegerischen Geist als auch mit ihrer uralten Herkunft. Bis auf den heutigen Tag sind sie streitlustig und auf ihre Unabhängigkeit bedacht. Sie regeln ihre Streitigkeiten untereinander, bestrafen Übeltäter nach eigenem Gesetz und lehnen jede Einmischung der Regierung ab. Sie wählen ihre eigenen Führer, den Il-Khani und den Il-Begi, obgleich sie die Oberherrschaft des Schahs formal anerkennen; aber der Schah ist in Teheran, und Teheran ist weit. Doch der fremde Reisende auf der Bakhtiâri-Straße ist nicht in erster Linie von der stolzen Wildheit oder der idyllischen Einfachheit dieses Volkes beeindruckt. Er sieht eher die Mühseligkeit ihres Nomadenlebens, die Notwendigkeit im Kampf ums bloße Überleben. Wer hier gewesen ist, weiß, daß die Idylle des Hirtenlebens im wesentlichen ein literarisches Klischee ist. In Wahrheit ist die Natur ein ebenso unerbittlicher Zuchtmeister wie die Zivilisation, und unter solchen Bedingungen besteht das Leben aus harten Tatsachen.«

Vita Sackville-West, Bakhtiâri-Berge, 1927

Die zahlenmäßig größte turksprachige Gruppe bilden die mehr als 10 Mio. schiitischen **Aserbeidschaner** oder Azeri-Türken. Sie leben vornehmlich in Nordwestiran mit Tabriz als Zentrum (siehe Aserbeidschan). Als Muttersprache sprechen sie das Azeri-Türkisch, dessen Struktur dem Türkeitürkischen ähnelt, das aber anders ausgesprochen wird.

In der Provinz Fârs stellen die rund 400.000 **Qashqâi** die vorherrschende turksprachige Volksgruppe dar. Die – heute schiitischen – Qashqâi kamen wahrscheinlich mit den Seldschuken nach Iran. Ihre Stämme, meist auch heute noch Nomaden oder Halbnomaden, verbringen den Winter im Tiefland südlich und westlich von

Schiraz; im Frühjahr ziehen sie nach Norden, um den Sommer über im Zagros-Gebirge zu bleiben. Ihre Teppiche gelten als die schönsten in der gesamten Fârs-Provinz: Sie sind ungewöhnlich fein geknüpft und sehr bunt.

Der ebenfalls in der Provinz Fârs lebende **Khamse-Stammesverband** ist nur mit Einschränkungen zu den türkischsprachigen Stämmen zu zählen. Es handelt sich um einen Zusammenschluß von fünf (arab. *khamsa*) Stämmen persischer, arabischer und türkischer Herkunft. Er wurde Mitte des 9. Jh. von einer reichen Schirazer Kaufmannsfamilie gegründet, um ihre Karawanen zum Persischen Golf zu schützen. Sein Sommerquartier ist nordöstlich von Schiraz, sein Winterquartier südöstlich davon im Raum zwischen Fasâ und Lâr.

Geburtenkontrolle in Iran

Eines der größten Probleme des Landes stellte in den 80er und 90er Jahren die schnell wachsende Bevölkerung dar: Mit etwa 3,9% besaß Iran eine der weltweit höchsten jährlichen Zuwachsraten. Von rund 38 Mio. im Revolutionsjahr 1979 war die Bevölkerung auf etwa 62 Mio. im Jahr 1994 angewachsen – unterstützt von den schiitischen Geistlichen, die mittels des Bevölkerungswachstums die islamische Revolution vorantreiben wollten. Insbesondere während des Irak-Iran-Krieges griff der Staat kinderreichen Familien mit zusätzlichen Lebensmittelrationen unter die Arme. Heute sind 60% der Bevölkerung jünger als 20 Jahre und 44% jünger als 15 Jahre. Auch die sofortige Etablierung der Zweikinderfamilie könnte nicht mehr verhindern, daß bis zum Jahr 2010 etwa 37 Mio. hinzukommen.

Die gewaltigen demographischen Probleme – der Bau von Wohnhäusern, Gesundheitsvorsorge, Erziehung, Ausbildungsstätten, Arbeitsplätze – führten zu einem Umdenken der Geistlichkeit, die Verhütung bis dahin als »westliches Teufelszeug« verurteilt hatte. Ayatollah Khomeini selbst rang sich kurz vor seinem Tod dazu durch, die Geburtenregelung für erlaubt zu erklären. Seither versucht die Regierung durch eine Vielzahl von Maßnahmen, das Bevölkerungswachstum zu verlangsamen. Dabei setzt sie vor allem auf Aufklärung: Heute muß jedes Paar vor der Heirat eine Familienberatung aufsuchen. Zudem werden Verhütungsmittel wie die Anti-Baby-Pille oder Kondome kostenlos verteilt, auch für die Sterilisation müssen die Patienten nicht aufkommen. Nur die Abtreibung bleibt illegal, es sei denn, die Gesundheit der Frau ist in Gefahr. Plakate wie »Mehr Ruhe mit weniger Kindern« oder »Erst planen, dann Kinder kriegen« sollen auch außerhalb der großen Städte für die Akzeptanz der Kleinfamilie sorgen.

Daneben griffen die Mullahs auch zu drastischen Maßnahmen: Seit 1993 werden Lebensmittelhilfen nur mehr für die ersten drei Kinder einer Familie gewährt. Auch die Subventionierung von Miete, Medikamenten oder Krankenversicherungen erhält nur diejenige Familie, die nicht mehr als drei Kinder hat.

Durch diese Anstrengungen gelang es Iran Ende der 90er Jahre, die Geburtenrate so schnell zu senken wie kein anderes Land in einem derart kurzen Zeitraum: Sie liegt heute bei etwa 2%.

Eindeutig türkischer Herkunft sind dagegen die **Afshâr**, die mit den Seldschuken und Mongolen nach Iran kamen. Von den Safawiden protegiert, die die Afshâr als Miliz gegen andere Nomadenstämme einsetzten, verteilten sie sich im ganzen Land und zerfielen in verschiedene Gruppen. Die meisten der heute etwa 200.000 Afshâren sind seßhaft und leben in Ost-Aserbeidschan und Zenjân. Ebenfalls in Ost-Aserbeidschan leben die rund 50.000 **Shâhsevan**, die ihr Sommerquartier im Sabalân-Gebirge und ihr Winterquartier in der sich nördlich anschließenden Moghân-Steppe haben.

Arabische Bevölkerungsgruppen leben vor allem in Khuzestân – dem früheren Arabistân – und am Persischen Golf. Sie sind mehrheitlich sunnitisch. Ursprünglich wanderten sie als Nomaden zwischen Mesopotamien und dem Gebirgsrand des Zagros. Heute sind die meisten der rund 1,5 Mio. Araber seßhaft und arbeiten als Ackerbauern, Händler, Fischer oder in der Ölindustrie. Die in **Bandar-e Abbâs** und anderen Küstenorten des Persischen Golfs lebenden **Schwarzen** weisen auf den bis ins 20. Jh. existierenden Afrika- und Sklavenhandel hin. Sie arbeiten vor allem als Fischer. In ihren Glaubensvorstellungen mischen sich afrikanische und islamische Elemente; vor allem der Zâr-Kult ist verbreitet.

Schließlich beherbergt Iran die weltweit größte Zahl ausländischer Flüchtlinge: Neben rund 100.000 **Irakern** leben in Iran mehr als 2 Mio. **afghanische Staatsangehörige**. Der Zuzug afghanischer Flüchtlinge hatte 1979 nach der Invasion Afghanistans durch sowjetische Truppen begonnen; 1984 lebten mehr als 4 Mio. Afghanen in Iran. Sie erhielten stark subventionierte staatliche Nahrungsmittel, und es wurden diverse Gesundheits- und Bildungsprogramme für sie durchgeführt.

Die junge Islamische Republik war sehr stolz darauf, die Aufnahme der Flüchtlinge ohne internationale Hilfe bewältigen zu können. Vor allem aus zwei Gründen hatte sie die Flüchtlinge bereitwillig aufgenommen: Zum einen galt ihr die Aufnahme als »islamische Bruderpflicht« – war doch die Heimat der Afghanen von den »ungläubigen« Sowjets besetzt. Zum anderen ersetzten Afghanen während des Irak-Iran-Krieges einen erheblichen Teil der im Krieg kämpfenden Iraner an ihren heimischen Arbeitsplätzen. Nach dem Ende des Irak-Iran-Krieges (1988) und dem Sturz des kommunistischen Regimes in Afghanistan (1992) entfielen diese Gründe, und die Akzeptanz der afghanischen Flüchtlinge durch die iranische Bevölkerung ging zurück. Seitdem strebt die Regierung eine zügige Repatriierung der Flüchtlinge an. Heute besitzen etwa 1,2 Mio. eine dauerhafte Aufenthaltsberechtigung: Sie können – jedenfalls theoretisch – so lange in Iran bleiben, wie sie es wünschen.

Iranisches Plakat zur Geburtenkontrolle: »Mädchen oder Junge, zwei Kinder sind genug«.

■Die Religionen Irans

Im Lauf der Geschichte entstanden in Iran mehrere Religionen: Zarathustrismus, Manichäismus, Mazdakismus sowie die Bahai-Religion. Auch die Zwölfer-Schia, die im 16. Jh. zur Staatsreligion erhoben wurde, erhielt in Iran ihr heutiges Gepräge. Generell haben die Religion und ihre moralisch-ethischen Vorstellungen die iranische Geschichte entscheidend bestimmt, sei es unter den Achämeniden und Sasaniden, im islamischen Mittelalter oder in der Islamischen Republik.

Heute sind etwa 99% aller Iraner Muslime, 90% davon gehören der Richtung der Zwölfer-Schiiten an (vor allem die ethnischen Gruppen der Perser, Aserbeidschaner, Luren, Araber). Damit besitzt Iran den höchsten Schiiten-Anteil aller islamischen Länder. Zu den etwa 8% Sunniten zählen neben Turkmenen und Belutschen auch die meisten kurdischen Stämme. Zudem leben in Iran rund 360.000 Christen, 300.000 Bahai, 30.000 Juden sowie ebensoviele Zoroastrier.

Vorislamische Religionen

Der Mithra-Kult

Seit dem 16. Jh. v. Chr. wanderten indoeuropäische Reitervölker in Iran ein. Sie brachten ihre eigenen Götter mit, so auch **Mithra**, den Gott des Rechts und der staatlichen Ordnung. Er wird erstmals in einer Urkunde aus dem 14. Jh. v. Chr. erwähnt, wo er als Gott des Vertrages (altpers. *Mithra*: »Vertrag«) in Erscheinung tritt. Über die frühe Ausprägung des Mithra-Kults ist nur wenig bekannt, da sich keinerlei Texte der alten polytheistischen Religion erhalten haben. Womöglich wurden – wie in den späteren Mithrasmysterien – blutige Stieropfer vollzogen. Als gesichert gilt das Trinken von *Haoma*, einem berauschenden Getränk, bei kultischen Feiern. Dessen Hauptbestandteil, die heilige Pflanze Haoma, war nach einem untergeordneten Fruchtbarkeitsgott benannt; sie gehörte wohl zur Gattung *Ephedra*.

Der Prophet Zarathustra (s.u.), der iranische Schöpfer des Monotheismus, wandte sich entschieden gegen die Verehrung Mithras. Dennoch erkannten die späteren achämenidischen Herrscher (seit Artaxerxes II.) Mithra wieder offiziell an. Ein Jahrtausend behauptete sich Mithra nun neben Ahura Mazda, wobei er sich zu einem mit der Sonne verbundenen Erlösergott wandelte: Aus altiranisch *Mithra* wurde neupersisch *Mehr* (»Sonne«, »Liebe«, »Güte«).

Als solchen brachten ihn römische Legionäre im ersten nachchristlichen Jahrhundert nach Europa, wo als neuer Kult die **Mithras-**

mysterien entstanden. Noch heute zeugen die Überreste zahlreicher Mithras-Heiligtümer (Mithräen) in Italien, England und Deutschland (u.a. in Groß-Gerau und Reichsweiler) von der weiten Verbreitung der Geheimreligion, die sich auf römischem Boden zum ärgsten Konkurrenten des jungen Christentums entwickelte.

In Iran sind bis heute keine Mithräen gefunden worden; manches spricht dafür, daß Dareios alle iranischen Mithräen schleifen ließ. Generell sind die Unterschiede zwischen dem römischen Mithraskult und der altiranischen Religion groß. Während der persische Mithra Teil einer polytheistischen Götterwelt ist, gilt der römische Mithras als oberster Gott; Ahura Mazda wird in den römischen Mysterien nicht erwähnt. Ferner war der persische Mithra-Kult öffentlich, während der römische ein Geheimkult war.

Zarathustrismus

Der altiranische Prophet **Zarathustra** (neupers. *Zardusht*) wandte sich in seiner Lehre gegen Elemente des Mithra-Kultes: gegen den Rauschtrank Haoma sowie – aller Wahrscheinlichkeit nach – gegen das Stieropfer. Vor allem aber wandte sich Zarathustra gegen die Verehrung der vielen Götter, die er zu bloßen *Daevas* (»Dämonen«) herabstufte. Zum alleinigen, allmächtigen Schöpfergott erhob er den altiranischen Gott **Ahura Mazda** (»Weiser Herr«), womit Zarathustra zu einem der ersten Verkünder des Monotheismus wurde.

Zarathustras Morallehre kreist um die Vorstellung, daß in der Welt zwei Zwillingswesen wirken: der »Gute Geist« (*Spenta Mainyu*) und der »Böse Geist« (*Angra Mainyu*, später *Ahriman*), zwischen denen der Mensch seine Entscheidung treffen muß. Während zuvor die Götter als übermächtig und die Menschen als ihre willenlosen Objekte galten, nimmt Zarathustra nun den Menschen in die Verantwortung. Immer wieder fordert er, »wahr zu denken, wahr zu sprechen und wahr zu handeln«.

Interessanterweise hat **Friedrich Nietzsche** in seinem berühmten Werk *Also sprach Zarathustra* (1883–85) den altiranischen Propheten bewußt mißdeutet. Indem Nietzsche, der Zertrümmerer aller Werte und Verfechter der Amoralität, die Figur des Zarathustra zur Verkleidung seiner Ideen wählte, wollte er das revolutionär Neue seiner philosophischen Ideen herausstellen – eine Ironie, die seine Zeitgenossen allerdings nicht bemerkten, wie Nietzsche selbst feststellte: »Man hat mich nicht gefragt, man hätte mich fragen sollen, was gerade in meinem Munde, im Munde des ersten Immoralisten, der Name Zarathustra bedeutet: denn was die ungeheure Einzigkeit jenes Persers in der Geschichte ausmacht, ist gerade dazu das Gegenteil. Zarathustra hat zuerst im Kampf des

LEBEN IN IRAN

Guten und Bösen das eigentliche Rad im Getriebe der Dinge gesehen: die Übersetzung der Moral ins Metaphysische, als Kraft, Ursache, Zweck an sich ist sein Werk.«

Die näheren Lebensumstände Zarathustras, den die Griechen **Zoroaster** nannten (daher »**Zoroastrismus**«), sind nach wie vor unbekannt und entsprechend von Legenden umrankt. Die Forschung nimmt an, daß er zwischen 1700 und 600 v. Chr. gelebt hat, also noch vor Buddha. Auch der Geburtsort Zarathustras ist nicht bekannt, eine Vielzahl iranischer und afghanischer Städte beansprucht diese Ehre heute für sich. Wahrscheinlich stammt Zarathustra, dessen Name soviel wie »er hat ein goldfarbenes Kamel« bedeutet, aus der Gegend um Balch im heutigen Afghanistan.

> »Dies frag' ich Dich, recht tu es mir kund, Herr!
> Wer ist der Erzeuger, der Urvater des göttlichen Rechtes?
> Wer setzte die Bahn fest der Sonne und den Sternen?
> Wer ist's, durch den der Mond bald zunimmt und bald schwindet?
> Dies eben, Allweiser, und anderes noch möcht' ich erfahren.«
>
> aus: Walther Hinz, Zarathustra, 1961

Nach dem Tod Zarathustras verbreitete sich die neue Religion nach und nach in ganz Iran, wobei sie sich mit Elementen der alten Kulte vermischte. In dieser Mischreligion – von der Forschung im Gegensatz zum ursprünglichen »Zarathustrismus« als »Zoroastrismus« bezeichnet – tauchten die Götter aus der polytheistischen Zeit wieder auf: die Fruchtbarkeitsgöttin **Anahita** sowie **Mithra**, der nun eine Verwandlung zur Erlösergottheit durchlief. Unter den Sasaniden wurde der Zoroastrismus in ebendieser Mischform zur Staatsreligion.

Erst in dieser Zeit wurden die kanonischen Texte des Zoroastrismus, das **Avesta** (mittelpers. *Âpastâk*: »Unterweisung«), niedergeschrieben. Dies geschah als Reaktion auf die kanonischen Bücher der Christen sowie Manis (s.u.). Das heute vorhandene Avesta umfaßt etwa ein Viertel des ursprünglichen Bestandes, darunter die sechzehn **Gathas** (»Gesänge«), die auf Zarathustra selbst zurückgehen. Diese Hymnen, deren Übersetzung noch immer Rätsel aufgibt, bestehen aus rund 95 Fragesätzen, die sich an Ahura Mazda, den »Allweisen Herrn«, richten.

Zervanismus

Im 1. Jh. n. Chr. entstand während der Parther-Herrschaft ein Zweig des Zoroastrismus, der nach seinem obersten Gott **Zervân** (»Zeit«) als Zervanismus bezeichnet wird. Auch hier steht der kosmische Kampf zwischen Gut und Böse im Vordergrund, versinnbildlicht in dem Zwillingspaar **Ormazd** (Ahura Mazda) und **Ahriman**, den Söhnen Zervâns. Zervân selbst wird für ihre Gegensätzlichkeit verantwortlich gemacht: Um Nachkommen zu er-

RELIGION ■■■■■■

Zoroastrischer Tempel in Yazd mit dem geflügelten Symbol Ahura Mazdas

halten, hatte er 1000 Jahre lang Opfer dargebracht. Da sich dennoch kein Nachwuchs einstellte, begann der Gott, am Sinn des Opfers zu zweifeln. Als wider Erwarten doch ein Zwillingspaar geboren wurde, verkörperte es die zwei Seiten Zervâns: Während Ormazd die vertrauensvolle Seite Zervâns symbolisiert, ist Ahriman Ausdruck seiner Zweifel. Vor der Geburt hatte Zervân verfügt, daß der Erstgeborene König werden solle. Da jedoch Ahriman als erster auf die Welt kam, brach der Gott sein Wort und erkannte Ormazd als Herrscher an. Als jedoch Ahriman auf sein Erstgeburtsrecht pochte, gestand ihm der Vater zu, für 3000 Jahre die Weltherrschaft zu übernehmen.

Insgesamt gibt der Zervanismus die Dauer der Welt mit 9000 Jahren an, jeweils in Zyklen von 3000 Jahren. Nach den ersten beiden Perioden, während der Ahriman und Ormazd herrschen, kommt es in der dritten Periode zum Kampf zwischen Licht und Finsternis, der mit dem endgültigen Sieg des Lichtes enden wird. Mithra spielt hier die Rolle des Schiedsrichters und Vermittlers. Zur Zeit Manis war der Zervanismus bei den zoroastrischen Priestern stark verbreitet, und in ebendieser Form gelangte zoroastrisches Gedankengut in den Manichäismus.

Juden

Die iranischen Juden können in Iran auf eine rund 2500jährige Geschichte zurückblicken. Denn nicht alle deportierten Juden kehrten nach ihrer Befreiung aus der »Babylonischen Gefangenschaft« im 6. vorchristlichen Jh. ins Gelobte Land zurück. Manche ließen sich in Babylonien und der Persis nieder und begründeten die ersten dauerhaft in der Diaspora lebenden Gemeinden. Den jüdischen Rückkehrern erlaubte **Kyros II.** 539 den Wiederaufbau ihres Tempels in Jerusalem. Aufgrund dieser Unterstützung fühlten sich die Juden eng mit dem achämenidischen Herrscherhaus verbunden, und im Alten Testament wird Kyros mehrfach lobend erwähnt: Er erscheint als der »Gesalbte des Herrn«, vor dem sich alle »Tore öffnen« werden (Jesaja 45/1).

Auch in den folgenden Jahrhunderten schrieb Persien Bibelgeschichte. Literarischer Zeuge der persischen Aufstände gegen die Seleukiden, an denen sich auch die jüdischen Minderheiten beteiligten, ist das biblische **Buch Esther**, das in den 40er Jahren des 2. vorchristlichen Jh. in **Susa** entstand. Es spiegelt die damaligen Auseinandersetzungen in die Vergangenheit zurück und vertieft damit die jüdische Freundschaft zu den Persern weiter. In Susa entstand auch – etwa zwei Jahrzehnte vor dem Buch Esther – das **Buch Daniel**, dessen apokalyptische Visionen deutlich persische Wurzeln aufweisen.

Als Rechtsnachfolger von Kyros II. unterstützten die Juden auch die philhellenischen Parther. Unter ihrer Herrschaft erlebten die jüdischen Gemeinden eine Zeit der wirtschaftlichen Blüte. Unter **Ardawân III.** (12–41 n. Chr.) kam es sogar zur Gründung eines jüdischen Staatswesens, das sich fünfzehn Jahre behaupten konnte. Als während des Partherfeldzugs Trajans (114–117 n. Chr.) der größte Teil der jüdischen Gemeinden in Babylonien unter römische Herrschaft geriet, blieben die Sympathien der Juden eindeutig auf seiten der Parther.

Während die Juden unter den Sasaniden in häufig wechselnder Gunst der Herrscher standen, begann mit der Islamisierung der allmähliche Verfall des iranischen Judentums, der bis in das frühe 20. Jh. fortdauerte. Eine Ausnahme stellt die Herrschaft der mongolischen **Ilkhâne** dar: Aufgrund ihrer religiösen Toleranz zogen Juden in großer Zahl in die nordiranischen Städte Tabriz, Marâghe und Soltâniye. Mehrere Juden traten nun als prominente Persönlichkeiten in der Zivilverwaltung hervor, unter ihnen der Arzt, Wesir und Historiker Rashid ad-Din Fadlallâh (gest. 1318), dessen Universalgeschichte *Jâmi' at-Tawârikh* einen eigenen Abschnitt über die Geschichte der Juden enthält.

Wenn die Juden auch weiterhin in der Entwicklung Irans eine bedeutende wirtschaftliche Rolle spielten, blieb ihr Niedergang unaufhaltsam, und um die Wende zum 20. Jh. unterlagen sie den gleichen Repressionen wie andere religiöse Minderheiten. Erst unter der Pahlaviherrschaft wurden die Juden rechtlich gleichgestellt. Seitdem haben sie sich vor allem auf die Städte konzentriert: Allein in Teheran wohnen über zwei Drittel der persischen Juden, die hier – wie auch in Schiraz, Isfahan und anderen Städten und in Konkurrenz zu den Armeniern – vor allem im Geldwechsel- und Teppichgeschäft vertreten sind.

Christen

Zu Beginn des 2. Jh. entstanden in Iran die ersten christlichen Gemeinden – zunächst in Gilân, gegen Ende des 2. Jh. dann in Parthien, Medien, der Persis und Baktrien. Ihre Anhänger waren meist vom Zoroastrismus übergetretene Iraner. Die im 3. Jh. durch Mission sowie den Zuzug syrischer Christen erstarkende **persische Kirche** wurde von den sasanidischen Herrschern unterschiedlich behandelt, mitunter sogar verfolgt.

Die Verfolgungen ließen nach, als sich die iranischen Christen von der Kirche des Byzantinischen Reiches, dem politischen Erzfeind der Sasaniden, unabhängig erklärten. Die damit begonnene Loslösung vom Byzantinischen Reich verstärkte sich, als sich die persische Kirche im 5. Jh. die Anschauungen des **Nestorius** zu eigen machte. Die nun als Nestorianer firmierenden persischen Christen vertraten die Lehre, daß Gott keine Mutter haben könne und Christus nicht nur zwei Naturen, sondern sogar zwei Personen (eine menschliche und eine göttliche) in sich vereine. Da sie damit die menschlichen Eigenschaften Christi in den Vordergrund rückten, besitzen sie unter den christlichen Gemeinschaften die größte theologische Nähe zum Islam.

Von den muslimischen Herrschern als religiöse Minderheit anerkannt, prosperierten die christlichen Kirchen Irans nach der islamischen Eroberung. Mit den systematischen Plünderungszügen **Timurs** begann jedoch der Niedergang der nestorianischen Gemeinden, der bis in die Gegenwart andauert. Von dem einst blühenden kirchlichen Leben zeugen heute nur noch kümmerliche Reste. Im 16. Jh. vereinigte sich ein Teil der nestorianischen Kirche mit Rom, sie werden seither **Chaldäer** genannt. Die »verbliebenen« Nestorianer bezeichnen sich dagegen meist als **Assyrer** (früher: *Souraye, Syrer*).

Die heute größte christliche Gruppierung stellen die **Armenier** dar. Sie waren ursprünglich auf den Nordwesten Irans konzentriert. Als jedoch die Grenzgebiete des Safawidenreiches im 16. Jh. zunehmend von den Osmanen bedroht wurden, ließ Shâh Abbâs I. die Armenier zu Hunderttausenden in Städte und Landstriche im Zentrum Irans umsiedeln. Die teils erzwungene, teils freiwillige

Abwanderung führte zur Entstehung großer Armenierviertel in vielen iranischen Städten, u.a. in Tabriz, Qazwin und Kâshân, allen voran jedoch in Isfahan. Heute leben in Iran neben den Armeniern noch kleine Überreste der Nestorianergemeinden. Auch die katholischen, protestantischen und orthodoxen Gemeinden bestehen nur aus wenigen tausend Mitgliedern.

Manichäismus

Im 3. Jh. n. Chr. trat in Iran wieder ein Religionsstifter auf: der in Babylonien geborene Perser **Mani** (216-277). Seine gnostische Erlösungslehre, die sich als eine Erneuerung des Christentums versteht, nimmt ihren Ausgangspunkt im altiranischen Dualismus. Im Zentrum steht die Vermischung der zwei ewigen, ungeschaffenen Prinzipien Gott (= Licht, Wahrheit) und Materie (= Finsternis, Lüge). Die stoffliche Welt gilt den Manichäern daher - ebenso wie den christlichen Gnostikern - als die Verkörperung des Bösen. Nur durch die erneute Trennung der zwei Prinzipien, d.h. die Ablehnung alles Irdischen, sei Erlösung bzw. der Sieg des Lichts möglich.

Von Beginn an konzipierte Mani den Manichäismus als Universalreligion. Zur Verbreitung der jungen Lehre verfaßte er einen metaphysischen Kanon, indem er seine Offenbarungen - mittels eines selbsterfundenen Alphabets - niederschrieb. Mani fertigte auch Übersetzungen seiner heiligen Schriften und ermunterte seine Anhänger, in all ihren Muttersprachen Gedichte und Lieder für die Feste und Gottesdienste ihres religiösen Kalenders zu verfassen. Wo immer der Manichäismus Fuß faßte, begleitete ihn eine aufblühende Volksliteratur.

Sowohl in Asien als auch in Europa fand der Manichäismus weite Verbreitung - auch **Augustinus** (gest. 430) zählte, bevor er zum Christentum konvertierte, zu seinen Anhängern. Desgleichen war der Sasanidenkönig Shâpur I. von dem vielseitigen Gelehrten sehr angetan, wie Mani in seinen *Notizen* vermerkt: »König Shâpur empfing mich mit großer Ehre und gestattete mir, daß ich in seinen Ländern umherwandelte und das Wort des Lebens predigte.« Der neue Glaube stieß jedoch auf das Mißfallen der zoroastrischen Priesterkaste, die Mani der Häresie beschuldigte. Auf ihr Betreiben wurde der künstlerisch begabte Prediger unter Bahrâm II. hingerichtet.

Mazdakismus

Ende des 5. Jh. entstand eine sozial-revolutionäre Bewegung, die sich entschieden gegen die bestehende Gesellschaftsordnung und die ungerechten Besitzverhältnisse wandte. Die explizit religiösen Lehren ihres Begründers, des zoroastrischen Priesters **Mazdak** (gest.

529), waren vom manichäischen Dualismus geprägt. Nach Mazdak waren alle Menschen gleich geboren; das Böse in der Welt resultiere allein aus den sozialen Ungleichheiten. Tatsächlich lag die politische und wirtschaftliche Macht damals ausschließlich in den Händen des grundbesitzenden Feudaladels. Weder die Bauern noch die städtische Bevölkerung konnten aufgrund der strengen Scheidung der Klassen ihren sozialen Status verbessern. Mazdaks radikale Forderungen – gleiche Verteilung von Geld und Besitz sowie die Auflösung der Familie (von letzterer erhofften sich die Mazdakiten den Zusammenbruch der gesellschaftlichen Klassen) – stießen daher bei der rechtlosen Bevölkerung auf breite Zustimmung, während sich der Adel wie auch die zoroastrische Priesterkaste zu Recht bedroht fühlten. Als die Anhänger Mazdaks begannen, Burgen der Adligen zu erobern und ihre Frauen zu entführen, befahl der Sasanidenherrscher Kavadh I. im Jahr 528 ein Massaker unter den Mazdakiten. Gleichzeitig schloß er seinen älteren Sohn, der als erklärter Anhänger Mazdaks galt, zugunsten seines jüngeren Sohnes Khosrow von der Thronfolge aus. Nur eine kleine Gruppe der Bewegung überlebte bis in die islamische Zeit hinein im Untergrund.

Islam

Im 7. nachchristlichen Jh. nahm im arabischen Mekka eine neue Weltreligion ihren Ausgang: der **Islam**. Im Alter von etwa 40 Jahren hatte **Mohammad** (um 570-632), ein Kaufmann aus dem Stamm der Quraish, ein Berufungserlebnis und trat von nun an als Prophet auf. Neben der Warnung vor dem Jüngsten Gericht und der Forderung nach sozialer Gerechtigkeit steht die Verurteilung der einheimischen polytheistischen Götterwelt im Mittelpunkt seiner Lehre. Grundlage des Islam ist ein konsequenter Monotheismus, der Glaube an einen einzigen Gott (arab. *Allâh*), als dessen letzter Prophet – nach u.a. Abraham, Moses und Jesus – Mohammad gilt.

Da die Mehrheit der Mekkaner Mohammad nicht als Prophet anerkannte, wanderte dieser im Jahr 622 mit einigen Getreuen nach Yathrib, dem späteren **Medina**, aus – die »Emigration« (arab. *Hijra*) sollte zum Beginn der neuen islamischen Zeitrechnung werden. Dort gewann Mohammad rasch an Einfluß, und das erste islamische Gemeinwesen (arab. *Umma*) entstand, das zum Vorbild aller späteren islamisch-politischen Gebilde wurde. 630 gelang es Mohammad, mit seinen Getreuen Mekka zu erobern und die vorislamischen Götterbilder in der Kaaba – dem würfelförmigen Zentralheiligtum der arabischen Stämme, das nun zur zentralen Kultstätte des Islam avancierte – zu zerstören. Als Mohammad

632 starb, bekannten sich fast alle Bewohner der Arabischen Halbinsel zum Islam.

Die Offenbarungen Mohammads, die er zwischen 610 und 632 in Mekka und Medina verkündete, wurden nach seinem Tod im **Koran** (arab. *Qur'ân*: etwa »Lesung, Vortrag«) schriftlich fixiert. Dieses Buch gilt den Muslimen als das ewig gültige, noch vor der Erschaffung der Welt niedergeschriebene Wort Gottes. Die Sprache des Koran ist das Hocharabische; das Buch selbst ist in 114 Abschnitte (Suren) von sehr unterschiedlicher Länge unterteilt. Die erste Sure (arab. *Fâtiha*) wird im Ritual wie im Privatleben häufig zitiert. Die Sprachgewalt des in Reimprosa verfaßten Korans beeindruckt immer wieder auch Nichtmuslime. So bemerkte Goethe: »Der Stil des Koran ist seinem Inhalt und Zweck gemäß streng, groß, furchtbar, stellenweis wahrhaft erhaben; so treibt ein Keil den anderen, und darf sich über die große Wirksamkeit des Buches niemand verwundern.«

Von zentraler Bedeutung für die weitere Ausgestaltung des Islam sind die **Hadith-Sammlungen** (arab. *Hadith*: »Bericht«). Sie bilden für Muslime eine Orientierung für das Verhalten im täglichen Leben, wobei die Sunniten ausschließlich auf die Sunna zurückgreifen, die sich auf Äußerungen und Verhaltensweisen Mohammads beziehen, während die Schiiten auch **Ali** als Autorität einbeziehen.

Der orthodoxe Islam kennt fünf grundlegende rituelle Handlungen, die allen Muslimen vorgeschrieben sind: die sogenannten **fünf Säulen des Islam**. Die erste und wichtigste Pflicht aller Muslime ist das Glaubensbekenntnis (*Shahâda*): »Ich bezeuge, daß es keine Gottheit außer Gott gibt und daß Mohammad der Gesandte Gottes ist« (*Lâ ilâha illâ 'llâh, wa Mohammad rasul allâh*). Die Schiiten fügen dem noch hinzu: »und Ali ist Gottes Vertrauter« (*wa Aliyun wali 'llâh*). Jeder, der diesen Satz bewußt und aufrichtig vor Zeugen ausspricht, bekennt seine Zugehörigkeit zum Islam und zur islamischen Gemeinschaft (*Umma*). Zu den Säulen zählt auch das fünfmal am Tag zu verrichtende Pflichtgebet (*Salât*), dem die obligatorische rituelle Reinigung vorausgeht. Weitere Säulen sind die Pflichtabgabe (*Zakât*), das Fasten (*Saum*) im Monat Ramazân sowie die Wallfahrt nach Mekka (*Hajj*), wenn die materiellen und gesundheitlichen Voraussetzungen dafür gegeben sind.

Die Schia

Ausgangspunkt des islamischen Schismas, der Spaltung der Muslime in Schiiten und Sunniten, ist der Streit über die rechtmäßige, d.h. gottgewollte **Nachfolge** des Propheten Mohammad. Als dieser 632 starb, hatte er - so die vorherrschende (sunnitische) Auffassung - keine Regelung hinsichtlich seiner Nachfolge getroffen.

Zur traditionellen Kleidung der schiitischen Geistlichen zählen Turban und Aba, ein kragenloser Umhang.

LEBEN IN IRAN

Unter seinen Anhängern entstanden daraufhin Streitigkeiten, wer zur Führung der *Umma*, der islamischen Gemeinde, berechtigt sei. Eine Gruppierung war der Ansicht, daß die rechtmäßige Herrschaft allein **Ali ibn Abi Tâlib**, dem Vetter und Schwiegersohn Mohammads und späteren vierten Kalifen (656-661), und dessen leiblichen Nachkommen zustehe. Hier nahm die **Schia**, die »Partei Alis« (*Schi'at Ali*), ihren Ausgang.

Den sunnitischen Kalifen spricht die Schia die Rechtmäßigkeit der Nachfolge ab und erkennt statt dessen eine Reihe von **Imamen** an. Dabei stellen die **Zwölferschiiten** - ihr Name rührt daher, daß sie zwölf Imame anerkennen - die größte Gruppe der Schiiten dar. Ihnen gelten die Imame als außergewöhnliche Persönlichkeiten, die kraft göttlicher Inspiration in der Lage sind, den wahren Sinn der Offenbarung zu erkennen; ihre Vergöttlichung lehnen sie jedoch ab. Mit Ausnahme Alis war es den Imamen nie vergönnt, neben ihrer geistigen Führungsrolle auch die Staatsgewalt zu übernehmen.

Die Kette der Imame dieser schiitischen Richtung endet mit dem zwölften Imam. Er soll im Jahr 874 nicht gestorben, sondern von Gott in die Verborgenheit entrückt worden sein, aus der er nach schiitischem Glauben am Ende der Zeiten als **Mahdi** oder »Herrscher der Zeit« (*Sâhib al-Zamân*), als eschatologischer Retter und Erneuerer des Islam auf die Erde zurückkommen soll. Während seiner Abwesenheit tritt - nach späterer schiitischer Auslegung - der Rechtsgelehrte (*Faqih*) als »Stellvertreter des Imam« (*Nâ'ib al-Imâm*) an seine Stelle.

Im Unterschied zur schiitischen Mehrheitsfraktion der Zwölferschiiten verehren die **Siebenerschiiten** oder »Ismailiten« nur sieben Imame. Ihr theologisches System greift viele Gedanken des Neuplatonismus auf. Ihre esoterische Lehre eines »inneren Islam« (*Bâtiniya*) orientiert sich nur wenig am Wortlaut von Koran und Sunna, statt dessen bedienen sie sich einer allegorischen Ausdeutung, die von der schiitischen Orthodoxie abgelehnt wird. Zudem gelten ihnen die Imame als göttlich und unfehlbar. Der bedeutendste ismailitische Staat existierte - in Rivalität zum Kalifat der Abbasiden - von 909 bis 1171 in Nordafrika mit Kairo als Zentrum; die berühmteste ismailitische Sekte ist die der Assassinen (siehe *Alamut*).

In Iran blieben die Zwölferschiiten lange eine Minderheit - obwohl sich die Schia mit der Gründung der arabischen Kolonie

Die Imame der Zwölferschia

Mohammad

1. Ali ibn Abi Tâlib (gest. 661)
2. Hasan (gest. 670 od. 678)
3. Hosein (gest. 680)
4. Ali Zein al-Âbedin (gest. um 713)
5. Mohammad-e Bâqer (gest. um 733)
6. Jaafar-e Sâdeq (gest. 765)
7. Musâ al-Kâzem (gest. 799)
8. Ali Rezâ (gest. 818)
9. Mohammad at-Taqi (gest. 830)
10. Ali an-Naqi (gest. 868)
11. Hasan al-Askari (gest. um 873)
12. Mohammad al-Mahdi

Im Bazar: Fußballstars hängen neben Postern von Ali, dem ersten schiitischen Imam.

Qom schon im 8. Jh. etabliert hatte. Erst mit der Herrschaft der schiitischen Safawidenschahs trat eine Änderung ein. Shâh Ismail betrieb zu Beginn des 16. Jh. die systematische Schiitisierung des Landes, die gegen Ende des 17. Jh. ihren Abschluß fand. Um den Bedarf an schiitischen Theologen und Schriften zu decken, begann Ismail, schiitische Gelehrte aus den arabischen Ländern nach Iran zu holen. Die religiösen Gelehrten und *Seyyeds* (Nachkommen des Propheten Mohammad) wurden von den frühen Safawidenherrschern besonders bevorzugt und mit Zuschüssen und Staatsrenten bedacht. Aufgrund dieses fürstlichen Wohlwollens bildeten die Theologen zunächst eine feste Stütze des Regimes. Erst als die Finanzkraft der Geistlichen unter den späteren Safawidenherrschern beträchtlich zugenommen hatte, begannen sie, die Legitimität der Safawidenherrschaft in Frage zu stellen. Nun entwickelte sich ein hierarchisch gegliederter **Klerus**, der sich zunehmend in Konkurrenz zur Herrschaft der Könige sah – mit der Gründung der Islamischen Republik 1979 fand diese Entwicklung ihren vorläufigen Abschluß.

Bahai

Vorläufer der Bahai-Religion, die sich bald über die Grenzen Irans ausbreitete und heute weltweit rund 5 Mio.. Anhänger hat, war die messianische **Babi-Bewegung**. Ihr Begründer, der aus Schiraz stammende Kaufmannssohn **Seyyed Ali Mohammad** (1819–1850),

Sufismus: die islamische Mystik

Parallel zum orthodoxen Islam entwickelte sich in der islamischen Welt eine mystische Strömung, deren erste Anhänger nach ihrem wollenen Gewand (arab. *Suf*) als **Sufi** bezeichnet werden. Später wurden sie auch *Faqir* (arab. »Armer«) oder *Derwisch* (pers. »Armer, Bettler«) genannt. Diese frommen Asketen kümmerten sich weniger um die dogmatische Befolgung des Gesetzes-Islam; vielmehr galt ihre Suche der **mystischen Gotteserfahrung** oder der Reinheit des Herzens, was sie durch Askese, Meditation, Trance oder Tanz zu erlangen suchten. Zu den bedeutendsten persischen Sufis zählen Bastâmi, al-Hallâj, Attâr und Rumi.

Im 13. Jh. entstanden dann die ersten **Sufi-Ordensgemeinschaften** (arab. *Tariqa*), deren spirituelle Führer (arab. *Scheich*, pers. *Pir*) von ihren Anhängern absoluten Gehorsam verlangten und als Heilige verehrt wurden. Man sprach ihnen Wunderkräfte zu, rief sie um Beistand an und pilgerte zu ihren Konventen und Gräbern. Auch Frauen wurden als Heilige verehrt.

Dabei hatten die Derwisch-Bruderschaften bald nicht nur religiös-spirituelle Funktionen. Viele von ihnen entwickelten sich zu politisch überaus einflußreichen Institutionen und prägten die historische Entwicklung Irans entscheidend mit: Die Dynastie der Safawiden entstammt jener Familie, die rund 200 Jahre dem Ardabiler **Safawiye-Orden** vorstand.

Der bis heute größte und bedeutendste iranische Sufi-Orden ist die schiitische **Ne'matollâhiye**, die auf den 1431 verstorbenen Shâh Ne'matollâh Vali zurückgeht. Als die Bruderschaften unter Shâh Abbâs I. als unliebsame Konkurrenten massiv verfolgt wurden, flüchteten seine Anhänger nach Indien, von wo sie erst im 18. Jh. unter ihrem obersten Pir, Ma'sum Ali Shâh Dakâni, nach Iran zurückkehrten.

Im Vergleich zu anderen iranischen Bruderschaften wie den Dahabi und Khâksâr gewann der Ne'matollâhi-Orden im 19. Jh. starken Zulauf, was bei der schiitischen Geistlichkeit erneut auf Unbehagen stieß. Unter dem Qajaren-Herrscher Fath Ali Shâh erklärten sie die Sufis zu Ungläubigen und ließen sie brutal verfolgen. Erst Fath Alis Nachfolger, Mohammad Shâh, der selbst mystische Neigungen hatte, unterband die Verfolgung seitens der Orthodoxie – zumindest vorübergehend.

Neben den Ordens-Derwischen gab es immer auch Sufis, die ein bürgerliches Leben mit Familie und festem Wohnsitz ablehnten und ein freies Wanderleben führten. Sie werden *Bi-shar'* (»ohne Gesetz«) genannt. Einer ihrer wichtigsten Ausrüstungsgegenstände ist ein bauchiges Gefäß: die Bettelschale (pers. *Kashkul*). Sie ist meist oval geformt, aus Metall, Kürbis oder dem Holz der Seychellen-Nuß gearbeitet und zuweilen reich verziert. Sie dient sowohl zur Aufnahme von Almosen (Nahrung, Geld), als auch zum Trinken.

Foto eines Derwisch, 19. Jh.

war zu der Ansicht gelangt, daß es immer einen Menschen auf der Welt gebe, der in geheimer Verbindung mit dem verborgenen zwölften Imam stehe und so dessen Willen kundtun könne. 1844 trat Ali Mohammad erstmals an die Öffentlichkeit und erklärte sich selbst zu diesem *Bâb*, dem »Tor« (zur Erkenntnis der göttlichen Wahrheit). Mit seinen Predigten gegen die Korruption der geistlichen und weltlichen Autoritäten sowie seinen Forderungen nach sozialer Gerechtigkeit, Besserstellung der Frauen und Kinder, Senkung der Steuern sowie Milderung der Strafen gewann der Bâb bald eine zahlreiche Anhängerschaft, gegen die die staatlichen Behörden und die Geistlichkeit mit schonungsloser Härte vorgingen. Nach dem Tod Mohammad Shâhs kam es zwischen 1848 und 1852 zu mehreren Revolten der Babis, die mit äußerster Brutalität niedergeschlagen wurden; viele Babis, darunter der Bâb selbst, wurden hingerichtet. Der Versuch einiger Babis, im Jahr 1852 Nâser ad-Din Shâh zu ermorden, schlug fehl; erneute Massenhinrichtungen waren die Folge, zu deren Opfern auch die junge Dichterin und Babi-Predigerin Qorrat al-Ain zählt.

Die religiösen Minderheiten heute

Wie bereits unter den Pahlavishâs ist auch im heutigen Iran der schiitische Islam Staatsreligion. Die Verfassung von 1979 erkennt jedoch die religiösen Minderheiten der Juden, Christen und Zoroastrier als »Besitzer einer Heiligen Schrift« (*Ahl-e Ketâb*) an und garantiert ihnen ihre Rechte. Synagogen, Kirchen und zoroastrische Tempel werden deshalb vom Staat unterstützt. Im Parlament sind fünf Abgeordnetensitze für die religiösen Minderheiten reserviert: zwei für die armenischen Christen und jeweils einer für die assyrischen Christen (Nestorianer), Juden und Zoroastrier.
Die 30.000 **Zoroastrier**, von denen die meisten in Teheran und Yazd leben, werden vollkommen akzeptiert. Sie gelten auch in der Islamischen Republik als eine »nationale Besonderheit« und dürfen unbehelligt ihrem Kultus nachgehen. Auch gegen **Juden** bestehen kaum offene Repressionen. In den ersten Jahren nach der Revolution kam es allerdings zu massiven Verfolgungen - viele setzten damals die iranischen Juden mit den verhaßten »Zionisten« in Israel gleich.
Aufgrund dieser unsicheren Situation flohen Zehntausende ins Ausland, die Reichen in die USA, die Ärmeren nach Israel. Insgesamt wanderten seit 1979 mehr als die Hälfte der vormals 80.000 Juden aus.
Die Repressionen ließen nach, als Ayatollah Khomeini verkündete, daß es einen Unterschied zwischen der hiesigen jüdischen Gemeinde und den »israelischen Zionisten« gäbe. Heute können Juden unbehelligt ihre Synagogen aufsuchen, von denen es allein in Teheran fünfzehn geben soll, und ihre Kinder auf Schulen schicken, die jüdischen Religionsunterricht anbieten - immer vorausgesetzt, sie kümmern sich nicht um Politik.

RELIGION ■ ■ ■ ■ ■ ■

Die Mehrheit der überlebenden Babis schloß sich **Mirzâ Hosein Ali Nuri** (1817-1892) an, der sich 1863 im Bagdader Exil zu jenem künftigen Propheten erklärte, dessen Kommen der Bâb vorausgesagt hatte. Unter dem Namen **Bahâ'ullâh** (»Glanz Gottes«) verkündete er seine eigene liberale, pazifistisch und universalistisch ausgerichtete Heilslehre, die die fortschrittlichen Ideen des Bâb noch übertraf. Aufgrund seines Erfolgs veranlaßte der persische Konsul seine Verbannung nach Istanbul. Nach seinem Tod übernahm sein ältester Sohn Abd al-Bahâ (»Diener des Glanzes«) die Leitung der jungen Gemeinde und wurde als Interpret der Lehren des Religionsgründers allgemein anerkannt. Das Grab Bahâ'ullâhs und damit das höchste Heiligtum der Bahai befindet sich im israelischen Haifa.

Nach den Vorstellungen der Bahai ist Gott völlig transzendent und somit auf mystischem Wege nicht erkennbar. In kontinuierlichen Schöpfungsakten offenbart er sich in den Propheten, zu denen neben Propheten von Judentum, Christentum und Islam auch Zarathustra zählt; Buddha und Konfuzius werden als Weise

Besondere Schwierigkeiten im Alltag erleben auch **Christen** nicht. Hinter den Mauern der Teheraner Kirchen - neben armenischen Gotteshäusern gibt es auch katholische, eine evangelisch-lutherische sowie eine chaldäisch-assyrische Kirche - besitzen die Regeln des Islam keine Gültigkeit, und die Christinnen legen ihren Schleier ab. Generell herrschen in den armenischen Vierteln deutlich laxere Sitten. Hier ist sogar Alkohol erhältlich - offiziell jedoch nicht für Muslime. Die weitaus größte und bedeutendste christliche Gruppe stellen die **Armenier** dar, die vor allem in Teheran, Isfahan, Tabriz, Orumiye, Âbâdân und Rasht leben. Insbesondere die Wohlhabenden unter ihnen wanderten nach der Revolution in die USA aus.

Nicht akzeptiert wird von staatlicher Seite die **Konversion** eines Muslim zu einem anderen Glauben. Muslime, die zum Christentum übertreten, gelten als »Abtrünnige« und haben schwerste Strafen zu befürchten; Menschenrechtsorganisationen berichten von Verhaftungen und Hinrichtungen.

Als »Abtrünnige« gelten den Vertretern der Islamischen Republik auch die rund 300.000 **Bahai**. Während die Glaubensgemeinschaft unter Mohammad Rezâ als religiöse Minderheit anerkannt war, leiden die Bahai heute unter massiven Repressionen, deren erklärtes Ziel die Zerstörung der Bahai-Gemeinschaft ist. Seit dem Sieg der Revolution wurden mehr als 200 Bahai getötet, fast ihre gesamte Führung ermordet, Tausende verhaftet. Ihre religiösen Institutionen wurden geschlossen, Bahai von ihren Posten entlassen und ihre Besitztümer enteignet. Im öffentlichen Leben haben Bahai keine Chance; an den Universitäten dürfen sie sich nicht einschreiben. Immer wieder kommt es zu willkürlichen Festnahmen und der Verhängung der Todesstrafe - begründet wird dies mit dem »Delikt« der Apostasie, des Abfalls vom rechten Glauben. Aufgrund der fortgesetzten Repressionen flohen seit der Revolution rund 10.000 Bahai außer Landes.

betrachtet. Dabei nehmen die Bahais an, daß die Kette der Propheten über das Erscheinen Bâbs und Baha'ullâhs hinaus fortgesetzt wird. Von den anderen monotheistischen Religionen unterscheidet sich der Bahaismus vor allem dadurch, daß es die Idee von Auferstehung oder Wiedergeburt ablehnt; auch der Gedanke eines jenseitigen Paradieses bzw. einer Hölle ist ihm fremd.

■ Die iranischen Kalender

In Iran sind drei verschiedene Kalender in Gebrauch: Im Alltag wird überwiegend der persische **Sonnenkalender** verwendet. Die islamischen Feste richten sich dagegen nach dem **Mondzyklus**. Im Geschäftsverkehr mit dem westlichen Ausland gilt der **gregorianische** Kalender.
Das persische Sonnenjahr erstreckt sich vom 21. März bis zum 20. März des darauffolgenden Jahres unserer Zeitrechnung. Da die islamische Jahreszählung mit der Übersiedlung Mohammads nach Medina (622 n. Chr.) beginnt, entspricht das iranisch-islamische Jahr 1379 in etwa dem Jahr 2000 unserer Zeitrechnung.
Der islamische Festkalender orientiert sich am islamischen Mondjahr, das um 11 Tage kürzer ist als das Sonnenjahr. Es währt also nur 354 Tage, wobei elfmal in 30 Jahren ein zusätzlicher Tag eingefügt wird. Die zwölf islamischen Monate wandern somit durch den Jahreskreis: Während das große Opferfest 1999 am 28. März gefeiert wurde, findet es im Jahr 2000 bereits am 16. März statt. Da jeder islamische Monat mit dem ersten Sichtbarwerden des Neumonds am Abendhimmel beginnt, kann es zu regionalen Terminverschiebungen kommen.

■ Die Feste

Das altiranische Fest Nouruz

Das größte iranische Fest ist das **Frühlings- und Neujahrsfest** *Nouruz* (pers. »neuer Tag«), dessen Wurzeln in die Zeit der Achämeniden zurückreichen. Als Frühlingsfest wird Nouruz nicht nur in Iran, sondern auch in den umliegenden Staaten und den zentralasiatischen Republiken begangen. Entsprungen ist das Nouruz-Fest einer bäuerlichen Kultur, für die der Frühling eine besondere wirtschaftliche Bedeutung besitzt.

FESTE ■ ■ ■ ■ ■ ■

Ein Haft Sin-Gedeck zu Nouruz (Zeichnung Ali Akbar Sadeghi)

LEBEN IN IRAN

Das persische Sonnenjahr 1379 beginnt am 21. März 2000. Das islamische Jahr 1420 begann am 17. April 1999, das islamische Jahr 1421 beginnt am 6. April 2000.

Die persischen Monate und ihre Entsprechung in unserer Zeitrechnung:

Farwardin	(21. März – 20. April)
Ordibehesht	(21. April – 21. Mai)
Khordâd	(22. Mai – 21. Juni)
Tir	(22. Juni – 22. Juli)
Mordâd	(23. Juli – 22. Aug.)
Shahriwar	(23. Aug. – 22. Sept.)
Mehr	(23. Sept. – 22. Okt.)
Âban	(23. Okt. – 21. Nov.)
Âzar	(22. Nov. – 21. Dez.)
Dey	(22. Dez. – 20. Jan.)
Bahman	(21. Jan. – 19. Febr.)
Esfand	(20. Febr. – 20. März)

Die islamischen Monate (in persischer Aussprache)

Moharram (30 Tage)
Safar (29 Tage)
Rabi al-Awwal (30 Tage)
Rabi al-Âkher oder Rabi as-Sâni (29 Tage)
Jomâdi al-Ulâ (30 Tage)
Jomâdi al-Okhrâ
   oder Jomâdi as-Sâni (29 Tage)
Rajab (30 Tage)
Shaabân (29 Tage)
Ramazân (30 Tage)
Shawwâl (29 Tage)
Ze-l-Qaade (30 Tage)

Die eigentlichen Festivitäten ziehen sich über **zwei Wochen** hin. Ihnen geht noch eine Vorbereitungsphase voraus, in der verstorbene Verwandte auf dem Friedhof besucht und die Häuser gründlich gereinigt werden. Mit der Nacht zum letzten Mittwoch des Jahres (*Chahâr-shambe-ye suri*) beginnen die Feierlichkeiten. Auf den Straßen werden **kleine Feuer** entzündet, über die Jung und Alt springen. Dabei sprechen sie zum Feuer gewandt die Worte: »Meine Blässe (= mein Schädliches) möge dir gehören, deine Röte (= dein Gutes) mir.«
Kurz vor dem Jahreswechsel erscheint in den Städten eine rotgekleidete Narrenfigur namens *Hajji Firuz*, die einen langen Magierhut trägt. Sie bringt die Menschen mit satirischen Versen zum Lachen, was diese mit Geldspenden entlohnen.
Der eigentliche **Höhepunkt** des Festes ist der Tag des Jahresausklangs am 20./21. März, der so etwas wie Weihnachten und Silvester auf einmal darstellt: ausgelassene Stimmung, Gratulationen und viele Geschenke. Wichtigstes Brauchtum ist **Haft Sin** (»siebenmal s«): Auf einem Tuch werden die sieben Gegenstände ausgebreitet, die mit dem Buchstaben »s« (pers. *Sin*) beginnen: *Sabze* (Weizen- oder Linsensprossen), *Samanu* (eine süße Weizenspeise), *Sir* (Knoblauch), *Serke* (Essig), *Somâgh* (Gewürz), *Sib* (Apfel) und *Senjed* (Mehlbeeren), alternativ auch *Sâat* (Uhr) oder *Sekke* (Münzen); daneben häufig auch eine Hyazinthe (*Sonbol*) sowie eine wilde Raute (*Sepand*) für Weihrauch. Hinzu kommen ein Spiegel, Goldfisch, Wasser, Brot, bemalte harte Eier sowie bei Muslimen der Koran, bei Zoroastriern das Avesta. Am selben Tag zieht in den Städten eine vollständig in grün gekleidete Figur namens *Ammu Nouruz* (»Onkel Nouruz«) von Haus zu Haus und beschenkt die Kinder. Während der folgenden zwölf Tage statten sich Verwandte und Bekannte gegenseitig Besuche ab, wobei die Jüngeren jeweils die Älteren besuchen. Mit dem **dreizehnten Tag**

(*Sizdah-bedâr*) endet das Fest. An diesem Tag unternehmen alle Iraner Ausflüge in die Umgebung und picknicken. Nun wird das *Sabze* (Weizen- und Linsensprossen), das man seit dem Neujahrstag im Haus hat, in die Natur – möglichst einen Fluß – geworfen, um alle Übel zu vertreiben.

Die islamischen Feste

»Ihr Gläubigen! Euch ist vorgeschrieben zu fasten, wie es denen vor euch vorgeschrieben war. Vielleicht werdet ihr gottesfürchtig« – so lautet Koran 2/183. Während des Monats **Ramazân** (arab. *Ramadân*), des neunten Monats des islamischen Mondjahres, enthalten sich alle Muslime von dem Zeitpunkt an, wo »man einen weißen von einem schwarzen Faden unterscheiden kann«, bis zum Sonnenuntergang jeder festen oder flüssigen Nahrung; auch Rauchen und Geschlechtsverkehr sind in diesem Zeitraum tabu. Da der Ramazân entsprechend dem islamischen Mondjahr durch den Jahreskreis wandert, stellt die Fastenpflicht eine jahreszeitlich wechselnde körperliche Belastung dar. Vom Gebot des Fastens ausgenommen sind Kranke, Reisende, Schwangere, Stillende und Menstruierende. Ihnen wird empfohlen, die versäumten Fastentage nachzuholen.
Nach Sonnenuntergang ist die Fastenpflicht aufgehoben, und jeder Abend im Ramazân gleicht einem kleinen Fest. Es ist die Zeit der größten Gastfreundlichkeit, und eine Einladung zum *Iftâr* (arab. »Fastenbrechen«) gilt als besondere Ehrung. Während des Ramazân ist das öffentliche Leben ganz auf den Islam ausgerichtet: Behörden und Geschäfte haben zum Teil verkürzte Öffnungszeiten. Das Ende des Ramazân wird mit einem großen Fest begangen, dem »Fest des Fastenbrechens« (*Id-e Fitr*), das am ersten des folgenden Monats beginnt und drei bis vier Tage dauert.
Von noch größerer mythologischer Bedeutung ist das **Opferfest** (*Id-e Qorbân*), das gleichfalls drei bis vier Tage dauert und am 10. Ze-l-Hejje, dem zwölften islamischen Monat, beginnt. An diesem Tag gedenken die Muslime des Propheten Abraham (pers. *Ebrâhim*), der bereit war, einen seiner Söhne auf Befehl Gottes zu opfern. Als Gott den festen Glauben Abrahams erkannte, hieß er ihn an Stelle seines Sohnes ein Lamm opfern. In Erinnerung an diese Geschichte schlachtet jede muslimische Familie, die dazu finanziell in der Lage ist, ein Lamm, eine Ziege oder auch einen Stier. Teile des Opfertiers werden bei einem gemeinsamen Mahl verzehrt, das übrige wird an die Armen verschenkt.
Öffentlich gefeiert wird auch der **Geburtstag des Propheten** am 12. Rabi' al-Awwal, dem dritten Mondmonat.

Die schiitischen Feste

Neben diesen Festen, die alle Muslime, Sunniten wie Schiiten, gemeinsam feiern, werden in Iran zusätzlich rein schiitische Feste begangen. Zu ihnen gehört das **Id-e Qadir**, an dem Alis Ernennung zum ersten Imam durch Mohammad, wie es die schiitische Tradition überliefert, gedacht wird. Besonders aufwendig wird auch der Geburtstag des »entrückten« zwölften Imam gefeiert. Weit mehr als der Geburt wird jedoch des Todes der Imame gedacht. Nach schiitischer Auffassung wurden alle Imame – bis auf den zwölften – von ihren sunnitischen Feinden ermordet; sie gelten demnach als Märtyrer. Ihrer Leidenserfahrungen wird besonders an ihren Todestagen gedacht, wobei sich zwei Arten des Buß- und Klagerituals entwickelten: die von einem Prediger vorgetragene **Elegie** (*Rouze*) sowie die Prozession.

Erstere finden – auch heute noch – das ganze Jahr über statt. Dabei laden Privatleute spezielle Prediger (*Rouze-khâns*) gegen großzügige Bezahlung in ihre Häuser. (Das Vorrecht, Zutritt zum privaten Bereich der Häuser (*Andaruni*) zu erhalten, genießt traditionellerweise keine andere gesellschaftliche Gruppe.) Während die Zuhörerinnen meist rückhaltlos zu weinen beginnen, schlagen sich die Männer nach dem Vortrag mehrere Minuten lang mit der Faust auf die Brust.

Historische Aufnahme eines Klagezugs am Todestag Imam Hoseins

Prozessionen finden nur am neunten und zehnten Tag (*Tâsuâ* und *Âshurâ*) des Trauermonats Moharram statt, an denen dem **Martyrium Hoseins**, des Prophetenenkels und dritten Imams, und seiner Familie gedacht wird. Sie stellen den Höhepunkt des schiitischen Festzyklus dar, wobei die allgemeinen Feierlichkeiten bereits am 1. Moharram beginnen. Während der Prozessionen am neunten und zehnten Tag geißeln sich manche Teilnehmer mit Schwertern oder Ketten (*Zanjir*), um ihrer Trauer über die dramatischen Ereignisse Ausdruck zu verleihen. Die meisten Männer schlagen sich jedoch nur mit der geballten Faust auf die Brust. (Vorstöße einzelner schiitischer Gelehrter, die Selbstgeißelung als »unislamische Neuerung« zu verbieten, sind bislang erfolglos geblieben.) Desgleichen finden an *Âshurâ* Wallfahrten zu den Gräbern der schiitischen Märtyrer sowie *Rouzes* in den Privathäusern statt.

Eine weitere Form, dem Martyrium Hoseins zu gedenken, ist das **schiitische Passionsspiel** (*Ta'ziye*, eigentlich: »Trauerfeier«), das das einzige indigene Drama in der islamischen Welt darstellt. Kenn-

FESTE ■ ■ ■ ■ ■ ■

Eine Trauerfeier zum Gedenken Alis

In seinem Buch *Nach Isfahan* schildert der französische Reisende Pierre Loti eine Trauerfeier zu Ehren Alis, die er zu Beginn des 20. Jh. in einer iranischen Kleinstadt erlebte:

»In dem von Mauern umgebenen kleinen Garten, beim Schein des Mondes und einiger Lampen, die an Jasminzweigen oder Weinranken hängen, findet die nächtliche Trauerfeier statt. Vor dem Haus hat man Teppiche auf die Erde gebreitet, und dort sitzen zwanzig bis dreißig Männer im Kreis, sie tragen hohe schwarze Hüte und rauchen eine Kaliân (Wasserpfeife), mitten zwischen ihnen ein großes Tablett mit einem Berg stengelloser Rosen - persischen, stets herrlich duftenden Rosen - und ein Samowar für den Tee, den Diener immer wieder in winzig kleine Tassen eingießen.
Einer der Gäste steigt auf eine steinerne Bank zwischen den übervoll blühenden Rosensträuchern und erzählt mit tränenerstickter Stimme vom Tod Alis, den die Perser so sehr verehren. Die Zuhörer unterstreichen selbstverständlich seine Beschreibung durch Klagen und Schluchzen, hauptsächlich aber durch ungläubige Ausrufe der Verwunderung; sie haben das schon tausendmal gehört, und doch scheinen sie zu fragen: ›Darf ich meinen Ohren trauen? Ist eine solche Schandtat überhaupt möglich?‹ Nachdem der Erzähler geendet hat, setzt er sich neben dem Samowar nieder, und während man das Feuer der Kaliâns neu entfacht, nimmt ein anderer seinen Platz auf der Predigerbank ein, um erneut mit allen Einzelheiten des unvergeßlichen Verbrechens zu beginnen. Es folgen immer gewandtere oder immer ergriffenere Erzähler; die jetzt sprechen, bringen durch Stellung und Gestik einen wirklichen Schmerz zum Ausdruck. Bei bestimmten Sätzen stoßen die Zuhörer einen Schrei der Verzweiflung aus, werfen den Körper nach vorne und schlagen mit der Stirn gegen den Boden, oder sie entblößen alle gleichzeitig die schon in der Moschee gequälte Brust, schlagen erneut auf sie ein und rufen immer wieder die beiden Namen: ›Hasan! Hosein! Hasan! Hosein!‹ In der Allee im Hintergrund unter den vorspringenden Jasminbüschen der Mauer stehen die schwarzen, schattenhaften Frauen, man sieht sie kaum, sie treten auch nicht näher, aber man weiß, daß sie da sind, und ihr Klagen verlängert das Echo dieses Trauerkonzerts.«

Loti, Nach Isfahan, 1996

Der Löwe ist Symbol der Kraft Alis. Die arabischen Schriftzeichen ergeben den Satz: »Im Namen des Löwen Gottes, des Antlitzes Gottes, des siegreichen Alis, des Sohnes von Abu Tâlib.«

Feiertage

Nationale Feiertage
(nach dem persischen Sonnenjahr)

11. Febr. (22. Bahman)	Nationalfeiertag: Sieg der Islamischen Revolution (1979)
21.-24. März (1.-4. Farwardin)	*Nouruz*, das persische Neujahrsfest
1. April (12. Farwardin)	Nationalfeiertag: Gründung der Islamischen Republik (1979)
2. April (13. Farwardin)	*Sizdah-bedar*: der dreizehnte Tag von *Nouruz*
4. Juni (14. Khordâd)	Todestag Khomeinis (gest. 1989)
5. Juni (15. Khordâd)	Gedenktag an den Aufstand im Jahr 1963
8. Sept.(17. Shahriwar)	Gedenktag für die Märtyrer der Revolution

Islamische Feiertage

Die islamischen Feiertage sind bewegliche Feste: Im Vergleich zum gregorianischen Kalender verschieben sie sich jedes Jahr um etwa elf Tage. Dabei können sich zwischen einzelnen islamischen Ländern Unterschiede um einen oder mehrere Tage ergeben, da sich die tatsächliche Festlegung der Kalenderdaten an der örtlichen Mondbeobachtung orientiert.

9. Moharram	*Tâsuâ*: Vorabend des Martyriums von Imam Hosein
10. Moharram	*Âshurâ*: Todestag Imam Hoseins (680 n. Chr.)
20. Safar Arba'in	der 40. Tag nach dem Todestag Imam Hoseins
17. Rabi-al-Awwal	Geburtstag Mohammads sowie Imam Jaafar-e Sâdeqs
13. Rajab	Geburtstag Imam Alis
27. Rajab	*Id-e Mab'as*: der Tag, als der Prophet zu predigen begann
3. Shaabân	Geburtstag Imam Hoseins
15. Shaabân	Geburtstag des zwölften Imam (»Mahdi«)
1. Ramazân	Beginn des Fastenmonats
21. Ramazân	Todestag Imam Alis
27. Ramazân	*Leilat-e Qadr* (»Die Nacht der Bestimmung«), die Nacht, in der die erste Koran-Offenbarung erfolgt sein soll
1. Shawwâl	*Id-e Fitr*: Fest des Fastenbrechens
25. Shawwâl	Todestag von Imam Jaafar-e Sâdeq
11. Ze-l-Qaade	Geburtstag von Imam Rezâ
10. Ze-l-Hejje	*Id-e Qorbân*: das Opferfest
18. Ze-l-Hejje	*Id-e Qadir*: Gedenktag der Ernennung Alis zum Nachfolger Mohammads

zeichnend für die Ta'ziye ist ihr symbolischer Charakter; die Figuren sind in ihrer Mehrzahl keine gewöhnlichen Menschen, sondern Imame oder andere Nachfahren der Prophetenfamilie. Im Mittelpunkt der szenischen Darstellungen stehen die Ereignisse um das Martyrium Hoseins, daneben kommen auch biblische und koranische Legenden, sowie Geschichten, zur Aufführung, die sich vor allem durch satirische und komödiantische Szenen auszeichnen. Nicht nur in dieser Paarung von Tragik und komödiantischen Einsprengseln gleichen Ta'ziyes auffallend den christlichen Passionsspielen des Mittelalters.

Entstanden sind die ersten Ta'ziyes im 18. Jh.; die Blütezeit der Tazi'ye ist das 19. Jh. Die anonymen Texte wurden nun erstmals gesammelt und namhafte Poeten verfaßten neue, künstlerisch bedeutsame Spielvorlagen. Zur religiösen Legitimation ihrer Herrschaft unterstützten die Qajaren-Herrscher diese Kunstform. So ließ Nâser ad-Din Shâh eine staatliche *Tekiye*, eine offene, dreistöckige Arena für Ta'ziye-Aufführungen, bauen, die 20.000 Menschen Platz bot.

■Die persische Küche

Feinschmecker zählen die persische Küche zu den besten der Welt. Europäischen Zungen kommt besonders die milde Würzung entgegen. Doch die persische Küche ist nicht nur wohlschmeckend, ihr liegt auch eine eigene Philosophie zugrunde: die Harmonie von »heiß« und »kalt«, eine Einteilung, die nichts mit der tatsächlichen Temperatur der Speisen zu tun hat. Als »kalt« gelten u.a. Tee, Reis, Joghurt, Milch, Zitrusfrüchte, Granatäpfel, Gurken und Tomaten; ihnen wird eine beruhigende oder dämpfende Wirkung zuerkannt. Als anregend gelten dagegen »heiße« oder »warme« Nahrungsmittel wie Fleisch, Zucker, Honig, Nüsse, Gewürze und Melonen. Bei der Zusammenstellung jeder Mahlzeit ist auf die Ausgewogenheit von »Kaltem« und »Warmem« zu achten: Der »kalte« Reis wird mit »heißem« Safran garniert oder durch »heißes« Fleisch ergänzt. Bei Krankheiten wird entsprechend gegengesteuert: So werden hilfsbereite Iraner den unter (vorübergehender) Kreislaufschwäche leidenden Touristen die Einnahme »heißer« Speisen oder das Trinken von stark gesüßtem Tee empfehlen. Bei Durchfall hingegen wird zu Reis und Joghurt geraten.

> Zwei Besonderheiten am Rande: In Iran ißt man mit Löffel und Gabel, das Messer gehört nicht zum traditionellen Gedeck. Auch ist es in manchen Gegenden noch Sitte, das Essen auf dem Teppich sitzend einzunehmen. Dabei plaziert man die Speisen auf einer großen »Tischdecke« (*Sofre*).

Reis ist ein wesentlicher Bestandteil vieler persischer Gerichte.

LEBEN IN IRAN

Âbgusht, ein traditionelles Gericht aus Tabriz

Anders als in der chinesischen Küche wird er mit wenig Wasser zubereitet und meist mit Butter gegessen. Die einfachste Art der Zubereitung wird als *Kate* bezeichnet. Darüber hinaus gibt es eine Vielzahl unterschiedlichster Kombinationsmöglichkeiten, die unter dem Begriff *Polow* firmieren, wie bereits der Persienreisende Engelbert Kaempfer im 17. Jh. zu berichten wußte: »Polou nennen die Perser jene Reisgerichte, bei denen der körnige und nicht zusammenbackende, auf mannigfache Weise gewürzte Reis mit gebratenem, am Spieß geröstetem oder gekochtem Fleisch, oder mit geschälten Mandeln und Rosinen, oder mit Zwiebeln, Knoblauch und sonstigen Küchenkräutern vermischt wird. Diese schmackhaften, zuweilen mit seltenen Leckerbissen überdeckten Polou-Gerichte sind in bunten Farben gehalten, wobei nach meinen Beobachtungen schneeweiß, rosenrot, gelb, blau, grau, braun und purpurrot vorherrschen.«

Als **Khoresh** werden jene Speisen bezeichnet, die separat zum Reis gereicht werden. Es handelt sich um eintopfartige Kombinationen von Gemüse und Früchten, mit gedämpftem Fleisch und milden Gewürzen. Zu ihnen zählen die sehr schmackhaften Gerichte *Ghorm-e Sabzi*, das pikante Kräuter mit Spinat, gebratenem Fleisch und getrockneten Limonen kombiniert, und *Fesanjân*, das aus Huhn (in Nordiran Wildente oder Fasan), geschmorten Walnüssen und Granatapfelsauce zubereitet wird.

In kleineren Restaurants findet man häufig nur ein einziges Gericht: **Chelo Kabâb**, das iranische Nationalgericht. Wichtigster Bestandteil ist das über dem Holzkohlenfeuer gegrillte marinierte Lammfleisch, dessen Qualität je nach Preis variiert. Am preiswertesten ist *Chelo Kabâb-e Kubide*, gegrilltes Hackfleisch, das mit Brot und Gemüse kombiniert wird; in Luristân mit Eigelb und Safran. Der teurere *Chelo Kabâb-e Barg* besteht dagegen aus dem Rückenfilet vom Lamm und wird mit gegrillten Tomaten, Zwiebeln und Somâgh, einem rötlichen Gewürz, gereicht. Im Gegensatz zum Polow wird bei Kabâb-Gerichten der Reis nur kurz aufgekocht, danach läßt man ihn ziehen und reicht die Butter anschließend als Beilage.

Hinzu kommt eine Vielzahl lokaler Spezialitäten. Am Persischen Golf und in der Gegend um das Kaspische Meer gibt es eine große Vielfalt von Fischgerichten. Bekannt ist natürlich der persi-

KÜCHE

sche **Kaviar** aus dem Kaspisee, der zweifellos der beste der Welt ist. Eine Tabrizer Besonderheit ist **Kufte Tabrizi**, etwa faustgroße Bällchen aus Hackfleisch, Gemüse und Reis (in der Mitte häufig ein Ei oder ein kleiner Vogel), die in Wasser gekocht und mit Brot gegessen werden.
Zu allen Speisen wird eine Beilage aus gemischten **Kräutern** (*Sabzi*) - meist Petersilie, Schnittlauch, Basilikum - und rohen Zwiebeln gereicht, die man selbst mit Öl, Zitronensaft und Knoblauch würzen kann. Auch das hauchdünne **Fladenbrot**, das mehrmals täglich frisch gebacken wird, gehört zu jeder Mahlzeit. Mit ihm kann man die gehaltvollen Soßen auftunken oder es als Serviettenersatz benutzen, den man anschließend aufißt. In den ärmeren Regionen ersetzt das Brot den Reis. Zum **Nachtisch** gibt es Früchte, die ohne besondere Zubereitung serviert werden. Auch das traditionelle **Frühstück** besteht aus frischen Früchten oder Marmelade sowie Honig. In besonders feiner Küche verwendet man Rosenessenz, die aus duftenden Rosenblättern gewonnen wird, mit der auch der gern verwendete Honig schmackhafter gemacht wird.

Begehrter Exportartikel: Kaviar aus dem Kaspisee

Das iranische Nationalgetränk ist **Tee**. Im Samowar zubereitet, wird er in kleinen Gläsern den ganzen Tag über getrunken. Er ist meist stärker als bei uns; Trockenfrüchte, Süßigkeiten oder Zuckerstücke werden als Ausgleich zum bitteren Geschmack gereicht. Dabei wird der Zucker nicht im Getränk aufgelöst, sondern im Mund zwischen den Zähnen gehalten, so daß die Flüssigkeit ihn nur langsam auflöst. Gern wird zum Tee auch - von Männern wie Frauen - **Wasserpfeife** (pers. *Qaliyân*) geraucht. Teehäuser (*Châi-khâne*), die in allen Städten und größeren Dörfern zu finden sind, sind allerdings ausschließlich Männern vorbehalten.
Ein beliebtes Getränk ist **Dugh**, ein mit Eiswasser verdünntes Joghurt-Getränk, das zum Teil mit Sprudel oder Kräutern (Minze) versetzt wird. In einfachen Restaurants kann man meist nur auf die persische Cola - eine Marke heißt nach dem Brunnen in Mekka *Zemzem* - zurückgreifen. Alkohol ist in der Islamischen Republik strikt verboten. Diejenigen Iraner, die sich über das Verbot hinwegsetzen, bevorzugen Wodka. Wein gibt es, wenn überhaupt, nur bei den christlichen Armeniern zu kaufen. Das strikte Alkoholverbot der Islamischen Republik unterband eine mehr als 3000jährige iranische Weintradition, die in vielen Gedichten des Mittelalters besungen wird.

Wasserpfeife

Moderne Gesellschaft

■Bildung

Bildung besitzt in Iran einen sehr hohen Stellenwert, und die Eltern arbeiten oft sehr hart, um ihren Kindern eine gute Ausbildung zu ermöglichen. Da es strenge Auswahlverfahren gibt – insbesondere der Zugang zur Universität ist stark eingeschränkt –, sind die Schüler in der Regel sehr fleißig, und das »Büffeln« für Klausuren und Examen nimmt einen großen Teil ihrer Freizeit ein. Das iranische Notensystem besitzt eine Skala von 0 bis 20, wobei 20 die beste Note darstellt.
Der Staat fördert die Ausbildung seiner Einwohner: In den vergangenen Jahren betrugen die Ausgaben für das Bildungswesen etwa 14% des Staatshaushalts. Finanziert wurde damit u.a. die hohe Zuwachsrate in der Ausbildung von Lehrern. Das Gehalt der Lehrer ist allerdings nach wie vor sehr gering, so daß viele gezwungen sind, nach Schulschluß einen weiteren Job auszuüben, wie z.B. Taxifahren.
Mit der Errichtung der Islamischen Republik und der Forcierung der »Kulturrevolution« erfuhr das Bildungswesen mehrere tiefgreifende Veränderungen. Im Herbst 1979 wurden alle Universitäten geschlossen, da man in ihnen mögliche Unruheherde vermutete. Erst seit 1983 wurden sie allmählich wieder eröffnet, wiesen jedoch – ebenso wie die Schulen – stark islamisierte Lehrpläne auf. Während auf den Schulen Mädchen und Jungen getrennt unterrichtet werden, gibt es in den 36 Universitäten des Landes (davon befinden sich allein 15 in Teheran) keine Geschlechtertrennung.
Der Schulbesuch ist in Iran kostenlos. Aufgrund der Unzulänglichkeiten des staatlichen Schulwesens besuchen allerdings zunehmend mehr Schüler teure Privatschulen. Allgemeine Schulpflicht besteht von 6 bis 10 Jahren, mit dem fünfjährigen Besuch der Grundschule (*Dabestân*) ist die Schulpflicht erfüllt. Die Einschulungsquote im Primarbereich ist mit 97% sehr hoch; nur in weit entlegenen Dörfern wird die Schulpflicht wegen Lehrer- und Finanzmangel noch nicht realisiert. Unterrichtssprache ist Persisch, das die einzige Amtssprache darstellt; daneben gibt es zusätzlich Unterricht in den jeweiligen regionalen Sprachen. Der Fremdsprachenunterricht in Arabisch, Englisch oder Französisch wird ab dem 6. Schuljahr erteilt, ist aber häufig sehr mangelhaft.

Familienausflug im
Eram-Garten in Schiraz

MODERNE GESELLSCHAFT

Schulmädchen auf dem Pausenhof

Nach Abschluß der dreijährigen Mittelschule (*Rahnemâ'i*) ist es heute nicht mehr leicht, eine qualifizierte Tätigkeit zu finden, da für viele Berufe, so auch für Geistliche und Polizisten, das Abitur (Diplom) Voraussetzung ist. Wer letzteres anstrebt, besucht für weitere vier Jahre die Oberschule (*Dabirestân*), wo die Schüler zwischen vier Hauptrichtungen wählen können (humanistisch, naturwissenschaftlich, mathematisch und Fachabitur).

Das Abitur berechtigt allerdings noch nicht zum Studium an einer der Universitäten des Landes. Nur wer die schwierige Aufnahmeprüfung besteht, erhält einen Studienplatz. Jedes Jahr bemühen sich etwa eine Million Abiturienten um Aufnahme; wegen der wenigen Studienplätze erhalten aber nur etwa 90.000 die Zulassung. Gegenwärtig sind in Iran rund 900.000 Studenten eingeschrieben, von denen rund 40% Frauen sind – von den Mitarbeitern der Universität ist sogar fast die Hälfte weiblich.

Das Studium ist mit den Abschlüssen BA, MA und Doktor an dem verschulten englischen System ausgerichtet. Aufgrund der mangelhaften Ausstattung insbesondere der Bibliotheken ziehen viele Iraner das Studium im Ausland vor, vor allem in Deutschland und den USA. Da die westeuropäischen Länder heute kaum mehr Studentenvisa ausstellen, weichen studierwillige Iraner nun nach Osteuropa aus. Neben den weltlichen Hochschulen existieren in Iran zahlreiche religiöse Hochschulen (Medresen), deren berühmteste die Feiziye-Hochschule in Qom ist.

Ein besonderes Problem Irans stellt das **Analphabetentum** dar. Zu Beginn der 60er Jahre lag die Zahl der Analphabeten noch bei über 80%, auf dem Lande konnten sogar höchstens 5% der Bevölkerung lesen und schreiben. 1962 initiierte das Schah-Regime das Reformprogramm »Armee des Wissens« (*Sepâh-e Dânesh*): Absolventen der höheren Schulen wurden statt zum Wehrdienst zum Unterricht in weit entfernte Dörfer entsandt. Trotz mancher Erfolge lag die Analphabetenrate 1979 noch immer bei 55%. Seit den 90er Jahren werden erneut viele Kampagnen zur **Alphabetisierung** der Bevölkerung, auch der älteren Menschen, unternommen. Doch auch die gegenwärtigen Anstrengungen tragen erst allmählich Früchte: Heute liegt die Analphabetenquote bei 22% (Männer) und 40% (Frauen).

■Wirtschaft

In den 60er und 70er Jahren versuchte Shâh Mohammad Rezâ, die Industrialisierung des überwiegend agrarischen Landes voranzutreiben: Er verfolgte den Plan, Iran zur fünftgrößten Industrienation der Welt zu machen. Doch es kam anders. Nicht nur wehrten sich mächtige Interessensgruppen im Land gegen die Industrialisierung, auch die Wirtschaftskrise der 70er Jahre machte seine ehrgeizigen Pläne zunichte. Die **Inflation** (jährlich etwa 25%) sowie die extrem **ungleiche Verteilung** des insgesamt hohen Wirtschaftswachstums (1970-77: jährlich 16%) führten neben der politischen Unterdrückung im Land schließlich zur Revolution von 1978/79.

Nachhaltigen Schaden fügte der iranischen Wirtschaft der achtjährige Krieg gegen den Irak zu, den auch das Wachstum in der ersten Hälfte der 90er Jahre nicht wettmachen konnte. Nachdem sich die Islamische Republik im ersten Jahrzehnt ihres Bestehens ökonomisch abgeschottet hatte, schlug der neue Staatspräsident Rafsanjâni 1989 einen Kurs der wirtschaftlichen **Liberalisierung** ein. Sein Wiederaufbauprogramm in Form eines Fünfjahresplans (1989/90-1993/94) betrieb den Abbau von Subventionen und führte zu einem immensen Importboom, der das Wachstum der Volkswirtschaft auf 8-10% nach oben trieb. Doch der Boom verdeckte nur eine tiefe Krise: Da die Ausgaben in Fremdwährung außer Kontrolle gerieten, kam es zu einem hohen Handelsbilanzdefizit, und die Inflation strebte nach inoffiziellen Schätzungen gegen 60%. Gleichzeitig führten ständig fallende Erdölpreise zu dramatischen Einbrüchen im Exportgeschäft.

Als Konsequenz verringerten die iranischen Wirtschaftspolitiker Ende 1992 die Importe drastisch, was sich wiederum verhängnisvoll auf die importabhängige Industrie auswirkte und zur Stillegung vieler Betriebe und zu Entlassungen führte. Zur Verminderung des hohen Schuldendienstes (1994: 22,5% der Exporterlöse) wären neue Finanzierungsangebote vonnöten. Doch die allgemeine Zurückhaltung ausländischer Investoren wird durch das 1995 von den USA verhängte **Wirtschaftsembargo** noch verstärkt.

Für die Bevölkerung hat sich die Situation daher - trotz des sozialen Engagements der Regierung - in den 20 Jahren Mullahkratie kontinuierlich verschlechtert. Der Rial verliert gegenüber westlichen Währungen ständig an Wert, und die Preise steigen fast täglich. Auch die **Arbeitslosigkeit** ist hoch, sie liegt nach inoffiziellen Schätzungen zwischen 30 und 40%. Aufgrund des hohen Bevölkerungswachstums in den 80er Jahren drängen zudem jährlich über eine Mio. Arbeitskräfte zusätzlich auf den Arbeitsmarkt. Als

Der Erdölsektor spielt nach wie vor eine große Rolle in der iranischen Wirtschaft: Iran besitzt 9% der Welterdölreserven.

Folge von Währungsverfall, Inflation, geringen Lohnsteigerungen und Arbeitslosigkeit verarmt der Mittelstand und verelenden die unteren Einkommensschichten. Auch wird die Verteilung der Einkommen und Vermögen von Jahr zu Jahr ungleicher: Während auf die untersten 40% der Bevölkerung nur 3% der Einkommen und des Vermögens entfallen, halten die reichsten 950 Familien 40% in ihren Händen.

Generell stellt Irans Wirtschaft eine Mischung aus Privatwirtschaft, verstaatlichten Unternehmen und einem im Ausbau befindlichen Genossenschaftswesen dar. Staatlich kontrolliert werden neben der Erdöl- und erdölverarbeitenden Industrie die Elektrizitätswirtschaft, Banken, Versicherungen und Teile des Transport- und Verkehrswesens. Einen erheblichen Einfluß üben auch die religiösen Stiftungen aus.

Obwohl der **Erdölsektor** als größter Devisenbringer nach wie vor eine besondere Rolle spielt, umfaßte er 1995/96 nur knapp 16% des Bruttoinlandsproduktes. In Zukunft bedeutsamer wird die Tatsache sein, daß Iran mit 13% die zweitgrößten **Erdgasvorkommen** der Welt besitzt; die Islamische Republik plant, Erdgas zum Hauptenergieträger für die einheimische Versorgung zu machen. Iran besitzt zudem zahlreiche **Bodenschätze**, die noch nicht vollständig erforscht sind: Blei, Manganerze, Bauxit, Uran, Phosphate, Kohle und Eisen. Die erst kürzlich entdeckten Kupfervorkommen bei Sar Cheshme stellen die zweitgrößten der Welt dar. Neben Dienstleistungen (rund 40% des BIP) ist in Iran vor allem

die **Landwirtschaft** (25%) von Bedeutung. Über die Hälfte der Bevölkerung lebt direkt oder indirekt von ihr, obwohl nur etwa 10% der Gesamtfläche landwirtschaftlich genutzt werden. Hauptanbauprodukte sind Weizen und Gerste (70%), Obst, Zitrusfrüchte, Zuckerrüben, Reis, Baumwolle, Jute, Tabak, Tee und Pistazien.
Fischerei findet vor allem am Kaspischen Meer statt. 1994 wurden insgesamt 314.000 t Fisch gefangen, vor allem Stör, Weißfisch, Meeräsche und Rochen.
Berühmt ist Iran seit jeher für die Qualität seines Kunsthandwerks, und die handgeknüpften **Teppiche** stellen nach wie vor ein wichtiges Exportgut dar. 1982/83 betrug ihr Anteil am Gesamt-Nichtöl-Export rund 20%. Bereits im 14. Jh. schätzte man in Europa persische Knüpferzeugnisse, in Deutschland wurde der »Perser« sogar zum Inbegriff für einen handgeknüpften Teppich. Im internationalen Geschäft werden handgeknüpfte »Perser« (Zentren: Isfahan, Tabriz, Kermân, Hamadân, Kâshân, Schiraz und Qom) jedoch zunehmend von Teppichen aus Indien und Pakistan verdrängt.
Der internationale **Tourismus** stellt – im Gegensatz zu anderen Ländern der Region wie die Türkei oder Ägypten – noch immer keine nennenswerte wirtschaftliche Größe dar. Allerdings steigt die Zahl der Besucher nach dem Ende des Irak-Iran-Krieges kontinuierlich an: von 153.615 Touristen in 1990 auf 465.000 in 1996, wobei etwa die Hälfte der Besucher aus Japan kommt. Seit Errichtung der Islamischen Republik gewannen auch die Pilgerfahrten zu den religiösen Stätten (u.a. Mashhad, Qom) an Bedeutung.

Staat und Regierung

Das **Staatsoberhaupt** der Islamischen Republik Iran (*Jomhuri-ye Eslâmi-ye Irân*) ist der »herrschende Rechtsgelehrte« (*Vali-ye Faqih*) bzw. »Revolutionsführer« (*Rahbar*), wie es die iranische Verfassung vom Dezember 1979 festschreibt. Er wird vom Expertenrat auf Lebenszeit gewählt und gilt als Vertreter des im 9. Jh. »entrückten« zwölften schiitischen Imam, der einst als Mahdi die Herrschaft übernehmen soll. Seit dem Tod Khomeinis im Juni 1989 hat Ayatollah **Seyyed Ali Khâmenei** dieses Amt inne. Während der Charismatiker Khomeini als oberste, über dem Staat stehende Autorität anerkannt war und durch sein ultimatives Machtwort jederzeit politische Richtungskämpfe für sich entscheiden konnte, fehlt dem eher farblosen Khâmenei diese Autorität.
Dem Revolutionsführer untergeordnet ist der **Staatspräsident** – derzeit Seyyed Mohammad Khâtami –, der alle vier Jahre direkt

MODERNE GESELLSCHAFT

Die Rolle der Stiftungen

Im Lauf der Zeit entstanden in allen islamischen Ländern große **fromme Stiftungen**. Sie dienten zur Errichtung sowie zum Unterhalt der Moscheen und der ihr angeschlossenen Institutionen wie Medresen, Bibliotheken, Spitäler, Armenküchen, Herbergen oder Klöster. Diese traditionellen *Waqf*-Stiftungen gehen zurück auf die Gaben von reichen Privatleuten – in der Regel Herrscher oder hohe Würdenträger – und umfassen große Ländereien, aber auch Mühlen, Läden, Bäder oder Karawansereien. Die Vermögenswerte sind unveräußerlich, da für religiöse Zwecke gestiftet, und dem staatlichen Zugriff entzogen (arab. *waqf*: »Sperrung«).

Von den traditionellen Stiftungen zu unterscheiden sind die **revolutionären Stiftungen**, die seit 1979 in der Islamischen Republik entstanden. Sie übernehmen karitative Aufgaben, kümmern sich um Kriegsversehrte, Witwen oder andere sozial Benachteiligte. Gleichzeitig avancierten sie zu bedeutenden politischen Machtzentren. Wie auch die meisten Regierungsinstitutionen – Parlament, Experten- und Wächterrat – sind sie konservativ dominiert und sträuben sich gegen jede Art von Veränderung.

Zudem kontrollieren die revolutionären Stiftungen einen Großteil der iranischen Wirtschaft; ihnen gehören die größten Industriebetriebe des Landes. So entspricht der Haushalt der »Stiftung der Entrechteten« (*Bonyâd-e Mostazefân*), die die Reichtümer der »Pahlavi-Stiftung« sowie circa 600 vor dem Revolutionsgericht Angeklagter erbte, einem Zehntel des Staatshaushalts. Binnen Kürze gehörten der Institution 20% der privaten Vermögenswerte des Landes; 150.000 Angestellte verwalten Farmland, 230 Firmen, 130 Fabriken und 90 Kinos. Auch die großen Zeitungen *Ettelâ'ât* und *Keyhân* gingen aus Privathand in die »Stiftung der Entrechteten« über.

Milliardenschwer ist auch die »Stiftung des 15. Khordâd«, die nach einem von Khomeini initiierten Aufstand gegen den Schah im Jahr 1963 benannt ist. Religiöser Leiter der Stiftung ist Ayatollah Hasan Sanâi, der dem Revolutionsführer Ali Khâmenei nahesteht. Die »Stiftung des 15. Khordâd« ist es auch, die das Kopfgeld auf den britischen Schriftsteller Salman Rushdie aussetzte, das sie 1998 auf 2,8 Mio. Dollar erhöhte. Bereits seit mehreren Jahrhunderten existiert die »Stiftung des heiligen Bezirks des Imam Rezâ« (*Âstân-e Qods-e Razawi*). Sie verfügt in Khorâsân über 90% des fruchtbaren Bodens; ihr Grundbesitz ist etwa dreimal so groß wie das Saarland. In Mashhad finanzierte die Stiftung, die rund 15.000 Personen beschäftigt, nicht nur den Bau einer erdbebensicheren Bibliothek, sondern errichtete 1993 auch die erste Coca-Cola-Fabrik Irans seit der Revolution – und macht damit Marken wie *Zemzem* oder *Pârsi-Cola* Konkurrenz.

Werbung für Pârsi-Cola aus iranischer Produktion

STAAT UND REGIERUNG ■■■■■■

Iran und seine
Nachbarstaaten

vom Volk gewählt wird, jedoch vom Staatsoberhaupt bestätigt werden muß. Zwei überaus einflußreiche politische Gremien sind daneben der **Wächterrat** (*Shurâ-ye Negahbân*), der sich aus sechs geistlichen Rechtsgelehrten – größtenteils Absolventen der Feiziye-Hochschule in Qom – und sechs weltlichen Juristen zusammensetzt, sowie der 83 Mitglieder umfassende **Expertenrat** (*Majles-e Khebregân*). Während der Expertenrat das Staatsoberhaupt wählt, prüft der Wächterrat, ob die vom Parlament erlassenen Gesetze mit den schiitisch-islamischen Prinzipien übereinstimmen. Desgleichen wählt er die Kandidaten für die Parlaments- und Präsidentschaftswahlen aus. (1997 wurden von insgesamt 238 Anwärtern auf das Präsidentenamt nur vier Kandidaten akzeptiert; auch alle acht weiblichen Kandidaten wurden ausgeschlossen.)

Das **Parlament** (*Majles-e Shurâ-ye Eslâmi*) residiert in einem ehemaligen Palast im Zentrum Teherans. Es umfaßt 270 Abgeordnete, die alle vier Jahre vom Volk gewählt werden. Seit der Auflösung der »Partei der Islamischen Republik« (IRP) im Jahr 1987 gab es keine Parteien mehr, obwohl die Verfassung dies nicht grundsätzlich verbietet. Erst im Mai und Dezember 1998 kam es zu zwei Neugründungen, die beide Präsident Khâtami nahestehen. Somit sind im Parlament überwiegend Einzelkandidaten vertreten, die über lose Listenverbindungen miteinander koalieren. Bei den fünften Parlamentswahlen im März 1996 standen sich vor allem zwei Gruppierungen gegenüber: die »Technokraten« um Rafsanjâni, die sich »Dienstleistende für den Aufbau« nennen und einen pragmatischen Wirtschaftskurs verfolgen, sowie die »Kämpferischen Geistlichen« (*Ruhâniyân-e Mobârez*), die sich als Anhänger des konservativen

Revolutionsführers verstehen (und mit den einflußreichen *Bazaris* verbunden sind). Die Wahlen 1996 ergaben ein Patt, und beide Strömungen sind auf die Unterstützung von »Unabhängigen« angewiesen. Im Teheraner Wahlkreis dominieren die Konservativen; als einzige »Liberale« setzte sich hier die Politologin Faeze Hâshemi, eine Tochter Rafsanjânis, durch. Insgesamt ist der Anteil der Geistlichen im Parlament von 55% im Jahr 1980 auf 18% gesunken, die Anzahl der Frauen von vier auf zehn gestiegen.

Die einzige geduldete säkulare Opposition ist die von Mehdi Bâzargân gegründete und heute von Ebrâhim Yazdi geführte »Iranische Freiheitsbewegung« (*Nehzat-e Âzâdi*). Sie hatte die Parlamentswahl 1996 blockiert, da ihre aussichtsreichsten Kandidaten vom Wahlausschuß abgelehnt worden waren.

Frauenbewegung in Iran

»Sobald sie ein gutes Kind geboren hat, löse dein Herz von der Liebe zur Frau!« schreibt Ferdowsi, und Maulana Rumi spricht von der »Unvollkommenheit ihres Verstandes und der Schwäche ihrer Seele«. So zeigen sich selbst die größten persischen Dichter nicht frei von jener Einschätzung, die jahrhundertelang in Iran – wie auch andernorts – zur Mißachtung und **Rechtlosigkeit** der Frauen führte.

Bildung war den Männern vorbehalten; eine Frau durfte ihr häusliches Tätigkeitsfeld nicht verlassen, um eine Schule zu besuchen. Die wenigen Frauen, die lesen und schreiben konnten, hatten dies von ihren Vätern oder Brüdern gelernt.

Zwar wurden im 19. Jh. von christlichen Missionaren erste Mädchenschulen gegründet (1835 in Orumiye, 1875 in Teheran). Der Besuch war allerdings nur christlichen, jüdischen und zoroastrischen Mädchen erlaubt; Musliminnen war die Teilnahme am Unterricht bis 1896 vom Staat verboten. Die bedeutende Lyrikerin **Parvin Etesâmi** (gest. 1941) klagte noch in den 30er Jahren in einem Gedicht: »Niemand hat wie die Frau jahrhundertelang im Dunkeln gelebt, niemand ist wie die Frau im Tempel der Heuchelei geopfert worden ... Das Licht des Wissens wurde vor den Augen der Frau versteckt ... Im Käfig lebte die Frau, und im Käfig starb sie.«

Der **Islam** stellt bei der Diskriminierung der Frauen nur einen Faktor dar. Tatsächlich sind die Aussagen, die im Koran über Status und Rolle der Frau getroffen werden, widersprüchlich: Verse, die von der grundsätzlichen Gleichwertigkeit von Frau und Mann sprechen (4/32 und 40/40), stehen anderen gegenüber, die dem Mann einen Vorrang zuerkennen (4/34). Muslimische Verfechter der Frauenemanzipation erklären Verse letzterer Art als Konzessionen Mohammads an die altarabischen Verhältnisse und argu-

FRAUENBEWEGUNG

Junge Frauen in Iran

mentieren, daß der Islam die Stellung der Frau im Gegensatz zur vorislamischen Zeit verbessert habe.

Emanzipationsbestrebungen gibt es in Iran bereits seit mehr als 100 Jahren. Allerdings war die Frauenbewegung, die Ende des 19. Jh. entstand, ausschließlich ein Phänomen der Ober- und Mittelschicht, eine Bewegung der großen Städte, allen voran Teheran. Dies lag zum einen daran, daß sich der Einfluß der europäischen Freiheitsbewegungen nur auf die großen Städte erstreckte. Zum anderen war die Lage der Bäuerinnen und Nomadinnen weniger mißlich: Während die Städterinnen noch unter der Qajaren-Herrschaft vom öffentlichen Leben völlig ausgeschlossen waren und sich ihre Kontakte mit der Außenwelt auf Besuche bei Verwandten, im Bazar – selbstverständlich völlig verschleiert – und im Badehaus beschränkten, sah die soziale Stellung der Landfrauen anders aus: Bäuerinnen und Nomadinnen besaßen weit mehr Bewegungsspielraum und trugen durch ihre Arbeit aktiv zum Lebensunterhalt der Familie bei. Auch trugen sie keinen Tschador, da dieser sie bei der Feldarbeit oder beim Reiten behindert hätte. Die Wurzeln der städtischen Frauenbewegung liegen im Engagement zahlreicher Frauen während der Tabakrevolte 1891 und der konstitutionellen Revolution. Zu Beginn des 20. Jh. wurden mehrere **Frauenorganisationen** gegründet, die sich vor allem der Bildung der Frauen widmeten. Ihren Bemühungen ist es zu verdanken, daß 1910 im Parlament ein Bildungsgesetz erlassen wurde, das die Frauenbildung zumindest theoretisch ermöglichte. Aus ihrer Mitte kam auch die Initiative zur **Gründung der ersten staatlichen Mädchenschule** (1919). Daneben vertraten die Frauen-

MODERNE GESELLSCHAFT

organisationen explizit politische Ziele und wandten sich gegen die ausländische Dominanz.

Um die Frauenfragen einer breiteren Öffentlichkeit nahezubringen, wurden Anfang des 20. Jh. die ersten **Frauenzeitschriften** gegründet. 1910 entstand mit *Dânesh* (»Wissen«) die erste Zeitschrift, die von einer Frau geleitet wurde. 1920 wurde eine Zeitschrift erstmals unter dem Namen der weiblichen Herausgeberin registriert. Es handelt sich um *Zabân-e Zanân* (»Stimme der Frauen«), die in Isfahan von einer der herausragenden Persönlichkeiten der Frauenbewegung geleitet wurde: Siddiqa Doulatâbâdi, die von ihrem Vater als Junge verkleidet zur Schule geschickt worden war. In ihren Artikeln forderte sie neben Bildung auch die wirtschaftliche Unabhängigkeit der Frauen sowie ihre Entschleierung. Trotz zahlreicher Drohungen zeigte sich Doulatâbâdi 1927 unverschleiert in der Öffentlichkeit. Die Frauenzeitschriften stießen ebenso wie die Mädchenschulen bei vielen Geistlichen auf heftige Kritik; insbesondere die Schulen wurden als Brutstätten von Korruption und Prostitution gegeißelt.

Die Emanzipation der Frau wurde von dem Pahlaviherrscher Rezâ Shâh gefördert; viele Frauen begannen nun, mit Einwilligung ihres Vaters oder Gatten **Berufe** außerhalb des Haushalts zu ergreifen. Allerdings ging Rezâ Shâh zum Teil sehr brutal vor: Als er 1936 das Verbot des Tschadors verfügte, wurden zuwiderhandelnde Frauen kurzerhand auf offener Straße entschleiert. Da sich vor allem ältere Frauen durch die Entschleierung in ihrem sittlichen Empfinden verletzt fühlten, verließen viele von ihnen gar nicht mehr das Haus.

Iranische Frauen haben heute fast alle Berufsfelder erobert.

Auch enthielten die neuen Gesetzeswerke fast keine Änderung der rechtlichen Stellung der Frau. Männer besaßen nach wie vor das Recht, vier legitime Ehefrauen zu haben und zusätzlich eine unbegrenzte Anzahl von Frauen »auf Zeit« (eine Besonderheit des schiitischen Rechts). Die Ehescheidung war nach wie vor einfach für Männer und fast unmöglich für Frauen, auch erhielten Männer weiterhin das Sorgerecht für ihre Kinder. Frauen waren rechtlich ihrem Vater oder Ehemann unterstellt; sie konnten nicht wählen, für kein Regierungsamt kandidieren, keine Ausländer oder Nichtmuslime heiraten.

Erst in den 60er Jahren änderte sich die Situation: Gegen den Widerstand der Geistlichen wurde den Frauen 1962 das aktive und passive **Wahlrecht** verliehen. Zudem erschwerte 1967 das Gesetz zum Schutz der Familie die Scheidung für Männer und er-

FRAUENBEWEGUNG

leichterte sie für Frauen; Frauen konnten nun erstmals das Sorgerecht für ihre Kinder erlangen.

Wenn auch in den 70er Jahren Theorie und Praxis noch häufig auseinanderklafften, bedeutete die Errichtung der **Islamischen Republik** und die von ihr propagierte »Kulturrevolution« einen herben Rückschlag für die Emanzipation der Frau. Erneut machte sich der Staat die Kontrolle über die Frau zu eigen und drängte sie in die Rolle der Hausfrau und Mutter: »Die wichtigste Rolle der Frau, und diese ist in der Tat Ergebnis ihrer speziellen Funktionen, besteht darin, Kinder zu gebären, das Leben der Kinder zu fördern und zu schützen, den Männern Komfort und Zufriedenheit zu geben und ausgleichend auf das familiäre Umfeld einzuwirken«, beschreibt Ayatollah Khâmenei die »natürliche« Aufteilung der Verantwortlichkeiten. Die Dominanz des Mannes über die Frau wurde in den neuen Gesetzen festgeschrieben: »In einer ehelichen Beziehung ist die Rolle des Familienoberhauptes eine Pflicht, die den Männern obliegt«, heißt es in Artikel 1105 des iranischen Bürgerlichen Gesetzbuchs.

Insbesondere der »westliche Lebenswandel«, den die Frauen der Ober- und Mittelschicht in den Großstädten geführt hatten, war den Geistlichen ein Dorn im Auge. Generell wurde versucht, die Frauen wieder aus der Öffentlichkeit zu verdrängen. Die Berufstätigkeit der Frauen wurde beschnitten, im März 1979 wurden alle Richterinnen entlassen. Zudem brauchte die Frau wieder die Einwilligung des Mannes, wenn sie einen Beruf ausüben wollte, wie es in Artikel 1117 des Bürgerlichen Gesetzbuchs heißt: »Der Ehemann kann seiner Frau jeden Beruf oder jede Beschäftigung, die den Interessen der Familie oder der Würde der Frau zuwiderlaufen, verbieten.« Desgleichen veranlaßte die Regierung eine strikte **Geschlechtertrennung**. Im Mai 1979 wurde die Koedukation verboten, im Juli wurden Badeorte nach Geschlechtern segregiert.

Augenfälligstes Merkmal ist das vom Staat verordnete Tragen des **Schleiers**, das für Mädchen ab dem neunten Lebensjahr gilt. Wer sich gegen die »vollkommene islamische Kleidung«, bei der einzelne Kleidungsstücke, Farben und Accessoires genauestens definiert wurden, wehrte, riskierte es, öffentlich ausgepeitscht zu werden: »Frauen, die in der Öffentlichkeit ohne islamischen Schleier er-

Zumindest hinsichtlich der Kleidung unterschieden sich in den 60er Jahren die städtischen Frauen und Mädchen kaum von den europäischen.

MODERNE GESELLSCHAFT

Bei den Frauen Irans findet Staatspräsident Khâtami besonderen Rückhalt.

Zuhause tragen viele Iranerinnen westliche Kleidung, denn die Verschleierung ist nur für den öffentlichen Raum vorgeschrieben.

scheinen, werden mit bis zu 74 Peitschenhieben bestraft«, schreibt Artikel 102 des Strafgesetzes fest.

Auch 20 Jahre nach Errichtung der Islamischen Republik werden Frauen aufgrund ihres Geschlechts diskriminiert, wird ihnen der gleichberechtigte Zugang zu Berufen und Politik verwehrt. Zudem werden sie nach wie vor gezwungen, die vom religiösen Establishment festgelegte Kleidung zu tragen.

Dennoch sind seit mehreren Jahren tiefgreifende Veränderungen zu beobachten. Frauen sind heute in der Öffentlichkeit fast überall präsent. Verstöße gegen die »islamische Kleidung« werden nicht mehr so hart geahndet wie in den ersten Jahren nach der Revolution: Christinnen erhalten meist »nur« eine Standpauke, Musliminnen müssen mit einer Geldstrafe rechnen.

Rund 40% der Studierenden sind heute weiblich, und auch im Berufsleben sind Frauen dabei, die eng gesteckten Grenzen zu überschreiten und sich Positionen in Politik und Kultur, im akademischen Bereich und in der Wirtschaft zu erkämpfen. In der Islamischen Republik gibt es heute Ärztinnen, Ingenieurinnen, Anwältinnen, Universitätsprofessorinnen, Fernsehansagerinnen, weibliche Abgeordnete und Firmenchefinnen. An einem Familiengericht in Ray wurden 1998 sogar vier Richterinnen zugelassen – was selbst in Ägypten noch heute verboten ist –, und in Teheran arbeiten einige Frauen neuerdings als Taxifahrerinnen.

Innerhalb weniger Jahre hat die Frauenbewegung an Stärke und Selbstbewußtsein gewonnen. Etwa sechzig nichtstaatliche Organisationen, unter ihnen islamische, laizistische, gemäßigte und radikale, haben sich für gemeinsame Projekte zusammengeschlossen. Eines ihrer vorrangigen Ziele ist die Veränderung der diskriminierenden Gesetze; zu diesem Zweck werden Parlamentarier, Minister und Medien unter Druck gesetzt. Koordiniert werden diese Kampagnen von Mahdube Abbâs-Gholizâde, der Chefredakteurin der Zeitschrift *Farzâne* (»Die weise Frau«). Große Popularität genießt auch die Parlamentsabgeordnete Faeze Hâshemi, die sich vor allem für den lange vernachlässigten Frauensport einsetzt. Furore macht sie auch als Herausgeberin der im August 1998 gegründeten Tageszeitung *Zan* (»Die Frau«), die sich für die Meinungsfreiheit stark macht.

Unterstützung erhalten die Frauen von Staatspräsident Mohammad Khâtami. Da er in seinem Wahlkampf eine stärkere Beteiligung von Frauen am politischen und gesellschaftlichen Leben versprochen hatte, zählten zu seinen Wählern im Mai 1997 vor allem

Frauen. Tatsächlich berief er einige Politikerinnen in hohe Ämter; Mâ'sume Ebtekâr, eine in den USA promovierte Chemikerin, wurde zur Vizepräsidentin ernannt.

Doch die Gegenkräfte sind ebenfalls aktiv: Auf Betreiben des konservativen Parlaments wurde im Herbst 1998 ein Gesetz verabschiedet, das die Geschlechtertrennung weiter verschärft: Schüler sollen künftig nur noch von gleichgeschlechtlichen Lehrkräften unterrichtet und Frauen ausschließlich von weiblichen Ärzten behandelt werden.

▪Moderne Literatur

Inspiriert durch zahlreiche Übersetzungen europäischer Literatur (u.a. Victor Hugo, Charles Dickens und Jules Verne), aber auch durch die sich verändernden politischen und sozialen Verhältnisse entstand Ende des 19. Jh. die moderne iranische Prosa. Neben der Suche nach neuen Formen änderte sich auch das Verständnis vom Sinn und Zweck der schönen Literatur. Sie sollte nun nicht mehr der Legitimation verkrusteter Herrschaftsstrukturen dienen, sondern zu Bildung und **Aufklärung** des Volkes beitragen. Autoren wie Ali Akbar Dehkhodâ (gest. 1956) und Mohammad Ali Jamâlzâde (gest. 1997) setzten sich in ihren Werken erstmals mit den zeitgenössischen Problemen Irans auseinander. Sie prangerten die monarchistische Willkürherrschaft sowie die Unterdrückung und Rückständigkeit breiter Kreise der Bevölkerung an.

Sâdeq Hedâyat

Der bedeutendste moderne Schriftsteller, **Sâdeq Hedâyat** (gest. 1951), beschäftigte sich daneben mit dem komplexen Innenleben des modernen Menschen, seiner Suche nach Identität und seinen existentiellen Fragen. Seine Figuren sind moderne Anti-Helden, viele von ihnen sind krank, mißgebildet oder verrückt. In manchen Prosawerken finden sich von jeglicher Realität losgelöste, surrealistische Phantasien und alptraumhafte Visionen, die an Hedâyats Vorbilder Edgar Allan Poe und Franz Kafka erinnern. Sein berühmtestes Werk, die *Blinde Eule*, fiel 1937 der strengen Zensur unter Rezâ Shâh zum Opfer und konnte zunächst nur in Indien veröffentlicht werden.

Weitere bedeutende Autoren der Moderne sind Sâdeq Chubak, Jalâl Âl-e Ahmad, Hushang Golshiri und Gholâm-Hosein Sâ'edi, wobei sich letzterer um die Entwicklung der iranischen Dramatik verdient gemacht hat. Besondere Berühmtheit erlangte in den 60er Jahren auch das Buch *Mâhi-ye Siyâh-e Kuchulu* (»Der kleine schwarze Fisch«) von Samad Behrangi. Ursprünglich als Kinderbuch konzipiert, erkannte man in der Geschichte eine Parabel auf die nach Freiheit strebenden Menschen. Es steht damit exemplarisch für die poli-

Deutsch-iranischer Kulturaustausch mit Hindernissen

Die Rushdie-Affäre

Wohl selten hat ein literarisches Werk solchen Wirbel ausgelöst wie Salman Rushdies *Die Satanischen Verse* (1988). Muslime in aller Welt, allen voran in England, Pakistan und Indien, fühlten sich durch die Darstellung des Propheten Mohammad verunglimpft. Zudem nahm der Streit um das Buch des britischen Autors die Dimension eines Kulturkampfes an: Ein unausgesprochener Vorwurf der Islamisten lautete, daß Rushdie, ein gebürtiger Inder und sunnitischer Muslim, ins Lager des »Westens«, des politischen Erzfeindes, gewechselt sei.

In vielen islamischen Ländern wurde der Roman verboten; vereinzelt kam es auch zu Bücherverbrennungen. Eine entschieden härtere Reaktion erfolgte in Iran: Am 14. Februar 1989 rief der iranische Revolutionsführer, Ayatollah Khomeini, zur Ermordung von Rushdie und seinen Verlegern auf – wegen Beleidigung »des Islam, des Propheten und des Koran«: »Ich wünsche, daß alle glaubenseifrigen Muslime jene, wo immer sie sie finden, unverzüglich töten«, ließ er in einem kurzen Text, der fälschlicherweise als *Fatwa* (islamisches Rechtsgutachten) bezeichnet wird, verlauten. Daß er selbst eine unrühmliche Rolle in Salman Rushdies Roman spielt, daß er als rachsüchtiger »Imam«, »Zauberkünstler« und »lebender Stein« erscheint, verschwieg Khomeini.

Außerhalb Irans wurde Khomeinis Mordaufruf von vielen Muslimen kritisiert, u.a. von den sunnitischen Autoritäten der Azhar-Universität in Kairo. Prominente muslimische Denker wie Mehdi Hâ'eri oder Mohammad Arkoun lehnten – trotz empfundener Beleidigung – sogar das Verbot des Buches ab: Die Meinungsfreiheit habe Vorrang vor den religiösen Gefühlen.

Ob *Die Satanischen Verse* tatsächlich blasphemisch sind – wie z.B. auch die katholische Kirche Polens meint –, ist wohl abhängig vom Standpunkt des Betrachters. Tatsächlich handeln vier Fünftel des im Stil des magischen Realismus verfaßten Romans nicht vom Islam, sondern von Migration und vom Leben zwischen zwei Welten – von »gespaltener Identität, London und Bombay, Liebe und Tod« (Rushdie).

Unter muslimischen Theologen unumstritten ist die Historizität der titelgebenden Episode. Rushdie greift hier eine Begebenheit aus dem Leben Mohammads auf, die der arabische Historiker at-Tabari (gest. 923) überliefert hat: Da der strenge Monotheismus des neuen Glaubens bei den Mekkanern zunächst auf wenig Gegenliebe stieß, suchten sie nach einer Möglichkeit, den beliebten Göttinnen al-Lât, al-'Uzzâ und Manât einen Platz in der neuen Religion zu verschaffen. Auf ihre dringliche Frage, wie es sich denn mit den drei Göttinnen verhalte (Koran 53/19-20), machte ihnen der Prophet ein Zugeständnis und erklärte sie zu Gefährtinnen des einen Gottes: »Sie sind die hocherhabenen Vögel, und ihre Fürbitte ist wirklich erwünscht.« Wenig später mußte Mohammad jedoch erkennen, daß ihm diese Verse kein anderer als der Teufel selbst eingeflüstert hatte – und widerrief eilig diese »satanischen Verse«.

Khomeini kam die von ihm heraufbeschworene »Rushdie-Affäre« sehr zupaß; diente sie ihm doch dazu, den Machtkampf zwischen »konservativen« und »liberalen« Kräften für sich zu entscheiden. In einer Rede am 22. Februar 1989 verkündete er, daß die »Liberalen«, die eine Annäherung an den Westen suchten, niemals die Führung Irans übernehmen dürften. Tatsächlich erfolgte im April 1989, zwei Monate vor Khomeinis Tod, die Entmachtung Ayatollah Montazeris, der bis dahin als designierter Nachfolger Khomeinis gegolten hatte. Der Geistliche war durch seine Kritik an iranischen Menschenrechtsverletzungen und seine Forderung nach mehr Pluralismus im Gottesstaat in Ungnade gefallen – und lebt seither unter Hausarrest.

Auch Salman Rushdie lebt noch zehn Jahre nach dem Mordaufruf unter ständigem Polizeischutz an einem geheimgehaltenen Ort. Entgegen der islamrechtlichen Tradition, daß ein Fatwa mit dem Tod des Rechtsgelehrten gegenstandslos wird (»Tote haben nichts zu sagen«; *lâ qaula lil-mayyit*), gilt Khomeinis angebliches Fatwa noch immer, auch wenn sich die iranische Regierung im September 1998 vorsichtig von dem Aufruf distanzierte: Tatsächlich wurde das Kopfgeld, das die radikale »Stiftung des 15. Khordâd« ausgesetzt hat, im Oktober 1998 auf 2,8 Mio. Dollar erhöht.

Während die »Rushdie-Affäre« keine Auswirkungen auf die guten wirtschaftlichen Beziehungen zwischen Iran und Deutschland hat, sind die kulturellen Kontakte seither eingefroren: Auf Druck mehrerer Bundesländer ist das am 29. November 1988 zwischen Teheran und Bonn geschlossene Kulturabkommen bisher noch immer nicht in Kraft getreten; auch werden iranische Verlage deitdem nicht mehr zur Frankfurter Buchmesse eingeladen.

Deutsches Gastspiel in Teheran

Exzellente iranische Filme, wie »Leila« von Darjush Mehrjui oder »Der Geschmack der Kirsche« von Abbas Kiarostami laufen heute auch in deutschen Großstadtkinos; iranische Schriftsteller, die in der Heimat oder im Exil leben, tragen ihre Werke hier in gut besuchten Lesungen vor. Umgekehrt wird in Iran sehr viel deutsche Literatur und Philosophie gelesen, von Goethe, Brecht und Grass, von Hegel, Heidegger und Jaspers.

Ein Gastspiel in oder von Iran scheiterte jedoch bisher daran, daß seit 1987 kein Kulturabkommen mehr zwischen Iran und Deutschland existiert – das vorherige war von der iranischen Regierung nach kritischen Äußerungen des Showmasters Rudi ?Carrell über Ayatollah Khomeini gekündigt und wegen der Rushdie-Affäre nicht erneuert worden. Durch einen privaten Vertrag mit dem iranischen Kulturministerium gelang einem deutschen Theater erstmals seit 1979 ein Auftritt in Teheran: Im Februar 1999 gastierte neben sechs anderen ausländischen Ensembles das Theater Mühlheim an der Ruhr beim 17. Fajr-Theaterfestival mit den Produktionen »Pinocchio/Faust«, Kafkas »Bericht für eine Akademie« und Tschechows »Kirschgarten«.

Die Aufführungen vor überfülltem Haus waren ein großer Erfolg, Theaterleiter Roberto Ciulli schwärmte von dem »ungeheuer neugierigen und begeisterungsfähigen Publikum«. Die zumeist jungen Besucher übertrugen offenbar die in der Inszenierung geäußerte Kritik an christlichen Geistlichen auf die Verhältnisse im eigenen Land. Der iranische Zensor hatte sogar eine angedeutete Vergewaltigung Pinocchios durch einen Geistlichen akzeptiert. Bei der Kleidung hatten die Schauspielerinnen allerdings Zugeständnisse machen müssen: Sie trugen Kopftücher, und ihre Röcke waren verlängert worden. Küsse und Umarmungen von Mann und Frau waren zudem streng verboten.

Während die konservativen Medien die Untergrabung der Moral anprangerten, lobte die liberale Presse die kunstvolle Ästhetik. Wie sehr sich die Machtverhältnisse in Iran bereits verändert haben, zeigt die überraschende Preisverleihung durch das iranische Kulturministerium: Die Mühlheimer Theatergruppe erhielt den Sonderpreis für »Theaterkunst und herausragende kulturelle Verständigung«.

MODERNE GESELLSCHAFT

Plakat einer Theateraufführung von Exiliranern in Hamburg

tisch und sozial engagierte Literatur der 60er und 70er Jahre. Aufgrund ihrer mutigen Kritik mußten viele Autoren unter dem Schah-Regime Verhaftung und Folter erleiden. Doch auch nach der Revolution werden Schriftsteller bedrängt, und viele Werke fallen der Zensur zum Opfer. Dies gilt auch für zeitgenössische Autoren, die sich außerhalb Irans einen Namen machten, wie Mahmud Doulatabadi, Abbas Maarufi und Shahrnush Parsipur. So wurde Maarufi 1996 als Herausgeber des Kulturmagazins *Gardun* wegen »Beleidigung islamischer Werte« zu einer Haft- und Prügelstrafe verurteilt, woraufhin er in Deutschland Asyl suchte. Tatsächlich entsteht heute ein nicht unbedeutender Teil der iranischen Literatur im **Exil.** Einen Hoffnungsschimmer stellt die seit Jahrzehnten geforderte Neugründung des iranischen Schriftstellerverbandes dar, die am 4. März 1999 mit dem Segen des Kulturministeriums erfolgte.

■ Medien

Verglichen mit anderen Staaten der Region ist die iranische **Presse** erstaunlich vielfältig. Die Verfassung vom Dezember 1979 garantiert die Pressefreiheit; allerdings mit der Einschränkung, daß die »islamischen Prinzipien« nicht verletzt werden dürfen – womit Pressefreiheit im westlichen Sinne in Iran nicht existiert. Die Presseorgane werden von der »Islamic Republic News Agency« (IRNA) mit genehmigten Nachrichten versorgt. Die bereits 1931 unter dem Namen »Pars News Agency« (PANA) gegründete Agentur wird effektiv geführt und erstellt in ihren mehr als 45 Büros im In- und Ausland schnell und einigermaßen objektiv Nachrichtenberichte. **Rundfunk** und **Fernsehen** sind halbstaatlich organisiert und unterliegen strenger Zensur; sie dienen daher überwiegend als Propagandainstrumente. Diese Divergenz ist dadurch begründet, daß die Islamische Republik den **elektronischen Medien** eine weit größere Bedeutung zuschreibt. Bereits Ayatollah Khomeini hatte im Oktober 1979 formuliert: »Der Rundfunk- und Fernseh-Apparat ist der empfindlichste, den es in diesem Land gibt. Die übrigen Medien, wie die Presse, üben zwar ebenfalls Einfluß aus, doch nur in einer besonderen Schicht. Ihre Auflage ist nicht so hoch, daß sie alle Gebiete und Individuen erreicht. Zudem gibt es in unserem Land viele Menschen, die des Lesens unkundig sind und deshalb die Zeitung nicht nutzen können ... Aber das Radio ist ein Medium, das alle Schichten der Bevölkerung und alle Individuen nutzen.«

Sehr beliebt wurden bei der Bevölkerung zu Beginn der 90er Jahre die unzensierten Satellitenprogramme. Das konservativ dominierte Parlament reagierte jedoch prompt und verbot im September 1994 die Installation und Benutzung von Satellitenschüsseln.

Für die Presse brach mit dem Amtsantritt des gemäßigten Präsidenten Khâtami im August 1997 zunächst eine Blütezeit an, und die Vielfalt der Zeitungen und Zeitschriften ist kaum noch zu überschauen. Eine große Bandbreite an wirtschaftlichen, sozialen, literarischen und philosophischen Fragen wird in ihnen diskutiert. Eine hohe Auflage erreicht beispielsweise die Tageszeitung *Hamshahri* (»Der Mitbürger«), die der Teheraner Oberbürgermeister Karbâschi vor einigen Jahren ins Leben rief. Sehr populär wurde auch die im Sommer 1998 gegründete Zeitung *Tus*, die sich laut Satzung »durch die Macht der Feder um die Schaffung einer zivilen Gesellschaft in Iran bemüht«. Die beiden Zeitschriften *Zan* (»Frau«) und *Farzâne* (»Die weise Frau«) treten sogar offen für Frauenrechte ein.

Ausschnitt aus einem Titelblatt der Frauenzeitschrift Hoquq-e Zanân (»Die Rechte der Frauen«)

Daß diese Freiheiten jederzeit wieder zurückgenommen werden können, erfuhren mehrere liberale Zeitungen im September 1998: Unter dem Vorwurf, Sprachrohre des Westens zu sein, wurden sie kurzerhand verboten – darunter auch **Tus**; zuvor war die erst im Februar 1998 unter dem Titel **Jamee** gegründete Zeitung bereits zweimal durch Umbenennung ihrem Verbot zuvorgekommen. Verboten wurden die Zeitungen nicht vom Kulturministerium – Khâtami sowie sein Kulturminister Mohâjerâni haben die kritische Presse wiederholt verteidigt – sondern von einer neugeschaffenen Abteilung innerhalb der konservativ dominierten Justiz.

Wie gefährdet die Pressefreiheit nach wie vor ist, belegt das erneute Verbot der liberalen Tageszeitung Zan am 6. April 1999 durch ein von geistlichen dominiertes Teheraner Revolutionsgericht. »Die Schließung zielt darauf ab, alle moderaten Kräfte an einer Kandidatur bei den Parlamentswahlen im nächsten März zu hindern«, kommentierte die Herausgeberin das Verbot ihrer populären Tageszeitung-.

Damit spiegelt sich auch hier der gesellschaftspolitische Machtkampf zwischen konservativen und reformorientierten Kräften wider.

Die frühe persische Poesie

»Was die Poeterei betrifft, so wird selbige bei ihnen so hochgeschätzt, daß mir deucht, nicht eine einzige Nation der Welt hält mehr als die Perser darauf«, schrieb im 17. Jh. der Persienreisende Adam Olearius. Tatsächlich genießt die Literatur, allen voran die Poesie, in Iran eine große Wertschätzung – damals wie heute. Das Rezitieren von Gedichten auf Festen oder Trauerveranstaltungen bis hin zu den Darstellungen professioneller Geschichtenerzähler (pers. *Naqqâl*) gehören untrennbar zum Alltag und zur Festkultur Irans – wie sie heute wieder in Teehäusern und Restaurants, wie dem Teheraner Ali Qâpu, stattfinden.

Dabei hatte die arabische Eroberung zunächst zum Niedergang der mittelpersischen Sprache (Pahlavi) und Literatur geführt. Alle wissenschaftlichen Werke wurden nun auf Arabisch verfaßt, und die gesprochene persische Sprache war mit arabischen Wörtern durchsetzt. Eine Renaissance der neupersischen Sprache und Dichtung setzte erst im frühen 11. Jh. mit dem »Königsbuch« (*Shâhnâme*) des Dichters **Abu al-Qâsem Ferdowsi** (gest. um 1020) ein. Mit diesem rund 50.000 Verse zählenden Heldenepos, das nur wenige arabische Wörter enthält, schuf Ferdowsi die Grundlage des neupersischen Sprachgebäudes – wie er selbst im *Shâhnâme* vermerkt: »Aus Versen habe ich ein hohes Schloß errichtet, das Sturm und Regen nicht zerstören können.«

Beruhend auf alten Quellen schildert das in kunstvoller Reimprosa verfaßte Werk die iranische Geschichte, beginnend mit der »Zeit« der mythischen Könige bis zur arabischen Eroberung im 7. Jh. Dabei handelt es sich um ein mit legendären Zügen behaftetes Heldenepos; die historischen Ereignisse und Figuren sowie die geographischen Bezüge halten einer wissenschaftlichen Betrachtungsweise nicht stand.

Ein großer Teil des Werkes kreist um den legendären Helden *Rostam*, der am Ende zur tragischen Figur wird: Obzwar im Kampf unbesiegbar, tötet er, ohne es zu wissen, seinen Sohn *Sohrab*. Eng verknüpft mit diesen Heldengeschichten ist die Schilderung des Kampfes zwischen Iran und dem mythischen Land Turan – Symbol für den im zoroastristischen Gedankengut so bedeutsamen Kampf zwischen Gut und Böse. Von besonderem Interesse ist, daß Ferdowsi keinen Gegensatz zwischen der Verklärung des altiranischen Erbes und seiner Identität als Muslim sah – Ferdowsi war Verehrer der iranischen Vergangenheit und gläubiger Schiit zugleich. Wohl auch deshalb entwickelte sich sein Werk bald zum iranischen Nationalepos schlechthin.

Rund 35 Jahre arbeitete Ferdowsi an der Abfassung des *Shâhnâme*, das er schließlich im Februar 1010 Mahmud von Ghazna übereignete. Dieser habe jedoch, so heißt es, den Wert des umfangreichen Epos nicht erkannt und Ferdowsi nur eine geringe Summe Geldes ausgehändigt. Voll gekränkten Stolzes schenkte Ferdowsi diese dem Bediensteten eines Badehauses sowie einem Bierverkäufer und floh aus Angst vor dem Zorn des Fürsten außer Landes. Erst Jahre später kehrte er in seine Heimatstadt Tus zurück. Die mit Gaben reich beladene Karawane, die ihm der reuevolle Mahmud nun zuschickte, traf erst bei Ferdowsis Beerdigung ein – so will es jedenfalls die Legende.

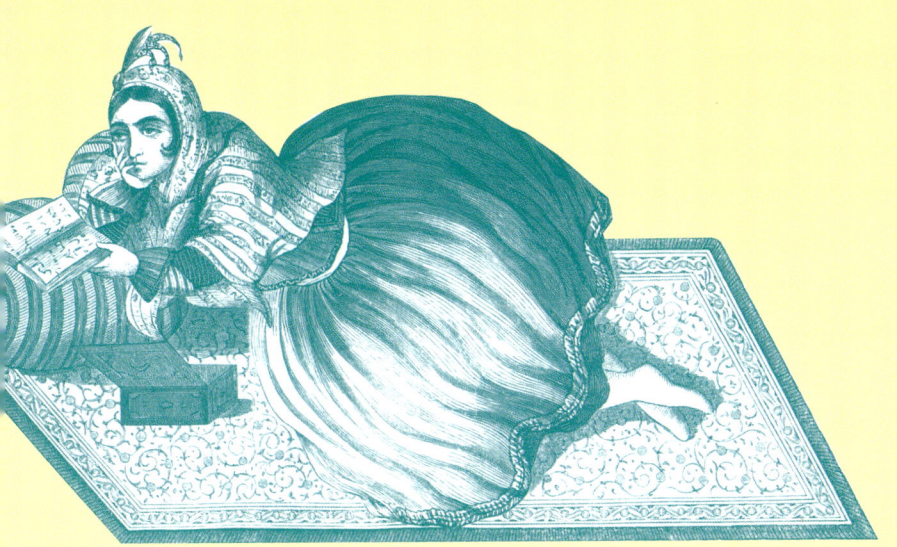

Als Vollender der mittelalterlichen **Versepik** gilt der im aserbeidschanischen Ganje geborene Ilyâs ibn Yusuf **Nizâmi** (gest. 1209). Im Gegensatz zu den Heldenstoffen Ferdowsis wählte der von Goethe als »zarter, hochbegabter Geist« gepriesene Dichter die romantische Liebe als Sujet. Seine fünf Epen, die später als *Khamse* (»Fünfer«) zusammengefaßt wurden, schildern allesamt die »lieblichsten Wechselwirkungen innigster Liebe« (Goethe), die jedoch meist durch den Ethos von Verzicht und Entsagung geprägt ist. Dies gründet möglicherweise im tragischen Leben des Dichters: Hatte er doch jede seiner drei - nacheinander geehelichten - Frauen durch deren frühen Tod verloren. Dennoch - oder gerade deshalb - erhob Nizâmi im Vorwort zu seinem zweiten Epos, *Khosrow und Shirin* (1180-81), die Liebe zum einzig Wesentlichen:

»Da mir kein besser Wort bekannt als Lieben,
will lebenslang ich mich im Lieben üben!
Die Welt ist Liebe - sonst nur Blendwerk viel,
ein leeres Spiel, wär nicht der Liebe Spiel!
Wer ohne Liebe lebt, ist kern-verdorben,
mit hundert Leben - liebelos - erstorben.« ✳

Hier wie in seinen meisten Werken entlehnt Nizâmi seinen Stoff der Sasanidenzeit. In dem 4000 Doppelverse zählenden Epos *Leilâ und Majnun* (1188), das der Dichter nach eigenen Angaben in »weniger als vier Monaten« niederschrieb, greift er jedoch auf altarabische Traditionen zurück. Mit seiner Neudichtung machte er Leilâ und Majnun, deren tragische Geschichte der *Romeos und Julias* ähnelt, zum berühmtesten Liebespaar im islamischen Orient. Das künstlerisch bedeutungsvollste Epos Nizâmis ist *Haft Paikar* (»Sieben Gestalten«) (1197), das neben den Abenteuern des idealisierten Sasaniden-Herrschers Bahrâm Gur die Liebesgeschichten von sieben Prinzessinnen erzählt. Dieses wie auch andere Versepen Nizâmis oder Ferdowsis *Shâhnâme* dienten den späteren Miniaturmalern als Anregung für ihre Malerei.

Zu den wichtigsten Gattungen der vormodernen persischen **Lyrik** zählt die **Lobdichtung** oder panegyrische *Qaside*. Ihre höchste Blüte erlebte sie im vormongolischen iranischen Mittelalter - zu einer Zeit, als Dichten nicht als Inspiration durch das Gefühl, sondern als eine erlernbare Kunst angesehen wurde. Noch im 17. Jh. verfaßten Dichter zu Ehren der kleinen und großen Herrscher Lobgedichte, wie Olearius berichtet: »Es haben der König wie auch die Khane ihre eigenen Poeten, welche sich nicht auf den Gassen gemein machen, sondern in den Häusern bleiben, sich bemühen, mit neuen Inventionen nur ihre Herren zu erlustigen.«

Beliebt war auch eine poetische Kurzform: der **Vierzeiler** (Robâ'i), deren berühmteste dem Mathematiker und Astronomen **Omar Khayyâm** (gest. 1121) zugeschrieben werden. Die Vergänglichkeit alles Irdischen, aber auch das Gefühl, in eine unerklärliche Welt geworfen zu sein, kennzeichnen viele seiner Verse:
»In diese Welt - doch warum weiß ich nicht, auch nicht woher (wie Wasser, das so fließt); Auch nicht, wohin ich ausgetrieben werde, So wie der Wind, der einfach nur so bläst.«

Gleichzeitig war Khayyâm ein mutiger Freigeist, der sich über die herrschenden islamischen Gesetze hinwegsetzte, das Weintrinken besang und gegen heuchlerische Geistliche wetterte. Dabei ist die sinnenfrohe Pose eng mit der Erkenntnis der Nichtigkeit des menschlichen Lebens verknüpft:
»Ich trinke nicht aus bloßer Lust am Zechen, Noch um des Korans Lehre zu durchbrechen, Nur um des Nichtseins kurze Illusion! - Das ist der Grund, aus dem die Weisen zechen.«

Mit seinen gelungenen Nachdichtungen machte der Engländer Edward FitzGerald Khayyâm im 19. Jh. in Europa berühmt, in England gründeten sich mehrere »Omar-Khayyam-Societies«. Damit förderte FitzGerald auch die Renaissance des in Persien weitgehend vergessenen Dichters.

Eine große Rolle spielt in der iranischen Literatur auch die **mystische Dichtung**. Einer ihrer berühmtesten Vertreter ist **Farid ad-Din Attâr** (gest. 1221). In seiner Dichtung *Mantiq at-Tayr* (»Vogelgespräche«) begeben sich dreißig Vögel - als Symbol nach Gott strebender Sufis - auf die Suche nach dem wundersamen Vogel *Simorgh*. Am Ende müssen die Gottessucher erkennen, daß sie selbst jener Vogel und somit die göttliche Wahrheit sind (das persische *Si Morgh* bedeutet in seiner wörtlichen Übersetzung »dreißig Vögel«). Bedeutender noch als Attâr ist der in Balch geborene **Maulâna Jalâl ad-Din Rumi** (gest. 1273). Sein rund 36.000 Verse umfassendes Werk übte einen immensen Einfluß auf alle nachfolgenden persischen Dichter und Denker aus. Dreh- und Angelpunkt des Sufi-Dichters ist die Liebe - »Nur Liebe, nur Liebe - wir haben sonst kein Werk« -, wobei Rumi, wie alle Sufis, die irdische Liebe als Vorstufe der wirklichen, himmlischen Liebe begreift. Gleichzeitig kann seine Dichtung als ständiger Versuch aufgefaßt werden, sich Gott zu nähern. Sein wichtigstes Werk ist das rund 26.000 Verse umfassende *Mathnavi* (»Lehrgedicht«), das aufgrund seiner Vielschichtigkeit gern mit einem aus tausend Fäden gedrehten Seil verglichen wird. Friedrich Rückert übertrug 1819 erstmals Rumis Gedichte in freien Nachdichtungen ins Deutsche, wie diese Verse aus dem *Mathnavi*:

»Siehe, ich starb als Stein
    und ging als Pflanze auf,
Starb als Pflanze
    und nahm drauf als Tier den Lauf.
Starb als Tier
    und ward ein Mensch.
Was fürcht' ich dann,
Da durch Sterben ich nie minder werden kann!
Wieder, wann ich werd' als Mensch
    gestorben sein,
Wird ein Engelsfittich mir erworben sein,
Und als Engel muß ich sein geopfert auch,
Werden, was ich nicht begreif':
    ein Gotteshauch!«

Rechts: Die Quelle Chesm-e Ali in Ray bei Teheran

Geschichte

■ Vor- und Frühgeschichte

Erste Besiedlungen sind in Iran für das Mittlere Paläolithikum, also vor etwa 30.000 bis 40.000 Jahren, nachgewiesen. Es waren wohl nur wenige tausend Menschen, die im Zagros, seinem westlichen Vorland sowie im südkaspischen Tiefland als Jäger und Wildbeuter lebten.
Im Frühneolithikum kam es um 8000 v. Chr. zu einer revolutionären Umgestaltung der menschlichen Lebensformen, der sogenannten »Neolithischen Revolution«. Durch die Kultivierung von Weizen und Gerste – erstmals im »Fruchtbaren Halbmond« (Syrien, Irak, Nordwest-Persien und Südanatolien) – und die Domestikation von Schaf und Ziege vollzog sich der Übergang zur Seßhaftigkeit. Dieser Wandel führte zu ersten dörflichen Ansiedlungen, zur Entwicklung des Handwerks (Korbflechterei, Weberei, Teppichknüpferei und Töpferei) und zur sozialen Differenzierung der Bevölkerung. Auch entstanden erste politisch-territoriale Gebilde. Parallel zur Entwicklung des Ackerbaus entstand um 8000 v. Chr. in den Gebirgszügen und Trockenregionen eine zweite Form der Viehzucht: die Wanderweidewirtschaft der Nomaden.
Zu den berühmten neolithischen Siedlungen zählen **Tepe Sialk** bei Kâshân, **Tepe Hissar** bei Dâmghân und **Tepe Yahya** südlich von Kermân. Daß beinahe alle großen neolithischen Siedlungshügel innerhalb des heutigen Siedlungsraumes liegen, zeigt die jahrtausendelange Kontinuität der iranischen Kulturlandschaft auf.
Um 4000 v. Chr. entstanden auch im Südwesten Irans, dem heutigen Khuzestân, erste Siedlungen, die sich bald zu blühenden Handelsstädten entwickelten. Hier liegt im 3. Jt. die Wiege des **Reiches von Elam** (griech. *Elymais*), das als ein lockerer Bund von Kleinstaaten organisiert war. Ihre Hauptstadt war zunächst **Awan**, dann **Susa** (pers. *Shush*). Im Osten erstreckte sich die Elymais bis ins gebirgige Hochland, wo sich das zweite bedeutende Zentrum der Elamer befand: die Stadt **Anzan** (heute Tell-e Malyân). Die elamischen Könige führten daher auch den Titel »König von Susa und Anzan«.
Die mehr als zweitausendjährige elamische Geschichte ist eng mit der des benachbarten Zweistromlandes verbunden. Der kulturelle Austausch mit seinen Bewohnern – Sumerern, Akkadern, Assy-

Säulenreste in Persepolis, im Hintergrund der Dareios-Palast

rern oder Babyloniern – war stets ausgesprochen lebhaft. Allerdings wurden die fruchtbaren Niederungen und reichen Städte Babyloniens immer wieder Beuteziel elamischer Fürsten, was wiederum Racheakte nach sich zog. Um 1110 v. Chr. gelang dem babylonischen König Nebukadnezar I. ein entscheidender Sieg über die Elamer, der zur Verwüstung Susas führte.

■Persien im Altertum

Die Meder

Um 1600 v. Chr. wanderten aus den Gebieten südlich des Aralsees **indoeuropäische Reiternomaden** nach Ostiran ein, zunächst Baktrer und Sogder, in einer späteren Welle dann Meder und Perser, die beiderseits des Kaspisees und über den Zagros in das Hochland vordrangen. Diese arischen Stämme – daher der Name *Iran*: »Land der Arier« – verfügten bereits über Pferd und Wagen.
Im Jahr 836 v. Chr. wurden in der berühmten Inschrift des Assyrerkönigs Salmanassar III. erstmals die **Meder** (*Madai*) erwähnt, die sich in Westiran um ihre spätere Hauptstadt Agbatana (heute Hamadân) niedergelassen hatten. In der ausgehenden Eisenzeit formierten sie sich zu einem staatlichen Gebilde mit einem König an der Spitze – das Zeitalter der antiken Hochkultur brach an.
Nach Herodot geht die Gründung des medischen Reiches auf **Deiokes** (728–675 v. Chr.) zurück, der historisch allerdings nicht belegbar ist. Erst der spätere Mederkönig **Kyaxares** (625–585 v. Chr.) wird durch Quellen belegt. Er ordnete das Reich neu, reformierte die Armee und unterteilte sie in verschiedene Einheiten: Speerwerfer, Bogenschützen und Kavallerie. Dabei stellten Reiterkrieger ein Novum in der Kampfesweise dar: Sie sollten den Medern den Sieg über die uralten Kulturen des Zweistromlandes, die das Pferd noch vor den Streitwagen spannten, ermöglichen. Desgleichen waren die Meder berühmt für ihre schnellen Pferde, die sie zum Teil als Tribut an das assyrische Heer liefern mußten. (Auch Reliefs in Persepolis zeigen den Pferdetribut der Meder.) Zum festen Bestandteil der reiterlichen Tracht wurde ein neues Kleidungsstück: die sogenannte »medische Hose« (*Saraba*). Durch Funde in **Tepe Sialk** (bei Kâshân) ist bekannt, daß sich die Krieger durch bronzene Helme und Panzerbleche schützten.
Das solchermaßen geeinte und reformierte Mederreich wandte sich nun gegen Assyrien, den jahrhundertealten Erzfeind. Gemeinsam mit seinen babylonischen Verbündeten rückte Kyaxares in die assyrischen Kernlande vor und eroberte – nicht zuletzt dank

der berittenen Bogenschützen - Assur (614), Ninive (612) und Charran (608). Die Verwüstung Assyriens führte zum Untergang dieses einst mächtigsten Reiches im Vorderen Orient. Seinen letzten Feldzug führte Kyaxares gegen das Reich der kleinasiatischen **Lyder**, den er im Jahr 585 mit einem von Nebukadnezar II. vermittelten Frieden beendete.

Die Achämeniden

Assyrische Inschriften berichten im 9. Jh. v. Chr. von einem weiteren iranischen Volk, das südlich des Orumiye-Sees siedelte und sich selbst *Pârsa* (»Perser«) nannte. Von den umliegenden Völkern bedrängt, stießen die Parsa allmählich nach Südosten vor - in Richtung des alten Königreiches Elam. Um die Mitte des 7. Jh. v. Chr. ließen sie sich dauerhaft in der südiranischen, später nach ihnen benannten Region *Pârs* (griech. *Persis*) nieder. Die Legende besagt, daß es **Achämenes** (Hakhamanish), der mythische Stammvater der achämenidischen Großkönige, war, der die Perser in dieses Gebiet führte. Tatsächlich liegt die frühe Entwicklung der achämenidischen Familie im Dunkeln; gesichert ist nur, daß die Achämenidenkönige zunächst Vasallen der Assyrer, dann der Meder waren.

Mitte des 6. Jh. gelang es dem Achämeniden **Kyros II.** (559-530 v. Chr.), mehrere persische Stämme zu vereinen. Im Jahr 550 v. Chr. besiegte er den Mederkönig Astyages und eroberte die medische Hauptstadt Agbatana. Dabei verhielt sich Kyros, den man später »den Großen« nannte, seinem Gegner gegenüber ehrenvoll: »Er tat dem Astyages nichts zuleide und behielt ihn bei sich bis an sein Ende«, erzählt Herodot. Ebenso nobel verhielten sich die Achämeniden gegenüber allen medischen Einwohnern. Zudem übernahmen sie wesentliche Traditionen des unterworfenen Volkes: den Staatsapparat, die gut organisierte Armee wie auch die Idee des Königtums mit all seinem Zeremoniell und Hofprotokoll. So stellte der Beginn der achämenidischen Herrschaft zunächst nur einen Wechsel der Führungsspitze dar.

Nach der Eroberung Mediens wandte sich Kyros gegen den lydischen König Kroisos und zerstörte um 545 das kleinasiatische Lyderreich. Auch die griechischen Städte Westkleinasiens wurden unterworfen. Von besonderer Bedeutung war die Eroberung Babyloniens im Jahr 539: Das Land zwischen Euphrat und Tigris wurde die reichste Provinz des persischen Reiches, das nun das bisher größte bekannte Staatengebilde darstellte. In diesem Zusammenhang steht auch eine Tat, für die Kyros im Alten Testament mehrfach lobend erwähnt wird: Er beendete die fast fünfzig Jahre währende **Babylonische Gefangenschaft** (586-538 v. Chr.)

der Juden, die der neubabylonische König Nebukadnezar II. nach der Zerstörung Jerusalems (587) ins Zweistromland hatte deportieren lassen.

Im Jahr 530 v. Chr. starb Kyros II. im Kampf gegen das im Osten Irans siedelnde Reitervolk der Skythen (Massageten). Auf den Thron folgte ihm sein Sohn **Kambyses II.** (530–522 v.Chr.), der das persische Weltreich um Tyros, Zypern, Ägypten und Nubien erweiterte. Doch ein Aufstand in der Heimat erschütterte im Jahr 522 seine Macht und veranlaßte ihn zur Rückkehr. Auf dem Heimweg verletzte sich Kambyses aus Versehen mit seinem Schwert und starb. Mit der mehr als dreißigjährigen Herrschaft von **Dareios I.** (521–486 v. Chr.) begann die eigentliche Blüte und politische Ausgestaltung des persischen Weltreichs. Vor Dareios fehlte es sowohl an einem funktionstüchtigen Staatsapparat als auch an Symbolen der Königsmacht. Dabei führte Dareios wenig Neues ein; vielmehr übernahm er Traditionen und Errungenschaften der unterworfenen Völker und entwickelte diese weiter. So geht das komplizierte achämenidische Rechtssystem auf das einfachere altmesopotamische Rechtswesen zurück; und die Reichsmünze, die Dareios zur Vereinfachung des Handelsverkehrs einführte, war eine Erfindung der Lyder.

Dareios teilte das Reich in zwanzig große **Verwaltungsbezirke** (*Satrapien*) ein, an deren Spitze jeweils ein Statthalter (*Satrap*) stand. Damit die Provinzen dauerhaft unter der Kontrolle der Perser blieben, mußte jeder Satrap dem persischen Hochadel entstammen; auch wurden sie von Dareios' Agenten, seinen »Augen und Ohren«, überwacht. In den einzelnen Regionen und Städten konnten jedoch auch Nichtperser bedeutende Ämter bekleiden.

Als Vertreter des Königs waren die Satrapen für die Rechtsprechung, die wirtschaftliche Entwicklung sowie für die Erhebung der Steuern zuständig. In der Spätzeit des Achämenidenreiches, als in manchen Provinzen das Amt des Satrapen erblich wurde, kam es vermehrt zu Rebellionen gegen den Großkönig, die von der Staatsmacht blutig niedergeschlagen wurden. In der Persis selbst gab es keinen Satrapen. Hier unterstand die Verwaltung direkt dem König bzw. dem höchsten Beamten, einer Art Hofmarschall. Zur Förderung der politischen Einheit, der Verwaltung wie auch des Handels ließ Dareios ein enges Verkehrsnetz zwischen den wichtigsten Regionen des Reiches bauen. Vom achämenidischen Kernland, der Persis, führten nun Straßen in östlicher Richtung nach Baktrien und Indien, in westlicher Richtung über Palästina bis nach Ägypten. Berühmtheit erlangte vor allem die **Königsstraße**, die über 2500 km von Susa nach Sardes in Kleinasien führte und zum Ruhm des schnellen Postdienstes beitrug. Auch Herodot bereiste Teilstücke der gepflasterten Straße. Er berichtet, daß es auf der gesamten Strecke sechs Fähren, eine Reihe militäri-

Grab Kyros II. in Pasargadae

scher Kontrollstellen und 111 Zwischenstationen gegeben habe. Letztere boten den Reisenden und ihren Tieren Nahrung und Unterkunft. Die Sicherheit wurde durch die Kontrollstellen gewährleistet, die alle Reisenden passieren mußten. Ihre Aufgabe war es nicht nur, Räuber von möglichen Überfällen abzuschrekken, sondern auch, die Wege der Bürger zu überwachen.

Das achämenidische Reich war ein **Vielvölkerstaat**, den die Herrschenden mit erstaunlicher Toleranz gegenüber Andersgläubigen regierten. Vor allem die Juden genossen besondere Rechte und durften ihren Tempel in Jerusalem wieder aufbauen. Umstritten ist noch immer, ob bereits Kyros II. und Dareios I. Anhänger Zarathustras waren. Obwohl die altiranische Gottheit **Ahura Mazda**, wie alle Inschriften belegen, eine zentrale Rolle spielte, wird Zarathustra selbst an keiner Stelle erwähnt. Doch ein wichtiges Element der zarathustrischen Morallehre, das »rechte Tun«, spielte schon im jungen Achämenidenreich eine bedeutende Rolle. In seiner Grabinschrift gibt Dareios seiner Überzeugung beredten Ausdruck: »Nach dem Willen Ahura Mazdas bin ich so geartet, daß ich das Recht liebe, das Unrecht hasse. Ich will nicht haben, daß der Schwache des Starken wegen Unrecht leide; aber ich will auch nicht haben, daß der Starke des Schwachen wegen Unrecht erleide. Was recht ist, daran habe ich Gefallen. Einem Lügenknecht bin ich nicht freund. Ich bin nicht jähzornig. Auch wenn es in mir kämpft, bezwinge ich meinen Zorn. Ich beherrsche meinen eigenen Sinn fest.«

GESCHICHTE

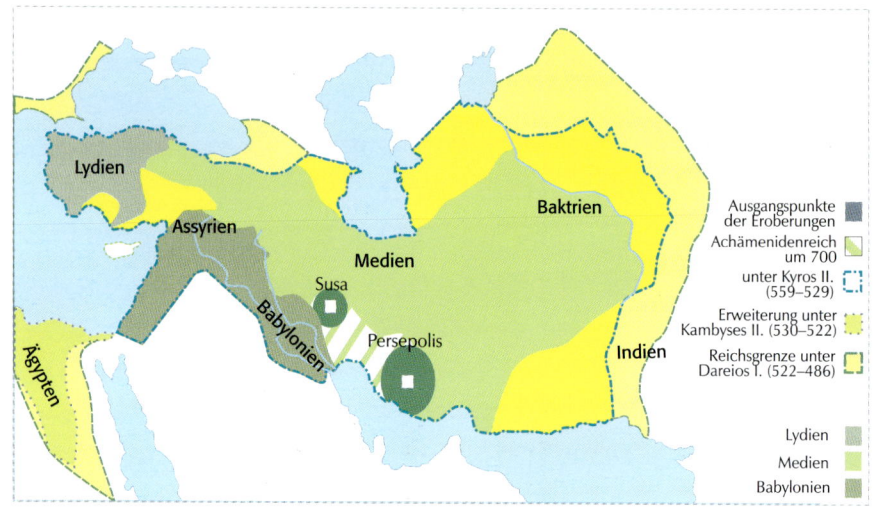

Dareios' Grabinschrift in Naqsh-e Rostam beschreibt sein Reich: »Es spricht der König Dareios: Nach dem Willen Ahura Mazdas (sind es) diese Länder, die ich in Besitz nahm außerhalb Persiens. Ich wurde ihr Herrscher, sie brachten mir Tribut; was ihnen von mir gesagt wurde, das taten sie, mein Gesetz ward gehalten: Medien, Chuza, Parthien, Aria, Baktrien, Sogdiana, Chorasmia, Drangiana, Arachosien, Thatagus, Gandara, Indien, die Ost-Saka, die Massageten, Babylonien, Syrien, Arabien, Ägypten, Armenien, Kappadokien, Lydien, Ionien, die Skythen, Thrakien, die Hellenen des Festlandes, Libyen, Nubien, Mekran und Karien.«

Dareios nahm die Fürsorge für die Schwachen ernst und schuf ein Versorgungssystem, das alle Untertanen einschloß: »Genau abgestuft nach Alter und vollbrachter Leistung, erhielten die Arbeiter ihre Entlohnung. Mütter bekamen Urlaub nach der Geburt eines Kindes und während dieser Zeit einen Mindestlohn sowie dazu Sondergaben für das Neugeborene. Alle Arbeiter, die auf den niedrigen Lohnstufen standen, erhielten regelmäßig Sonderrationen, damit ihr Leben erleichtert wurde. Besonders angestrengten oder auch erkrankten Bediensteten wurden zusätzliche Nahrungsmittel zugestanden. Männer und Frauen erhielten gleichen Lohn, doch gab es für Frauen die Möglichkeit, kürzere Zeit am Tage zu arbeiten, um noch den Aufgaben ihrer Familie nachkommen zu können.«

Unter Dareios' Nachfolger **Xerxes I.** (486–465 v. Chr.) kam es zu langen, verlustreichen Kriegen gegen die Griechen, wobei die Achämeniden zwei entscheidende Schlachten verloren: die Seeschlacht bei Salamis (480 v. Chr.) sowie die Landschlacht von Plataä (479 v. Chr.). Erst **Artaxerxes I.** schloß im Jahr 449 v. Chr. Frieden mit den Griechen. Die engeren griechisch-persischen Beziehungen förderten den geistigen Austausch zwischen beiden Ländern: So konnte der griechische Historiker **Herodot** ungehindert durch das persische Reich reisen und Informationen für sein bedeutendes Geschichtswerk zusammentragen.

Der allmähliche Niedergang des achämenidischen Reiches hatte jedoch bereits mit der Ermordung von Xerxes I. eingesetzt. Rebellionen, Intrigen und Korruption schwächten in den folgenden

Jahrzehnten das Reich weiter, bis es im Jahr 330 v. Chr. zum endgültigen Zusammenbruch kam.

Die Hellenisierung Persiens: Alexander der Große und die Seleukiden

Im Jahr 334 v. Chr. setzte der makedonische König **Alexander** (336–323 v. Chr.) bei Abydos mit einem 35 000 Mann starken Heer nach Kleinasien über. Sein Ziel war zunächst die Befreiung der kleinasiatischen Griechenstädte sowie Rache – im Namen des Korinthischen Bundes – für den Perserkrieg von 480. In rascher Folge gelangen dem jungen König, den man später »den Großen« nannte, drei entscheidende Siege über das im Innersten morsche persische Reich (Granikos 334, Issos 333 und Gaugamela 331). Nach der Flucht des letzten Achämenidenherrschers **Dareios III.** zogen Alexanders Heere in Babylon und Susa ein und erbeuteten den sagenhaften persischen Goldschatz. 330 v. Chr. fiel ihnen auch Persepolis in die Hände, dessen Residenz während des rauschhaften Siegesfestes in Flammen aufging.

Alexander beendete daraufhin seinen Rachefeldzug und erklärte sich zum legitimen Erben des achämenidischen Weltreichs. Als Dareios III. auf der Flucht von Bessos, dem Satrapen Baktriens, ermordet wurde, ließ ihm Alexander ein ehrenvolles Begräbnis in den Königsgräbern von Persepolis zuteil werden. Seinen Herrschaftsanspruch verdeutlichte Alexander durch das Anlegen der persischen Königstracht sowie die Einführung des persischen Hofzeremoniells, der Proskynese (= Fußfall vor dem Herrscher). Insbesondere letzteres stieß bei seinem makedonisch-griechischen Gefolge auf großen Widerstand. Doch Alexander ging noch einen Schritt weiter: Er forcierte die **Verschmelzung** der griechisch-makedonischen mit der persischen Kultur. Dazu dienten auch Alexanders Ehen mit Roxane, der Tochter des sogdischen Adligen Oxyartes (327), sowie Stateira, der Tochter Dareios' III. (324). Desgleichen verheiratete Alexander hohe makedonische Offiziere mit Frauen aus persischen Adelsfamilien. Auch viele griechische und makedonische Soldaten ließen sich dauerhaft in Iran und Babylonien nieder.

Aufgrund Alexanders Verschmelzungspolitik konnte der persische Adel seine führende Stellung behalten; auch setzte Alexander von Beginn an zahlreiche Perser in hohe Ämter ein. Von den Persern übernahm er zudem die Verwaltungsorganisation der Satrapien; desgleichen kämpften in seinen Heeren nun auch persische Offiziere, denen er die makedonischen Kampftechniken beibrachte. Nach dem unerwarteten Tod Alexanders im Jahr 323 v. Chr. brach unter seinen Generälen ein erbitterter Streit um die Nachfolge

GESCHICHTE

Wohl aufgrund Alexanders Aufgeschlossenheit gegenüber den orientalischen Kulturen wurde sein Leben in den folgenden Jahrhunderten im ganzen Vorderen Orient in zahlreichen Legenden verklärt. Mittelpersische, arabische und neupersische Erzählungen künden von den tatsächlichen und vermeintlichen Taten des makedonischen Feldherrn. Selbst im Koran (18/83-98) findet Alexander Erwähnung. Die älteste poetische Darstellung in persischer Sprache stammt von Ferdowsi. Nizâmi verfaßte wenig später ein umfangreiches Epos namens *Eskandernâme* (»Alexanderbuch«; »Eskander« ist der persische Name für Alexander), das den späteren Miniaturmalern als Anregung diente. Trotz seiner historisch verbürgten Grausamkeit erscheint Alexander in diesen Werken zumeist als Weiser und Heiliger.

aus. Die mehrere Jahrzehnte währenden **Diadochenkämpfe** führten zum Zerfall des riesigen Reiches, das den größten Teil der damals in Europa bekannten Welt umfaßt hatte. Gegen Ende des 4. Jh. v. Chr. erlangte General Seleukos I. Nikator (312-281 v. Chr.) die Kontrolle über die ehemaligen achämenidischen Territorien und begründete die Dynastie der **Seleukiden**.

Wie vor ihnen bereits Alexander, regierten auch die Seleukiden ihr Reich, indem sie Städte im griechischen Stil bauen ließen und Griechen bzw. Makedonier dort ansiedelten. Mit den Eroberern hielten auch die griechischen Götter Einzug: Noch heute steht der ionische Tempel von Churha in seinen Resten, und ein zweiter erhob sich am Fuß der Palastterrasse von Persepolis, dessen Inschriften Zeus Megistos, Apollon und Helios sowie Athena nennen. Die Hellenisierung der altiranischen Kultur blieb dennoch oberflächlich und meist auf die iranische Oberschicht beschränkt. Die ambitionierte Verschmelzungspolitik Alexanders setzte keiner der seleukidischen Herrscher fort.

Die Parther (Arsakiden)

Die größte Schwierigkeit der Seleukiden bestand darin, die Einheit des Reiches, das ein lockeres Gefüge der verschiedenartigsten Völker und Stämme darstellte, zu wahren. Um die Mitte des 3. Jh. v. Chr. gewannen die separatistischen Tendenzen die Oberhand: Als erste machten sich die Provinzen Parthien (um 245 v. Chr.) und Baktrien (um 239 v. Chr.) selbständig. Wenig später wurde Parthien (altpers. *Partawa*) von den Parnern, einem nomadischen Reiterstamm der skythischen Steppe, erobert. Ihr Führer, **Arsakes I.**, hatte um 247 v. Chr. den Königstitel angenommen und die Dynastie der Arsakiden begründet. Nach der neu eroberten Provinz nannten sie sich nun *Parther*.

In den folgenden Jahrzehnten gelang es Arsakes I. und seinen Nachfolgern, das kleine Reich gegen die Seleukiden zu behaupten und weiter auszubauen. Doch erst **Mithridates I.** (171-138 v. Chr.), der sich den altiranischen Titel »König der Könige« zulegte, schuf im 2. vorchristlichen Jh. das parthische Großreich, das weit über das bisherige Staatsgebiet hinausging. Die Schwäche der Seleukiden nutzend, die in Kleinasien in Kämpfe mit Rom verwickelt waren, besetzten die Parther nach der schrittweisen Eroberung Irans 141 v. Chr. auch Babylonien. Damit rückten sie zur einzigen Großmacht auf, die sich neben der Weltmacht Rom mehrere Jahrhunderte behaupten konnte.

In der Folgezeit stand die Auseinandersetzung mit Rom im Vordergrund. Im Jahr 92 v. Chr. nahm **Mithridates II.** als erster Partherherrscher diplomatische Beziehungen zur römischen Weltmacht auf. Nach dem römischen Bruch der bestehenden Verträge kam es 53 v. Chr. zur Schlacht bei Karrhai, wo die Parther dem römischen Heer aufgrund der Überlegenheit ihrer berittenen Bogenschützen eine vernichtende Niederlage zufügten. Augustus (gest. 14 n. Chr.) verzichtete darauf, das Partherreich in den Kreis der Rom untertänigen Staaten einzureihen. Es wurde ein Friedensvertrag ausgehandelt, der mit Unterbrechungen über ein Jahrhundert gültig sein sollte.

Der arsakidische Feudalstaat war nach Verfassung und Struktur ein uneinheitliches Gebilde, ein Konglomerat der verschiedenen Kulturen seiner Bewohner. Hatte die Lebensform der Parther zunächst noch ganz ihrer nomadischen Herkunft entsprochen, verband sich diese bald mit den achämenidischen und hellenistischen Traditionen. Vor allem der griechischen Kultur fühlten sich die Arsakiden eng verbunden; seit Phriapites bezeichneten sie sich sogar offensiv als **Philhellenen**. Nach hellenistischem Vorbild ließ sich der Partherkönig krönen, führte griechische Titel und ließ Münzen mit ausschließlich griechischer Legende schlagen. Auch die Hofkanzlei schrieb griechisch, und der Partherkönig, der der Familie der Arsakiden entstammen mußte, fällte seine Urteile nach griechischem Recht. Als Sprache und Schrift verwendeten die Parther neben Griechisch und Aramäisch das mittelpersische Pahlavi. Auf religiösem Gebiet zeichneten sich die arsakidischen Herrscher durch Toleranz aus. Eine bestimmende Rolle spielte der **Zoroastrismus**. Die Arsakiden selbst waren wahrscheinlich Anhänger einer schamanistischen Religion, wandten sich dann aber dem Zoroastrismus zu. Unter Vologaeses I. wird das **Avesta**, die Gesamtheit der zoroastrischen Grundtexte, kodifiziert. Weite Verbreitung auch jenseits der parthischen Reichsgrenzen fand der Kult des Sonnengottes Mithra. Griechische Götter, zumal solche des seleukidischen Hauses, Apollon, Artemis und der olympische Zeus, verschwanden keineswegs, nahmen jedoch immer mehr orientalische Züge an.

Grundlage der parthischen Wirtschaft war die Kontrolle der wichtigen Handelswege zwischen Levante und Persischem Golf sowie

GESCHICHTE

Sasanidische Schale mit innerem Medaillon, vergoldetes Silber (4. Jh. n. Chr.); Museum für Kunst und Gewerbe, Hamburg

auch der Seidenstraße. Von Bedeutung waren des weiteren Ackerbau und Weidewirtschaft, wobei die Landbevölkerung in großer Abhängigkeit von den adligen Grundherrn lebte.
Die Hauptstadt der Parther, **Ktesiphon**, lag im Gebiet des heutigen Irak. In Iran haben die Parther bis auf die eindrucksvollen Überreste in Takht-e Soleimân nur wenige architektonische Spuren hinterlassen. Von weitreichender kunsthistorischer Bedeutung war jedoch die Einführung des *Iwan*, einer tonnengewölbten Torhalle, deren offene Seite meist in einen Innenhof führt. Iwane wurden unter den Arsakiden sowohl in Palastanlagen als auch in Wohnhäusern eingesetzt.

Die Sasaniden

Aufgrund der dezentralen Reichsstruktur regierten unter der Oberhoheit der Arsakiden zahlreiche Kleinfürsten und Unterkönige. Zu ihnen zählt auch die Familie der **Sasaniden**, deren Ahnherr *Sâsân* das Feuerheiligtum in Istakhr verwaltete. Zu Beginn des dritten nachchristlichen Jh. gelang es den Sasaniden, ihre Herrschaft auf die gesamte Persis auszudehnen. Der Parther-Herrscher Ardawân V. weigerte sich jedoch, die Rebellen als Vasallen anzuerkennen. Daraufhin kam es zwischen ihm und einem Enkel Sâsâns, dem späteren **Ardashir I.**, zur Entscheidungsschlacht bei Hormezdagan (224), in der Ardawân V. fiel. Zwei Jahre später eroberte Ardashir die Reichshauptstadt Ktesiphon, wo er sich noch im selben Jahr zum »König der Könige« krönen ließ und die Dynastie der Sasaniden (226-651) begründete.
Ardashirs Sohn und Nachfolger, **Shâpur I.**, setzte - unter dem Titel »König der Könige von Iran und Nichtiran« - dessen Expansionspolitik fort. Das sasanidische Reich umfaßte bald das gesamte Gebiet des heutigen Iran sowie Teile des Irak, Afghanistans und der Arabischen Halbinsel und wurde damit zur größten außenpolitischen Bedrohung für das römische Reich. Von kurzen Friedenszeiten abgesehen dauerten die militärischen Auseinandersetzungen mit Rom - und später Byzanz - bis zum Ende der Sasanidendynastie an. Während es Shâpur I. gelang, mehrere römische Invasionen zurückzuschlagen - er besiegte die römischen Kaiser Gordian, Philippus und Valerian -, waren spätere sasanidische Monarchen weniger erfolgreich.

PERSIEN IM ALTERTUM

Ein zentrales Streitobjekt blieb **Armenien**. Dort herrschte ein Zweig der Arsakiden, der seine Politik nach Rom orientierte und schon früh das Christentum angenommen hatte. Als auch in (Ost-)Rom das christliche Bekenntnis zur Staatsreligion wurde, verschärften sich die Gegensätze der politischen Kontrahenten, und in Iran kam es wiederholt zu **Christenverfolgungen** (unter den Königen Shâpur II., Bahrâm V. und Yazdegerd II.). Spätere sasanidische Herrscher strebten hingegen Bündnisse mit Rom an, heirateten christliche Frauen und ernannten Christen zu Beamten.

Im letzten großen Krieg mit Byzanz errangen die Sasaniden zu Beginn des 7. Jh. zunächst bedeutende Erfolge: Mit der Besetzung Syriens und Ägyptens drangen die Heere **Khosrows II.** bis ans Mittelmeer vor. Doch gelang es Kaiser Herakleios 626–628, die Vormacht der Sasaniden zu brechen: Im Jahr 629 brachte er das von den Persern geraubte Kreuz im Triumph nach Jerusalem zurück.

Innenpolitisch organisierte sich der Sasanidenstaat als **feudale Monarchie**. Zur Stärkung der königlichen Zentralgewalt wurden die lokalen Herrscher durch Familienangehörige ersetzt. Der streng hierarchisch gegliederte Verwaltungs- und Beamtenapparat unterstand dem *Bozorg-framadar*, nach dessen Vorbild die späteren muslimischen Herrscher das Amt des »Großwesirs« schufen. Generell zeichnet sich die sasanidische Gesellschaft durch eine religiös legitimierte, kastenhafte Scheidung der Bevölkerung aus, die in vier Stände – Priester, Krieger, Beamte sowie Bauern und Handwerker – unterteilt war.

Eine konkurrierende Macht im Staat bildete die reiche Adelsschicht. Gegen ihre Willkürherrschaft, die zur völligen Unterdrückung der rechtlosen Landbevölkerung führte, wandte sich gegen Ende des 5. Jh. der sozialrevolutionäre Prediger **Mazdak**. Trotz seiner radikalen Forderungen nach Egalität erhielt Mazdak zunächst die Unterstützung der Sasaniden, die hierin eine Möglichkeit zur Stärkung der Königsmacht gegen den Adel sahen.

Auf kulturellem und religiösem Gebiet ist die Sasaniden-Herrschaft durch die Wieder-

Sasanidische Flasche mit Musikantinnen und Tänzerinnen aus vergoldetem Silber (6. Jh. n. Chr.); Museum für Kunst und Gewerbe, Hamburg

»Zum vierten Stand gehörten auch die Künstler. Ihre Aufgabe bestand darin, sich auf ein Handwerk zu verstehen. Es war eine aufgeregte Schar, Leute, die, dauernd mit ihrer Kunst beschäftigt, viel ihren Gedanken nachhingen und daher Gefahr liefen, sich unnötige Sorgen zu machen.«
Ferdowsi, Shâhnâme

GESCHICHTE

belebung der **achämenidischen Kultur** gekennzeichnet: Die *Shâhanshâhs* führten nicht nur ihre Herkunft auf die altiranischen Könige zurück, sie übernahmen auch bewußt deren Weltreichsvorstellungen. Als einende Kraft diente ihnen der **Zoroastrismus**, den bereits der Dynastiegründer Ardashir I. zur Staatsreligion erhoben hatte. An der Spitze der hierarchisch gegliederten Priesterschaft stand der vom König eingesetzte Oberpriester (*Mobed-e mobedân*), der über großen politischen Einfluß verfügte, wie die Amtszeit des Oberpriesters **Karter** zeigt. Generell förderte die Priesterkaste die Verbreitung des Zoroastrismus und wachte eifersüchtig über seine Anhänger: Zoroastrier, die zu einer anderen Religion konvertierten, wurden mit dem Tod bestraft. Angehörige anderer Religionen wie Juden oder Nestorianer blieben jedoch – abgesehen von eher politisch motivierten Verfolgungen – unbehelligt.

Auch die sasanidische Kunst knüpft unmittelbar an achämenidische und parthische Traditionen an und entwickelt diese fort. Insbesondere im Aufgreifen der **Felsreliefkunst** zeigt sich der achämenidische Einfluß. Die rund dreißig sasanidischen Reliefs, die sich mehrheitlich in der Persis befinden, kennen allerdings nur ein Grundthema: die Verherrlichung der königlichen Majestät. Meist sind es Investiturreliefs, auf denen die göttliche Einsetzung des Herrschers dargestellt wird.

Daß von den sasanidischen **Baudenkmälern** nur wenige Überreste erhalten sind, ist vor allem auf ihre schlechte technische Ausführung und die Verwendung meist unbehauener Steine zurückzuführen. Der riesige Staatspalast *Tâq-e Kisrâ*, der in der späteren sasanidischen Hauptstadt Ktesiphon errichtet wurde, besteht dagegen aus gebrannten Ziegeln und weist Wandstärken bis zu 7 Metern auf; Überreste des Palastes sind noch heute zu bewundern (die nebenstehende Zeichnung zeigt den Erhaltungszustand im 19. Jh.). Die großen Gewölbe- und Kuppelkonstruktionen gelten als vollendete Formen der parthischen Iwane. Als Neuerung führten die Sasaniden den Strebebogen ein, der es den Baumeistern ermöglichte, einem quadratischen Raum eine Kuppel aufzusetzen. Durch die Vermittlung römischer Kriegsgefangener, die zum Städtebau sowie bei der Anlage von Brücken- und Dammbauten herangezogen wurden, kam es zu starken römisch-hellenistischen Einflüssen.

Die Zeichnung zeigt den Erhaltungszustand des Staatspalastes im 19. Jh.

Naqsh-e Rostam, Investitur von König Narse (links) durch die Göttin Anahita (rechts)

GESCHICHTE

Persien im islamischen Mittelalter

Die islamische Eroberung und frühislamische Dynastien

Nach dem Tod des Propheten Mohammad (632 n. Chr.) stießen die islamisierten Beduinenstämme von der Arabischen Halbinsel in die umliegenden Regionen vor und besiegten neben byzantinischen auch sasanidische Armeen. In der Schlacht von Qâdisiya (wahrscheinlich noch 636) wurde die persische Armee vernichtend geschlagen, und mit der Schlacht bei Nehâvand (642) war nahezu ganz Iran unterworfen. Nachdem es dem letzten Sasanidenkönig Yazdegerd III. nicht gelungen war, die benachbarten Völker zu Verbündeten zu gewinnen, floh er nach Osten, wo er 651 in der Nähe von Merw ermordet wurde.

Mit der **Islamisierung** und der Verbreitung arabischer Kulturtraditionen begann in Persien eine tiefgreifende, bis heute wirksame Veränderung. Die **Arabisierung** des riesigen Reiches wurde vor allem von Kalif Abdalmalik (685-705) vorangetrieben, der das Arabische zur Verwaltungssprache erhob und damit zum Katalysator für eine multinationale islamische Kultur machte.

In Iran verlor mit der arabischen Eroberung nicht nur die mittelpersische Sprache, sondern auch der Zoroastrismus stetig an Bedeutung. Zwar wurde er offiziell von den neuen muslimischen Herrschern akzeptiert, dennoch kam es hin und wieder zu Verfolgungen. Viele Zoroastrier zogen sich in abgelegene Städte wie Yazd zurück oder emigrierten ins westliche Indien, vor allem nach Bombay, wo sich die Gemeinde der *Parsen* konstituierte.

Die zunehmende Islamisierung sowie das Verschwinden des Zoroastrismus bedeutete dennoch keineswegs das Ende der iranischen Kultur. Ganz im Gegenteil erfuhr die iranische Zivilisation innerhalb von zwei Jahrhunderten eine bedeutende Wiederbelebung – wenn auch unter neuem religiösem Vorzeichen. In den politischen und kulturellen Zentren – Damaskus unter dem Kalifat der **Umayyaden** (661-750) und Bagdad unter den **Abbasiden** (750-1258) – spielten islamisierte Perser, insbesondere die *Mawâli*, in der Verwaltung eine bedeutende Rolle. Hatten die Umayyaden bereits die sasanidische Hofetikette übernommen, wurde der persische Einfluß unter den Abbasiden noch bedeutender: Aus der Aneignung der hellenistischen und iranischen Literatur- und Wissenschaftstradition entwickelte sich seit dem 8. Jh. die klassische islamische Kultur.

Im 10. Jh. begann die politische Macht des Kalifen zu schwinden, insbesondere die Institutionen des Militärs und der Administrati-

ISLAMISCHES MITTELALTER

on entglitten seiner Kontrolle. Von nun an regierte eine Vielzahl arabischer und iranischer **Statthalterdynastien** in weiten Teilen des Großreiches, deren Macht nur noch nominell vom Kalifen verliehen wurde. Zu ihnen zählt die persisch-schiitische Familie der **Buyiden** (932-1062), die sich Mitte des 10. Jh. West- und Zentralirans bemächtigte. Mit der Eroberung Bagdads im Jahr 945 brachte sie auch das Kalifat unter ihre Herrschaft. Der Kalif sah sich gezwungen, dem Buyiden-Herrscher Ahmad den Titel des Oberbefehlshabers sowie den Ehrennamen *Mu'izz ad-Daula* zu verleihen. Seit etwa 970 nahm dessen Neffe Adud ad-Daula den altiranischen Königstitel *Shâhanshâh* (»König der Könige«) an.

Unter dem Schutz der schiitischen Buyiden konnte sich die **Zwölfer-Schia** nun in Ruhe konsolidieren. Eine Reihe bedeutender Gelehrter schuf jetzt die maßgebende kanonische Literatur und legte damit die Grundlagen der schiitischen Theologie. Interessanterweise haben die Buyiden jedoch nie versucht, den sunnitischen Kalifen durch einen schiitischen Imam zu ersetzen. Auch blieb die Mehrheit ihrer Untertanen im Irak und in Iran ihrer sunnitischen Glaubensrichtung treu.

Eine Renaissance der bis dahin zurückgedrängten neupersischen Sprache und Kultur bewirkte die regionale Dynastie der **Samaniden** (892-999), die über sieben Generationen von Buchara aus über Ostiran und Zentralasien herrschte. Ihre besondere Hinwendung zur persischen Historie zeigt sich bereits darin, daß ihnen die Investitur durch den Kalifen nicht genügte: Sie ließen sich auch eine sasanidische Genealogie erstellen.

Die Grundlage des samanidischen Feudalstaates, der seine größte Ausdehnung unter Nâser II. (913-943) erfuhr, bildete der alte iranische Landadel. Die örtlichen Machthaber entstammten meist alteingesessenen Erbdynastien, doch konnten in Einzelfällen auch junge Familiendynastien wie die Chwârezmshâhs an die Macht gelangen.

In der Geschichte des islamischen Zentralasiens stellt die samanidische Epoche das **Goldene Zeitalter** dar. Die Samaniden traten als aufgeklärte Förderer von Kunst und Wissenschaft auf. Unter ihrer Herrschaft erlebte die neupersische Sprache und Literatur ihre erste Blüte, und der Dichter Ferdowsi begann mit der Abfassung seines berühmten *Shâhnâme*. Die samanidische Bibliothek in Buchara nutzte auch der bedeutende Arzt und Philosoph **Ibn Sina**.

Den persischen Dynastien der Samaniden und Buyiden gelang es jedoch nur für kurze Zeit, an Stelle der Araber die politische Herrschaft in Iran zu übernehmen. Die Zukunft gehörte den **türkischen Stämmen**, die nun in hoher Zahl in das Kalifenreich eindrangen. Bereits zuvor hatten Türken einen Teil der abbasidischen

Söldnertrupps gestellt und waren dadurch mit Religion und Kultur des Islam in Berührung gekommen. Gegen Ende der Samaniden-Herrschaft tauchten türkische Sklaven auch als Statthalter und Heerführer auf. Einem von ihnen, Alp Tigin, gelang es im Jahr 962, die Stadt Ghazna (im heutigen Afghanistan) zu erobern. Nach ihr wurde die Dynastie benannt, die hier bis in die zweite Hälfte des 11. Jh. regierte: die **Ghaznawiden**.

Unter **Mahmud von Ghazna**, der sich selbst *Emir* nannte, erlangte die Dynastie ihre Unabhängigkeit von den Samaniden. Auf Drängen Mahmuds legitimierte der Kalif in Bagdad die neuen politischen Verhältnisse. Im Gegensatz zur Toleranz der Samaniden nahm Mahmud eine streng sunnitisch-orthodoxe Haltung ein und ließ mehrere schiitische Bibliotheken zerstören. Zur weiteren Verbreitung des Islam gelobte er, jedes Jahr einen Feldzug nach Indien zu unternehmen, wo überaus reiche Beute lockte. Auf diesen zum Teil sehr grausamen Feldzügen begleitete ihn der berühmte Universalgelehrte **al-Biruni**, der mit der Niederschrift seiner Beobachtungen das erste umfassende Werk über Indien schuf. Unter Mahmuds Sohn und Nachfolger **Mas'ud** begannen die Auseinandersetzungen mit den ebenfalls turkstämmigen Seldschuken, in deren Folge die Ghaznawiden die Herrschaft über Persien verloren.

Die Seldschuken

Im Jahr 1040 wurden die Ghaznawiden in der Schlacht von Dandânqân von den turkstämmigen Seldschuken besiegt. Dieser mächtigste Stamm der zwischen Samarkand und Buchara nomadisierenden Oghuzen war erst Ende des 10. Jh. durch arabische Händler und Missionare islamisiert worden. Unter ihrem Führer Rukn ad-Din Abu Tâlib **Toghrilbeg** ließen sie sich 1038 in Nishâpur nieder, wo sein Name in der Freitagspredigt (*Khutba*) verlesen wurde. Fortan betrachteten sich die sunnitischen Seldschuken als Verteidiger und Beschützer des abbasidischen Kalifen in Bagdad; im Jahr 1043 wurden sie in dieser Funktion vom Kalifen al-Qâ'im (1031–1075) anerkannt. Als der schwache Kalif jedoch immer mehr zum Strohmann der schiitischen Buyiden wurde, zog Toghril, inzwischen Herrscher über das gesamte nordöstliche Persien und großer Teile Aserbeidschans, im Jahre 1055 nach Bagdad. Dort stellte er die Unabhängigkeit des Kalifen wieder her, indem er seine Autorität als oberster geistlicher Herrscher anerkannte. Allerdings ließ er sich dafür – unter dem neuen Titel »König (*Sultan*) des Ostens und Westens« – alle weltlichen Machtbefugnisse vom Kalifen übertragen.

ISLAMISCHES MITTELALTER ∎∎∎∎∎∎∎

Nach Toghrils Tod setzte sich sein Neffe **Alp Arslân** als Erbe durch, dem wiederum sein Sohn **Malik Shâh** nachfolgte. Trotz des einsetzenden Verfalls des Ackerlandes durch die in großer Zahl einströmenden türkischen Viehzüchternomaden erlebten unter seiner Herrschaft Handel und Stadtkultur eine neue Blüte. Dies war vor allem das Verdienst seines persischen Wesirs **Nizâm al-Mulk** (gest. 1092), der bereits unter Alp Arslân Minister gewesen war. In seinem Buch *Seyâsatnâme* (»Buch der Regierung«) (1091) faßte der bedeutende Staatsmann seine politischen Ideen zusammen. Innenpolitisch wirkte Nizâm al-Mulk – ganz im Sinne der seldschukischen Herrschaftsphilosophie – als Förderer des orthodoxen sunnitischen Islam, zu dessen Verbreitung er zahlreiche Medresen ins Leben rief.

Flache Schale aus der Gegend von Sâri mit einem aufgemalten Steinbock (11. Jh.); Museum für Kunsthandwerk, Frankfurt a.M.

GESCHICHTE

Die Schale aus dem 12./13. Jh. stellt Tänzer um einen Baum dar. Museum für Kunst und Gewerbe, Hamburg

Die religiöse Politik der seldschukischen Herrscher fand auch in vielen bedeutenden Bauwerken ihren Ausdruck: Neben religiösen Hochschulen entstanden großartige Moscheen, zahlreiche Krankenhäuser und Karawansereien. Da die Seldschuken keine – beständige – Hauptstadt besaßen, florierten vor allem diejenigen Städte, die an den Handelsrouten lagen. Unter ihrer Herrschaft bildete sich auch die klassische Vier-Iwan-Moschee heraus. Dabei traten die Seldschuken selbst nur selten schöpferisch hervor. Sie begnügten sich damit, die einheimischen Kräfte durch großzügige Aufträge zu fördern. Doch nur wenige Bauwerke überstanden die furchtbaren Zerstörungen der Mongolenzeit.

Während der letzten Regierungsjahre Malik Shâhs begannen die ismailitischen **Assassinen**, von ihren Bergfesten aus ihre mörderischen Aktivitäten zu entfalten, denen 1092 – als einer der ersten – Nizâm al-Mulk zum Opfer fiel.

Als wenige Wochen später auch Malik Shâh starb, begann der Zerfall des großseldschukischen Reiches. Die einzelnen Fürstentümer wurden von seldschukischen Familienmitgliedern regiert, andere gerieten unter die Herrschaft von *Atâbegs* (türk. *ata*: »Vater«). Diese waren unter den Seldschuken als Prinzenerzieher tätig gewesen – ein Amt, das sich zum festen Privileg hoher Militärs entwickelt hatte.

In Khorâsân regierte der Seldschuke **Sanjar**, dessen Macht allerdings stetig von den südlich des Aral-See siedelnden **Chwârezmshâhs** beschnitten wurde. Bereits 1141 gelang den einstigen Statthaltern der Seldschuken ein entscheidender Sieg über Sanjar. Als mit dessen Tod die Dynastie der Großseldschuken endgültig erlosch, entwickelten sich die Chwârezmshâhs zur beherrschenden Macht im islamischen Osten. Es gelang ihnen, ein Reich zu errichten, das dem der Seldschuken gleichkam, und das zu Beginn des 13. Jh. das ganze Gebiet des östlichen Islam von Indien bis Anatolien umfaßte. Um 1205 versuchte der Chwârezmshâh Alâ' ad-Din Mohammad (1200–1220) sogar, das abbasidische Kalifat unter seinen Einfluß zu bringen. Zum Verhängnis wurde den Chwârezmshâhs – wie auch allen übrigen lokalen Dynastien Irans – der Einfall der Mongolen.

Die Herrschaft der Ilkhâne

Im 13. und 14. Jh. wurde der östliche Teil der islamischen Welt von drei verheerenden **Mongoleninvasionen** heimgesucht. Die erste erfolgte im Jahr 1219, angeführt von **Temüdschin** (1206-1227), dem Großkhân der Mongolen, besser bekannt unter seinem Herrschernamen **Dschingis-Khan**. Nur wenige Jahrzehnte später fiel der Mongole **Hülegü** (gest. 1265), ein Enkel Dschingis-Khans, erneut in Iran ein. Nachdem seine Heere Alamut, die Burgfeste der Assassinen, vernichtet hatten, eroberten sie im Jahre 1258 Bagdad. Unter furchtbaren Gemetzeln, denen auch der Kalif al-Musta'sim (1246-1258) zum Opfer fiel, endete das abbasidische Kalifat.

Die Sunniten erlebten das Ereignis als eine Art Weltuntergang. So schreibt der zeitgenössische sunnitische Chronist Ibn al-Athir: »Wem fällt es schon leicht, die Todesbotschaft des Islams und der Muslime niederzuschreiben? ... O hätte meine Mutter mich nie geboren, o wäre ich schon vorher gestorben ...«

Für die Schiiten bedeutete es indes nur den Wechsel der Herrschaft, wie es der schiitische Astronom Nâser ad-Din Tusi formulierte: »Nun, an der Stelle des Kalifen wird Hülegü sein.«

Gegen 1260 teilte sich das mongolische Imperium in vier unabhängige Teilstaaten, von denen einer Iran, den Irak sowie Teile Anatoliens und des Kaukasus umfaßte. Dieses Reich der **Ilkhâne**, der Nachfahren Hülegüs, sollte ein dreiviertel Jahrhundert existieren.

Unter ihrer Herrschaft kam es zu tiefgreifenden und zum Teil irreversiblen Veränderungen von Kultur und Gesellschaft, weshalb sich die mongolische Herrschaft deutlich von den Dynastiewechseln der vorausgegangenen Jahrhunderte unterscheidet. Die gravierendste Änderung war der fortschreitende Verfall des Kulturlandes, der bereits unter den turkmenischen Seldschuken begonnen hatte. Aufgrund ihrer nomadisch-kriegerischen Lebensweise wandelten die Mongolen weite Ackerflächen in Weideland um, das sie für ihre Viehherden benötigten. Kriegswirren, staatliche Mißwirtschaft und drückende Steuerlasten verstärkten die Verelendung der Landbevölkerung weiter: Viele Bauern sahen sich gezwungen, ihre Dörfer zu verlassen, und die Zahl der Bettler und Wegelagerer stieg sprunghaft an.

Mit der Verödung der Dörfer ging auch der Verfall der städtischen Kultur einher. Bereits unter Dschingis-Khan führten die zielgerichteten Massaker zur Entvölkerung ganzer Städte, von denen manche nie wieder bewohnt wurden. Andere sanken zu Dörfern herab. Zu den politischen und wirtschaftlichen Mißständen gesellte sich noch ein weiteres Problem hinzu: der Verfall islami-

GESCHICHTE

Mausoleum des Oljâitu nach einer Lithographie von 1860

scher Sittlichkeit und die Ausbreitung der Prostitution. All diese Faktoren führten zum Erstarken mystischer Tendenzen und einer Zunahme von **Sufi-Orden**, unter denen die Safawiye-Bruderschaft im 15. Jh. auch politische Bedeutung gewinnen sollte.

Erst zu Beginn des 14. Jh. versuchte der Ilkhân **Ghâzân**, mit einem engagierten Reformprogramm den sozialen und ökonomischen Niedergang des Landes aufzuhalten. Er senkte die immensen Steuerlasten und versuchte, geflohene Bauern zur Rekultivierung des Ödlandes zu bewegen. Auch sein Nachfolger **Oljâitu** bemühte sich um Schadensbegrenzung – dennoch blieb die politische, wirtschaftliche und rechtliche Unsicherheit bestehen.

Was die religiöse Situation anbetrifft, so hatten sich die ersten Ilkhâne gegenüber den Religionen ihrer Untertanen indifferent verhalten. Der Versuch des Ilkhâns **Argun**, in Iran den Buddhismus durchzusetzen, blieb eine Ausnahme. Die Toleranz der Mongolen kam insbesondere den Nichtmuslimen, aber auch den Schiiten zugute, die ihre – von den Seldschuken bedrängte – Glaubenslehre wieder beleben konnten. Die Islamisierung der Mongolen begann, als der als Buddhist erzogene Ghâzân im Jahr 1295 unter dem Namen *Mahmud* zum sunnitischen Islam konvertierte; die Mehrheit der Mongolen, bisher überwiegend Buddhisten und Christen, folgte seinem Beispiel. Damit wurde der Islam – nach einer Unterbrechung von vier Jahrzehnten – wieder zur dominierenden Religion. Während das Christentum zur Bedeutungslosig-

keit herabsank, verschwand der Buddhismus aufgrund der Zwangsbekehrungsmaßnahmen Ghâzâns bald ganz aus Iran.
Mit der Bekehrung Ghâzâns zum Islam wurde das Königshaus wieder zum Auftraggeber der Architekten. Die ilkhanidischen Bauten lehnen sich in ihren Grundzügen an die seldschukische Epoche an, sind jedoch charakterisiert durch ein Streben nach leichteren und gestreckteren Proportionen. Bezeichnend für die Prachtliebe der Mongolen ist das Mausoleum des Oljâitu.
Nach dem Tod des Ilkhâns Abu Sa'id 1335 zerfiel das Reich der Ilkhâne und wurde zum Spielball rivalisierender Emire und Clans. Neben mongolischen und turkmenischen Regionaldynastien traten nun auch genuin persische Fürstentümer in Erscheinung, wie die schiitische Dynastie der **Sardebarians** (1337-1381) im Nordwesten Khorâsâns oder die **Mozaffariden** (1340-1392) in Fârs und Kermân.

Die Timuriden

Im 14. Jh. fegte erneut ein mongolischer Eroberungssturm über Iran hinweg, angeführt von **Timur Leng** (1370-1405), in Europa als *Tamerlan* bekannt. Der ungebildete, aber brillante Heerführer erwarb sich bald den Ruf des größten Menschenschlächters aller Zeiten: Wo immer seine mongolisch-türkischen Heere auftraten, hinterließen sie eine Spur der Verwüstung. Lediglich Samarkand ließ Timur, der der sunnitischen Glaubensrichtung angehörte, zur prächtigen Hauptstadt ausbauen – von herbeigeholten Handwerkern und Künstlern aus den eroberten Ländern.
Bereits nach Timurs Tod begann der kontinuierliche Verfall des riesigen mongolischen Reichs. Während sich im Osten Irans seine Nachfolger behaupten konnten, fielen die übrigen Landesteile an lokale Dynastien wie die türkische Stammesföderation der **Qara Qoyunlu** (»Schwarze Hammel«).
Im Gegensatz zu Timur betätigten sich seine Nachfolger in vielen Städten als große Bauherren und Förderer der Kunst. Insbesondere Timurs Sohn **Shâh Rokh** führte die islamisch-persische Kultur zu einer neuen Blüte – allen voran die Architektur, Fliesendekoration und Miniaturmalerei. Auch seine Gemahlin, **Gowhar Shâd**, sowie sein Sohn **Ulugh Beg** waren große Förderer der Baukunst, während Baisonqor Mirzâ, ein jüngerer Sohn und selbst Kalligraph, als Mäzen der Handschriftenmaler auftrat.
Auch die nachfolgenden Timuriden-Herrscher betätigten sich als Förderer von Kunst und Gelehrsamkeit, so daß das 15. Jh. insgesamt als Goldenes Zeitalter der Künste gilt. Viele von ihnen traten selbst als Gelehrte und Dichter hervor: Ulugh Beg war sowohl Astronom als auch Poet und Theologe. **Hosein Bâiqara**, der

vorletzte Timuriden-Herrscher und selbst ein bekannter Dichter, machte seinen Hof in Herat zu einem vielgerühmten künstlerischen Zentrum, an dem auch Jâme' (gest. 1492), der letzte große klassische Dichter Persiens, lebte.

Die Safawiden

Im Jahr 1501 eroberte der Führer des radikal-schiitischen Safâwiya-Ordens, der erst siebzehnjährige **Ismail** (gest. 1524), neben mehreren Gebieten im Kaukasus auch Tabriz, die damals größte iranische Stadt. In seiner neuen Residenz nahm er den altiranischen Titel Shâhanshâh an und begründete die Dynastie der **Safawiden** (1501-1736). Mit Hilfe der turkmenischen Qizilbâsh gelang es Ismail, bis zum Jahr 1510 ganz Iran und den Irak zu unterwerfen. Indem die Safawidendynastie das persische Hochland für mehrere Jahrhunderte staatlich zusammenfaßte und sich in Sprache und Nationalgefühl mehr und mehr iranisierte, wurde das ursprünglich türkische Herrscherhaus zum Begründer des modernen persischen Nationalstaats.

Auf religiösem und kulturellem Gebiet war das bedeutendste Ergebnis ihrer Herrschaft die Bekehrung fast aller Iraner zur zwölferschiitischen Glaubensrichtung. Als Ismail zum Schah von Persien gekrönt wurde, waren die Iraner noch mehrheitlich Sunniten. Nach seiner Inthronisierung begann Ismail jedoch, die **schiitische Lehre** in ganz Iran zu verbreiten und seine Untertanen zum Teil mit Zwang zu bekehren. Aus europäischen Reiseberichten, wie auch aus den Gedichten Ismails geht hervor, daß der Safawidenherrscher von seinen Anhängern fast göttlich verehrt wurde und als Reinkarnation Alis angesehen wurde. An der Macht wurde Ismail allerdings zusehends konservativer und näherte sich der schiitischen Orthodoxie an. Da eine nennenswerte theologisch-juristische Tradition der Zwölferschia zu Beginn des 16. Jh. in Iran nicht existierte, ließen Ismail und seine Nachfolger zahlreiche schiitische Geistliche aus den benachbarten arabischen Ländern holen, die der Leitung eines Sadr (»Oberhaupt«) unterstellt wurden und die schiitische Lehre in Iran verbreiteten.

Den Höhepunkt ihrer Macht erreichte die Safawidendynastie unter **Shâh Abbâs I.** »dem Großen« (1588-1629), dem bedeutendsten Herrscher des neuzeitlichen Iran. Als erster safawidischer Herrscher baute er ein stehendes Heer auf. Es umfaßte Artillerie-, Infanterie- und Kavallerie-Einheiten und rekrutierte sich vor allem aus georgischen und armenischen Christensklaven, die zum Islam konvertieren mußten. Abbâs organisierte die neuartige Truppe weitgehend nach dem Vorbild der türkischen Janitscharen, doch nutzte er auch die militärischen Kenntnisse der beiden englischen

ISLAMISCHES MITTELALTER

Abenteurer Sir Anthony und Sir Robert Sherley, die er an seinem Hof aufgenommen hatte. Mit Hilfe der neuen Armee gelang es Abbâs, die Territorien, die seine Vorgänger an die Osmanen und Usbeken verloren hatten, wieder zurückzugewinnen. Gleichzeitig brach er auf diese Weise die Macht der türkischen Qizilbâsh-Stämme, auf die sich die Safawiden seit Beginn ihrer Herrschaft gestützt hatten. Um sich weiter aus ihrer Abhängigkeit zu befreien, zwang Abbâs mehrere turkmenische Stämme, sich in anderen Landesteilen anzusiedeln. Abbâs' Errungenschaften auf kulturellem und wirtschaftlichem Gebiet übertreffen seine militärischen Erfolge noch bei weitem. Im Jahr 1598 verlegte er die Reichshauptstadt von Qazwin nach **Isfahan**, die er bald zu einer der schönsten Städte der Welt ausbauen ließ. Mit der Errichtung von großzügigen Gartenanlagen, Moscheen und öffentlichen Bädern machte er sie zur vielgerühmten »Hälfte der Welt«. Andere Künste wie Miniaturmalerei, Teppichknüpferei und Textilproduktion (Brokat und Damast) erlebten bereits seit der Regierungszeit Shâh Tahmâsps eine neue Blüte.

Palastbauten in Isfahan (nach einem Stich aus dem 17.Jh.)

Teppiche und Textilien wurden in großem Maße auch in europäische Länder exportiert, zu denen Abbâs vielfältige wirtschaftliche und diplomatische Kontakte pflegte. Während seiner Regierungszeit hielten sich zahlreiche europäische Kaufleute, Gesandte sowie katholische Missionare in Isfahan auf. Im Persischen Golf wetteiferten nun Portugiesen, Niederländer und Engländer um die Vormachtstellung im Handel.

Nach Abbâs' Tod begann der allmähliche **Niedergang** des Reiches, dessen Schwäche vor allem in sich selbst begründet war: Aus Furcht vor unliebsamen Konkurrenten hatte Abbâs nicht nur seine Brüder blenden und seinen ältesten Sohn ermorden lassen, er führte auch die Praxis ein, daß alle Prinzen in der Abgeschlossenheit des Harems aufwuchsen. Auf diese Weise waren die nachfolgenden Herrscher nur ungenügend auf die Regierungsgeschäfte vorbereitet.

Während das Königtum Einfluß und Initiative verlor, wuchsen Macht und Ansprüche der **schiitischen Geistlichkeit**, die von den Safawiden-Herrschern ins Land geholt worden waren bis allmählich eine Art Doppelherrschaft von Monarchie und Klerus entstand. Einige Geistliche vertraten nun die Lehre, daß die legitime politische Macht nicht bei den weltlichen Herrschern liege, sondern bei den muslimischen Gelehrten, die allein den Willen des zwölften, verborgenen Imam richtig interpretieren könnten. Ihre einflußreiche Position und ihre Unantastbarkeit machten die

Geistlichen zu unbequemen Gegnern, und der letzte unabhängige Safawide, Shâh Hosein, stand ganz unter ihrem Einfluß. Sein mangelndes Interesse an den Regierungsgeschäften, insbesondere an den militärischen Problemen des Landes nutzten im Jahr 1722 die sunnitischen Afghanen, die eigentlich Untertanen des Safawiden-Herrschers waren. Nach mehrmonatiger Belagerung Isfahans ergab sich Hosein dem kleinen afghanischen Heer, und die einst blühende Hauptstadt fiel in Schutt und Asche.

Nâder Shâh und die Zanddynastie

Mit der afghanischen Eroberung 1722 zerfiel das Safawidenreich in einzelne Fürstentümer, und bis zum Ende des 18. Jh. herrschten immer wieder anarchische Zustände. 1729 gelang es dem Führer des turkmenischen Stammes der Afshâr, **Nâder Khân**, die afghanischen Besatzer aus Isfahan zu vertreiben. 1736 ließ sich Nâder, der zunächst als Sachwalter der Safawiden aufgetreten war, selbst zum Schah krönen. In der Folgezeit unternahm er ausgedehnte Raubzüge nach Afghanistan (1738) und Indien (1738-39). Trotz der reichen Beute kam Iran seine kriegerische Politik teuer zu stehen: Die Ausgaben für seine riesige Armee wurden dem Volk durch eine hohe Besteuerung abgepreßt.

Indem Nâder Shâh die Schia zur fünften islamischen Rechtsschule erklärte, versuchte er, die Spaltung von Zwölferschia und Sunna zu überwinden. Doch seine Maßnahmen stießen auf die Kritik der schiitischen Geistlichkeit, die um ihren Einfluß bangte. Ihre Machtfülle hatte Nâder Shâh bereits durch die Konfiszierung großer Teile des *Waqf*-Landes zu begrenzen versucht. Tatsächlich bildete sich während des Interregnums (1722-1796) die bis heute gültige hierarchische Gliederung des schiitischen Klerus sowie sein politisches Selbstverständnis heraus. Spätere Herrscher kehrten allerdings zur Schia zurück und machten die Maßnahmen Nâders rückgängig.

Nâders Ermordung 1747 eröffnete erneut eine Zeit der Wirren und der Kämpfe um die Führung des Landes. Aus den Auseinandersetzungen ging **Karim Khân Zand** als Sieger hervor, der 1750 eine lokale Dynastie in Schiraz etablierte. Dabei verzichtete Karim Khân auf den Titel *Shâhanshâh* und nannte sich lediglich *Vekil* (»Treuhänder«). Seine Herrschaft war eine Periode politischer und ökonomischer Stabilität; Schiraz verdankt ihr seine Blütezeit. Mit seiner Handels- und Agrarpolitik erhöhte Karim Khân den wirtschaftlichen Wohlstand. Mit der Aufnahme der Handelsbeziehungen mit England legte er allerdings den Grundstein für dessen spätere Einflußnahme. 1763 eröffneten die Engländer den Golfhafen Bushehr als ihr wirtschaftliches Einfallstor nach Persien und erhielten in Schiraz, wie schon zuvor in Isfahan, Handelsrechte.

Iran in der Moderne

Die Qajaren und die Verfassungsrevolution 1905–1911

Nach Karim Khân Zands Tod (1779) gelang es dem jungen Âghâ Mohammad, Sohn eines Führers des turkmenischen *Qâjâren*-Stammes, der als Geisel an Zands Hof gefangengehalten worden war, in seine Heimatprovinz Mâzandarân zu fliehen. Dort übernahm er die Führung der Qajaren. Mit Hilfe anderer Stammesführer vertrieb Âghâ Mohammad wenig später die Zands aus Isfahan und vereinte Persien in den ehemaligen Grenzen des Safawidenreiches. 1785 machte er Teheran zur neuen Hauptstadt, damals eine kleine Stadt in der Nähe der ihn unterstützenden Stämme. Gut zehn Jahre später ließ sich der überaus grausame Herrscher zum neuen *Shâhanshâh* krönen und begründete die **Qajarendynastie** (1796–1921).

Unter seinem Nachfolger, Fath Ali Shâh, begann der verheerende Einfluß zweier Großmächte auf Iran: Während **Rußland** den Norden zu kontrollieren suchte, dehnte **England** seinen Einfluß auf die südlichen Provinzen aus. In zwei Kriegen (1804–1813 und 1828) unterlag Persien dem Zarenreich und mußte gemäß dem **Vertrag von Golestân** (1813) die Kaukasusprovinzen Dagestan, Georgien, Derbend und Schirwan, nach dem **Vertrag von Torkmanchâi** (1828) auch Eriwan und Nachiwan an Rußland abtreten. Zudem wurde Iran zur Zahlung hoher Kriegsentschädigungen verpflichtet und mußte den russischen Vertretern Kapitulationen, d.h. Exterritorialrechte, gewähren.

Fath Ali Shâh (1797–1834)

Die militärischen Niederlagen ließen eine Modernisierung Irans nach westlichem Vorbild zwingend notwendig erscheinen. Der bedeutendste Fürsprecher der Reformen im frühen 19. Jh. war Kronprinz Abbâs Mirzâ (1789-1833), der Gouverneur der Provinz Aserbeidschan. Er versuchte, die Armee mit Hilfe westlicher Ausbilder und westlicher Methoden zu reorganisieren, und sandte Iraner zur Schulung ins westliche Ausland. Fath Ali Shâh unterließ es jedoch, diese Reformen auch außerhalb Aserbeidschans einzuführen.

GESCHICHTE

Nâser ad-Din Shâh

Erst 1851 entschloß sich die Regierung unter Nâser ad-Din Shâh, eine Lehrstätte für höhere Bildung, das Polytechnikum (*Dâr al-Fonun*), zu gründen, an dem europäische Lehrkräfte Militärtechnik, Medizin und Naturwissenschaften lehrten. Diese und andere Reformen wie die Gründung der ersten offiziellen Zeitung sowie mehrerer Fabriken geschahen auf Betreiben Mirzâ Tâqi Khâns - nach seinem Titel **Amir Kabir** genannt -, der den Hofbeamten, Grundbesitzern und Geistlichen bald zu mächtig erschien. Aufgrund ihrer Interventionen entließ der junge Schah 1851 Amir Kabir und ließ ihn ein Jahr später ermorden.

Die Korruption unter den Qâjârenshâhs, ihr verschwenderischer Lebensstil und ihre Regierungsunfähigkeit verstärkten die Abhängigkeit Irans von England und Rußland. Wenn Iran auch nie formell zur Kolonie wurde, verlor es doch seine politische Souveränität und wurde Opfer wirtschaftlicher Ausbeutung. Schuld daran waren die Qâjârenshâhs selbst, die zur Aufbesserung der Staatsfinanzen seit 1860 zahlreiche Konzessionen an englische und russische Händler bzw. Gesellschaften vergaben. So verkauften sie Ämter, Titel, staatliche Ländereien sowie Konzessionen für den Abbau von Bodenschätzen an ausländische Regierungen und Kaufleute, wofür sie im Gegenzug einen bestimmten Anteil des Gewinnes erhielten. Auf diese Weise sicherten sich die Russen die Reichtümer des Nordens, während die Briten die des Südens kontrollierten.

Als Nâser ad-Din Shâh im Jahr 1890 die Konzession für Abbau und Vertrieb der gesamten Tabakernte der Imperial Tobacco Company übereignete, kam es zu öffentlichen Unruhen. In der sogenannten **Tabakrevolte** (1890–92) rebellierten erstmals breite Schichten der Bevölkerung gemeinsam gegen die Herrschenden – unter ihnen auch viele Frauen. Gleichzeitig kristallisierte sich die – für die jüngste iranische Entwicklung so gravierende – Bedeutung der Geistlichkeit heraus: Im Dezember 1891 veröffentlichte der namhafteste iranische Geistliche, Ayatollah Mohammad Hasan Shirâzi, genannt Mirza Shirâzi (gest. 1895), ein Rechtsgutachten (*Fatwa*), das den Gebrauch von Tabak für verboten erklärte. Massendemonstrationen und ein totaler Tabakboykott seitens der iranischen Bevölkerung waren die Folge. Schließlich gab Nâser ad-Din Shâh dem Druck des Volkes nach und hob im Januar 1892 die Konzession auf. Mirza Shirâzi reagierte auf diesen Beschluß mit einem neuen Fatwa, das den Tabakgenuß für erlaubt erklärte, und die

IN DER MODERNE ■■■■■■■

Parlamentssitzung in Teheran 1906

Iraner begannen wieder zu rauchen. Die Revolte brachte der iranischen Regierung ihre erste Auslandsschuld ein, da sie der Tabakgesellschaft eine Entschädigungssumme von 500.000 Pfund zahlen mußte.

Auch in den folgenden Jahren verstummte die Kritik an der Konzessionspolitik nicht. Im Gegenteil: Die vorsichtige Öffnung Irans nach Westen bewirkte, daß moderne politische Ideen wie Konstitutionalismus, Meinungsfreiheit, Menschenrechte sowie die Forderung nach nationaler Unabhängigkeit ins Land drangen. Ende des 19. Jh. erhoben iranische Intellektuelle erstmals Forderungen nach einer Verfassung und einer gesetzlichen Kontrolle über die Herrschaft des »Königs der Könige«. Die daraus erwachsende Volksbewegung kulminierte im Dezember 1905 in der **Konstitutionellen Revolution** (1905–1911).

Tatsächlich gelang es der Bewegung zunächst, einige Reformen in Gang zu bringen: Im Oktober 1906 trat zum ersten Mal in der iranischen Geschichte ein **Parlament** (*Majles*) zusammen, und am 30. Dezember 1906 ratifizierte Mozaffar ad-Din Shâh die neue Verfassung. Als angestrebte Regierungsform wurde die Konstitutionelle Monarchie festgeschrieben. Doch die Erfolge der bürgerlich-demokratischen Bewegung waren nur von kurzer Dauer. Auch weiterhin wurden Konzessionen an England und Rußland vergeben, die das Land 1907 in politische Einflußzonen aufteilten. Zudem nahmen die Spannungen zwischen der Intelligenz und der

Geistlichkeit zu: Während erstere einen liberalen Staat anstrebten, forderte der Klerus einen religiösen. Auf den im Jahr 1909 ausbrechenden Bürgerkrieg folgte 1911 die Invasion der Briten und Russen. Diese gestatteten zwar die Wiedereröffnung des Parlaments, ließen jedoch nur willfährige Renegaten Abgeordnete werden. 1912 mußte eine iranische Marionettenregierung das Teilungsabkommen von 1907 bestätigen.

Am 9. August 1919 schloß England mit Iran einen Vertrag ab, der allgemein als Protektoratsabkommen angesehen wurde. Während amerikanische und französische Diplomaten scharf protestierten, brachen im Land selbst Unruhen aus: Autonomiebestrebungen in Aserbeidschan, Massenkundgebungen in den großen Städten sowie der Rücktritt des Ministerpräsidenten im Jahr 1920 waren die Folge. Anfang 1921 gab die britische Regierung ihre Bemühungen um die Erfüllung des Vertrages auf und versuchte statt dessen, eine britischfreundliche Regierung in Iran an die Macht zu bringen.

Die Pahlavidynastie

Am 21. Februar 1921 wurde die iranische Regierung durch einen von England unterstützten Staatsstreich gestürzt und die Qâjâren-Herrschaft *de facto* beendet. Rezâ Khân, der mit seiner Kosakenbrigade Teheran erobert hatte, wurde zunächst Kriegsminister. Vier Jahre später rief er sich selbst zum Schah aus und begründete die Pahlavidynastie. Ziel von **Rezâ Shâh Pahlavi** war die Modernisierung und Säkularisierung Irans nach dem Vorbild des türkischen Staatschefs Mustafa Kemal. Er betrieb den Aufbau der Zentralregierung und reformierte das Finanz-, Rechts- und Bildungswesen. 1925, 1926 und 1928 wurden drei neue **Gesetzeswerke** – Wirtschaftsrecht, Strafrecht und Zivilrecht – geschaffen, die auf einer Kombination von französischem und kodifiziertem islamischen Recht beruhten. Nachdem 1929 bereits für Männer das Tragen westlicher Kleidung angeordnet worden war, wurde 1936 auch die Entschleierung der Frauen gesetzlich festgeschrieben.

Als ideologisches Rüstzeug der gesellschaftlichen Umgestaltung diente Rezâ Shâh neben der oberflächlichen Orientierung nach Westen vor allem ein übersteigerter **Nationalismus**, der die vorislamische Vergangenheit Irans glorifizierte und die Pahlavi-Monarchie legitimieren sollte. Gleichzeitig machte die Regierung die jahrhundertewährende arabische Herrschaft für den Niedergang Irans verantwortlich und drängte die Bedeutung des Islam zurück. Mit dem *Farhangestân* wurde 1935 in Teheran eine literarische Akademie gegründet, die es sich zur Aufgabe machte, das Neupersische von Arabismen sowie Lehnwörtern aus dem Türkischen, Französischen, Russischen und Englischen zu befreien.

IN DER MODERNE ▪▪▪▪▪▪▪

Auf ökonomischem Gebiet erzielte Rezâ Shâh einige Erfolge. Er beendete die Konzessionspolitik seiner Vorgänger, unterstützte private Investoren mit günstigen Krediten und ließ die Infrastruktur des Landes ausbauen. Hatte die gesamte Industrie noch 1920 aus ein paar Elektrizitätswerken und Zündholzfabriken bestanden, entstanden nun rund 30 große staatliche Fabriken sowie etwa 200 kleinere Betriebe.

Die **ökonomische Modernisierung** wurde allerdings nicht von politischen Reformen begleitet. Weiterhin herrschten staatliche Willkür und Zensur; Oppositionelle, insbesondere Kommunisten, wurden von der Geheimpolizei unnachgiebig verfolgt.

Auch die feudalen Gesellschaftsverhältnisse mit Großgrundbesitzern und abhängigen Bauern wurden nicht angetastet; der Schah selbst wurde durch die Enteignung seiner politischen Gegner zum größten Grundbesitzer des Landes. Die meisten staatlichen Mittel wurden für militärische Zwecke ausgegeben. So kamen die Reformen in erster Linie der expandierenden Bürokratie und der Armee zugute, während die Unterschichten und die politische Opposition nach wie vor unterdrückt wurden.

Zum Verhängnis wurde dem Schah seine Annäherung an **Nazi-Deutschland**, das in den 30er Jahren zunehmend politischen und wirtschaftlichen Einfluß auf Iran ausübte. Dies zeigte sich im wachsenden Anteil der Deutschen unter den ausländischen Experten sowie am iranischen Außenhandel. Auch sorgten deutsche Agenten in Iran für die Verbreitung der nationalsozialistischen Ideologie. 1934 verfügte der Schah die offizielle Umbenennung in *Iran* – die Namensänderung war von der persischen Gesandtschaft in Berlin betrieben worden, die damit betonen wollte, daß »die Iraner Arier und als solche gewissermaßen die Vorfahren« der Deutschen seien. Auch machten sich manche Iraner die nationalsozialistische Diffamierung der Juden zu eigen, und es kam zu Judenverfolgungen.

Als sich die Sowjetunion nach dem Angriff der Deutschen im Juni 1941 mit Großbritannien verbündete, erlangte Iran als Versorgungsroute strategische Bedeutung. Die Alliierten forderten nun Rezâ Shâh auf, alle deutschen Staatsangehörigen auszuweisen. Als

Nationalbibliothek und Polizeipräsidium in Teheran wurden in den 30er Jahren im Stil der Machtarchitektur des nationalsozialistischen Deutschlands errichtet – mit neoachämenidischen Stilelementen, wie die Säulenkapitele und das Flügelsymbol Ahura Mazdas zeigen.

GESCHICHTE

> Der 1997 in Deutschland gestorbene Schriftsteller und Übersetzer **Bozorg Alavi**, der unter Rezâ Shâh mehrere Jahre im Gefängnis verbrachte, beschreibt die bedrückende Atmosphäre der 30er Jahre in seinem Roman *Chashmhâ-yash* (1952): »Der Würgegriff hielt die Stadt Teheran umklammert. Niemand wagte zu atmen; alle zitterten voreinander. Die Familien zitterten vor ihren eigenen Angehörigen, die Kinder vor ihren Lehrern. Überall vermuteten sie auf ihren Spuren die Geheimagenten. Ein todähnliches Schweigen herrschte über das ganze Land, von einem Ende zum anderen. Indes erklärte sich jeder zufrieden. Die Zeitungen hatten außer dem Lob des Diktators nichts zu schreiben.«

dieser zögerte, marschierten britische und sowjetische Truppen am 25. August 1941 in Iran ein und zwangen den Autokraten, zugunsten seines Sohnes **Mohammad Rezâ** (1941–1979) abzudanken.

Eine direkte Folge der Besatzung war das Erstarken der **iranisch-amerikanischen Beziehungen**, die in den folgenden 40 Jahren sowohl politisch als auch wirtschaftlich die weitere Entwicklung des Landes prägten. Das von den Briten im Süden und den Sowjets im Norden besetzte Iran war am Schutz durch die USA interessiert und setzte hohe Erwartungen in die Entwicklung bilateraler Beziehungen. US-amerikanischen Ölfirmen wurden Konzessionen im Norden des Landes angeboten, US-amerikanische Techniker ins Land geholt. Die USA ihrerseits gaben ihre neutrale Haltung, wie sie noch Präsident Roosevelt formuliert hatte, auf und machten Iran – neben Israel – zu ihrem wichtigsten Bündnispartner im Nahen Osten.

Mit der von den Alliierten erzwungenen Absetzung Rezâ Shâhs begann eine Periode allgemeiner Liberalisierung der iranischen Gesellschaft und der Entwicklung demokratischer Strukturen wie Parteienvielfalt, Meinungs- und Pressefreiheit. Bereits 1941 wurde die kommunistische **Tudeh** (»Massen«)-Partei gegründet, die zunächst eher auf Reformen als auf Revolution setzte und damit mehrere prominente Liberale und Intellektuelle als Mitglieder gewinnen konnte, bis sie sich zu einer linien- und moskautreuen Partei entwickelte. Als am 4. Februar 1949 ein Anarchist ein Attentat auf Mohammad Rezâ verübte, bot dies einen willkommenen Anlaß, die kommunistische Partei zu verbieten.

Keine Partei, sondern eine breite Bewegung gründete 1949 der Abgeordnete **Dr. Mohammad Mosaddeq** (1880–1967) mit der **Nationalen Front** (NF), einem losen Parteienbündnis bürgerlich-demokratischer und nationalistischer Organisationen. Bereits seit 1944 hatte sich der in der Schweiz promovierte Jurist im Parlament für die Annullierung aller bestehenden Konzessionen eingesetzt. Das vorrangige Ziel Mosaddeqs war die **Verstaatlichung der iranischen Ölquellen**, deren Exploration und Förderung – bald nach den ersten Funden im Jahr 1908 – in den Händen der Briten lagen: Nachdem 1912 die britische Flotte von Kohle auf Öl umgestellt worden war, hatte die britische Regierung 1914 die Aktienmehrheit an der berühmten Anglo-Persian Oil Company (APOC) erworben.

IN DER MODERNE

Der Konflikt um die Verstaatlichung der Öl-Gesellschaft, die Rezâ Shâh 1935 in Anglo-Iranian Oil Company (AIOC) umbenannt hatte, sollte die folgenden Jahre bestimmen und schließlich zum Zusammenbruch der Regierung führen. Nur wenige Tage nachdem Mosaddeq zum Ministerpräsidenten gewählt worden war, verstaatlichte er am 1. Mai 1951 die AIOC, die seitdem unter dem Namen National Iranian Oil Co. (NIOC) firmiert. Der folgende internationale Boykott aller iranischen Ölexporte, gestützt von der britischen und amerikanischen Regierung, stürzte das Land in eine schwere wirtschaftliche und innenpolitische Krise: Iran stand kurz vor dem Staatsbankrott. Aufgrund der andauernden Unruhen in der Bevölkerung löste Mosaddeq im Sommer 1953 das Parlament auf, woraufhin ihn Mohammad Rezâ aus dem Amt entließ. Mossadeq widersetzte sich und erreichte, daß der Schah am 17. August das Land verließ. Nur zwei Tage später putschte der schahtreue General Zâhedi, unterstützt von der CIA, und ließ den geschaßten Premier verhaften – Mohammad Rezâ kehrte zurück. Nach drei Jahren Haft (1953–1956) wurde Mossadeq, der der demokratischen Opposition noch heute als Symbol gilt, aus dem Gefängnis entlassen und lebte bis zu seinem Tod im Jahr 1967 unter Hausarrest.

Mit dem Putsch 1953 übernahm **Mohammad Rezâ** nun aktiv die Macht. Auf ökonomischem Gebiet forcierte er die Industrialisierung des Landes und weitete das Verkehrsnetz beträchtlich aus. Auch aufgrund der Erdöleinnahmen stieg Mitte der 60er Jahre der Lebensstandard der Mittel- und Oberschicht deutlich an.

Innenpolitisch ähnelte die Herrschaft Mohammad Rezâs der seines Vaters: Zwar tagte das gewählte Parlament (*Majles*) weiter, doch die eigentliche Macht lag in den Händen des Monarchen, der jede Opposition mittels Parteiverboten und Verhaftungen im Keim zu ersticken suchte. Zur Unterstützung seiner repressiven Politik gründete er 1957 unter Federführung von CIA, FBI und des Mossad die Sicherheitsorganisation SAVAK, die durch die Folterung mißliebiger Oppositioneller bald berüchtigt wurde.

Zu Beginn der 60er Jahre kam es dennoch zu einigen ernsthaften sozialen Reformen. Auf Druck John F. Kennedys rief Mohammad Rezâ das Projekt der sogenannten **»Weißen Revolution«** ins Leben. Zu ihren Maßnahmen zählten die Bekämpfung des Analphabetentums, die Beteiligung der Arbeiter am Gewinn der Fabriken, die Verbesserung der Gesundheitsvorsorge sowie die Verleihung des aktiven und passiven Wahlrechts für Frauen. Das Kernstück der »Revolution« war eine gemäßigte Landreform, die allerdings auf heftige Kritik seitens der schiitischen Geistlichkeit stieß: Waren doch auch die ausgedehnten Ländereien der religiösen Stiftungen von den neuen Regelungen betroffen. Am 3. Juni 1963

GESCHICHTE

Mohammed Rezâ krönt seine Frau Farah Dibâ

griff ihr populistischer Wortführer, **Ayatollah Ruhollâh Khomeini** (gest. 1989), in einer Predigt den Schah direkt an. Als Khomeini zwei Tage später verhaftet wurde, brachen schwere Unruhen in der Bevölkerung aus, die von der Regierung blutig niedergeschlagen wurden: Rund 9000 Menschen fanden den Tod. Eine Folge des brutalen Vorgehens war die zunehmende Radikalisierung der oppositionellen Kräfte: Mitte der 60er Jahre entstanden im Untergrund die Guerilla-Organisationen **Volksfedayin** (*Fedâ'iyân-e Khalq-e Irân*) und **Volksmojahedin** (*Mojâhedân-e Khalq-e Irân*), die bald durch Anschläge von sich Reden machten. Khomeini selbst wurde 1964 ins Exil geschickt.

Während die Weltöffentlichkeit über diese Vorfälle nur wenig erfuhr, zeigte sich die repressive Herrschaftsform des Schah beim **Staatsbesuch in Deutschland** im Frühsommer 1967 überaus deutlich. Während sogenannte »Jubelperser« als willfährige Claqueure das Königspaar bei seinen Besuchsstationen willkommen hießen, schlugen SAVAK-Agenten, praktisch unter Polizeischutz, auf kritische Demonstranten ein. Am 2. Juni wurde während einer Demonstration in Berlin der Student Benno Ohnesorg von einem Polizisten erschossen, ein Ereignis, das zum Fanal der deutschen Studentenbewegung wurde.

Von der immensen Aufrüstung Mohammad Rezâs profitierten vor allem die USA: Iran wurde in den 70er Jahren zum größten Waffenkunden Amerikas. Der Schah rüstete seine Armee mit modernsten Waffensystemen aus, die zahlreiche US-Militärberater betreuten. Insgesamt flossen von rund 80 Mrd. Dollar Erdöleinnahmen zwischen 1974 und 1978 über die Hälfte in westliche Industrieländer zurück.

In der Bevölkerung wuchs die Kritik an der politischen und ökonomischen Abhängigkeit von den USA ebenso wie an der zunehmenden Verwestlichung der Gesellschaft. Auch die spektakuläre 2500-Jahr-Feier des iranischen Königtums, bei der sich Mohammad Rezâ neben dem altiranischen Königsnamen *Shâhanshâh* auch den Titel *Âriyâmehr* (»Licht der Arier«) zugelegt hatte, stieß auf heftige Kritik. Doch die Opposition war durch die Zensur geknebelt. Aktiv wurden lediglich Einheiten der Guerilla-Organisationen

Volksfedayin und Volksmojahedin, die Anschläge gegen iranische sowie US-amerikanische Einrichtungen verübten.
Mitte der 70er Jahre verschärften sich die innenpolitischen Repressionen weiter: Im März 1975 löste Mohammad Rezâ das bestehende Zweiparteiensystem auf und ersetzte es durch ein Einparteiensystem mit der neugegründeten Partei *Rastâkhiz* (»Auferstehung«). Ganz besonders trafen die Repressionen die Kulturschaffenden: Ende 1975 saßen 22 prominente Schriftsteller, Dichter und Regisseure wegen regime-kritischer Äußerungen im Gefängnis.
Doch nicht nur wegen der politischen Gängelung, auch wegen der sich verschlechternden ökonomischen Lage gerieten nun große Teile der iranischen Gesellschaft in Opposition zum Regime. Durch die importintensive Industrialisierungspolitik stieg die Inflation 1970-1977 jährlich um rund 25% an. Zudem war das insgesamt hohe Wirtschaftswachstum (1970-1977: jährlich 16,7%) zwischen Industrie und Landwirtschaft extrem ungleich verteilt. Auch fehlte es auf dem Lande an der notwendigen Infrastruktur, ärztlicher Versorgung, und die Analphabetenrate war nach wie vor sehr hoch. Aufgrund von Armut und Arbeitslosigkeit wanderte die Landbevölkerung zunehmend in die Städte ab, wo sie - vor allem im Süden Teherans - in großen Slums lebte.

Anti-Schah-Demonstration in Berlin 1967

Von der Revolution zur Islamischen Republik

Im Sommer 1977 kam es erstmals wieder zu öffentlich geäußerter Kritik. In mehreren Protestbriefen wandte sich der verbotene **Verein der Schriftsteller Irans** an Premierminister Howeidâ und forderte die generelle Aufhebung der Zensur sowie die Wiederzulassung des Verbandes. Auch Juristengruppierungen prangerten die fortgesetzte Verletzung der Menschenrechte an. Gleichzeitig forderten Oppositionspolitiker der Nationalen Front, die Verfassung von 1906 wieder in vollem Umfang anzuwenden. Schließlich machten auch die Geistlichen mobil: Im Netzwerk der Moscheen zirkulierten Tonbandkassetten mit den aufrührerischen Predigten Ayatollah Khomeinis, der seit 1965 im irakischen Exil lebte.
Aufgrund der Proteste sowie einer veränderten Haltung der USA hinsichtlich der Menschenrechtsverletzungen begann Mohammad Rezâ mit einigen demonstrativen Gesten, den Kritikern nachzuge-

GESCHICHTE

Der Frühling

»Im letzten Jahr
dauerte der Frühling
nur eine Nacht.
Die ganze Nacht lang
sang der Mond,
ein dunkler Vogel, seine Schmerzen,
und die Fackeln des Wachseins
brannten in den Blicken
der Tulpen.
Im letzten Jahr kam der Frühling
in der Nacht,
ging mit der Nacht
ohne Blüten
in unreifen Worten,
wie ihr alle wißt.«

Parviz Sadighi, Die Kinder des Windes, 1992

ben. Vorsichtig wurde Kritik in der Presse zugelassen und der umstrittene, seit 1965 amtierende Premierminister Howeidâ entlassen. Doch die Unruhe in der Bevölkerung nahm weiter zu, durch Preiserhöhungen und Lebensmittelknappheit angeheizt. Erste Streiks, Festnahmen und Prügeleien mit den Polizeiorganen führten Ende 1977 zu einer hitzigen, vorrevolutionären Stimmung.

Am 8. Januar 1978 wurde in der staatlich kontrollierten Tageszeitung *Ettelâ'ât* ein Artikel lanciert, der Khomeini diskreditieren sollte. Er bewirkte jedoch das Gegenteil: Säkulare Oppositionelle sowie Geistliche, die sich gegenüber dem populistischen Ayatollah bislang distanziert verhalten hatten, unterstützten nun Khomeini. Erstmals seit 1963 fanden in Qom wieder Demonstrationen statt, die eine hohe Zahl von Toten und Verletzten forderten. Kleriker und säkulare Führer riefen dazu auf, gemäß dem islamischen Trauerritus am 40. Todestag der Opfer die Arbeit niederzulegen. Die Trauerkundgebungen am 18. Februar 1978 führten zum sogenannten »Massaker in Tabriz«, das erstmals die Weltöffentlichkeit alarmierte. Gleichzeitig entstand nun – ausgelöst durch jeweils erneute Eskalationen während des Trauertags – ein Rhythmus 40tägiger Kundgebungen, die von Mal zu Mal an Intensität und landesweiter Beteiligung zunahmen.

Weder die vorsichtigen Reformen, die der seit August 1978 amtierende Premierminister Sharif-Emâmi einleitete, noch das harte Vorgehen des Militärs im Herbst 1978 vermochten es mehr, die Lage zu beruhigen. Nach der Demonstration vom 7. September 1978, der größten Demonstration während der Revolution, verhängte der verunsicherte Monarch noch in der Nacht das Kriegsrecht über Teheran und elf weitere große Städte. Am nächsten Morgen kam es erneut zu blutigen Eskalationen, dem sogenannten »Schwarzen Freitag«.

Von nun an übernahmen diejenigen Kräfte die Führung der Revolution, die den kompromißlosen Sturz des Schah forderten. Eine Welle von Streiks brach aus, denen sich neben den Universitäten und Bazaren auch die Ölraffinerien sowie mehrere Presseorgane anschlossen. Nach erneuten gewalttätigen Demonstrationen, die ihren Höhepunkt am 5. November 1978 – »dem Tag, an dem Teheran brannte« – erreichten, verkündete Mohammad Rezâ am 6. November die Bildung einer Militärregierung. Doch sie ver-

IN DER MODERNE

mochte ebensowenig wie der Oppositionspolitiker **Shâpur Bakhtiâr**, der am 1. Januar 1979 von Mohammad Rezâ zum neuen Regierungschef ernannt wurde, die Unruhen und Streiks einzudämmen. Als es auf den Kundgebungen zur Verbrüderung zwischen Demonstranten und Soldaten kam, sah sich der Schah seiner militärischen Stütze beraubt und verließ am 16. Januar 1979 das Land. Zwei Wochen später, am 1. Februar 1979, kehrte Khomeini nach fast fünfzehnjährigem Exil nach Iran zurück, wo er von Millionen Menschen begeistert empfangen wurde. Am 5. Februar ernannte Khomeini **Mehdi Bâzargân** zum Ministerpräsidenten einer Gegenregierung, woraufhin Bakhtiâr am 11. Februar zurücktrat – die Revolution hatte gesiegt. Am 30. und 31. März 1979 wurde eine Volksabstimmung durchgeführt, bei der sich die Wahlberechtigten allerdings nur für oder gegen eine nicht näher definierte »islamische Republik«

»Viele Mücken stürzen wohl den Elefanten, mag er auch der Mächtigste und Stärkste heißen. Der Ameisen viele, wenn sie sich versammeln, können leicht des grimmigen Löwen Fell zerreißen!«

Saadi, Der Rosengarten

entscheiden konnten. Nach einem überwältigenden Wahlsieg, so die offiziellen Quellen, proklamierte Khomeini am 1. April die **»Islamische Republik Iran«** (IRI).
In der folgenden Konsolidierungsphase wurde bald wieder mit harter Hand regiert. Geheime Revolutionsgerichte verurteilten in Schnellverfahren Repräsentanten des Schah-Regimes und Mitarbeiter des SAVAK; bis August 1979 wurden über 500 Todesurteile vollstreckt. Gleichzeitig wurde die neue Geheimpolizei SAVAMA gegründet, die zur Unterdrückung jeglichen Widerstands gegen die Regierung eingesetzt wurde. Mit ihrer Hilfe wurden in den folgenden zwei Jahren alle links-säkularen, nationalistischen und liberal-islamischen Gruppierungen ausgeschaltet, in den Untergrund oder ins Exil getrieben. Obwohl die Verfassung die Pressefreiheit festschreibt – sofern sie nicht islamische Prinzipien verletzt –, herrschte de facto Zensur. Auch die Forderungen verschiedener ethnischer Minderheiten – Kurden, Turkmenen, Araber und Belutschen – nach politischer Autonomie wurden nicht erfüllt, ihre Aufstandsversuche in blutigen Feldzügen niedergekämpft.
Am 2. Dezember 1979 billigte die Mehrheit der Iraner die neue Verfassung, die die führende Rolle der Geistlichkeit festschreibt und Khomeini als Revolutionsführer weitreichende Vollmachten zugesteht. Seit 1980 wurde dann die **islamische Kulturrevolution** vorangetrieben. Mit Hilfe der »Revolutionswächter« (Pâsdârân) wurden die Spuren der jahrelangen Verwestlichung aus dem öffentlichen Leben beseitigt: Alkohol und westliche Filme verboten, das islamische Strafrecht eingeführt und die traditionelle islamische Kopfbedeckung für Frauen (*Hejâb*) festgeschrieben.

GESCHICHTE

Die Außenpolitik war in zunehmend militanter Weise durch die ablehnende Haltung gegenüber den USA, der ehemaligen Stütze des Schah-Regimes, geprägt: Die Supermacht wurde zum politischen Hauptfeind stilisiert. Am 4. November 1979 besetzten Anhänger Khomeinis die US-Botschaft, und die 444 Tage während Geiselaffäre begann. Aus Protest gegen die Besetzung trat der erste Ministerpräsident der IRI, Mehdi Bâzargân, zurück. Auch sein Nachfolger, **Abol-Hasan Bani-Sadr**, konnte sich nicht lange an der Macht halten und floh nach massiver Kritik an seiner Amtsführung im Juli 1981 ins Pariser Exil.

Der Irak-Iran-Krieg (1980–1988)

Mit dem Einmarsch der irakischen Truppen am 22. September 1980 in die erdölreiche Provinz Khuzestân begann der achtjährige Irak-Iran-Krieg. Dieser »erste Golfkrieg«, den über 50 Staaten mit ihren Waffenlieferungen schürten, forderte in beiden Ländern mehrere hunderttausend Menschenleben.

Als vorgeschobener Streitpunkt diente dem irakischen Regime der seit dem 17. Jh. schwelende Konflikt um den Grenzfluß Schatt al-Arab. Tatsächlich aber beabsichtigte der Irak die Schwächung der jungen Islamischen Republik, um ein Übergreifen der islamistischen Ideologie auf die eigene unterprivilegierte schiitische Bevölkerungsmehrheit (rund 60%) zu verhindern.

Bild eines zeitgenössischen iranischen Künstlers zum Irak-Iran-Krieg

Doch der erhoffte Zusammenbruch der IRI blieb aus; nach Anfangserfolgen erlitten die irakischen Truppen sogar schwere Rückschläge. Eine iranische Offensive am 7. Juni 1982 führte zu einer ersten Kriegswende, die irakische Front konnte vom iranischen Territorium zurückgetrieben werden. Mitte 1982 fiel in Teheran die Entscheidung, nach der Zurückschlagung des irakischen Angriffs den Krieg als »Heiligen Krieg« weiterzuführen. Erklärte Ziele waren nun der Export der »islamischen Revolution«, der Sturz des »Satans« Saddam Hussein, die Zerstörung Israels sowie die Zurückdrängung der westlichen Dominanz in der islamischen Welt.

Im April 1984 begann der Irak den sogenannten »Tankerkrieg«, in dessen Verlauf auch Schiffe neutraler Staaten beschossen wurden, was schließlich zum Einsatz amerikanischer Seestreitkräfte zum Geleitschutz im Golf führte. Im März 1985 kam es zum Ausbruch des

»Städtekrieges«, wobei der Raketenbeschuß aller wichtigen Städte beider Kriegsgegner die Zivilbevölkerung in Mitleidenschaft zog. Erst am 18. Juli 1988 konnte sich das islamistische Regime zu einem Waffenstillstand und zur Annahme der UNO-Resolution 598 durchringen – Khomeini nannte sie »bitterer als Gift«. Trotz der hohen Verluste hat der Irak-Iran-Krieg das schiitische Regime eher gefestigt. Auch konnten im Schatten des Krieges die neuen politischen Spielregeln mit aller Härte durchgesetzt werden. Im Februar 1989, nur wenige Monate vor seinem Tod, brachte sich der Revolutionsführer noch einmal ins Gedächtnis der Weltgemeinschaft: In einer Rede rief er zur Ermordung des britischen Schriftstellers Salman Rushdie auf, dessen Buch *Die Satanische Verse* von vielen Muslimen als Gotteslästerung empfunden wird.

Iranischer Soldat mit Khomeini-Bild im Irak-Iran-Krieg

Iran in den 90er Jahren

Das Ende des achtjährigen Krieges im Jahr 1988 und der Tod Ayatollah Khomeinis 1989 führten zu einem Wendepunkt in der Entwicklung der Islamischen Republik. Nun lag die religiöse und politische Autorität nicht mehr in einer Hand. Neuer Revolutionsführer wurde Ayatollah **Seyyed Ali Khâmenei**, neuer Staatspräsident **Ali Akbar Hâshemi Rafsanjâni** (bis 1997). Der allseits als »Pragmatiker« etikettierte Staatspräsident leitete noch im gleichen Jahr einen Kurs der wirtschaftlichen Liberalisierung ein, der seit 1992 allerdings schwere Rückschläge erlitt. Insbesondere der Abbau von Subventionen führte 1992, 1994 und 1995 zu Unruhen in der Bevölkerung. Rafsanjânis Popularität schwand spürbar, was seine Position im Machtkampf mit dem konservativen Revolutionsführer Khâmenei erheblich schwächte.

Die bis dahin relativ guten **iranisch-deutschen** Beziehungen wurden 1996/97 durch den sogenannten »Mykonos-Prozeß« schwer belastet. Als das Urteil des Berliner Kammergerichts im April 1997 die iranische Staatsführung als Drahtzieher des Mordanschlags auf vier kurdische Oppositionspolitiker bezichtigte, riefen die EU-Staaten ihre Botschafter aus Teheran ab. Mit der Rückkehr aller EU-Botschafter nach Teheran wurde der Streit im November 1997 beigelegt. Eine neue Phase der Beziehungen zu **Europa** leitete Präsident Khâtami im März 1999 ein, als er Italien und den Vatikan besuchte – es war die erste Visite eines iranischen Staatsoberhauptes im westlichen Ausland seit Gründung der Islamischen Republik 1979.

GESCHICHTE

Kritik am Kurs des Regimes wird in Iran noch immer unterdrückt, selbst kritischen Geistlichen weht zuweilen ein scharfer Wind ins Gesicht. Auch die im Herbst 1994 erhobene Forderung von 134 bekannten iranischen Schriftstellern auf das Recht der freien Meinungsäußerung änderte die Situation nicht. Ganz im Gegenteil: Im November und Dezember 1998 kam es zu einer Mordserie an fünf namhaften oppositionellen Schriftstellern und Politikern. Im Januar 1999 dann die Sensation: Erstmals in der Geschichte der Islamischen Republik gestand das Geheimdienstministerium ein, daß »leider einige unverantwortliche Kollegen des Ministeriums die gräßlichen Taten« verübt hätten, der Geheimdienstminister mußte zurücktreten. Dies ist immerhin ein Erfolg für diejenigen Kräfte, die den Geheimdienst für die Durchführung der Morde verantwortlich gemacht hatten. Der Schriftsteller Hushang Golshiri meint sogar: »Das Gefäß hat einen Riß bekommen, der nicht mehr zu kitten ist.«

Wandbild mit dem Konterfei Ayatollah Khomeinis

Geändert hat sich seit Beginn der 90er Jahre vor allem das **Alltagsleben**, das nun weniger streng von den Sittenwächtern kontrolliert und reglementiert wird. Während das Hören lauter Musik oder das Schminken in den ersten Jahren nach der Revolution die Prügelstrafe nach sich zog, bleibt man heute unbehelligt; schlimmstenfalls wird eine Geldstrafe verhängt. Gut versteckte Satellitenschüsseln bringen zudem westliche Fernsehprogramme wie CNN und BBC in die iranischen Wohnstuben. In den Großstädten führen viele Menschen ein Doppelleben, das mit dem bekannten Spruch umschrieben wird: »Zu Schahzeiten haben wir zu Hause gebetet und draußen getrunken, heute trinken wir zu Hause und beten draußen.« Durch hohe Mauern von der Öffentlichkeit abgeschirmt werden in den Großstädten Parties gefeiert, wird nach persischer oder westlicher Musik ausgelassen getanzt. Allmählich weicht die Doppelmoral einer kaum kaschierten Auflehnung. Vor allem die Jugendlichen werden durch die revolutionären Parolen nicht mehr erreicht.

Nach Ablauf der zweiten Amtszeit von Staatspräsident Rafsanjâni wurde am 23. Mai 1997 der ehemalige Kulturminister **Seyyed Mohammad Khâtami** zu seinem Nachfolger gewählt. Der Wahlerfolg des vergleichsweise liberalen Geistlichen war mit 69,05% überwältigend. Vor allem Frauen und Jugendliche sowie die städti-

IN DER MODERNE

sche Bevölkerung hatten dem belesenen Theologen ihre Stimme gegeben. Seitdem fordert Khâtami immer wieder die Stärkung der Zivilgesellschaft. Nur eine politische Liberalisierung, so die These der Reformer und Technokraten, könne die Vorbedingungen für die immer notwendigeren Wirtschaftsreformen schaffen.

Als einen »großen Schritt zur politischen Reform und Dezentralisierung des Landes« bezeichnete Präsident Khatâmi sein bislang ehrgeizigstes Reformprojekt: die Kommunalwahlen vom 26. Februar 1999. Demokratisch war die Abstimmung allerdings nicht, da auch hier eine Vorauswahl stattfand und etwa 50.000 Kandidaten vom konservativ dominierten Prüfungsausschuß abgelehnt wurden, darunter auch die meisten Kandidaten der legalen »Freiheitsbewegung« Ebrâhim Yazdis.

Dennoch waren die Gemeindewahlen von großer Bedeutung – waren es doch die ersten in der Geschichte Irans überhaupt. Die neuen Gemeinderäte werden erstmals Bürgermeister und Dorfvorsteher wählen und besitzen die Kontrolle über den Haushalt der Kommunen.

Die Abstimmung, an der sich rund 25 der 39 Mio. Wahlberechtigten beteiligten, wurde zu einer großen Schlappe für die klerikal-konservativen Kräfte: In den meisten Stadträten siegten die reformorientierten Anhänger Khatâmis oder Unabhängige. In Teheran gewannen die Kandidaten Khatâmis sogar alle 15 Wahlkreise, wobei in dreien Frauen siegten. Auch in anderen Orten gewannen weibliche Kandidaten – ein deutliches Zeichen dafür, daß die iranischen Frauen jedes ihnen zugestandene Mehr an Recht und Freiheit nutzen.

Dennoch verfügt der Staatspräsident nur über eingeschränkte Machtbefugnisse, und die allgemeinen Richtlinien der Innen- und Außenpolitik werden nach wie vor von Revolutionsführer Khâmenei bestimmt. Noch immer ist die »Freiheitsbewegung« von Yazdi die einzige offiziell anerkannte Oppositionsbewegung. Zwischen konservativen und reformorientierten Kräften kommt es immer wieder zu Machtkämpfen – wie im Prozeß um den Teheraner Oberbürgermeister Karbâschi. Die Hoffnungen auf eine Liberalisierung des islamischen Systems, auf Meinungsfreiheit und Wahrung der Menschenrechte haben sich somit noch nicht erfüllt.

Staatspräsident Mohammad Khâtami: Wird er das Scha(c)hspiel gewinnen?

Folgende Doppelseite: Besucherinnen des Daniel-Grabs in Susa

Kunst und Kultur

■ Kunst im islamischen Mittelalter

Die Eroberung Persiens durch die arabisch-muslimischen Heere ging mit der Vernichtung zahlreicher Kulturgüter einher: Prachtvolle Paläste wurden zerstört, Kunstwerke aus Gold und Silber eingeschmolzen, wertvolle Bibliotheken verbrannt, und auch die städtische Architektur verfiel. Doch bald entstand in Iran, wie auch in der übrigen islamischen Welt, erneut eine rege Kunsttätigkeit, die zur Herausbildung einer neuen Kunstrichtung führte: der sogenannten **islamischen Kunst**. Dabei basiert die »islamische Kunst« keineswegs allein auf den neuen Glaubensvorstellungen, sondern ebenso auf den Kunstformen der unterworfenen Völker. Insbesondere das persisch-sasanidische Erbe blieb auf diese Weise lebendig: »Obgleich die Moschee den Feuertempel ersetzte«, schreibt der berühmte Iranforscher Roman Ghirshman, »wurde sie auf den Fundamenten der alten Heiligtümer erbaut, und die Paläste der arabischen Adligen waren ausgeschmückt wie die der Sasaniden. Unabhängig vom verwendeten Material – ob Glas, Metall, Stoff, Holz oder Stein – kopierten die Kunsthandwerker unermüdlich die Motive der Vergangenheit.«

Eine wesentliche Veränderung ergab sich allerdings durch das islamische **Bilderverbot**. Obwohl der Koran die bildliche Darstellung nicht ausdrücklich verbietet, waren sunnitische wie schiitische Rechtsgelehrte im 8. Jh. der Ansicht, daß die Nachbildung von Mensch und Tier blasphemisch und daher verboten sei: Gott allein dürfe Lebewesen erschaffen.

In den folgenden Jahrhunderten machten die muslimischen Künstler aus dieser Not eine Tugend: Die »abstrakte« Kunst mit ihrer geometrischen und floralen **Ornamentik** wurde bald zum herausragenden Kennzeichen islamischer Kunst. Eng damit verbunden ist die beständige **Wiederholung** von Motiven und Bauelementen, die den Eindruck einer nie endenden Kontinuität vermittelt – sie verweist auf ein unendliches Muster, das man nur in willkürlichen Rahmen begrenzen kann.

Allerdings wurde das Verbot der Mensch- und Tierdarstellung nicht immer strikt befolgt. Seit dem späten 13. Jh. entwickelte sich sogar eine **religiöse Ikonographie**, die Themen aus dem Leben des Propheten darstellt, und im schiitischen Persien avancierten die

Kuppel und Tambour
der Imam-Moschee in
Isfahan

Leidensgeschichten der Imame zu einem beliebten Motiv. Heute relativieren viele Theologen die Aussage der Prophetensprüche: Während das Bilderverbot im Frühislam eine wichtige Funktion im Kampf gegen den Polytheismus gehabt habe, sei es nun nicht mehr notwendig. Insbesondere schiitische Kultstätten wurden in den letzten Jahrhunderten reich mit Wandmalereien ausgeschmückt, und Poster der schiitischen Imame und anderer Heldengestalten sind im heutigen Iran weit verbreitet.

Ein Tabu bleibt nach wie vor die Darstellung Gottes. Auch verhält man sich bei der Ausgestaltung sakraler Gebäude und Gegenstände zurückhaltender: Die Moscheen sind bis heute »bilderlos« geblieben. Ebenso wird bei der Ausschmückung des Koran auf »bildhafte« Malerei gänzlich verzichtet.

■Architektur

Moschee

Abgesehen von Bauwerken wie Brücken, Festungsmauern, Palästen, Bazaren, Gärten oder Karawansereien, die gänzlich oder überwiegend profanen Zwecken dienen, zeigen viele Formen der islamischen Architektur wie Schulen, Hospitäler, Armenküchen, Bibliotheken, Observatorien, Mausoleen, Bäder und Brunnen deutlich ihre Herkunft aus dem sakralen Funktionsbereich. Die **Moschee** (arab./pers. *Masjed*: »der Ort des Sichniederwerfens«) gilt daher als der wichtigste Bau der islamischen Architektur.

In der gesamten islamischen Welt stellt die Moschee Gebetsstätte und Versammlungsort der Muslime dar. Architektonisches Vorbild der ersten Moscheen war das **Wohnhaus des Propheten** in Medina, das mit einem großen Innenhof (*Sahn*) ausgestattet war. An der Innenseite der Mauer befanden sich mehrere Räume, die von überdachten Säulengalerien (*Riwâq*) umgeben waren. Bereits diese »Urmoschee« fungierte als religiöses und politisches Zentrum zugleich: Hier wurden nicht nur Glaubensinhalte erörtert, sondern auch politische und militärische Entscheidungen getroffen.

Mit der Ausbreitung des Islam entstanden in den Städten der eroberten Gebiete große Moscheen, die als religiöses wie auch administratives Zentrum einer Region dienten. In diesen, später meist im Marktareal gelegenen **Freitags- oder Versammlungsmoscheen** (pers. *Masjed-e Jom'e* oder *Masjed-e Jâme'*) versammelten sich am Freitag die Gläubigen zum Gemeinschaftsgebet, wie es Koran 62/9 vorschreibt. Die Hauptmoschee besaß zudem

ARCHITEKTUR

eine besondere politische Bedeutung, weil sie vom Herrscher oder seinen Vertretern zur Freitagsansprache genutzt wurde. In größeren Städten entstanden neben der Freitagsmoschee weitere große Kultbauten. Zentrum des öffentlichen Lebens blieb jedoch die Hauptmoschee, in deren Komplex zunächst auch die religiöse Hochschule untergebracht war.

Architektonisch waren diese ersten Moscheen einfach gestaltet. Wie die »Urmoschee« in Medina besaß die **hypostyle Hof- und Hallenmoschee**, auch **arabische** oder **Pfeilermoschee** genannt, einen von gedeckten Stützenhallen eingefaßten Hof, an den sich eine weite, meist mehrschiffige Säulenhalle anschloß, die als Gebetsraum (*Haram*) fungierte. Beide Elemente (Haram und Hof) sind architektonisch wie kultisch als Einheit zu verstehen und in ein geschlossenes Mauergeviert mit mehreren Tordurchgängen eingefügt. Die Architrave lagen direkt auf den Säulen, die aus verschiedenen Materialien bestehen konnten, und trugen die flache Decke. Die frühen Arkaden besitzen noch die elliptische Form des sasanidischen Bogens, der jetzt allerdings in einer kleinen Spitze ausläuft.

Etwa 400 Jahre blieb die hypostyle Hofmoschee in ihren verschiedenen Varianten der einzige und allgemein verwendete Bautyp im islamischen Kulturkreis. Sie wurde in Iran sowohl von den arabischen Eroberern als auch von persischen Lokaldynastien wie den Saffariden und Samaniden erbaut. Die einzige fast vollständig erhaltene frühe Moschee Irans ist die »Vierzig-Säulen«-Moschee in Dâmghân; die früheste Moschee auf iranischem Boden, die Moschee von Susa, ist dagegen verfallen.

Im 12. Jh. wurde die Hallenmoschee um zwei typisch iranische Bauelemente erweitert: den Kuppelbau sowie den Iwan. Der **Kuppelbau** geht auf sasanidische Vorbilder zurück, wobei nicht klar ist, ob er von der Palastarchitektur oder dem Kuppelraum der **Feuertempel**, genannt *Chahâr Tâq* (»Vierbogenbau«), inspiriert wurde, der vier bogenförmige axiale Öffnungen aufweist. Islamische Bauten dieser Art dienten nun als Gebetsraum, wobei sich der kuppelüberwölbte Zentralraum nach drei Seiten hin durch weite Arkaden öffnet. Insbesondere im westlichen Iran wurde der Kuppelbau - mit oder ohne Hof - zur **Kuppel- oder Kioskmoschee** erweitert, die keinen von Säulen getragenen Innenraum mehr besitzt. Dabei konnte der Kuppelbau in eine hypostyle Moschee gesetzt, mit einem vorgesetzten Iwan oder einem Vier-Iwan-Hof kombiniert werden.

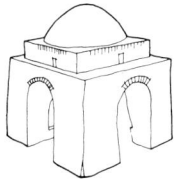

Feuertempel

Der **Iwan**, eine gewölbte Torhalle mit portalartiger Öffnung, hat eher säkulare Bedeutung. Wahrscheinlich aus Zentralasien stammend, wurde er im 2. vorchristlichen Jh. von der parthischen Palastarchitektur aufgegriffen und spielte auch in sasanidischen und abbasidischen Palastanlagen als Hoheitszeichen eine bedeutende

KUNST UND KULTUR

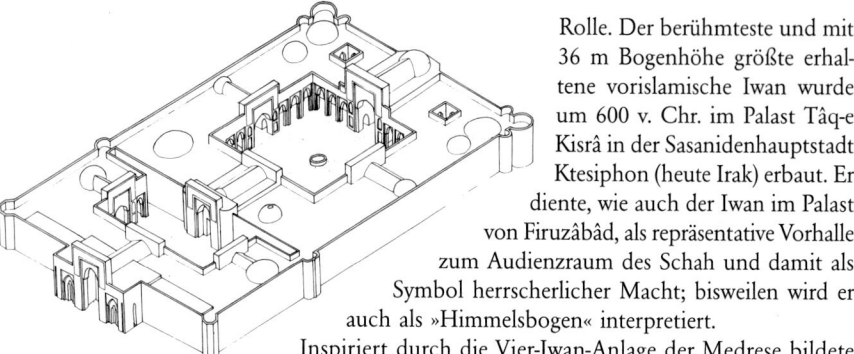

Die Vier-Iwan-Anlage wurde zum klassischen Bautyp vieler Moscheen, aber auch anderer Gebäude. Die Zeichnung zeigt deutlich den Aufbau einer solchen Anlage am Beispiel der Karawanserei Ribât-e Sharif.

Rolle. Der berühmteste und mit 36 m Bogenhöhe größte erhaltene vorislamische Iwan wurde um 600 v. Chr. im Palast Tâq-e Kisrâ in der Sasanidenhauptstadt Ktesiphon (heute Irak) erbaut. Er diente, wie auch der Iwan im Palast von Firuzâbâd, als repräsentative Vorhalle zum Audienzraum des Schah und damit als Symbol herrscherlicher Macht; bisweilen wird er auch als »Himmelsbogen« interpretiert.

Inspiriert durch die Vier-Iwan-Anlage der Medrese bildete sich in der Seldschukenzeit dann die klassische **Vier-Iwan-Moschee** heraus, deren ältestes bisher bekanntes Beispiel die Moschee von Zavâre (1136) darstellt. Das Grundschema, das auf parthisch-sasanidische Palastgrundrisse zurückgeht, besteht aus vier gewölbten, sich kreuzförmig gegenüberstehenden Iwanen, die sich auf den zentralen, meist rechteckigen Hof hin öffnen. Dem Aufbau und Grundriß der Isfahaner Freitagsmoschee, die als eine der ersten das Vier-Iwan-Schema verwendete, folgten zahlreiche spätere Moscheeanlagen, und die Vier-Iwan-Moschee entwickelte sich zum dominierenden Moscheentyp im Osten der islamischen Welt.

Die Bauelemente der Moschee im einzelnen

Zu den zentralen äußeren Bestandteilen jeder Moschee zählt ein **Brunnen**, der sich meist im Zentrum des Moscheehofes befindet. Er spendet das Wasser für die rituellen Waschungen, die jeder Muslim vor dem Gebet vollziehen muß. Desgleichen weisen alle Freitagsmoscheen seit dem 10. Jh. mindestens ein **Minarett** (arab. *Manâra*: »Leuchtturm«) auf, von dessen Außengalerie der Muezzin fünfmal täglich zum Gebet ruft. Nachempfunden wurden die ersten Minarette antiken quadratischen Grab- und Wachtürmen. Auch die frühesten persischen Minarette scheinen, zumindest in ihren unteren Geschossen, quadratisch gewesen zu sein. Seit dem frühen 11. Jh. wurden in Iran jedoch kunstvoll verzierte polygonale oder runde Ziegelminarette bevorzugt, die sich nach oben verjüngen. Zudem wird das zunächst freistehende Minarett in zunehmendem Maße in die gesamte Moscheearchitektur einbezogen. Daneben entstanden **Portalanlagen** mit zwei minarettähnlichen Türmen (*Goldaste*), die in Persien bis in die safawidische Zeit tradiert werden.

Die **Innenräume** der Moscheen sind meist nüchtern ausgestattet, Bilder und Kultgegenstände werden als Vielgötterei abgelehnt. Allein Teppiche oder Matten bedecken den Boden, und Leuchter erhellen das Innere. In frühislamischer Zeit zeigte eine einfache, kahle

Mauer die Gebetsrichtung nach Mekka (*Qibla*) an. Später erhielt die **Qibla-Mauer** eine oder auch mehrere Nischen (*Mihrab*), die sakralen Charakter besitzen.

Größe, Tiefe und Aufriß des **Mihrab** können ebenso variieren wie sein Grundriß (halbrund, polygonal oder rechteckig). In Iran wird die Nische meist sehr flach gestaltet; seit dem 10. Jh. werden auch je zwei bis drei Mihrabformen gestaffelt ineinandergesetzt. Generell zeichnet sich der Mihrab durch reichen Schmuck aus: seit dem 10. Jh. insbesondere durch Stuckdekorationen, seit dem 12. Jh. durch Lüsterfayencen. Häufig umziehen Schriftbänder mit dem Glaubensbekenntnis, dem Thronvers oder anderen Versen des Koran die Nische.

Meist rechts des Mihrab erhebt sich die Kanzel (*Minbar*), von welcher der Prediger (*Khatib*) die Freitagspredigt hält. Der **Minbar** ist häufig aus kostbarem Material, aus geschnitztem Holz oder glänzendem Marmor. Manche Freitagsmoscheen besitzen zudem eine **Dikka**, d.h. eine Estrade in Mihrab-Nähe, von der aus der Muezzin zum Gebet ruft, sowie eine **Maqsura**, eine abgeschlossene Herrscherloge. Des weiteren wurden für den Koran reichgeschnitzte, oft mit Perlmutt eingelegte Klapp-Pulte (*Rahla*) geschaffen, die in der Nähe der Kanzel standen.

Grabbauten

Im Frühislam waren muslimische Gelehrte der Ansicht, daß die architektonische Ausgestaltung von Gräbern verboten sei – eine Einstellung, die mehr als zwei Jahrhunderte lang die Errichtung jedweder Grabbauten in der islamischen Welt verhinderte. Das früheste bekannte Mausoleum im irakischen Samarra (862) zeigt bereits zwei wesentliche Aspekte der späteren islamischen Grabarchitektur: die Funktionen als **Memorialbau** sowie als **Herrschergrab** – wobei in zunehmendem Maße auch das **Heiligengrab** (pers. *Imâmzâde*) eine Rolle spielte.

Im 11. Jh. entstanden die ersten **Grabmoscheen**, die von ihren Stiftern gern mit Medresen und anderen Wohlfahrtseinrichtungen verbunden wurden. Tatsächlich ist der Übergang von der Moschee zur Grabmoschee fließend. Sie unterscheiden sich häufig nur dadurch, daß die Grabmoscheen im Gebetsraum oder in einem Nebenraum eines oder mehrere Gräber aufweisen, in denen der Stifter, seine Familie oder bestimmte Reliquien beigesetzt sind. Wenn es sich um das Grab eines Prophetennachfahren handelte, entwickelte sich die Moschee häufig zu einem Zentrum lokaler Pilgerfahrten, wie die Shâh-Cherâgh-Grabstätte in Schiraz. Die Grabanlagen der schiitischen Imame und ihrer nahen Verwandten, die allein goldene Kuppeln tragen dürfen, versammeln um sich zu-

KUNST UND KULTUR

dem die Gräber zahlreicher Frommer, wie beispielsweise in Qom. Mit der Einbeziehung des Mausoleums in einen öffentlichen Baukomplex ging eine Verlegung der Grabbauten einher: Sie wurden nicht mehr in den außerhalb der Stadt liegenden Nekropolen, sondern an prominenten Orten im Zentrum errichtet.

In der architektonischen Ausgestaltung der Mausoleen entwickelte sich im persisch-türkischen Raum eine große Vielfalt, und es entstanden eigene Grundrißvariationen, die in arabischen Ländern unbekannt sind. Dabei lassen sich zwei Grundformen unterscheiden: das quadratische **Kuppelgrab** sowie der runde oder polygonale **Grabturm** (pers. *Gonbad*, sprich: *Gombad*). Beide entstanden etwa zur gleichen Zeit im östlichen Persien. Die Grabtürme gehen vermutlich auf vorislamische Anlagen zurück. Der früheste bekannte polygonale Grabturm ist der *Gonbad-e Qâbus* (1006) in der Nähe Gorgâns, der auf einem sternförmigen Grundriß errichtet wurde. Sein spitz zulaufendes Pyramidendach erinnert deutlich an die Zeltform der Nomaden. Einen vollkommen runden Schaft besitzt dagegen der frühe Grabturm in Radkan (1020). Auch in den folgenden Jahrhunderten blieb die Rundform mit Kegeldach in Persien beliebt – sowohl mit glattem Körper wie auch unter starker Rillung durch kantige und runde Pfeiler, die dem Mausoleum das Aussehen eines Prunkzeltes verliehen. Daß gerade die türkischen Machthaber ihre Grabstätten an der Zeltkultur orientierten, scheint aufgrund ihrer nomadischen Tradition verständlich. Im westlichen Persien wurde dagegen der vier-, acht- oder zehneckige Typus bevorzugt.

Zu den charakteristischen Dekormitteln der Mausoleen gehört neben der ornamentalen Ziegelfügung seit Mitte des 12. Jh. auch das reiche Fayence-Mosaik; als plastisches Bauelement wurde vor allem das Stalaktitenornament verwendet. Eine Änderung vollzog sich in der safawidischen Epoche, als die Mausoleen häufig an profane Architekturtypen angelehnt wurden wie der Gartenpavillon Khâje Rabi' bei Mashhad.

Typisches Kuppelgrab

Medrese

Die ersten islamischen Hochschulen (arab. *Madrasa*, der »Ort, an dem man studiert«) entstanden vermutlich im Nordosten Irans, in Khorâsân. Zuvor hatte die Unterweisung in Koranexegese und islamischem Recht in den Moscheen selbst stattgefunden. Für die weite Verbreitung der Medresen, in denen nun auch Mathematik, Medizin, Literatur, Grammatik und Rhetorik gelehrt wurden, sorgte im 11. Jh. der seldschukische Wesir **Nizâm al-Mulk** (gest. 1092). Er förderte die nach ihm *Nizâmiyas* genannten orthodoxen Lehranstalten vor allem als Instrument gegen die sich ausbreitende

ARCHITEKTUR

schiitische Lehre sowie die hellenistisch beeinflußte Philosophie. Zumeist persönlich von ihm ausgewählte Lehrer bildeten hier Sekretäre und Beamte aus, die dem Staat zuverlässig dienen sollten. Auch in den folgenden Jahrhunderten sorgten großzügige Stiftungen von Wesiren oder Sultanen für den Unterhalt von Lehrern und Internatsschülern. Manche Stifter verbanden auch ihr Mausoleum mit einer Medrese.

Noch unter den Seldschuken entstand ein eigener Bautypus der Medrese: die **Vier-Iwan-Anlage**, die als Lehr- und Wohnort gleichermaßen diente. So wies der Komplex neben einer Gebetsstätte (häufig mit einem Minarett) auch Wohn- und Versammlungsräume für Lehrer und Studenten auf, die meist zweistöckig den zentralen Hof säumten.

Medrese von Kâshân

Kaum eine der seldschukischen Medresen ist erhalten geblieben, ebenso wenig blieb von den weitaus großzügigeren Anlagen, die in den folgenden Jahrhunderten unter den Ilkhâniden und Timuriden errichtet wurden. Doch scheint es noch in ilkhanidischer und timuridischer Zeit Medresen mit nur ein oder zwei Iwanen gegeben zu haben. Eine letzte Blüte erlebte der Vier-Iwan-Typ mit der safawidischen Mâdar-e Shâh-Medrese, die um 1710 in Isfahan erbaut wurde.

Im 18. Jh. sank das Ausbildungsniveau der religiösen Hochschulen kontinuierlich. Mit der Säkularisierung des Schulwesens sowie der Errichtung von Universitäten nach westlichem Vorbild verlor die Medrese im 20. Jh. vollends ihre Bedeutung als breite Ausbildungsstätte. Dies gilt jedoch nicht für die rein religiösen Lehrstätten, die besonders seit Errichtung der Islamischen Republik wieder an Einfluß und Bedeutung gewannen, vor allem die Feiziye-Hochschule in Qom.

Traditionelle Wohnarchitektur

Die traditionelle Wohnarchitektur ist in Iran in weit stärkerem Maße als die Sakralbauweise von den unterschiedlichen geographischen und klimatischen Gegebenheiten geprägt. Durch die vorhandenen Materialien und Baustoffe differiert sie je nach Region stark. Dennoch lassen sich einige wesentliche Gemeinsamkeiten feststellen, die auf den gleichen sozialen und gesellschaftlichen Verhältnissen beruhen. Zu ihnen zählen die Traditionen des **Nomadentums**, das islamische Konzept der **Großfamilie** sowie die besondere Bedeutung, die im orientalischen Kulturkreis dem **Empfang von Gästen** zukommt.

Auf nomadische Tradition geht zurück, daß sich in den traditionellen Wohnhäusern das ganze Leben weitgehend auf dem Fußboden abspielt. Die Böden sind daher überall mit Teppichen,

KUNST UND KULTUR

Türklopfer für Männer und Frauen: Am Klang des Klopfers erkennen die Bewohner im Haus das Geschlecht des Gastes.

Kelims oder Strohmatten ausgelegt, und das Ausziehen der Schuhe vor Betreten eines Raumes ist selbstverständlich. Beim Essen wird ein Tuch (*Sofre*) auf dem Boden ausgebreitet, auf das Geschirr und Speisen gestellt werden; Sitzkissen dienen der Bequemlichkeit. Die Funktion der Räume ist in den traditionellen Häusern nicht eindeutig festgelegt, und das leichte Mobiliar ermöglicht eine flexible Nutzung.

Von herausragender Bedeutung für die Wohnarchitektur ist das islamische Konzept der (Groß-)Familie, das bereits auf vorislamische Traditionen zurückgeht. Seine wesentlichsten Aspekte sind der besondere Schutz der Privatsphäre sowie die strikte **Geschlechtertrennung**: Allen herkömmlichen Wohnstätten – städtischen wie nomadischen – gemeinsam ist die Trennung zwischen einem den Männern vorbehaltenen Bereich (pers. *Biruni*), der allgemein zugänglich ist, und den für Fremde unzugänglichen Gemächern der Frauen (pers. *Andaruni*). Letztere werden auch mit dem arabischen Begriff *Harîm* (»heiliger, unverletzlicher Ort«) bezeichnet und werten damit den Innenraum des Hauses zu einer geweihten, stark tabuisierten Sphäre auf – während das eingedeutschte »Harem« meist falsche Vorstellungen von ungezügelter Vielweiberei hervorruft. Im Zelt wird die Unterteilung durch einen Vorhang erzielt, im Haus durch einen der Familie vorbehaltenen Innenhof oder durch die Verlegung der Frauengemächer in das Obergeschoß; auch die Dachterrasse gilt als Domäne der Frauen.

ARCHITEKTUR ∎ ∎ ∎ ∎ ∎ ∎

Der meistverbreitete Typ des Wohnhauses in islamischen Ländern ist das orientalisch-mediterrane **Hofhaus**, das sumerische Vorläufer hat. Es zentriert sich ganz auf den Innenraum und schottet sich gegen die Außenwelt durch hohe Lehm- oder Steinmauern, häufig ohne Fensteröffnungen, ab. Die Umfassungsmauern, die auf der Grenze des Baugrundstücks verlaufen, sind nach außen meist völlig schmucklos.

Die Geschlossenheit der Hofhäuser war nicht nur durch den besonderen Schutz des Familienbereichs, sondern auch durch klimatische Faktoren bedingt: Es galt, sich in den Wüstenrandgebieten gegen Wind, Staub und Sandstürme zu schützen und gleichzeitig die kühlere Nachtluft im Haus zu speichern. In vielen Regionen Irans fangen zusätzlich **Windtürme** oberhalb des Daches jede Brise ein und leiten sie ins Innere des Hauses.

Der Einblick von der Straße in den inneren Bereich des Wohnhauses wird durch abgeknickte Gänge oder vorgelagerte Höfe und Gärten verhindert. Den Mittelpunkt des Hofhauses bildet der **Innenhof**, von dem die wichtigsten Wohn- und Empfangsräume betreten werden. Größe und Ausstattung des Innenhofs variieren von kleinen Lichtschächten bis zu parkähnlichen Gartenanlagen mit Springbrunnen und Wasserbecken, die für ein eigenes kühleres Mikroklima sorgen. Als Aufenthaltsraum dient häufig ein **Iwan**, der zum Schutz gegen Sonneneinstrahlung stets nach Norden ausgerichtet ist.

In **modernen Stadtwohnungen** existiert die Trennung zwischen *Biruni* und *Andaruni* nicht mehr. Auch spielt sich das Leben nicht mehr ausschließlich auf dem Fußboden ab. Die Tradition eines großen Empfangsraums für geladene oder spontane Gäste besteht allerdings fort. Ein besonderes Problem stellt – vor allem in Teheran – der Bau moderner Hochhäuser dar: Die sie umgebenden niedrigen Häuser und Höfe sind nun den Einblicken von außen ausgesetzt und verlieren ihre Privatheit. Dies bedeutet vor allem in der Islamischen Republik ein Problem, wo Wohnhaus und Garten als Rückzugsort und Freiraum eine wichtige Bedeutung erlangen.

Restaurierung von traditionellen Lehmhäusern in Yazd: Auf dem unteren Bild wird zur Vorbereitung Lehm gestampft, oben wird die Lehmwand erneuert.

KUNST UND KULTUR

◾Der Garten – das Paradies auf Erden

Der Traum vom Garten wurde in der Wüste geboren – wer die öde, glühend heiße Wüstenlandschaft weiter Teile Irans erlebt hat, versteht die traditionelle Liebe der Iraner zu ihren Gärten, in denen fließendes Wasser murmelt, der Wind in den Palmen und Zypressen rauscht und der Duft der Rose die Sinne betört. Schon im Altertum wurde der Garten zum Inbegriff menschlicher Sehnsucht und zum irdischen Bild des himmlischen Paradieses. Unser Wort **Paradies** ist altiranischen Ursprungs: Es wurde vom griechischen *Parádeisos* abgeleitet, das wiederum vom avestischen *Paridaeza* (»Umzäunung« oder »das Eingehegte«) stammt. Es bezeichnet ursprünglich einen mit einer Mauer umgebenen Park oder Garten, der mit seinen hochstämmigen Bäumen, Rasenflächen, Obstbaumkulturen, Weinlauben und Blumenbeeten sorgsam gepflegt und bewässert wurde. Fließendes Wasser und Springbrunnen in einer trockenen Landschaft konnten sich jedoch nur die Wohlhabenden leisten. Die klassische iranische Gartenarchitektur ist daher eng mit höfischen Anlagen verbunden.

Die älteste archäologisch rekonstruierte Gartenanlage Irans befindet sich in **Pasargadae**. 542 v. Chr. hatte sie der Achämenide Kyros II. errichten lassen, über den der griechische Historiker Xenophon im 4. vorchristlichen Jh. berichtet: »In welchen Gegenden immer der Perserkönig wohnt oder zu welchen er sich wendet – er trägt Sorge, daß dort Gärten sind.« Die Anlage zeigt bereits die wesentlichen Elemente des typisch persischen Gartenkonzepts: Zwischen Pavillons, die sich an zwei oder vier Seiten zum Garten hin öffneten, floß Wasser in geometrisch angelegten, offenen Ka-

Typisches Muster eines Gartenteppichs

Jagdszene in den Felsreliefs in Tâq-e Bostân

nälen, die dadurch Garten und Gebäude zu einer Einheit zusammenschlossen. Die offene Säulenvorhalle mit Blick auf die Gartenlandschaft hielt sich in Iran bis in die islamische Zeit, wie der Chehel-Sotun-Palast von Shâh Abbâs in Isfahan zeigt.

In den großen Parádeisoi der nachfolgenden achämenidischen Könige wurden auch Wildtiere gehalten, die vom Herrscher und seinem Gefolge gejagt wurden. So zeigen die Reliefs vom Apadana in Persepolis, wie zwei Elamer eine Löwin und ihre Jungen in den Jagdpark des Königs schaffen. Daß die Tradition der Jagd in den königlichen Tiergehegen von den Sasaniden fortgeführt wurde, zeigen eindrucksvoll die Felsreliefs in Tâq-e Bostân.

Die typisch iranische **Chahâr-Bâgh** (»Vier-Garten«)-Anlage, die den Garten in vier oder ein Vielfaches von vier Bezirken einteilt, geht möglicherweise bereits auf die höfischen »Paradiesgärten« der Sumerer zurück. Diese waren von vier kreuzförmig angelegten Kanälen durchzogen, die jene vier Ströme symbolisierten, die dem mythischen Erdmittelpunkt, dem Weltberg, entsprangen. Das Motiv der sich kreuzenden Wasserläufe taucht wiederholt auf den safawidischen **Gartenteppichen** des 16. Jh. auf.

Das persisch-mesopotamische Gartenkonzept – ein geometrisch angelegter, mit Wasserkanälen durchzogener »Paradiesgarten« – wurde spätestens in abbasidischer Zeit von den muslimischen Herrschern aufgegriffen. Dies wurde dadurch begünstigt, daß auch der Islam die Gleichsetzung von irdischem Garten und himmlischem Paradies (arab. *al-Janna* oder – nach dem Persischen! – *al-Firdaus*) kennt. Der Koran erwähnt das Wort »Paradies« über einhundert Mal und schildert es als »Gärten der Wonne«, in denen »köstliche Früchte« und »Becher von Quellwasser« die Runde machen (37/41–45).

In islamischer Zeit kristallisierten sich drei Typen von höfischen Gartenanlagen heraus, die sich durch Größe, Funktion und architektonischen Rahmen unterscheiden. Der eine Typ ist der von Palastbauten umgebene **Gartenhof**, der das Chahâr-Bâgh-Schema auf kleinem Raum wiederholt. Der ummauerte **Lustgarten** steht hingegen isoliert und abseits der Stadt; er wurde nur zeitweise benutzt und war lediglich mit einem Pavillon oder einem kleinen Gartenpalast ausgestattet; von Wasserkanälen durchströmt, wurde er meist in Hanglage errichtet. Darüber hinaus gibt es die mit einem **Grabbau** verbundene Gartenanlage, die nach dem Tod des Stifters als Stätte der Verehrung diente.

■ Bauornamentik

Aufgrund der religiös motivierten Ablehnung der bildlichen Darstellung spielt die **ornamentale Verzierung** eine herausragende Rolle in der islamischen Kunst. Insbesondere in der **Baukunst** werden geometrische Ornamente vielfältig eingesetzt, Moscheen und Paläste mit Ziegel-, Fliesen- und Stuckdekorationen zum Teil prächtig ausgeschmückt. Auch die Kalligraphie ist für die Bauornamentik wesentlich: Vor allem die Kufi-*Schrift* schmückt in ihren verschiedenen eckigen Varianten Wände und Kuppeln der Sakralbauten.

Ziegel
Die dekorative Ziegelfügung besitzt in Iran eine lange vorislamische Tradition. Da Paläste wie Kult- und Wohnbauten überwiegend Ziegelkonstruktionen waren, lag es nahe, die Backsteine auch als dekoratives Schmuckwerk zu verwenden. Bereits die Zikkurat in Chogha Zanbil (13. Jh. v. Chr.) besaß in regelmäßigen Abständen eingelassene Ziegelschichten, deren Außenflächen Lobpreisungen und Gebete in Keilschrift trugen.

Zu einer kunstvollen Technik entwickelte sich die Ziegelornamentik jedoch erst im islamischen Mittelalter. Gegen Ende des 9. Jh., also noch vor der Seldschukendynastie, schufen iranische Baumeister durch unterschiedliche Plazierung rhythmische Ziegeldekorationen, wobei der Backstein als Bauelement noch voll in Erscheinung trat. Ein erstes Zeugnis der neuen, hochentwickelten Technik ist das zu

Beginn des 10. Jh. errichtete Mausoleum des Samanidenshâh Ismail I. in **Buchara** (heute Usbekistan). Hier erzielte man die dekorativen Effekte dadurch, daß ganze, halbe oder viertel Ziegel verwendet und sowohl horizontal als auch vertikal eingesetzt wurden. Durch das Vorkragen oder Zurückziehen einiger Ziegel entstanden zudem kleine Schattenzonen. Dieser Stil, der auf das rhythmische Spiel von Licht und Schatten setzt, verbreitete sich bald über ganz Iran und erlebte seine höchste Ausdruckskraft unter den Seldschuken. Den Höhepunkt dieses Stils stellt das Innere der Süd- und Nordkuppel in der Freitagsmoschee von **Isfahan** dar, wo die architektonische Struktur fast allein durch eine bestimmte Anordnung einfarbiger Ziegel zur Geltung kommt.

Mausoleum des Samanidenshâh Ismail in Bukhara

Eine andere Technik der Ziegelornamentik bestand darin, daß man eine Art Nagel aus gebranntem Ton in die Säulen- oder Mihrabfläche trieb und ihr damit eine bestimmte Rhythmik verlieh – so in der Freitagsmoschee von **Nâ'in**.

Fliesen

Unter den Seldschuken kamen zwei neue Elemente der Bauornamentik zur Anwendung: Zur farblichen Kontrastierung begannen Baumeister, zwischen die einfach gebrannten Ziegel glasierte Ziegel zu setzen. Wenig später wurden zur Verkleidung größerer Innen- und Außenflächen auch einfarbig glasierte **Fliesen** verwendet. Zunächst in Form von Quadraten oder Sternen dienten sie der Ausschmückung besonders hervorzuhebender Wandflächen (z.B. Mihrab). Mittelpunkt der Fabrikation dieser Fliesen war die keramische Werkstatt in **Kâshân**, die die Fliesen bald auch für den Export herstellte; unter dem Namen **Kâshi** verbreiteten sie sich im ganzen Nahen Osten. Die Farbskala dieser frühen Epoche umfaßte türkis, weiß, dunkelblau und selten auch schwarz; durch den metallisch glänzenden Lüsterdekor wurde die Wirkung noch gesteigert.

An den Grabtürmen kamen die Fliesen im 11. Jh. nur sparsam zur Anwendung. Innerhalb eines Jahrhunderts nahm der Gebrauch jedoch dramatisch zu: So war der ganze obere Bereich des im Jahr 1196 fertiggestellten Gonbad-e Kabud mit Fliesen verkleidet. Einen vorläufigen Höhepunkt stellt das Mausoleum von Oljâitu in **Soltâniye** (14. Jh.) dar: Sowohl das Äußere der Kuppel, als auch das Stalaktitengewölbe wurde vollständig mit türkisen Fliesen ausgestattet. Unter den Timuriden wurde die Verwendung dekorati-

KUNST UND KULTUR

Aus den glasierten und gebrannten Fayence-Platten werden die gewünschten Teilstücke sorgfältig herausgeschlagen.

Haft-rangi-Fliesen aus qajarischer Zeit: Verändert hatte sich nicht nur die Farbpalette der Fliesen, auch Menschen und Tiere wurden jetzt dargestellt.

ver Fliesen weiter gesteigert, bis schließlich die ganze sichtbare Oberfläche, innen wie außen, mit Fliesen verkleidet wurde. Zudem wurde die Farbskala um ocker, olivgrün und braunrot erweitert (Blaue Moschee in Tabriz, 1465).

Dabei entwickelte sich seit Mitte des 14. Jh. das reiche **Fayence-Mosaik** zum charakteristischen Dekormittel. Seine Herstellung ist sehr aufwendig und bedarf mehrerer Arbeitsschritte: Zunächst brennt man einfarbig glasierte Platten mit den benötigten Farben. Nach einem vorgefertigten Dekorationsplan schneidet man dann aus Papier die Formmuster für die verschiedenen Farben, klebt sie auf die entsprechenden Fayenceplatten und klopft die gewünschten Teilstückchen heraus. Zum Schluß setzt man die Mosaikteile mit der Farbfläche nach unten in einer Rahmenform so genau zusammen, daß der gebrannte Gips, den man zum Verkleben der einzelnen Teile darüber gießt, auf der Farbseite nur in feinen Linien zu sehen ist.

Bereits seit Ende des 14. Jh. entstand die Technik der **polychromen Malerei**, *Haft rangi* (»siebenfarbig«) genannt, bei der die Fliese bereits vor dem Brennen vielfarbig bemalt werden konnte. Anschließend wurden alle Farben bei mittlerer Temperatur gleichzeitig eingebrannt. Allerdings kommen bei diesen vielfarbig glasierten Fliesen die einzelnen Farben nicht so zur Geltung wie bei der zuvor angewandten Technik, wo jede Farbe bei einer unterschiedlich hohen Temperatur gebrannt und damit zum jeweils höchstmöglichen Glanz gebracht wurde.

Mitte des 16. Jh. wurde die Farbpalette erneut erweitert, nun kamen auch rot, gelb und sogar orange zur Anwendung. Im 18. Jh. wurde dann vorrangig ein goldenes Gelb in Verbindung mit Blautönen verwendet. Ein besonders schönes Beispiel ist der Westiwan der Isfahaner Freitagsmoschee, der unter Shâh Hosein neu dekoriert wurde.

Mit dem Ende der Safawidendynastie begann der Qualitätsverfall der glasierten Keramik. Dennoch weisen die Fliesenarbeiten, die unter der Zand- und Qajarendynastie entstanden, interessante Neuerungen auf. Zum ersten Mal wurden Menschen und Tiere dargestellt, insbesondere Jagd- und Kampfszenen sowie Szenen des alltäglichen Lebens. Die Figuren erscheinen meist auf einem weißen Hintergrund, manchmal auch inmitten eines floralen Medaillons.

KUNST UND KULTUR

Jede Farbe dieses Fayencemosaiks wurde einzeln gebrannt.

Haft-rangi-Fliesen an der Imam-Moschee in Isfahan

Stilleben und Blumen mit vorherrschenden Gelb- und Rosatönen waren ebenfalls beliebte Motive. Schiraz, gefolgt von Qazwin und Teheran, waren die Zentren dieser neuen Stilrichtung, die zur Dekoration nicht nur von Moscheen und Medresen, sondern auch von Verwaltungsgebäuden und Palästen diente. Zu Beginn des 20. Jh. lebte die Kunst der Fliesenherstellung wieder auf, als unter Rezâ Shâh mit wichtigen Restaurierungsarbeiten in Isfahan begonnen wurde.

Stuck

Ornamentale wie figürliche Stuckarbeiten schmückten in Iran bereits die Paläste der Parther und Sasaniden. In der persisch-islamischen Baukunst entwickelte sich die Stuckornamentik zu einer weitverbreiteten Dekorationstechnik, die ihre Blüte zwischen dem 11. und 14. Jh. erlebte. Seldschuken wie Mongolen schätzten die verhältnismäßig billige und langlebige Verzierungstechnik, mit der sie sowohl ganze Wände als auch einzelne Bauteile wie den Mihrab, ein Tor oder Nischen überzogen. Generell zeichnen sich die Stuckarbeiten der Mongolenzeit durch eine Mischung aus epigraphisch-geometrischen und Blumenmotiven aus, wobei die Flächeneinteilung häufig das Auge nicht zur Ruhe kommen läßt. Ein ausgezeichnetes Beispiel für diese Technik gibt der sehr gut erhaltene, auf 1310 datierende Seiten-Mihrab der Freitagsmoschee in **Isfahan**, der vollplastische Blüten aufweist.

Mukarnas

Im 10./11. Jh. entwickelte sich in der islamischen Bauornamentik ein bedeutendes plastisches Element, das mit dem arab.-griech. Begriff »Mukarnas« (pers. *Moqarnas*) bezeichnet wird. Das Bestreben der muslimischen Baumeister war es, den Übergang vom quadratischen Raum zur Rundung der Kuppel möglichst fließend zu gestalten. Im 10. Jh. begann man, die Überleitung (= Trompe) mit einer stärker gegliederten Nischenform zu verkleiden, woraus sich schließlich – möglicherweise erstmals in Iran – die kleinteiligen Mukarnas entwickelten. Sie stellen eigentlich kleingliedrige Wiederholungen der Trompennische dar. Aufgrund ihrer Tropfen- oder Zapfenform werden die konkaven Einzelelemente auch als »Stalaktiten« bezeichnet. Seit dem späten 11. Jh. verbreitete sich das neue Dekorationselement in der ganzen islamischen Welt und wurde an Decken, Kuppeln, Iwanen, Portalen, Kapitellen, Konsolen und Gesimsen zur Füllung der Eck-Hohlräume genutzt. Als Material dienten Ziegel, Holz, Stuck, Stein oder Fayence.

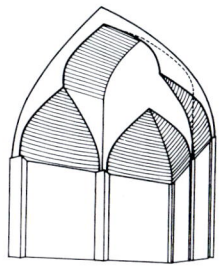

Grundform der Trompe aus seldschukischer Zeit

■Kunstgewerbe

Keramik

Die islamische Keramik besteht überwiegend aus Irdenware; Porzellan wurde nicht hergestellt. Eine im engeren Sinne **islamische Keramik** entstand erst im 9. und 10. Jh. in den Werkstätten von Samarra, Nishâpur und Samarkand – u.a. inspiriert durch die bewunderten chinesischen Keramiken, die seit der Tangdynastie (618–906) in den Nahen Osten eingeführt wurden.

Das Verdienst der **samanidischen Töpferkunst** in Nishâpur und Samarkand bestand vor allem darin, daß sie die **Schlickertechnik** wiederentdeckte, mit deren Hilfe die Farbe durch die darübergegossene Glasur nicht mehr verlief. Die in Nishâpur hergestellte Keramik weist meist eine freie Flächenaufteilung auf, ihre Farben sind überwiegend grell – gelb, grün, schwarz und purpurrot. Häufige Motive sind sitzende oder stehende Figuren, Reiter und Tiergruppen sowie schwarze Kufi-Inschriften auf weißem Grund.

Unter den Seldschuken entwickelte sich die islamische Keramik zu ihrer höchsten Blüte. Verschiedene, örtlich begrenzte Stilgruppen entstanden, und die berühmten keramischen Werkstätten von **Ray** und **Kâshân** nahmen ihren Aufschwung. Sie kannten etwa fünf verschiedene Herstellungstechniken, darunter das besonders schwierig anzufertigende **Lakabi** (»bemalt«). Dabei werden die Figuren reliefartig in den weichen Ton geschnitten und dann mit verschiedenfarbigen Glasuren in Blau, Gelb, Grün und Purpur an den gewünschten Stellen überzogen.

Die seldschukischen Kunsthandwerker verfielen dem Zauber des chinesischen Porzellans und imitierten die weiße Ying-Ching-Ware; ihre Objekte fielen im Vergleich allerdings wesentlich derber aus. Von der weißen Ware ging man über zu einfarbig glasierten, gravierten Typen, wobei kobaltblaue, türkisfarbene und rötliche Glasuren verwendet wurden.

Unter den Seldschuken wurde auch der in Mesopotamien entwickelte **Lüsterdekor** zu hoher Kunstfertigkeit gebracht. Bei dieser äußerst schwierigen und kostspieligen Technik wird das fertig gebrannte und glasierte Gefäß mit einer Mischung aus Schwefel, Silber und Kupferoxiden bestrichen. Durch einen zweiten Brand unter geringer Sauerstoffzufuhr erzielt man eine dünne, metallisch glänzende Schicht, die je nach chemischer Zusammensetzung und Brenntechnik verschiedene Metalle imitiert.

Metall- und Holzeinlegearbeiten

Der dekorative Gebrauch von **Metall** reicht in Iran weit in die vorislamische Zeit zurück, wie zahlreiche sasanidische Gold- und Silbergefäße (dekoriert mit Tänzerinnen oder königlichen Jagdszenen) bezeugen, die u.a. im Teheraner Nationalmuseum zu sehen sind. In islamischer Zeit wurde die Verwendung von Edelmetallen stark eingeschränkt, da im Islam Gefäße aus Gold oder Silber als unerlaubter Luxus galten. Die muslimischen Künstler brachten statt dessen die Oberflächentechnik des **Tauschierens** zu ihrer höchsten Blüte. Die floralen Gold- und Silberdekorationen und Tiermotive auf Schalen, Kannen, Rauchgefäßen, Kerzenhaltern, Koranständern oder Waffen zeugen vom hohen Stand der mittelalterlichen Metallkunst. Dabei ist zwischen Einlage- und Auftriebtechniken zu unterscheiden. Bei ersterer werden die Muster in die Metalloberfläche – meist Eisen, Bronze oder Messing – geritzt und dann andersfarbige, weiche Metalldrähte aus Silber, Kupfer oder Gold eingetrieben. Bei der Auftriebtechnik, für die sich vor allem Stahl eignet, rastert man die Oberfläche mit feinen Strichen; dann trägt man das Edelmetall mit einem harten Rundstab auf, bis eine dauerhafte Verbindung von Grundmetall und Auflage entstanden ist.

Während man sich bei Metallgeräten meist der Verwendung von Edelmetallen als Grundmaterial enthielt, galt dies nicht für die Herstellung von Schmuck; auch heute noch spielt der An- und Verkauf von Gold und Juwelen im Bazar eine große Rolle. Besondere Kunstfertigkeit erlangten auch die iranischen Waffenschmiede und -dekorateure in der Verzierung von Stahl.

KUNSTGEWERBE

Trinkgefäß in Form eines Elefanten aus dem 17. Jh.; Museum für Kunsthandwerk, Frankfurt a.M.

Neben Metall spielt **Holz** als Grundmaterial eine wichtige Rolle in der islamischen Kunst, auch hier kann Iran auf eine lange Tradition zurückblicken. Die iranischen Bergregionen sowie die Wälder Mâzandarâns lieferten einst eine Fülle verschiedener Hölzer. Im Norden diente Holz als Baumaterial für Häuser und Moscheen. Doch auch in anderen Landesteilen finden sich in den Häusern hölzerne Nischenverkleidungen und Türen, Paneelbretter und Kassettendecken. Vor allem bei der Ausstattung der Moscheen kam Holz häufig zur Anwendung: bei Moscheekanzeln, Koranständern, Kuppeln, Kassettendecken, Erkern und Balustraden. Gebrauchsgegenstände wie Türen, Tischchen, Truhen, Kästen, Saiteninstrumente und Brettspiele wurden ebenfalls aus Holz gefertigt.

Besonders beliebt war und ist die Ausschmückung der Holzgegenstände mit **Intarsien** (*Khâtem*), deren Schönheit auf der harmonischen Farbkombination beruht. Bevorzugt verwendet werden Edelhölzer wie Kirsch-, Walnuß-, Orangen-, Eben- Teak- und Rosenholz, in die man Vertiefungen einkerbt. Zur Verzierung dienen feine Plättchen aus Knochen, Perlmutt, Elfenbein oder Metall (Messing, Silber und sogar Gold) von wenigen Millimetern Stärke, die zu geometrischen Mustern und stilisierten Pflanzenmotiven zusammengesetzt werden.

Unter den Safawiden erlebte die Kunst der Holzeinlegearbeit ihre höchste Blüte. Die Arbeiten standen damals in so hohem Ansehen, daß selbst die Prinzen in dieser Kunst unterwiesen wurden.

KUNST UND KULTUR

Beispiel für eine Ta'liq-Schrift: »Im Namen Gottes«

Kalligraphie

Die Kalligraphie, die »islamischste« unter allen Künsten, erlangte ihre Bedeutung nicht nur aufgrund des Bilderverbots, sondern auch durch die Hochachtung des Arabischen als der heiligen Schrift: Gott offenbart sich im Koran, dessen Verbreitung nur auf Arabisch erlaubt war. Das arabische Alphabet verdrängte bald ältere Schriften der eroberten Länder. Das Persische wie auch das Türkische wurden nun in arabischen Lettern – und damit von rechts nach links – geschrieben. Im Laufe der Geschichte entstanden verschiedene Schriftarten in mehreren Varianten. In der Frühzeit verwendeten die Kalligraphen das **Kufi**, einen eckigen, breit hingezogenen Schriftduktus. In den Koranabschriften wie in den Bau- und Grabinschriften wurde diese Schrift immer neu variiert: So entstanden das »monumentale«, das »blühende« und das »redende« Kufi. Mit der komplizierten Verschlingung der Buchstaben erhielt die Schrift zunehmend ornamentalen Charakter.

Beispiel für geometrisches Kufi

Beispiel für verschlungenes Kufi

Kalligraphie-Detail der Lotfollâh-Moschee in Isfahan

Im 11. Jh. entwickelte sich unter den Seldschuken eine neue Schriftart: das kalligraphische, flüssig-geschwungene **Naskhi**. Es erreichte in der islamischen Welt weite Verbreitung und ist auf den Rändern zahlreicher Schüsseln, Kannen und Schalen zu finden. Naskhi ist die Grundlage der heutigen arabischen Druckschrift.

Eine Variante des Naskhi stellt das majestätische **Thuluth** dar. Wie sein Name (»Drittel«) andeutet, handelt es sich hier um eine Proportionalschrift. Sie wurde seit dem 13. Jh. in großen Koranexemplaren, vor allem für die Überschriften der Suren, verwendet. Aufgrund ihres ornamentalen Charakters kam sie auch im Baudekor zur Anwendung.

Ebenfalls im 11. Jh. entstand in Persien mit dem **Ta'liq** eine eigene, »nationale« Schriftart. Wie der Name sagt (*Ta'liq*: »Aufhängung«), werden die Worte so aneinandergefügt, daß sich ein leicht schräg verlaufender, »hängender« Duktus ergibt. Diese elegante Schrift blieb allerdings Profantexten vorbehalten und wurde nie zur Abfassung von Koranen verwendet. Schließlich schuf der berühmte Tabrizer Kalligraph Mir Ali das **Nasta'liq**, das eine Kombination aus Naskhi und Ta'liq darstellt. Auch in dieser flüssigen und eleganten Schriftform wurden – von Arabesken und Blütenranken umgeben – vor allem dichterische Werke verfaßt.

Miniaturmalerei

Trotz des Bilderverbots entwickelte sich vor allem im iranischen Kulturraum die **islamische Miniaturmalerei**, die allerdings ausschließlich weltliche Handschriften illustrierte. Ihre Wurzeln hat sie in den Werken der Spätantike sowie in der hochstehenden Buchkunst der Manichäer, deren Glaubensstifter selbst ein großer Künstler war. Die wenigen erhaltenen manichäischen Miniaturen zeigen – wie auch die späteren »islamischen« Werke – eine enge Verbindung von Bild und Text: Letzterer befindet sich entweder über oder neben der Zeichnung.

Über die Entwicklung der vormongolischen islamisch-persischen Buchmalerei ist nur wenig bekannt; zu gründlich zerstörten die mongolischen Heere die alten Bibliotheken mitsamt ihren wertvollen Handschriften. Erst im 14. Jh. lebte die Miniaturmalerei wieder auf – nun von den Ilkhânen an ihren lokalen Höfen gefördert. Vor allem die Künstler der **Tabrizer Schule**, die bis zur ersten Hälfte des 16. Jh. bestand, schufen große Illustrationszyklen zu naturwissenschaftlichen und literarischen Werken, zu Weltgeschichten sowie Tierfabeln. In ihrer bildlichen Darstellung orientierten sie sich stark an chinesischen Vorbildern, wodurch die bislang schematische Naturdarstellung an Lebendigkeit gewann. Eine radikale stilistische Erneuerung erlebte die Schule im frühen 16. Jh., als der Safawidenshâh Ismail den Meister der Herâter Schule, Kamâl ad-Din **Behzâd** (gest. 1533), nach Tabriz bringen ließ. Die Farben der Miniaturen Behzâds und seiner Schüler weisen fein abgestufte Schattierungen auf; die Figuren sind nicht mehr typisiert, sondern tragen individuelle Züge. Zudem drängte Behzâd die bis dahin dominierende Kalligraphie zurück und bestimmte selbst den Raum, den er für seine Kompositionen benötigte.

Nach Behzâds Tod verlor die Tabrizer Schule an Bedeutung, während sich Qazwin und Isfahan zu neuen Zentren der iranischen Miniaturmalerei entwickelten. Ihre höchste Blüte erlebte die **Isfahaner Schule** – die letzte große Schule der persischen Miniaturmalerei – im frühen 17. Jh. unter der Regierung von Shâh Abbâs I. Ihr führender Künstler, **Rezâ Abbâsi** (gest. um 1635), schuf mit seiner Hinwendung zu alltäglichen Themen, seinen sanften, ausgeglichenen Farben und den weich fließenden Linien eine neue Malweise. Neben Buchillustrationen fertigten die Maler der Isfahaner Schule nun auch Einzelbilder und höfische Portraits an, die erst Ende des 16. Jh. Eingang in die islamische Welt gefunden hatten. Damit wurden die Künstler freier in der Themenwahl und

KUNST UND KULTUR

griffen zunehmend auch Aspekte des alltäglichen Lebens auf.
Mit dem Tod Rezâ Abbâsis begann dennoch der Niedergang der persischen Miniaturmalerei. Die Mehrheit der nachfolgenden Künstler vermochten ihr keine neuen Impulse zu geben, und die Malerei des 18. und 19. Jh. wiederholt hauptsächlich frühere Motive.

»Junger Reiter«,
Miniatur aus dem 16. Jh.;
Rezâ-Abbâsi-Museum,
Teheran

Knüpf- und Webteppiche

Teppichknüpfen ist eine jahrtausendealte Kunst: Bereits Homer (um 900–800 v. Chr.) erwähnt in seinen Schriften Wollteppiche, und das früheste erhaltene Exemplar datiert aus dem 5. vorchristlichen Jh. Entstanden sind die Teppiche wohl im Kontext des Nomadentums: Sie wärmen in den Zelten, in denen sich das Leben weitgehend auf dem Boden abspielt. Besonders Schafwolle, das am häufigsten verwendete Material, sowie Kamelhaar gelten als guter Kälteschutz. Doch kann der Flor auch aus anderen tierischen Fasern wie Ziegen-, Mohair- oder Rinderhaar bestehen, wobei Ziegenhaar als besonders robust gilt.

Die gesamte Teppichherstellung war zunächst **Frauenarbeit**: Sowohl das Spinnen und Färben der Wolle als auch das Knüpfen lag in den Händen von Nomadinnen und Bäuerinnen, die bereits in jungen Jahren das Knüpfhandwerk erlernten. Exakt vorgegebene Muster gab es nicht: Die Knüpferinnen waren immer auch die Schöpferinnen der Muster, in die sie Stammeszeichen und Symbole, die religiöse oder magische Bedeutung hatten, integrierten.

Ihre Blütezeit erlebte die persische Teppichkunst erst mit der **Safawidendynastie** (1501–1722). Die Könige Tahmâsp und Abbâs, beide selbst hervorragende Weber, richteten in Tabriz, Isfahan und Kâshân Hofmanufakturen (*Kâr-khâne*) ein, in denen auch Auftragsarbeiten für europäische Höfe ausgeführt wurden. In diesem goldenen Zeitalter der Teppichproduktion fand eine Revolutionierung der Mustergestaltung statt: Bis ins 15. Jh. hatten alle persischen Knüpfteppiche ausschließlich **geometrische Motive** aufgewiesen, die – zum Teil aus kufischen Schriftzeichen entwickelt – eher starr wirken. Nun traten – inspiriert durch die Miniaturmalerei – eine Vielzahl **pflanzlicher Motive** und schwungvoller Arabesken auf.

Ermöglicht wurde die neue Ornamentik durch Arbeitsteilung: Entwurf und Ausführung verliefen nun getrennt voneinander. Da es nicht möglich ist, komplizierte Floralmuster aus dem Gedächtnis zu knüpfen, wurden die Teppiche nun nach Vorlagen angefertigt. Erst dies ermöglichte die Ausführung von geschwungenen, kurvigen Linien. Die Verwendung von Seide erleichterte ebenfalls die Umsetzung feinerer Muster: Je feiner die Knüpfung, desto leichter lassen sich florale Muster knüpfen.

Auf diese Weise entstanden nun hochstilisierte Kunstwerke, die als Garten-, Felder-, Jagd-, Vasen-, Urnen-, Tier- und Bilderteppiche bekannt wurden. Insbesondere die **Gartenteppiche** mit ihren blühenden Bäumen, Blumenbeeten und Wasserbecken spiegeln die Sehnsucht nach paradiesischen Landschaften wider. Aus einer Vereinfachung des Gartenteppichs entstand im 18. Jh. der **Felder-**

KUNST UND KULTUR

Herati-Muster

Rechte Seite: Reparatur eines Teppichs

teppich, dessen einzelne Felder mit Bäumen, Sträuchern, Blumen oder Tieren gefüllt waren. Eine weitere Abstraktion stellen die Felderteppiche ohne Füllmotiv dar, z.B. die **Gabbehs** aus der Fârs-Provinz. Gabbehs (»ungeschoren«) weisen einen zottigen Flor auf; aufgrund ihrer Einfachheit und Eigenwilligkeit in Muster und Farbe sind sie heute im Westen außerordentlich beliebt. In Iran setzte ihnen der Regisseur Mohsen Makhmalbâf mit seinem Film *Gabbeh* (1996) ein farbenprächtiges Denkmal.

Besondere Bedeutung kommt dem **Gebetsteppich** zu, da Muslime ihr Gebet nur auf reinem Boden verrichten dürfen. Meist zeigt der Teppich eine oder mehrere stilisierte Gebetsnischen (*Mihrab*) oder andere religiöse Motive wie die Moscheelampe oder den zur Waschung benötigten Krug.

Legendär wurden im Westen vor allem jene Teppiche, die ein **Medaillon** im Innenfeld aufweisen, das in den Ecken als Viertelmedaillon wiederholt wird. Als geistige Heimat des floralen Medaillons gilt Isfahan, dessen reich verzierte Kacheln wohl als Anregung dienten.

Andere typische Muster persischer Teppiche sind das **Herati-** und das **Boteh-Muster**, die beide in zahlreichen Variationen vorkommen. Letzteres ist ein uraltes Muster, das es sowohl in geometrischer wie auch in floraler Ausgestaltung gibt. Es ist tropfenförmig mit leicht gebogener Spitze. Seinen besonderen Reiz erhält das Muster durch seine Asymmetrie. Die ursprüngliche Bedeutung des

Boteh-Motive

KUNST UND KULTUR

Kurdische Teppichknüpferinnen zu Beginn des 20. Jh.

Motivs ist unklar: Manche meinen, daß sich dahinter eine Zypresse oder ein Palmwipfel verberge. Sein persischer Name (*Bute*) bedeutet wörtlich »Strauch«, der oft zu *Mir-e Bute* (»fürstliche Pflanze«) erweitert wird. Zwischen verschiedenen Knüpfgebieten gab es immer wieder einen Austausch von Mustern. So wurden auch mongolische Motive wie Wolkenband, Phoenix, Drachen und Palmette übernommen.

Für Laien ist die Bestimmung von Herkunft und Qualität eines Teppichs sehr verwirrend. Seit Mitte des 18. Jh. ist die Unterscheidung nicht nur nach Motiven, sondern auch nach **Orten** gebräuchlich. Dabei steht der Name meist nicht für die Teppichproduktion einer Stadt selbst, sondern für Dörfer ihrer Umgebung: So weist Schiraz keine eigene Teppichproduktion auf, sondern fungiert lediglich als Umschlagplatz für die Teppiche der zahlreichen umliegenden Dörfer. Desgleichen wurden persische Teppiche immer auch außerhalb des heutigen Iran (z.B. in Indien, Afghanistan oder europäischen Ländern!) geknüpft.

Die Qualität eines Teppichs bemißt sich vor allem an der Anzahl der Knoten pro m^2. Auf einem wertvollen Teppich können pro m^2 ca. 1,3 Mio. Knoten sein. (Eine gute Knüpferin knotet am Tag etwa 5000–6000 Knoten.) Auch die Harmonie zwischen Farben und Muster ist von Bedeutung. Besonders fein geknüpfte Teppiche kommen heute aus Isfahan, Tabriz, Kâshân, Nâ'in und Ghom, wobei Nâ'in-Teppiche als die feinsten der heute produzierten Teppiche gelten.

KUNSTGEWERBE ∎∎∎∎∎∎∎

Kelims

Webteppiche (Kelims) können auf eine wesentlich ältere Geschichte als Knüpfteppiche zurückblicken: Manche Forscher datieren den Beginn der Webkunst ins 7. oder 6. Jt. v. Chr., also in etwa ein Jahrtausend nach der Domestizierung von Schaf und Ziege. Kelims werden nicht geknüpft, sondern flach gewebt (daher der Begriff »Flachgewebe«). Neben Schafwolle, Ziegen- und Kamelhaar werden auch Baumwolle, Seide, Pferdehaare oder glänzende Metallfäden verwendet.

Die Kelims bestechen durch ihre kräftigen, leuchtenden Farben und die große Vielfalt an Mustern und Motiven, deren Ursprung bei Turkstämmen vermutet wird, die aus den Steppen Mittelasiens nach Westen wanderten.

Wie bei den Knüpfteppichen dienen bei den Kelims Farben und Muster nicht nur als Schmuck, sondern auch als Erkennungszeichen eines Stammes. Manche Motive werden darüber hinaus als Abwehrzauber verwendet: Insbesondere Hand, Finger und Kamm sollen gegen den bösen Blick schützen.

Bis in die 60er und 70er Jahre standen die Webteppiche im Schatten der weltberühmten Knüpfteppiche. Erst das Interesse amerikanischer und europäischer Künstler führte dazu, daß persische Händler die von ihnen ehedem als »minderwertig« eingestuften Wirkteppiche vermehrt exportierten.

Nomadin bei Schiraz

Reisen in Iran

Teheran – das Zentrum Irans

■Teheran

Für diejenigen, die in Iran das Land der »Rosen und Nachtigallen« suchen, ist die Ankunft in Teheran ernüchternd: Die iranische Hauptstadt ist eine moderne Millionenmetropole, die mit erheblichen Umweltproblemen wie einer beständigen Smogglocke zu kämpfen hat. Die gegenwärtige Einwohnerzahl liegt bei rund 10 Mio., zusätzlich pendeln 2 bis 3 Mio. täglich in die Stadt zur Arbeit.
Generell besitzt Teheran, das am Nordrand des zentralen Wüstengebietes liegt, ein Kontinentalklima mit trockenen, bis zu 40° C heißen Sommern und kalten Wintern mit starken Schneefällen. Wichtiges Charakteristikum ist der innerstädtische Höhenunterschied: Von Süd nach Nord steigt Teheran erheblich an – von 1100 m im Süden auf 1200 m im Stadtzentrum bis zu 1700 m im Norden. Das ganze Jahr über hält sich ein Temperaturunterschied von etwa drei Grad, und die Luft im Norden ist wesentlich besser als im Süden. Seit jeher leben die Wohlhabenden daher im kühleren Norden, während sich die Mittellosen in den südlichen Stadtvierteln drängen – vor allem hier fand Khomeini seine Anhängerschaft. Die ganzjährig schneebedeckten Bergspitzen des Alborz-Gebirges, an dessen Fuß Teheran liegt, sind meist nur vom höhergelegenen Nordteil der Stadt aus zu sehen – ebenso das Feuerwerk, das alljährlich zum Gedenken an die Rückkehr Khomeinis aus dem Exil im Norden der Stadt veranstaltet wird.

Geschichte

Mit etwa 1000 Jahren ist Teheran (pers. *Tehrân*) eine relativ junge Stadt. Sie stand zunächst ganz im Schatten des unmittelbar südlich gelegenen Ray, das heute einen Stadtteil Teherans bildet. Arabische Historiker erwähnen immer wieder die zahlreichen Obstgärten des mittelalterlichen Teheran sowie die Besonderheit, daß viele Einwohner in unterirdischen Wohnungen und Kellern lebten. In ihnen suchten die Einwohner Schutz, als die Stadt im 13. Jh. von den Mongolen erobert wurde.

Linke Seite:
Bushaltestelle in Teheran

Vorherige Doppelseite:
Von Teheran aus lassen sich zahlreiche Ausflüge ins Alborz-Gebirge unternehmen.

Unter dem Safawiden-Shâh **Tahmâsp I.**, der das klare Wasser, die schönen Gärten und das angenehme Klima Teherans schätzte, begann der allmähliche Aufstieg der Stadt. Er stattete Teheran nicht nur mit einem Bazar und einer Zitadelle (*Arg*) aus, sondern veranlaßte auch den Bau einer starken Befestigungsmauer. Sie umfaßte neben sechs Stadttoren 114 Türme – nach der Zahl der Koransuren – und wurde 1553 fertiggestellt. Einige Jahrzehnte später ließ **Shâh Abbâs I.** einen königlichen Garten (*Chahâr Bâgh*) sowie breite Alleen anlegen; auch ein erster Palast wurde erbaut. Dennoch blieb Teheran strategisch wie wirtschaftlich unbedeutend und der ländliche Charakter vorherrschend: Als der italienische Reisende Della Valle im Jahr 1618 Teheran besuchte, schilderte er es als einen wenig bevölkerten Ort mit baumbestandenen Gassen – von den Einwohnern »Stadt der Platanen« genannt.

In der ersten Hälfte des 18. Jh. wurden weite Teile Teherans von afghanischen Eroberern verwüstet und zahlreiche Einwohner getötet. Einen neuen Aufschwung nahm die Stadt unter der Herrschaft **Karim Khân Zands**. Er verlegte im Jahr 1758 seine Truppen von Schiraz nach Teheran, um den aufständischen Qajarenstämmen im Norden des Landes Einhalt zu gebieten. Des weiteren ließ er die Befestigungsanlagen erneuern und einen großen Palast mit Harem erbauen. Möglicherweise überlegte Karim Khân, seine Residenz dauerhaft nach Teheran zu verlegen. Nachdem seine Armee jedoch den Qajaren-Führer Mohammad Hasan Khân getötet und dessen jungen Sohn **Âghâ Mohammad** gefangengenommen hatte, kehrte er nach Schiraz zurück. Der Palast wurde nicht mehr fertiggestellt; allein die Frauengemächer, genannt *Karim Khân-e Khalvat*, sind noch heute zu besichtigen.

Nach dem Tod Karim Khâns gelang Âghâ Mohammad die Flucht. Als Anführer der Qajaren eroberte er mit großer Brutalität das Land und erklärte 1789 Teheran zur neuen Hauptstadt. Ausschlaggebend für seine Wahl war die Nähe zu den qajarischen Stammesgebieten im östlichen Mâzandarân und in der früheren Provinz Astarâbâd (Gorgân). Doch auch die Lage innerhalb des Staatsgebietes war (und ist) nicht ungünstig: Den Großraum Teheran berühren sowohl die traditionelle West-Ost-Verbindung zwischen Tabriz und Mashhad als auch die Nord-Süd-Verbindungen vom Kaspischen Meer zum Persischen Golf bzw. nach Isfahan und Schiraz. Sechs Jahre später ließ sich Âghâ Mohammad hier zum Schah von Persien krönen.

Der provinziell-ländliche Charakter Teherans änderte sich indes zunächst kaum. Noch um das Jahr 1800 soll die Stadt nicht mehr als 15.000 Einwohner gezählt haben, von denen 3000 Soldaten waren. Nach wie vor war die von der Ummauerung eingefaßte Stadtfläche kaum bebaut: Den größten Teil nahmen Gärten, Parks

GESCHICHTE

und Felder ein. Einige wenige Straßen verbanden die Zitadelle mit den sechs Stadttoren; ansonsten führten schmale Trampelpfade und Sackgassen zu den aus Lehm erbauten Wohnhäusern sowie den rund 30 Moscheen und Koranschulen.
Während Âghâ Mohammad lediglich den *Marmorpalast* erbauen ließ, entstanden unter der Herrschaft seines Nachfolgers, Fath Ali Shâh, mehrere größere Bauten wie die *Shâh-Moschee* (heute *Imam-Khomeini-Moschee*), die *Marvi-Schule*, *Qasr-e Qâjâr*, *Negârestân* und *Lâlezâr*. Tiefgreifende Wandlungen, die die bis heute gültigen Wachstumsrichtungen vorzeichneten, erlebte Teheran erst unter **Nâser ad-Din Shâh** und seinem berühmten Minister **Amir Kabir**. Sie ließen den alten safawidischen Mauerring schleifen und den funktionslosen Schutzgraben zuschütten. Zwischen 1868 und 1874 wurde dann eine neue, achteckige Stadtmauer mit zwölf Stadttoren errichtet. Mit einer Gesamtlänge von 16 km verfünffachte sie das Stadtgebiet und schuf Wohnraum für die rund 250.000 Einwohner (1887).

Der erste Pahlaviherrscher Rezâ Shâh

In dieser Zeit entwickelte sich das bis heute bestehende wirtschaftliche und soziale Nord-Süd-Gefälle der Stadt: Während das südliche Stadtviertel um das Shâh-Abdol-Azim-Tor von kleinen Industriebetrieben und Manufakturen durchmischt war, entstanden im Norden die Wohngebiete der wohlhabenden Bevölkerung. Mit dem *Boulevard des Ambassadeurs* (heute: Khiâbân-e Ferdowsi) wurde erstmals ein repräsentativer Straßenzug mit entsprechenden Geschäften geschaffen. Gleichzeitig entstand im Jahr 1851 die erste Ausbildungsstätte nach europäischem Vorbild, das Polytechnikum (*Dâr al-Fonun*), an dem europäische Lehrer Technik, Medizin und Naturwissenschaften unterrichteten.
Unter der zentralistischen Herrschaft **Rezâ Shâhs** erlebte Teheran in den 30er Jahren eine immense Ausdehnung: Mit ihrer schnell anwachsenden Bevölkerung (500.000 im Jahr 1939) breitete sich die Stadt bald über die qajarischen Stadtgrenzen aus. Ein großzügiges, schachbrettartiges Straßennetz ersetzte nun die alten verwinkelten Gassen. Desgleichen entstanden neben der Universität (1935) mehrere Krankenhäuser, die iranische Nationalbank und der Teheraner Bahnhof. Durch den neuen Straßen- und Eisenbahnverkehr, der Teheran nun schnell und sicher mit den Kaspiprovinzen sowie den Städten des Hochlands verband, entwickelte sich die Stadt zu einem wichtigen Industriestandort.

TEHERAN

Im Teheraner Bazar werden Fleischspieße gebraten (um 1900)

Der Zweite Weltkrieg verlangsamte vorübergehend das Wachstum der Stadt. Doch mit dem Aufstieg Irans zur Erdölmacht unter **Mohammad Rezâ** setzte sich der rasante Ausbau zur modernen Metropole fort. Weite Straßenzüge, Hochhäuser sowie überwiegend monotone Ein- und Mehrfamilienhäuser prägen seitdem das Antlitz der Stadt. Bereits 1956 lebten 1,8 Mio. Menschen in dem nun wichtigsten Industriestandort des Landes (Chemie, Metallverarbeitung, Elektrotechnik, Fahrzeugbau, Bekleidungsindustrie, Möbelherstellung, Verlagswesen etc.). Dabei dominiert Teheran seither nicht nur das wirtschaftliche, sondern auch das politische und kulturelle Leben des Landes.

Durch den zunehmenden Wohlstand der Oberschicht erfuhr das städtische Gefälle des »reichen Nordens« und des »armen Südens« in den 60er und 70er Jahren eine deutliche Verschärfung: Luxuriöse Wohn- und Einkaufsviertel im Norden standen den dichtbevölkerten Slums im Süden gegenüber. Einkommensverteilung, Bildungsstand und Gesundheitsversorgung differierten zwischen Nord und Süd erheblich – für die Mittellosen eine wesentliche Motivation zur Revolution von 1978/79. Doch auch die Islamische Republik, die sich die Beseitigung der Armut auf ihre Fahnen geschrieben hat, vermochte den Kontrast nicht aufzuheben. Vielmehr kam es im Süden Teherans infolge des Golfkriegs erneut zu einer großen Zuwanderung, die erst heute wieder abnimmt. Die angespannte wirtschaftliche Lage trägt gleichfalls dazu bei, daß die Armut noch nicht verschwunden ist. Die Arbeitslosigkeit ist, wie in allen Ballungszentren des Landes, hoch (rund 30%).

Die Wohlhabenden, unter ihnen nun auch viele Mullahs und Bazaris, leben noch immer im Norden der Stadt: In palastartigen, von hohen Mauern umschlossenen Villen oder in den zahlreichen neuen Apartments, die in Hochhäusern mit 20 und mehr Stockwerken entstehen. Hier im reichen Norden trägt keine Frau einen Tschador, statt dessen enden die schicken Mäntel häufig auf Kniehöhe, und das Kopftuch rutscht zuweilen weit über den Haaransatz nach hinten.

◉ Orientierung

Teheran gemächlich zu Fuß zu durchstreifen, ist völlig unmöglich. Viel zu groß sind die Distanzen in dieser weitläufigen Stadt, die sich von Nord nach Süd wie von West nach Ost über rund 50 km

Kampf um Karbâschi

Rafsanjâni nannte es ein »schweres Unrecht«, seine Tochter, die Parlamentsabgeordnete Faize Hâshemi, einen »Rachefeldzug«: Die Rede ist von der Verhaftung des Teheraner Oberbürgermeisters Gholâm-Hosein **Karbâschi** (sprich: Karbâs-tschi) am 4. April 1998. Wenige Tage später kam es zur ersten großen politisch motivierten Demonstration seit der Revolution von 1978/79: Mehrere tausend Studenten gingen auf die Straßen und forderten die Freilassung des beliebten Bürgermeisters.

Juli 1998: Das Urteil gegen Karbâschi wird bekanntgegeben.

Angeordnet hatte die Verhaftung der oberste Richter Ayatollah Yazdi, der den Hardlinern in der Führung zugerechnet wird. Er warf Karbâschi Mißmanagement und Korruption vor. Die Anhänger Karbâschis halten diese Gründe jedoch für vorgeschoben. Denn den konservativen Geistlichen ist der vergleichsweise liberale Bürgermeister schon lange ein Dorn im Auge: Hatte er doch im Mai 1997 den jetzigen Präsidenten Khâtami erfolgreich bei dessen Wahlkampf unterstützt. Seine Beliebtheit in der Bevölkerung hatte Karbâschi schon zuvor erlangt: Seit seiner Ernennung im Jahr 1989 setzte er sich vehement für die Säuberung und Verschönerung Teherans ein. Die katastrophale Verkehrssituation verbesserte er durch den Bau neuer Straßen und Stadtautobahnen. Desgleichen förderte er den öffentlichen Nahverkehr, was zu einer spürbaren Verbesserung der Luftqualität führte. Auch die Kultur kam bei Karbâschi nicht zu kurz: Mehrere neue Kulturstätten wurden eingerichtet, und die von ihm herausgegebene Tageszeitung *Hamshahri* (»Der Mitbürger«) ist die auflagenstärkste Zeitung des Landes.

Dabei ist Karbâschi keineswegs ein Gegner des Regimes. Vielmehr durchlief er eine typische »islamistisch-revolutionäre Karriere«: In den 70er Jahren studierte er Mathematik und Religion, 1978 wurde er als Gegner des Schah verhaftet und erst 1979, nach dem Sieg der Revolution, wieder freigelassen. 1981 ernannte man ihn zum Bürgermeister von Isfahan, wo er sich nicht nur der Verschönerung des Stadtbilds widmete, sondern die Stadt auch modernisierte. »Für uns Muslime ist eine saubere Stadt religiöse Pflicht«, argumentiert Karbâschi und weist darauf hin, daß der Koran Reinlichkeit als eine Hauptsäule des Glaubens bezeichne.

Nach elf Tagen Untersuchungshaft wurde Karbâschi im April 1998 zunächst wieder auf freien Fuß gesetzt. Am 23. Juli 1998 erfolgte jedoch der nächste Schlag: Ein Teheraner Gericht verurteilte ihn wegen Veruntreuung und widerrechtlicher Verwendung öffentlicher Gelder zu fünf Jahren Haft, einer Geldstrafe sowie zu 60 Stockhieben, die allerdings nicht vollstreckt wurden. Zudem darf Karbâschi die nächsten 20 Jahre kein öffentliches Amt bekleiden – für einen Mann, der als möglicher Nachfolger Khâtamis gehandelt wird, fatal. Im Dezember 1998 bestätigte ein Berufungsgericht das Urteil, reduzierte die Haftstrafe aber auf 2 Jahre und den politischen Bann auf 10 Jahre. Die Prügelstrafe wurde in eine Geldstrafe von rund 570.000 US-Dollar umgewandelt. Karbâschis Verteidiger haben nun erneut Berufung eingelegt. Wie die Verhandlung – sowie der solchermaßen offenbar gewordene Machtkampf zwischen konservativen und reformorientierten Kräften – ausgehen wird, ist offen.

TEHERAN

erstreckt. Auch die Sehenswürdigkeiten sind über ganz Teheran verteilt. Nur um die Ferdowsi-Straße liegen einige Museen nah beieinander.

Es empfiehlt sich daher, an einem der vielen Kioske einen Stadtplan zu kaufen und die Strecken mit Taxis zurückzulegen – sei es mit den Sammeltaxis, die festgelegte Routen fahren, oder mit den teureren, aber für Touristen immer noch bezahlbaren Ajence-Taxen. Eine Problematik besteht allerdings darin, daß viele Straßen nach der Revolution (zum Teil mehrfach) umbenannt wurden: Während die Teheraner noch immer die alten Namen gebrauchen, finden sich in den englischen und persischen Stadtplänen lediglich die neuen. Generell sollte man den Taxifahrern immer die nächstgelegene Hauptstraße als Fahrtziel nennen: Kein Teheraner kennt alle Straßen und Gassen der Riesenmetropole, und im Lesen von Stadtplänen sind die meisten Fahrer nicht geübt.

Die Hauptachsen der Stadt sind die **Khiâbân-e Vali-ye Asr**, die in Süd-Nord-Richtung vom Teheraner Bahnhof bis nach Shemirânat, den vornehmen Villenvierteln, verläuft, und die **Khiâbân-e Enqelâb**, die vom West-Busbahnhof beim *Âzâdi*-Monument nach Osten verläuft – in ihrer Verlängerung, der Khiâbân-e Damâvand, liegt der Ost-Busbahnhof. Das offizielle Stadtzentrum liegt um den **Meidân-e Imam Khomeini**. Obwohl sich hier noch immer einige Botschaften und Ministerien befinden, ist das Viertel heruntergekommen. Die besseren Wohn- und Arbeitsgebiete befinden sich nun weiter nordwärts, die verbliebenen Regierungsgebäude sind nur mehr eine Reminiszenz an vergangene Zeiten. In nördlicher Richtung vom Meidân-e Imâm Khomeini verläuft die längste und wichtigste Einkaufsstraße der Stadt, die **Khiâbân-e Ferdowsi**; in Fußnähe vom **Meidân-e Ferdowsi** befindet sich die Mehrzahl der **Botschaften**.

Buchläden sind vor allem im Teheraner Universitätsviertel an der Khiâbân-e Enqelâb zu finden. Trotz Zensur gibt es eine reiche Auswahl, auch Übersetzungen deutscher Literatur und Philosophie oder Bücher in europäischen Sprachen. Reiseliteratur findet man am besten in den Buchläden der großen Hotels, die allerdings unregelmäßige Öffnungszeiten aufweisen.

Jubs

Nicht nur in Teheran, in fast allen iranischen Städten verlaufen parallel zu den Straßen kleine, offene Kanäle, genannt *Jubs*. Die etwa 20 bis 50 cm breiten Gräben führen meist ganzjährig Wasser, das von den Bergen durch *Qanate* in die Stadt geleitet wird. Gleichzeitig dienen sie als Abfluß für das Regenwasser. Häufig sind sie von Platanen oder anderen Bäumen gesäumt. Vor allem in den heißen Sommermonaten leisten die Jubs einen wichtigen Beitrag zum Binnenklima der Stadt.

In der hinteren Buchklappe befindet sich ein Übersichtsplan zu Teheran, auf der rechten Seite ein Innenstadtplan.

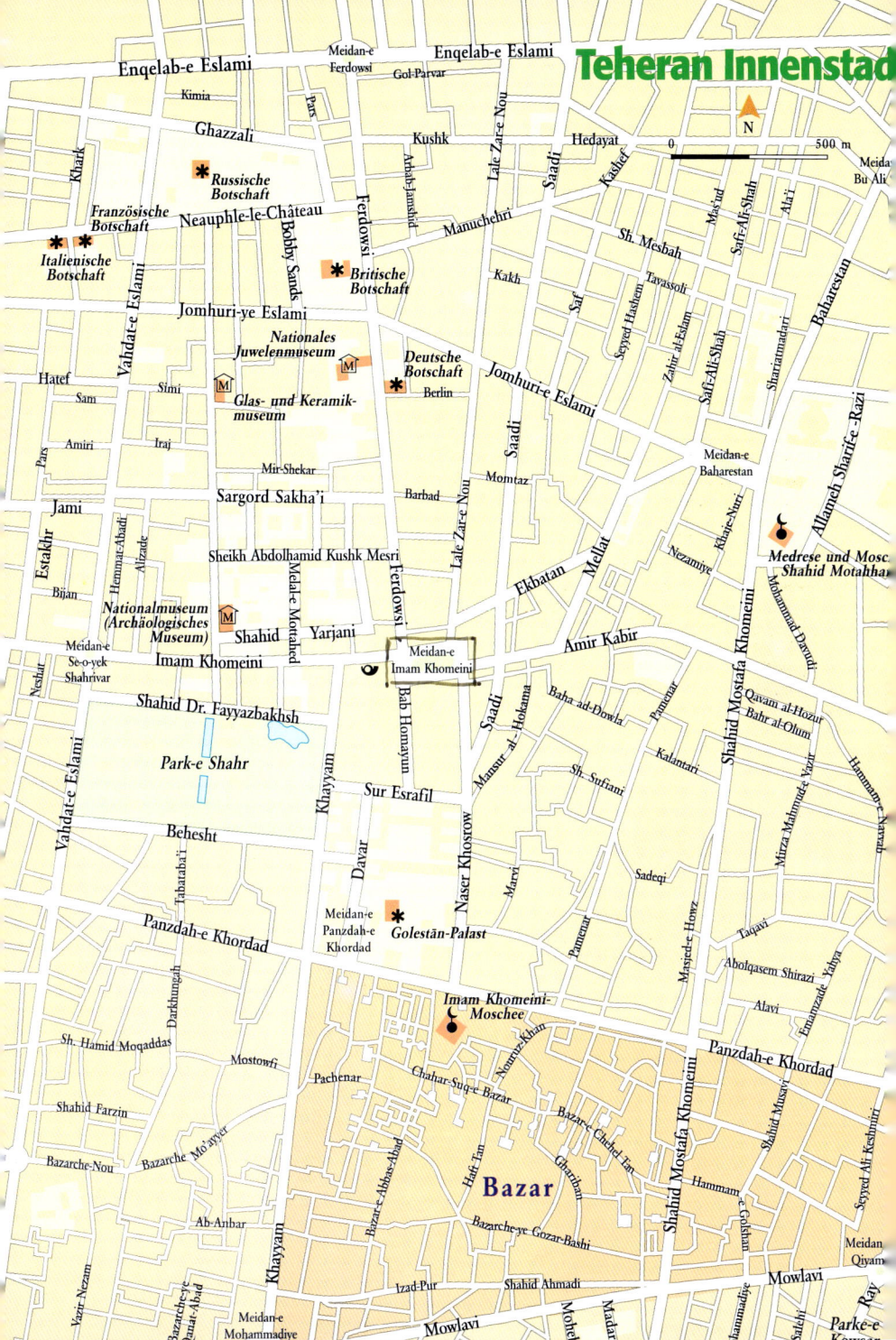

TEHERAN

Besichtigung

Turm der Freiheit
Tägl. 9–12, 14–17 Uhr.

Wahrzeichen der Millionenmetropole ist der **Turm der Freiheit** (*Borj-e Âzâdi*) in der Nähe des Teheraner Flughafens, direkt am West-Busbahnhof. Erbaut 1971 zur Erinnerung an die 2500 Jahre währende Geschichte des iranischen Königtums, hieß er zunächst *Shahyâd-Âriyâ-Mehr-Monument* (»Erinnerung an den Schah«). Der etwa 50 m hohe Turm ist mit rund 25.000 Steinplatten verkleidet. Damit – sowie mit den etwa 20 m hohen Bogenöffnungen – greift er in moderner Form sasanidische Bautraditionen auf. Das blaue Netzwerk aus Fliesen erinnert hingegen an die Stalaktitengewölbe islamischer Bauten. Treppen und vier Lifte führen zu einer Terrasse, von wo man einen eindrucksvollen Blick auf Teheran und seine Bergkulisse hat – sofern kein dichter Smog herrscht. Im Untergeschoß befindet sich ein kleines Museum mit Objekten aus verschiedenen Epochen Irans.

Shemirânat und der Norden Teherans

Als *Shemirânat* (»die kühleren Orte«) werden die nördlichsten Stadtviertel Teherans bezeichnet, die ihren ehemals dörflichen Charakter zum Teil noch bewahrt haben. Etwa 500 m höher als das Stadtzentrum gelegen, ist die Luft hier wesentlich sauberer und kühler als im übrigen Teheran. Von hier aus lassen sich schöne Ausflüge in die Berghänge des Alborz oder auf den Hausberg Teherans, den **Towchal**, unternehmen. Im vornehmen Norden liegt inmitten großer Parkanlagen auch die ehemalige Pahlavi-Sommerresidenz, die heute den **Saad-Âbâd-Museumskomplex** (*Majmu'e-ye Farhangi-ye Saad Âbâd*) darstellt. In den 18 Gebäuden, die größtenteils in den 30er Jahren errichtet wurden, befinden sich etwa zehn verschiedene Museen, unter ihnen ein Militär- und Naturkundemuseum sowie ein Museum mit Werken des berühmten Kalligraphen Behzâd. Da die einzelnen Museen nicht über die gleichen Öffnungszeiten verfügen, sollte man sich am Haupteingang danach erkundigen. Auf dem gesamten Gelände ist das Fotografieren verboten.

Die luxuriösen Lebensumstände der Pahlavishâhs zeigt der noch original eingerichtete **Nationalpalast** (*Kâkh-e Muze-ye Mellat*), früher »Weißer Palast« genannt, wo Rezâ Shâh und später sein Sohn Mohammad Rezâ die heißen Sommermonate verbrachten. Ende 1943 fand hier die Konferenz von Teheran statt, bei der Churchill, Roosevelt und Stalin erstmals zusammentrafen. Direkt vor dem Gebäude stehen die Reste einer einstmals überlebensgroßen Rezâ-Shâh-Statue; heute zeugen nur noch die hohen Soldatenstiefel von Rezâs Vorliebe fürs Militärische. Sehenswert ist der Palast vor allem aufgrund der wunderschönen, meist über 100 m²

Turm der Freiheit, im Vordergrund hängen Poster von Märtyrern des Irak-Iran-Krieges anläßlich einer Militärparade.

großen Teppiche, die extra für diese Räume angefertigt wurden. Dabei stellt der 145 m² große *Mashhad* eine Kopie jenes Teppichs dar, der im Jahr 1539 für den Schrein von Ardabil gestiftet wurde und der sich heute im Victoria and Albert Museum in London befindet. Im Untergeschoß ist neben dem früheren Privatkino der Schah-Familie eine von Farah Dibâ zusammengestellte Kunstsammlung zu sehen, zu der neben Bildern von Miró, Chagall und Buffet auch moderne Skulpturen und afrikanische Plastiken gehören. Vom Nationalpalast fahren Minibusse zum höhergelegenen **Grünen Palast** (*Kâkh-e Muze-ye Sabz*), dem architektonisch bedeutsamsten Bauwerk des 410 ha großen Palastareals. Im Jahr 1925 hatte ihn Rezâ Shâh auf einer natürlichen Plattform erbauen lassen; sein Name rührt von den grünen Marmorplatten, mit denen die Außenfassaden des originellen, zweigeschossigen Palastes verkleidet sind. Die Dekoration im Innern zeigt die ganze Palette persischen Kunsthandwerks: Sehenswert sind vor allem die Stuckarbeiten und kleinteiligen Spiegelmosaike.

Der sogenannte **Schwarze Palast** (Kâkh-e Muze-ye Siyâh) beherbergt das **Museum für Schöne Künste**, das vor allem iranische Gemälde aus dem 16. bis 20. Jh. zeigt, darunter auch Werke des berühmten Isfahaner Malers Rezâ Abbâsi.

TEHERAN

Sehr lohnenswert ist der Besuch des Viertels um den belebten **Meidân-e Tajrish**, der leicht mit öffentlichen Verkehrsmitteln zu erreichen ist. Südwestlich des Platzes schließt sich ein kleiner Bazar an, in dessen Süden das **Imâmzâde Sâleh** steht. Im 13. Jh. erbaut, wurde es in qajarischer Zeit grundlegend erneuert und der Grabraum mit Spiegelmosaiken ausgestattet.

In Teheran gibt es mehrere große Parkanlagen, die sich überwiegend in den nördlichen Stadtteilen befinden. Der **Park-e Niâvarân** liegt im gleichnamigen Stadtteil am Ende der Shahid-Dr. Bâhonar-Straße und ist mit verschiedenen Freizeitanlagen ausgestattet. Im Norden des Parks steht der zweigeschossige **Niâvarân-Palast** (*Kâkh-e Niâvarân*), den Mohammad Rezâ 1969 erbauen und mit Privatkino, Wohn- und Tagungsräumen sowie Teppichen aus Isfahan und Mashhad ausstatten ließ, während auf dem Dach ein Helikopter-Landeplatz errichtet wurde.

Einen Ort der Muße und Erholung stellt auch der **Park-e Mellat** dar, in dessen Nähe die drei großen internationalen Hotels Azadi, Homa und Esteqlal stehen. Der großzügige Park wurde in den 70er Jahren angelegt und mit Skulpturen moderner Künstler versehen. In seiner Mitte befindet sich ein künstlicher See, auf dem man Ruder- und Tretboot fahren kann; am See gibt es auch eine Snackbar.

Nördlich der Khiâbân-e Enqelâb

Auf keinen Fall versäumen sollte man das **Rezâ-Abbâsi-Museum** (*Muze-ye Rezâ Abbâsi*) in der Khiâbân-e Ali Shariati 972, Ecke Mohâjer-Straße (etwa 50 m südlich des Bozorg Râh-e Resâlat). Es wurde nach dem berühmten Isfahaner Miniaturmaler benannt und zeigt eine von Farah Dibâ zusammengestellte Sammlung islamischer und vorislamischer Kunst, die zum Teil in Englisch beschriftet ist. Wer chronologisch vorgehen möchte, sollte im 3. Stock beginnen, wo sich neben vorislamischer Keramik mehrere Luristan-Bronzen, eindrucksvolle achämenidische Goldgefäße und -armbänder sowie sasanidische Metallarbeiten befinden. Im 2. Stock wird frühislamische Keramik (aus Nishâpur, Mâzandarân, Kâshân, Ray), aber auch Textilien, Metallarbeiten sowie Federbüchsen aus der Qajaren-Zeit gezeigt; des weiteren befindet sich hier eine große Bibliothek. Im 1. Stock sind neben Koranhandschriften und Bucheinbänden überwiegend Miniaturen ausgestellt, die Szenen aus dem *Shâhnâme* oder aus dem Leben des Propheten Mohammad zeigen. Da sie aus dem 14. bis 17. Jh. stammen, vermitteln sie einen guten Querschnitt der iranischen Kalligraphie-Geschichte sowie der verschiedenen Malschulen (Qazwin, Herat, Tabriz, Isfahan etc.). Ein Raum ist allein dem Werk Bâisonqor Mirzâs (gest. 1433) gewidmet, einem künstlerisch begabten Sohn des Timuridenherrschers Shâh

---

Niâvarân-Palast
8–16.30 Uhr. In der Nähe steht ein **Gartenpavillon**, den der Qajare Ahmad Shâh zu Beginn des 20. Jh. errichten ließ.

Rezâ-Abbâsi-Museum
9–13, 14–18 Uhr, außer montags.

STADTBESICHTIGUNG ■ ■ ■ ■ ■ ■ ■

Frauen und Sport: Was ist erlaubt?

Daß viele Iranerinnen begeisterte Fußballfans sind, erfuhr die Weltöffentlichkeit erstmals im Herbst 1997: Nach der Qualifikation der iranischen Nationalelf für die Weltmeisterschaft 1998 stürmten trotz strikten Verbots zahlreiche Frauen das Teheraner Âzâdi-Stadion. Tausende tanzten zudem auf den Straßen, rissen sich die Kopftücher herunter und schwenkten sie triumphierend in der Luft. Manche Frauen zogen sogar Mullahs aus ihren Autos und forderten sie zum Mitfeiern auf.

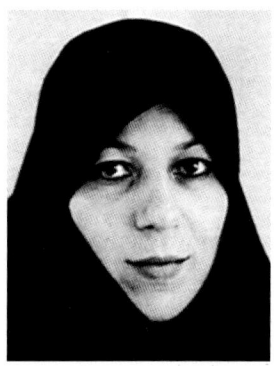

Faize Hâshemi

Doch Irans Frauen sind nicht nur sportbegeistert, sie treiben auch selbst aktiv Sport – soweit es die Spielregeln der Islamischen Republik erlauben. Unter Ausschluß der männlichen Öffentlichkeit wird in den zahlreichen Sportstudios geschwommen, getanzt, Aerobic oder asiatische Kampfsportarten werden ausgeübt. Wer frühmorgens die Teheraner Parks aufsucht, wird feststellen, daß unter den – erstaunlich vielen – Frühsporttreibenden auch zahlreiche Frauen sind, die in weiten Mänteln ihre Federballschläger schwingen.

Dennoch gibt es zahlreiche Restriktionen, und die Ausübung von Sport ist für Frauen in der Öffentlichkeit sehr begrenzt. Zwar ist Iranerinnen seit 1994 das Fahrradfahren in speziellen Parks erlaubt, doch herrscht hier – wie auch auf den Skipisten – strikte Segregation: getrennte Radwege für Männer und Frauen. (Allerdings beobachten Anwohner zuweilen, daß Frauen und Männer einfach durcheinanderradeln.) Außerhalb der Parks ist es Frauen gänzlich verboten, in die Pedale zu treten.

Diese Reglementierung stößt bei den Pragmatikern verstärkt auf Kritik: In ihrem Wahlkampf (1996) forderte Faize Hâshemi, Tochter des ehemaligen Staatspräsidenten Rafsanjâni, es Frauen endlich zu erlauben, öffentlich Rad zu fahren. Frau Hâshemi ist auch Vorsitzende des Frauenkomitees für die Olympischen Spiele. Ihr ist es zu verdanken, daß an den Spielen in Atlanta (1996) erstmals eine Iranerin teilnehmen konnte: eine Pistolenschützin. »Wir schicken nur eine Frau nach Atlanta, weil die Standards sehr hoch sind und wir noch nicht lange genug Sport treiben. Wenn wir besser sind, schicken wir nächstes Mal mehr. Wir haben über 400.000 Sportlerinnen, vor der Revolution waren es nur 10.000.« Allerdings gibt sie einschränkend zu bedenken: »Weil wir verhüllt antreten müssen, können wir generell nur im Schießen, Rudern, Reiten, Skilaufen, Tischtennis und Schach teilnehmen.«
(Hâshemi in Allegra, 8/96).

Diese Einschränkung in den Disziplinen galt jedoch nicht für die erste islamische Frauenolympiade, die im Februar 1993 in Teheran stattfand. Bei dem neun Tage währenden Ereignis konnten auch Meisterschaften in Sportarten wie Fußball, Handball, Volleyball, Basketball, Schwimmen, Tischtennis und Badminton ausgetragen werden, da männliche Zuschauer (und Fotografen) ausgeschlossen waren.

171

TEHERAN

Teppichmuseum
9–13, 14–17 Uhr, außer montags.

Rokh. Als Gouverneur von Herat machte er nicht nur die Stadt zum Zentrum der timuridischen Kunst – auch er selbst tat sich als exzellenter Kalligraph hervor.
Von der Kreuzung Bozorg Râh-e Resâlat kann man mit einem Sammeltaxi direkt zum **Teppichmuseum** (*Muze-ye Farsh-e Irân*) fahren, das im Nordwesten des großen **Park-e Lâle** (»Tulpenpark«) liegt. Das Äußere des modernen weißen Flachbaus soll an die Stangen eines Webstuhls erinnern. Die Teppiche aus verschiedenen Regionen Irans stammen überwiegend aus dem 19. und 20. Jh. Unter ihnen sind einige sehr schöne *Tabrizis* aus dem 19. Jh. zu bewundern, deren Muster heute nicht mehr hergestellt werden. Andere Teppiche zeigen Szenen aus dem *Shâhnâme*, dem Nomadenleben oder aus der modernen Weltgeschichte. Am Eingang des zweigeschossigen Museums sind ein Webstuhl, die beim Knüpfen verwendeten Gerätschaften sowie Pflanzen zum Färben der Wolle (wie Indigo, Granatapfelschale oder unreife Trauben) zu sehen.
Im Museum lädt ein (auch über Mittag geöffnetes) Teehaus zur Rast ein. Wer indes Hunger verspürt, kann ins nahegelegene Hotel Lâle ausweichen, in dem sich mehrere Restaurants befinden – u.a. das im neo-persischen Stil eingerichtete *Namakdun* (»Salzstreuer«).

Museum für Moderne Kunst
Tägl. 9–12, 13–18 Uhr. Hier gibt es auch ein Teehaus.

Direkt südlich des Teppichmuseums liegt in der Kârgar-Straße das große **Museum für Moderne Kunst** (*Muze-ye Honarhâ-ye Mo'aser*), das neben Skulpturen im Park wechselnde Ausstellungen von zeitgenössischen iranischen und ausländischen Künstlern zeigt.
Unter den zahlreichen christlichen Gotteshäusern in Teheran – armenische, katholische, evangelisch-lutherische und chaldäisch-assyrische Kirchen – verdient die **Kelisâ-ye Hazrat-e Sarkis** besondere Aufmerksamkeit. Die imposante armenische Kathedrale liegt am nördlichen Ende der Khiâbân-e Shahid Ostâd Nejâtollâhi und wurde zwischen 1964 und 1970 aus Beton erbaut. Innen ist sie prächtig mit Gemälden und Fresken ausgeschmückt. Sie kann täglich außer sonntags besichtigt werden. Da innerhalb des Kirchenareals die islamischen Vorschriften nicht gelten, können Frauen hier ihre Kopfbedeckung ablegen. Unmittelbar südlich an die Kathedrale schließt sich das armenische Viertel Teherans an.
In der der Khiâbân-e Shahid-Mofatteh befindet sich die ehemalige **US-Botschaft**, die jedoch der Öffentlichkeit nicht zugänglich ist; auch Fotografieren ist strikt verboten. Am 4. November 1979 wurde die sogenannte »Spionagehöhle« (pers. *Lâne-ye Jâsusi*) von radikalen Anhängern Khomeinis besetzt. Während Menschen schwarzer Hauptfarbe und Frauen bald freigelassen wurden, mußten die übrigen Botschaftsangehörigen insgesamt 444 Tage als Geiseln ausharren. Sprecherin der von Khomeini unterstützten Gruppierung war Mas'ume Ebtekâr – sie promovierte später in den USA

STADTBESICHTIGUNG

in Chemie und wurde im August 1997 zur ersten Vizepräsidentin Irans ernannt. Heute befindet sich in dem Gebäude eine Art Fachhochschule für Pâsdârân. In dem kleinen Buchladen nebenan kann man, sofern er nicht geschlossen ist, Kopien der Geheimdienstberichte kaufen, die den Besetzern damals in die Hände fielen.

Das Banken- und Geschäftsviertel entlang der Ferdowsi-Straße

In der Khiâbân-e Ferdowsi erhebt sich schräg gegenüber der deutschen Botschaft die Iranische Nationalbank (*Bank-e Melli*), deren Tiefgeschoß das **Nationale Juwelenmuseum** beherbergt. Hinter schweren Panzertüren befindet sich die vermutlich wertvollste Edelsteinsammlung der Welt: Zahlreiche Diamanten, Rubine, Smaragde und andere Edelsteine sind in 35 Vitrinen zu besichtigen. Zusammengetragen haben sie die Safawiden und Nâder Shâh – letzterer bei seinen Beutezügen in Indien. Unter den Kostbarkeiten, die erstmals 1960 der Öffentlichkeit zugänglich gemacht wurden, befindet sich auch der blaßrosa, fehlerlose Diamant Daryâ-ye Nur (»Meer des Lichts«), der mit 2,5 x 2 cm einer der größten geschliffenen Diamanten der Welt ist. Neben Schwertern, Diademen und Kronen – darunter die 2,8 kg schwere Pahlavi-Krone – zählt zu den Prunkstücken ein aus Gold gefertigter Globus, der mit über 50.000 Diamanten, Smaragden, Rubinen und Perlen besetzt ist; Nâser ad-Din Shâh hatte ihn im Jahr 1869 in Auftrag gegeben. Von besonderem Interesse ist zudem der Takht-e Nâderi (»Thron von Nâder Shâh«), der mit Blattgold überzogen und rund 26.000 Edelsteinen besetzt ist. Er gilt fälschlicherweise als der legendäre Pfauenthron, den Nâder Shâh bei seinem Beutezug in Indien 1740 nach Persien gebracht haben soll. Tatsächlich wurde der Thron für den Qajaren Fath Ali Shâh angefertigt, der den zerlegbaren Stuhl auf seinen Reisen mitnahm.

Nationales Juwelenmuseum
So, Mo, Di 14–17 Uhr.

An der Khiâbân-e Si-ye Tir befindet sich das **Glas- und Keramik-Museum** (*Muze-ye Âbgine va Sofâline-ye Irân*), eines der schönsten Museen Irans. Der in einem kleinen Park gelegene Bau entstand zu Beginn des 20. Jh. und beherbergte in den 50er Jahren die ägyptische Botschaft. 1976 wurde das mit Stuckdecken verzierte Gebäude in ein Museum umgewandelt, das 1980 eröffnet wurde. Sehenswert ist das Âbgine-Museum nicht nur aufgrund seiner wunderschönen Glas-, Keramik- und Kristallkollektion aus achämenidischer bis qajarischer Zeit, sondern auch wegen ihrer gelungenen Präsentation. Entworfen wurde die

Schale im Glas- und Keramikmuseum

Glas- und Keramik-Museum
Tägl. 9–17 Uhr, außer montags.

Nationalmuseum
Tägl. 9–13, 14–17 Uhr.

moderne Ausstellungskonzeption, bei der jedes Objekt individuell auf einer Säule plaziert wird, von italienischen Designern.

Wenige hundert Meter vom Âbgine-Museum entfernt befindet sich an der Kreuzung von Shahid-Yârjâni und Si-ye Tir das **Nationalmuseum Irans**, früher »Archäologisches Museum« (*Muze-ye Irân-e Bâstân*) genannt. Das zweigeschossige Gebäude wurde im Jahr 1937 nach den Plänen des französischen Archäologen André Godard errichtet, der von 1931 bis 1960 den Iranischen Antikendienst leitete. Als Vorbild diente ihm der sasanidische Palast in Firuzâbâd – auf ihn verweisen der hohe Eingangsiwan, die Verwendung von Ziegeln als Baumaterial sowie der Grundriß mit zwei quadratischen Innenhöfen, um den sich die Galerien gruppieren.

Im Erdgeschoß des bedeutendsten iranischen Museums befinden sich Exponate aus vor- und frühgeschichtlicher Zeit bis zur Dynastie der Sasaniden, die in Persisch und Englisch ausgezeichnet sind. Um der chronologischen Ordnung willen sollte man den Rundgang entgegen dem Uhrzeigersinn von rechts nach links antreten. Im Ostflügel gelangt man zunächst zu mehreren Vitrinen mit Gegenständen aus **vor- und frühgeschichtlicher Zeit**, darunter Steinwerkzeuge aus dem Mesolithikum sowie Keramik und Siegel aus dem 5. bis 1. Jt. v. Chr., die in Grabungsstätten wie Tepe Sialk, Tepe Hissar und Susa gefunden wurden.

Zwischen den Vitrinen steht eine Kopie der **Gesetzesstele von Hammurabi**, in die der babylonische König um 1750 v. Chr. seinen berühmten Gesetzeskodex in Keilschrift eingravieren ließ. (Die in Susa 1902 entdeckte Original-Stele befindet sich im Louvre.) Die Vorderseite der mehr als zwei Meter hohen, aus schwarzem Diorit gehauenen Stele krönt ein Bild, das die Investitur Hammurabis durch den Sonnengott Shamash, den Beschützer des Rechts, zeigt. Die rund 200 Gesetze behandeln Fragen des Strafrechts, des bürgerlichen Rechts und des Handelsrechts, wobei zum Teil sehr harte Strafen wie die Todes- und Prügelstrafe sowie Verstümmelungen angedroht werden. Im Familienrecht fällt auf, daß die Frau – trotz der patriarchalen Gesellschaftsstruktur – als Ehefrau und Priesterin sowie im Geschäftsleben mehr Rechte besaß als im späteren jüdischen Nachbarreich.

Unter den **elamischen Funden** ist besonders eindrucksvoll die fast lebensgroße Stierplastik, die einst vor dem Haupteingang der Zikkurat in Chogha Zanbil stand. Sehenswert sind auch die Bronze-Gegenstände aus **Luristan**, die zwischen den beiden Innenhöfen ausgestellt sind; die Standarten, Äxte, Trensen, Schwerter, Armreifen und Gewandnadeln entstanden zwischen dem 3. und 1. Jt. v. Chr.

Unter den **achämenidischen Exponaten** ist neben einem Soldaten und einem Flügelwesen aus Susa, die aus farbigen Glasurziegeln

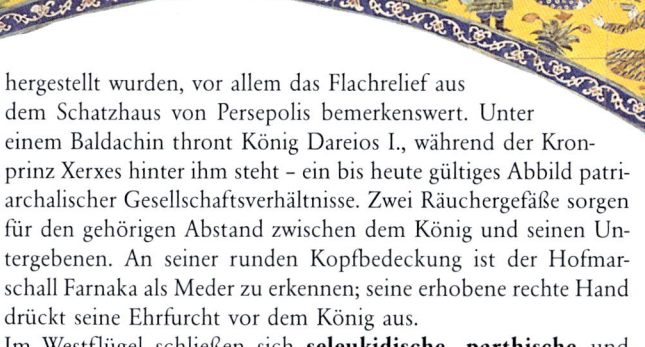

hergestellt wurden, vor allem das Flachrelief aus dem Schatzhaus von Persepolis bemerkenswert. Unter einem Baldachin thront König Dareios I., während der Kronprinz Xerxes hinter ihm steht – ein bis heute gültiges Abbild patriarchalischer Gesellschaftsverhältnisse. Zwei Räuchergefäße sorgen für den gehörigen Abstand zwischen dem König und seinen Untergebenen. An seiner runden Kopfbedeckung ist der Hofmarschall Farnaka als Meder zu erkennen; seine erhobene rechte Hand drückt seine Ehrfurcht vor dem König aus.

Fliesenbogen am Golestân-Palast

Im Westflügel schließen sich **seleukidische, parthische** und **sasanidische Objekte** an, zu denen Stuckreliefs sowie die Mosaikdekoration aus dem Palast von Bishâpur gehören. Während die Objekte der **islamischen Zeit** früher im zweiten Stock zu besichtigen waren, sind sie heute im **Nachbargebäude** ausgestellt.

In der Mitte des Erdgeschosses erhebt sich ein Marmor-Mihrab aus der Freitagsmoschee von Abarkuh; zu den vielfältigen weiteren Ausstellungsstücken zählen glasierte Keramik, Ziegelinschriften, Sarkophage, Koranhandschriften, geschnitzte Holztüren und Münzen aus den verschiedenen Epochen der islamischen Geschichte. Während die Objekte im unteren Stockwerk thematisch angeordnet sind (z.B. Teppiche und Textilien in einem Raum), sind sie im oberen Stockwerk gemäß ihrer Entstehungszeit zusammengefaßt.

Südlich des Nationalmuseums erstreckt sich entlang der Khiâbân-e Dr. Fayyâz Bakhsh der **Park-e Shahr**, die älteste Grünanlage Teherans. In dieser Straße befindet sich eines der rund 50 Teheraner *Zur-Khânes*, eine traditionelle Sportstätte, deren Vorführungen auch von Touristen besucht werden können.

Östlich des Nationalmuseums befindet sich in der Khiâbân-e Shahid Mostafâ Khomeini (im Südosten des Meidân-e Bahârestân) die **Medrese** und **Moschee Shahid Motahhari**, die bis 1979 *Sepâhsâlâr-Moschee* genannt wurde. Errichtet wurde der Gebäudekomplex zwischen 1878 und 1890 von Mirzâ Hosein Khân Sepâhsâlâr Qazwini, dem Premierminister Nâser ad-Din Shâhs. Der fast quadratische Bau stellt die größte Vier-Iwan-Anlage Teherans dar. Sehenswert ist vor allem das von zwei Minaretten flankierte Eingangsportal, das einen stalaktitenverzierten Iwan besitzt. Um den bepflanzten, arkadengeschmückten Innenhof gruppieren sich in zwei Stockwerken die Wohnräume der Studenten. Hinter dem mit vier Minaretten verzierten Südiwan erhebt sich der Gebetssaal, dessen Kuppel in gelb, türkis und weiß gefliest ist.

TEHERAN

Das alte Stadtzentrum

Das Viertel um den safawidischen **Arg** (Zitadelle) bildet gemeinsam mit dem Bazar den alten Stadtkern Teherans, wie er von Shâh Tahmâsp im 16. Jh. angelegt wurde. Von dem Arg, der sich zwischen den heutigen Straßen Nâser-Khosrow, Khayyâm und Pânzdah-e Khordâd befand, ist nichts mehr erhalten. An seiner Stelle wurde zu Beginn des 19. Jh. von Fath Ali Shâh inmitten einer von Shâh Abbâs errichteten Gartenanlage der **Golestân-Palast** erbaut. Während der gesamten Qajarendynastie diente der »Rosengarten«-Palast den Herrschern als Residenz und Regierungssitz. Die Pahlavi-Shâhs benutzten den Palast nur noch für bestimmte Zeremonien, wie die Krönung Mohammad Rezâs im Jahr 1967. Der Öffentlichkeit zugänglich ist heute lediglich ein Gartenpavillon, der sogenannte **Weiße Palast** (*Kâkh-e Abyaz*). Von Muzaffar ad-Din Shâh errichtet, beherbergt er das **Ethnologische Museum** (*Muze-ye Mardom Shenâsi*): Neben Alltagsgegenständen, Möbeln und Musikinstrumenten werden anhand von Wachsmodellen die traditionellen Trachten der verschiedenen Völker Irans gezeigt.

Unmittelbar südlich des Golestân-Palastes schließen sich der große Bazar und die **Imam-Khomeini-Moschee** an. Der Bau der früheren *Shâh-Moschee* wurde im Jahr 1809 begonnen und 1830 vollendet. Heute stellt die Vier-Iwan-Moschee nicht nur eines der ältesten Gebäude Teherans dar, sondern auch ein Denkmal der

Zur-Khâne

Ein *Zur-Khâne* – wörtlich »Haus der Kraft« – ist eine Sportstätte der besonderen Art, die auf vorislamische Traditionen zurückgeht. Kombiniert wird hier die körperliche Ertüchtigung mit mystischen Lehren und einem moralischen Ehrenkodex. In den meist achteckig angelegten, einen Meter tiefen Kampfplätzen üben sich die Sportler in Gymnastik, Akrobatik, Keulenschwingen und Ringen und eifern damit dem kämpferischen Ideal ihrer historischen oder mythologischen Helden nach: seien es die vorislamischen Krieger Rostam und Sohrab, die Ferdowsi in seinem *Shâhnâme* unsterblich gemacht hat, oder sei es Ali, der erste schiitische Imam, der ebenfalls als tapferer Kämpfer gilt.

Auf einer erhöhten Tribüne sitzt der Leiter (pers. *Morshed*) und feuert durch lautes Trommeln die Kämpfer an. Immer wieder preist er dabei Ali und seine Familie oder rezitiert epische Verse aus dem Shâhnâme. Der eigentliche Ringkampf findet erst am Ende der Vorführung statt, der die Zuschauer auf einer erhöhten Galerie beiwohnen können. Er dauert so lange, bis einer der Kämpfer mit beiden Schultern den Boden berührt.

Die Mitglieder eines *Zur-Khâne* kommen vor allem aus dem Umfeld des Bazar, in dessen Mitte die meisten Sportstätten gelegen sind: Es sind Kleinhändler, Handwerker oder ihre Gehilfen, meist körperlich schwer arbeitende Männer. Die Großhändler, die die *Zur-Khânes* häufig finanziell unterstützen, nehmen selbst nicht an den Übungen teil.

Blick auf Teheran

frühen Qajarenzeit. Ihre mächtige, in strahlendem Blau gehaltene Kuppel zeigt feine Ornamente; die einstöckigen Arkaden um den Innenhof sind mit gelbgrundigen *Haft-rangi*-Fliesen geschmückt. Über dem Nordiwan erheben sich zwei Minarette sowie – typisch für die qajarische Zeit – ein Uhrenturm. Der Haupteingang befindet sich in der Pânzdah-e Khordâd-Straße; zwei Seiteneingänge führen direkt in den nördlichen Teil des Bazar, in dem weitere, kleinere Moscheen angesiedelt sind.

Der im historischen Zentrum Teherans gelegene **Große Bazar** (*Bâzâr-e Bozorg*) gilt mit rund 200 ha als der größte überdachte Bazar im Nahen Osten. Mit seinen unzähligen Gassen, Läden, Timches, Hammams, Restaurants und Teehäusern gleicht der mehrere Jahrhunderte alte Bazar einer Stadt in der Stadt. In den etwa 30.000 Geschäften und Handelsbetrieben arbeiten mehr als 100.000 Menschen, wobei jedes Handwerk seinen eigenen Bezirk besitzt – dabei schließt sich beispielsweise an die Gasse der Schuhmacher der Leder-Bazar an, der das Rohmaterial für die Schuhmacher bereithält. Darüber hinaus gibt es im Bazar eigene Abteilungen für Schmuck und Stoffe, für Haushaltsartikel und Nahrungsmittel. Eine besondere Rolle spielt nach wie vor der Teppichhandel. Dabei verbergen sich hinter einfach oder schäbig aussehenden Läden oft immense Reichtümer – und ein hier ansässiger Teppichhändler mag Filialen in London, New York oder Hamburg besitzen. Wie in allen Bazaren sind die Eingänge zum Bazar selbst,

Der Bazar

Die politische Rolle des Bazar

Seit alters her ist der Bazar das kommerzielle und kulturelle Nervenzentrum jeder islamisch-orientalischen Stadt. Abgesehen von kleinen, als Familienbetrieben geführten Manufakturen ist seine Lebensader nicht die Produktion, sondern der Handel: In den engen, meist überdachten Gassen sowie in den offenen Bazarhöfen (pers. *Timche*) befinden sich die Standorte von Einzel-, Groß- und Fernhandel. Noch heute kontrolliert der Bazar etwa ¾ des inneriranischen Handels, und seine ökonomische Macht darf nicht unterschätzt werden: Wenn er seine Interessen bedroht sieht, kann der Bazar völlig schließen.

Dennoch bildet der Bazar keinen einheitlichen Block, sondern setzt sich aus verschiedenen Klassen der iranischen Gesellschaft zusammen. Die einflußreichste Gruppe stellen die Großhändler dar (etwa 15 bis 30%), deren Aktivitäten weit über den reinen Handel hinausreichen: Sie kontrollieren auch die Verteilung der Güter und den Finanzmarkt und sind zudem häufig Landeigentümer. Der zweiten Gruppe gehören Kleinhändler und Handwerker an, die rund 50% der Bazaris stellen. Die dritte Gruppe bilden die Straßenhändler, Lehrlinge und Lastträger, die überwiegend aus ländlichen Gebieten stammen.

Traditionellerweise sind die Bazaris sehr konservativ und pflegen enge Beziehungen zum Klerus; häufig bestehen sogar enge verwandtschaftliche Beziehungen. So ist es kein Zufall, daß sich die großen Freitagsmoscheen meist im Bazar befinden – und der Bazar den Klerus finanziert. Unter der Herrschaft Mohammad Rezâs gewann die Allianz zwischen Bazar und Klerus große politische Bedeutung. Die Bazarhändler fühlten sich durch die ökonomische Liberalisierung, durch Landreform und Industrialisierung in ihrer Existenz bedroht und stellten sich mehrheitlich hinter Ayatollah Khomeini: In den 70er Jahren bildeten sie das finanzielle Rückgrat der islamischen Revolution.

Trotzdem erlitt der Bazar in der Islamischen Republik starke Machteinbußen, denn der verlustreiche Irak-Iran-Krieg zwang das Regime zu staatlichen Kontrollen über die Wirtschaft. Eine Kampagne zur Eindämmung der Inflation zielte vor allem auf den Bazar, der traditionell die Preise bestimmt und sie durch Horten von Gütern in die Höhe treiben kann. Auch Rafsanjânis Versuche, einen konkurrenzfähigen iranischen Industriesektor aufzubauen, stießen auf den erbitterten Widerstand der Bazaris – ebenso wie die Förderung der Produktion und die Privatisierung bestehender Betriebe. Noch immer sehen viele Bazaris im Handel den einzigen Motor der Wirtschaft; eine Reform der traditionellen ökonomischen Strukturen, so fürchten sie, würde ihre Vormachtstellung untergraben. Dennoch ist auch hier mittlerweile eine neue Generation herangewachsen: Bei den Kommunalwahlen im Februar 1999 unterstützten viele nicht wie bisher die Gruppe der »Kämpfenden Geistlichen« (*Ruhâniân-e Mobârez*) um Revolutionsführer Ali Khâmenei, sondern die Anhänger von Staatspräsident Khâtami.

Claudia Stodte

Rhetorisches Feuerwerk im Bazar

»Willkommen, mein Bruder, ich habe dich lange nicht gesehen.«
»Ach, Bruder. Ich lebe weit von hier, im Süden.«
»Im Süden? Dort habe ich Freunde unter den ...«
»Auch ich kenne einige aus dieser Familie.«
»Mein Laden ist deiner. Befehle mir.«
»Du bist der Herr. Ich möchte einen Anzug kaufen. Wieviel macht dieser hier ungefähr?«
»Zwischen uns, mein Bruder, herrscht Einigkeit. Mich interessiert nicht der Profit, sondern nur, was dich erfreut. Brüder debattieren nicht über Preise. Für dich kostet er nichts, ist ein Geschenk.«
»Ahmed hat mir deinen Laden besonders empfohlen.«
»Ah, Ahmed! Er ist dein Freund? Für dich macht der Anzug vierzig Dinar.«
»Bruder, hast du keine Furcht vor Gott?«
»Viele Reiche aus dem Süden kaufen meine Anzüge und kommen wieder. Bei Allah, dieser Preis gilt nur für dich ...«
»Vierunddreißig.«
»Nimm ihn für siebenunddreißig.«
»Fünfunddreißig.«
»Einverstanden. Ich gebe ihn dir, weil du es bist. Allah wird mich für den Verlust entschädigen.«

Rhetorische Feuerwerke wie dieses brennen Händler und potentielle Kunden in jedem Bazar täglich tausendfach ab. Die Waren, ihr Wert und die imaginären Verwandtschaftsverhältnisse mögen dabei variieren, das Gerüst aus Phrasen, auf das sich der Dialog stützt, bleibt jedoch mehr oder weniger das gleiche: Fast immer spricht der Verkäufer sein Gegenüber als Mitglied seiner Familie an, nennt es - je nachdem - ›Bruder‹, ›Mutter‹, ›Onkel‹ oder ›Vater‹, um emotionale Nähe zu suggerieren. Der Interessent deutet wiederum die Möglichkeit an, Stammkunde zu werden, indem er vorgibt, bei der Wahl des Ladens der Empfehlung eines gemeinsamen Bekannten gefolgt zu sein.

Wird er konkret und fragt nach einem Preis, erhält er eine ebenso höfliche wie nichtssagende Antwort. Ihr einziger Zweck: eine vertrauliche Atmosphäre zu erzeugen. Erst nach längerem Zögern rückt der Verkäufer mit seiner Forderung heraus. Und provoziert unweigerlich Widerspruch. Inzwischen hat er - Menschenkenner, der er ist - anhand des Namens und Dialekts, der Kleidung und mancher Bemerkungen den Status seines Klienten bestimmt. Er beschwichtigt den ›Empörten‹ mit dem Hinweis, andere Leute seines Rangs - den er selbstverständlich schmeichelhaft übertreibt - hätten bei ihm bereits dasselbe gekauft. (Für Touristen wird in dieser Phase gerne ein Stapel Ansichtskarten aus Amerika oder ein Gästebuch mit Dankesbezeugungen zufriedener Kunden hervorgekramt.) Nach Abschluß des Handels beteuert er, um seine Uneigennützigkeit herauszustreichen, dieser habe ihm nichts oder gar einen Verlust eingebracht.

(aus: Weiss, Der Basar, 1994)

Schiitischer Märtyrer-Kult

Wer im Kampf für die Sache Gottes (*fî sabîl Allâh*) stirbt, gilt im Islam als Märtyrer (arab. *Shahid*) – ein Platz im Paradies ist ihm gewiß. In der Zwölfer-Schia spielt das Martyrium eine besondere Rolle: Starben doch, wie es heißt, elf der 12 Imame als Märtyrer. Ihrer Leiden wird an ihren Todestagen intensiv gedacht, und die Straßen der Islamischen Republik sind mit schwarzen Fahnen gesäumt. Als Märtyrer gelten auch die im achtjährigen Krieg gegen den Irak (1980–1988) gefallenen Soldaten. Noch heute, mehr als zehn Jahre nach Kriegsende, zeigen große Wandgemälde und Plakate in vielen iranischen Städten die Gesichter prominenter oder lokal bekannter Märtyrer; fast alle Straßen Teherans tragen die Namen der im Krieg getöteten Kämpfer.

Durch ihren aufwendigen Schmuck unterscheiden sich die Gräber der Märtyrer von den einfachen Steinplatten derjenigen Muslime, die eines natürlichen Todes starben. Auch die Bestattungszeremonie verläuft anders als gewöhnlich und weist wesentliche Elemente der Âshurâ-Prozessionen auf: »Die Männer folgen den wehklagenden Frauen in bedächtigem Schritt, im Rhythmus des Trommelschlags. Dabei geißeln sie sich selbst mit dem sogenannten Zanjib. Über Lautsprecher werden dazu Trauerelegien rezitiert. Männer, die sich nicht an der Geißelung beteiligen, schlagen sich mit der Faust immer wieder erregt auf die Brust. Am Grab des Märtyrers sind dann nur noch die engsten Verwandten und die Klageweiber anwesend, die immer wieder den Klageruf ›Ach Hosein‹ rufen.« *(aus: DU, Heft 3/1996)*

Wandgemälde in Teheran: »Mein Märtyrervater, es gibt keine Blume, die einen schöneren Duft verströmte als die Erinnerung an Dich.«

STADTBESICHTIGUNG ∎∎∎∎∎∎∎

Märtyrer-Gräber auf dem Friedhof Behesht-e Zahrâ in Teheran

aber auch einzelne Gassen und Höfe durch eigene Tore verschließbar. Da der Bazar keinerlei Wohnfunktion hat, wird er abends sowie an Feiertagen geschlossen.

Friedhof Behesht-e Zahrâ und Khomeini-Mausoleum

Südöstlich von Teheran liegt an der Hauptstraße Richtung Qom einer der größten Friedhöfe der Welt: **Behesht-e Zahrâ**, das »Paradies von Zahrâ«. Während des Golfkriegs befand sich hier der sogenannte »Blutbrunnen«, dessen sprudelndes, rotgefärbtes Wasser an das Blut der Märtyrer gemahnen sollte.

Weithin sichtbar erhebt sich nordwestlich des Friedhofs das **Mausoleum Ayatollah Khomeinis**, genannt *Haram-e Motahhar* (»geheiligter Ort«). Khomeini selbst hatte verfügt, daß er am Südrand Teherans, in der Nähe der Quartiere der Armen, begraben werde. Sein Begräbnis im Juni 1989 entwickelte sich zur größten Trauerfeier, die jemals stattgefunden hat: Rund 10 Mio. Gläubige nahmen Abschied von ihrem »Imam« genannten Revolutionsführer. 1995 wurde hier auch Khomeinis Sohn Ahmad beigesetzt.

Mit seiner goldbronzierten Metallkuppel und seinen stählernen Minaretten erscheint das Mausoleum als eine Kopie des Schreins von Imam Hosein in Kerbela – allerdings in größeren Dimensionen. Seit seiner Fertigstellung entwickelte es sich zu einem bedeutender Wallfahrtsort, dessen Besuch gern mit einem Picknick auf den umliegenden Rasenflächen verbunden wird. Die Atmosphäre in der mehr als 100 m langen Halle, in der sich der Schrein Khomeinis befindet, ist denn auch keineswegs von bedrückender Feierlichkeit gekennzeichnet: Während sich die Gläubigen auf dem Marmorboden ausruhen und ihren Gedanken nachhängen, toben zahlreiche Kinder spielend um sie herum.

In der Nähe des Mausoleums werden zur Zeit weitere Gebäude erbaut: Neben einer religiösen Hochschule soll hier in den nächsten zwanzig Jahren eine neue Stadt entstehen. Zu erreichen ist das Mausoleum per Sammeltaxi von vielen Teheraner Plätzen aus, insbesondere vom Meidân-e Imam-Khomeini. In Kürze soll ein Teilstück der Nord-Süd-Achse der U-Bahn eröffnet werden, das das Stadtzentrum mit Friedhof und Grabmal verbindet.

■Ray

Rund 12 km vom Teheraner Stadtzentrum entfernt, unmittelbar südlich des Teheraner Bahnhofs, befinden sich die Überreste der alten Stadt Ray. In der Antike und im Mittelalter eines der Zentren des Landes ist Ray heute ein industrieller Vorort der Millionenmetropole mit einem lebendigen Bazar. Die Religion spielt hier eine große Rolle, und die Bewohner gelten als besonders sittenstreng: Bereits vor der Revolution trugen die Frauen von Ray den Tschador. Vom Teheraner Meidân-e Râh Âhan ist *Shahr-e Ray*, so die heutige Bezeichnung, mit Sammeltaxis zu erreichen.

Geschichte

Die in der Antike als *Rhages* bekannte Siedlung war bereits in achämenidischer Zeit ein bedeutendes Zentrum – dank der unterirdischen Qanate, die zum Teil noch heute der Bewässerung dienen. Im Jahr 330 v. Chr. weilte Alexander der Große hier, als er den letzten Achämenidenherrscher, Dareios III., verfolgte.

Um 300 v. Chr. erneuerte dann Seleukos I. Nikator, der Begründer der Seleukidendynastie, die Stadt und nannte sie *Europos*. Ein Jahrhundert später wurde sie von den Parthern erobert, die sie zu ihrer Frühjahrsresidenz ausbauten. Auch in sasanidischer Zeit bedeutend, fiel Ray im Jahr 637 den Arabern zu – von ihnen im 8. Jh. *Mohammadiye* genannt.

Im islamischen Mittelalter ist das Leben einiger bedeutender Persönlichkeiten mit der Geschichte der Stadt verknüpft: So wurde der auch im Abendland berühmte Kalif Hârun ar-Rashid hier im Jahr 763 geboren. Das bereits im 10. Jh. gegründete Krankenhaus leitete zeitweise der bedeutende Arzt ar-Râzi. Als »Sohn der Stadt« mag auch der spätere Assassinenführer Hasan Sabbâh gelten: Ob-

Mausoleum Ayatollah Khomeinis im Süden Teherans

zwar in Qom geboren, wuchs er in Ray auf. Hier wurde er mit dem ismailitischen Gedankengut vertraut – bereits seit dem 9. Jh. stellte Ray ein Zentrum der ismailitischen Missionare dar.

Mitte des 11. Jh. florierte Ray unter den seldschukischen Herrschern, die die Stadt zu ihrer zeitweiligen Residenz erhoben. Ein zeitgenössischer Geograph bezeichnete Ray nun als »schönste Stadt des Ostens mit Ausnahme Bagdads«. Auch die Keramik-Werkstätten trugen dazu bei, daß sich der Ruf der Stadt weit über die Landesgrenzen hinaus verbreitete.

Mit der Blüte war es jedoch vorbei, als die Truppen Dschingis-Khans im Jahr 1220 Ray völlig zerstörten und furchtbare Massaker unter den Einwohnern anrichteten. Der Plan des Ilkhaniden Ghâzân Khân, die Stadt wiederaufzubauen, wurde nie ausgeführt, da die Überlebenden in die umliegenden Orte geflohen waren.

Besichtigung

Das einzige Monument Rays, das die mongolische Invasion überdauert hat, ist ein seldschukischer Grabturm, der fälschlicherweise als **Grabturm des Toghril Beg** bekannt ist. Der polygonale Ziegelturm, der auf das Jahr 1139 datiert ist, war einst von einem konischen Dach gekrönt. Heute schließt der 20 m hohe Turm mit dem einfachen, dreifach gewölbten Gesims ab. Das Innere des Turms ist leer; eine frühere Inschrift befindet sich im Museum der University of Michigan. Der ohne Dach und die früheren seldschukischen Ziegeldekorationen klobig wirkende Turm liegt inmitten eines kleinen Gartens, der von einer hohen Mauer umgeben ist; die Besichtigung ist nur nach vorheriger Anmeldung möglich.

Nordwestlich des Mausoleums befinden sich die Überreste eines **parthischen Tempels** sowie mehrere **Reliefs** aus der Qajarenzeit, die auf einem Felsen oberhalb der Quelle *Cheshm-e Ali* angebracht wurden. Auf einigen ist ihr Auftraggeber, Nâser ad-Din Shâh, im Kreise seiner Höflinge oder mit einem Falken dargestellt. An der weithin bekannten Quelle wurden – und werden zum Teil noch heute – im Sommer die Teheraner Teppiche gewaschen und zum Trocknen ausgelegt. Ansonsten wird das jetzt zementierte Wasserbecken von den Jungen als Schwimmbad genutzt.

Schon von weitem sind die goldene Kuppel und die hohen Minarette der **Abdol-Azim-Grabmoschee** zu sehen, die unmittelbar hinter dem Bazar liegt. Insgesamt drei Nachfahren des Propheten Mohammad liegen hier begraben: Abdol Azim, ein Urenkel des zweiten Imam, Tâher, ein Nachfahre des vierten Imam, sowie Hamze, ein Bruder des achten Imam. Kuppel und Minarette dieses beliebten Wallfahrtsorts stammen aus dem 19. Jh.; doch mehrere Inschriften, die in dem Komplex gefunden wurden, datieren aus dem 14. Jh. Decke und Wände der eigentlichen Grabstätte, ebenfalls ein Werk des 19. Jh., sind mit unzähligen Spiegeln verkleidet, über die sich Anfang des 20. Jh. der Persienreisende Friedrich Rosen begeistert: »Das Innere dieser Kuppel ist ein wunderbares Stalaktitengewölbe, aus Spiegeln prismatisch zusammengesetzt, während der untere Teil der Wände aus Alabaster besteht. In der Mitte befindet sich ein Sarkophag unter reichen Decken aus den schönsten persischen Samten und Brokaten. Darum läuft ein Gitter aus so kunstvoll geschmiedetem Silber, daß man es trotz der Stärke der Ringe wie ein Gewebe hin- und herziehen kann. Die vierkantigen Pfeiler, zwischen denen dieses Kettengewebe hängt, sind mit kobaltblauem Schmelz verziert.«

Damals war es Nichtmuslimen nicht gestattet, das Heiligtum zu betreten; Rosen hatte nur in persischer Kleidung als vorgeblicher Muslim die Grabstätte aufsuchen können. Heute ist Nichtmuslimen der Besuch in der Regel erlaubt. Für Frauen ist das Tragen eines Tschadors obligatorisch, den man am Eingang entleihen kann. Nicht besuchen sollte man die Grabmoschee an einem Freitag sowie während religiöser Feiertage, da sie an diesen Tagen das Ziel vieler Pilger ist.

Rund um das Heiligtum ließen sich mehrere Qajarenmonarchen und Geistliche beisetzen. Früher befand sich hier auch das Mausoleum Rezâ Shâhs, der 1944 im südafrikanischen Exil verstorben war. Es wurde nach der Revolution zerstört und durch ein neues Gebäude ersetzt.

Etwa fünf Kilometer außerhalb Rays (Richtung Varâmin) liegt linker Hand auf einem Hügel die Grabstätte der **Bibi Shahrbânu**, die von der Hauptstraße durch eine asphaltierte Straße zu erreichen ist. Begraben ist hier, wie es heißt, eine Tochter des letzten Sasanidenherrschers Yazdegerd III., die später Hosein, den dritten Imam, ehelichte. Das Gebäude selbst ist aus Stein, gekrönt von einer blauen Fliesenkuppel. Im Inneren findet sich die in *Imâmzâdes* übliche Spiegelverkleidung, die Wände rund um den Sarkophag sind mannshoch mit Marmor verkleidet. Das Heiligtum ist eine beliebte Pilgerstätte, auch Schulklassen besuchen den Ort. Ein kleiner Kiosk bietet Erfrischungen.

▪Wandern und Skifahren im Alborz-Gebirge

Die nähere Umgebung Teherans bietet zahlreiche Möglichkeiten für schöne Tagesausflüge und Wanderungen. Das nächstgelegene Ziel stellt das malerisch gelegene **Darband** in 2000 m Höhe dar, das noch einen Stadtteil Teherans bildet. Viele Restaurants säumen hier einen rauschenden Wildbach, und die Luft ist angenehm frisch und kühl.

Von Velenjak, dem nördlichsten Stadtteil Teherans, führt die angeblich längste Seilbahn der Welt in sieben Stationen auf den Hausberg Teherans, den 3975 m hohen **Towchâl** (Fahrtzeit: 35 Minuten). Darüber hinaus kann man den Towchâl von mehreren Seiten erwandern. Der bekannteste Weg führt direkt über den Südabhang und beginnt in Darband. Wer nicht ganz nach oben will, findet unterwegs reichlich Gelegenheit für Rast und Picknick; auch einige malerische Wasserfälle sind leicht zu erreichen. Schwieriger ist der Aufstieg über die Nordseite, der in Ushân im Jâj-Rud-Tal beginnt. Eine dritte Strecke folgt einem früheren Kutschenweg, auf dem Nâser ad-Din Shâh nach Norden zu fahren pflegte. Diese Route beginnt im Dorf Niâvarân nordöstlich von Teheran und führt in sanften Kurven den Hauptkamm entlang. Für erfahrene Bergsteiger gibt es eine andere, recht schwierige Strecke über das Shâhâbâd-Tal weiter im Osten, wo ein paar steile Felsen zu bezwingen sind.

Der höchste Berg des Alborz-Gebirges ist mit 5671 m der **Damâvand**, ein erloschener Vulkan, der das ganz Jahr von Schnee bedeckt ist. Er liegt etwa 100 km nordöstlich von Teheran. Unter

TEHERANS UMGEBUNG

Alborz-Gebirge, Lithographie nach einer Fotografie von Spece (um 1860)

den vier Hauptstrecken, die zum Gipfel führen, ist die südliche die leichteste, während die Wege von Norden und Nordosten wesentlich schwieriger zu bewältigen sind. Dort gilt es vereiste Strecken zu überwinden, außerdem ist mit Lawinen- und Steinschlag zu rechnen. Die Hauptsaison für die Besteigung des Damâvand ist gegen Ende des Sommers. Der Berg bietet zwar nur wenige technische Schwierigkeiten, aber die große Höhe, das Vorhandensein von Schwefelgasen an verschiedenen Stellen und das Fehlen von Wasser in den höheren Gebieten machen den Aufstieg ermüdend. Sehenswert ist auch der **Ort Damâvand** selbst, der sich rund 50 km östlich von Teheran befindet und dessen Freitagsmoschee noch ein seldschukisches Minarett besitzt.

Ein beliebtes Ausflugsziel ist des weiteren der **Amir-Kabir-Stausee**, der rund 60 km nordwestlich von Teheran an der Straße von Karaj nach Châlus liegt und mit dem Auto leicht zu erreichen ist. Es gibt hier die Möglichkeit, Boot und Wasserski zu fahren; in den Sommermonaten lockt zudem das kühlerere Klima.

Auch im Winter brauchen die Teheraner (und ihre Gäste) auf sportliche Betätigung nicht zu verzichten: In der näheren Umgebung Teherans gibt es mehrere schöne Skigebiete. Während der Skisport unter dem letzten Schah sehr gepflegt wurde, tut sich die Islamische Republik noch immer schwer mit dieser »exklusiven« und »westlichen« Sportart; und auf den Pisten herrscht nach wie vor strikte Geschlechtertrennung. Das bekannteste Skigebiet ist das 62 km von Teheran entfernte **Âb-e Ali**, wo die Ski-Saison von

Anfang Januar bis Mitte März reicht; gegenwärtig gibt es dort 12 Skilifte. Irans höchstgelegener Skiort ist das Dorf **Shemshak**, das rund 60 km nördlich von Teheran am Fuße des **Sarakchâl** (4150 m) liegt. Hier kann man bei ausgezeichnetem Schnee etwa acht Monate im Jahr Skilaufen.

■Varâmin

Mit einem der zahlreichen Minibusse und Sammeltaxis vom Teheraner Meidân-e Râh Âhan kann man einen Tagesausflug ins 45 km entfernte Varâmin unternehmen. Da schon wenige Kilometer südlich von Teheran die Salzwüste beginnt, bekommt man während der Fahrt einen Eindruck von der trostlosen Wüstenhaftigkeit weiter Teile Irans.
Von Ray kommend, passiert man auf beiden Seiten der Straße mehrere prähistorische und sasanidische Erdhügel. Rund 10 km von Ray entfernt liegen an der rechten Straßenseite die Überreste eines großen sasanidischen Feuertempels, genannt **Tepe Mil**. Ein Teil der Umfassungsmauer, zwei Bogen des Tempels sowie ein Tunnel unterhalb der Tempelanlage sind noch zu sehen.
Varâmin selbst liegt in einer fruchtbaren Ebene, in der Getreide, Baumwolle und Melonen gedeihen. Ihre Bedeutung erlangte die Stadt unter den Mongolen, nachdem diese das benachbarte Ray zerstört hatten. Tatsächlich datieren die ältesten Bauten Varâmins aus der Zeit der Ilkhaniden. Im 16. Jh. verlor Varâmin seine Rolle als regionales Zentrum an Teheran; heute entwickelt sich die Stadt allmählich zu einem Industriestandort.

Besichtigung

Im Zentrum der Stadt steht der sehr gut erhaltene **Grabturm des Alâ ad-Din**, der im Jahr 1289 errichtet wurde. Gekrönt wird der runde Ziegelturm von einem kegelförmigen Dach mit blauglasierten Fliesen. Als einzige Dekoration verläuft eine kufische Inschrift rund um den Sockel. Ganz in der Nähe des Turms befinden sich die Überreste der **Sharif-Moschee** aus dem Jahr 1307, von der nur noch das Portal erhalten ist.
Das bedeutendste Bauwerk Varâmins ist die **Freitagsmoschee**. Zwischen 1322 und 1326 im Auftrag des Ilkhaniden Abu Sa'id erbaut, stellt sie ein wichtiges Denkmal der späten Mongolenzeit dar. Bemerkenswert ist das heute stark zerstörte Gebäude vor allem wegen der vollkommenen Symmetrie seines Vier-Iwan-Grundrisses. Darüber hinaus weist es zwei bedeutsame Neuerungen auf: Der Portal-Iwan wird durch eine kleine Kuppel, die gleichzeitig als Vorhalle

TEHERANS UMGEBUNG

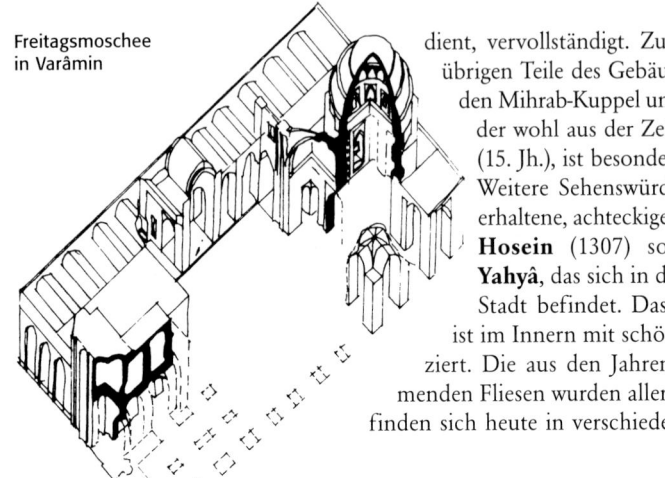

Freitagsmoschee in Varâmin

dient, vervollständigt. Zudem ordnen sich alle übrigen Teile des Gebäudes der sehr auffallenden Mihrab-Kuppel unter. Der Mihrab selbst, der wohl aus der Zeit Shâh Rokhs stammt (15. Jh.), ist besonders reichhaltig gestaltet. Weitere Sehenswürdigkeiten sind der gut erhaltene, achteckige **Grabturm von Shâh Hosein** (1307) sowie das **Imâmzâde Yahyâ**, das sich in den Außenbezirken der Stadt befindet. Das einfache Kuppelgrab ist im Innern mit schönen Stuckarbeiten verziert. Die aus den Jahren 1261 bis 1263 stammenden Fliesen wurden allerdings entfernt und befinden sich heute in verschiedenen Museen.

Der verwahrloste Hund

Sâdeq Hedâyat, der bedeutendste moderne iranische Schriftsteller, schildert in der Novelle *Der verwahrloste Hund (Sag-e Velgard)* (1942) den Hauptplatz von Varâmin an einem heißen Sommernachmittag:
»Einige kleine Läden, für die Bedürfnisse des Alltags bestimmt, säumten den Platz von Varâmin – eine Bäckerei, eine Metzgerei, eine Apotheke, zwei Kaffeehäuser und ein Friseur. Halb versengt und geröstet unter einer grimmigen Sonne lechzten der Platz und seine Bewohner nach dem ersten Windhauch und den Schatten des Abends. Befangen in starrer Gelähmtheit lagen Menschen, Läden, Bäume und Tiere. Als wäre sie von Stein, so lastete auf allen und allem die Hitze, und über das Blau des Himmels wogten in feinen Wellen Staub und Dunst, die jedes vorüberfahrende Auto neu aufwühlte.
Auf der einen Seite des Platzes wuchs eine alte Platane. Obwohl ihr Stamm in der Mitte aufgerissen und hohl klaffte, spreizte sie doch ihre verkrümmten, schmutzigen Äste und ihren gichtigen Rücken, so weit sie nur konnte. Darunter, in ihrem Schatten, war ein Stand aufgeschlagen, wo zwei Jungen Milchreis und gebrannte Melonenkerne anpriesen. In der Wasserrinne vor einem der Kaffeehäuser wälzte sich eine dicke Schlammbrühe mühsam ein wenig vorwärts und blieb dann stecken.
Ein einziges Gebäude zog in dieser Umgebung den Blick auf sich: der berühmte Turm von Varâmin; die obere Hälfte seines zylindrischen, mit Rissen bedeckten Leibes und darüber die kegelförmige Spitze waren von hier aus sichtbar. In den Spalten zwischen den Mauersteinen hatten Spatzenfamilien ihre Nester gebaut, aber selbst sie waren in der Sonnenglut verstummt und schlummerten. Nur das klagende Winseln eines Hundes unterbrach in Abständen die Stille.«
aus: Im Atem des Drachen. Moderne persische Erzählungen, hrsg. von T. Rahnema, 1981.

Qom

Die nach Mashhad zweitheiligste Stadt Irans liegt rund 150 km südlich von Teheran. Das Klima ist heiß und trocken; einige Windtürme zur Kühlung der Wohnhäuser sind bereits hier zu finden. Die Stadt wuchs in den letzten Jahrzehnten stark an und zählt heute über 1 Mio. Einwohner. Die Atmosphäre des »schiitischen Vatikans« ist ohne großen Charme und von religiösem Eifer geprägt; Frauen treten nur im Tschador auf die Straße. Touristen sollten sich zurückhaltend verhalten und die Besucherinnen darauf achten, daß Kopftuch und Mantel »richtig sitzen«.

Geschichte

Schon bald nach seiner Eroberung durch die arabischen Muslime im 7. Jh. entwickelte sich Qom neben Ray und Kâshân zu einem Zentrum der Schia. Zur nationalen Wallfahrtsstätte und zweitheiligsten Stadt Irans avancierte Qom, nachdem im Jahr 816 **Fâtema al-Ma'sume** (»die Reine«), eine Schwester des in Mashhad begrabenen Imam Rezâ, hier verstorben war.

Während des ersten Mongoleneinfalls im Jahr 1224 wurde Qom völlig zerstört und entvölkert. Erst im 16. Jh. entwickelte es sich wieder zu einer blühenden Stadt: Die Safawiden, die die Schia zur Staatsreligion erklärt hatten, taten nun viel für den Erhalt und Ausbau der heiligen Stätte. Der Qajaren-Herrscher Fath Ali Shâh verschönerte in Erfüllung eines Gelübdes ebenfalls den Schrein der Fâtema und erbaute eine Medrese, die **Feiziye**. Sie entwickelte sich bald zu einer angesehenen Provinzschule, konnte sich jedoch lange Zeit nicht mit den schiitischen Lehrstätten im osmanischen Irak messen. Noch im 19. Jh. hatten die wichtigsten Führer der Zwölfer-Schia ihren Sitz in Najaf und Kerbela, wo die Gräber der frühen schiitischen Imame Ali und Hosein liegen.

Eine politische Rolle spielten die Geistlichen von Qom erstmals während der berühmten Tabakrevolte (1891/92) und der konstitutionellen Revolution (1905–11). Doch erst Ayatollah Hâ'eri, der 1921 zum geistlichen Führer der Stadt aufstieg, machte Qom zu einem bedeutenden Gelehrtenzentrum. Die Feiziye-Hochschule avancierte nun zur wichtigsten religiösen Hochschule des Landes, an der später auch Khomeini studierte und lehrte.

In der Islamischen Republik wurde Qom zum politischen Aktionszentrum ersten Ranges; fast alle Mitglieder des religiösen Wächterrats sind Absolventen der Feiziye-Hochschule. Heute studieren hier nicht nur Iraner, sondern auch zahlreiche Studenten aus den arabischen Nachbarländern. Die Wallfahrt stellt noch immer die wirtschaftliche Grundlage der Stadt dar. Über 1 Mio. Pilger jährlich beleben nicht nur Hotellerie und Gastronomie, sondern auch das traditionelle Kunsthandwerk. Auch die etwa 60.000 Geistlichen, die hier monate- oder jahrelang studieren, tragen zum Lebensunterhalt der Bevölkerung bei. Darüber hinaus ist Qom das größte persische Produktionszentrum für Seidenteppiche; vor allem Gebetsteppiche werden hier geknüpft. Berühmt ist Qom ferner für seine Süßigkeiten, besonders für *Sowhân*, einen Keks aus Safran, Pistazien und Honig.

Besichtigung

Bereits im 9. Jh. wurde für Fâtema al-Ma'sume ein Grabmal errichtet, das in safawidischer Zeit zu einem großen Mausoleumskomplex erweitert wurde. Die 32 m hohe, von Fath Ali Shâh 1803 gestiftete goldene Kuppel der **Grabmoschee von Fâtema** ist heute weithin sichtbar und daher leicht zu finden. Dem mit qajarischen Fliesen und vier Zierminaretten geschmückten Eingangsportal ist ein kleiner Platz vorgelagert. Schilder in englischer und persischer Sprache weisen darauf hin, daß Nichtmuslime den Gebäudekomplex weder betreten noch fotografieren dürfen. Korrekt gekleideten Alleinreisenden wird dennoch zuweilen der Zutritt zu den Innenhöfen gestattet – nicht jedoch zu den Innenräumen der Gebäude. Hier befinden sich neben der Grabmoschee der Fâtema, deren Eingangsiwan reich mit qajarischen Spiegelmosaiken verziert ist, auch die Mausoleen safawidischer und qajarischer Herrscher (u.a. Shâh Abbâs II., Shâh Safi I., Shâh Hosein und Fath Ali Shâh).

Direkt neben dem Mausoleumskomplex liegt die safawidische **Azam-Moschee**, deren große Kuppel mit floralen Motiven in ocker und blauen Farbtönen verziert ist.

Qom ist nicht nur ein Zentrum schiitischer Orthodoxie, es ist auch eine Stadt der Toten. Religiöse Würdenträger und politische Persönlichkeiten sowie alle Frommen, die es sich leisten konnten, haben sich in den vergangenen Jahrhunderten in der Nähe des Schreins der Fâtema begraben lassen. In und um Qom existieren daher zahlreiche **Grabbauten** – insbesondere aus ilkhanidischer Zeit, als der Heiligenkult aufgrund der instabilen politischen und wirtschaftlichen Situation eine besondere Blüte erlebte.

Pilger im 19. Jh.

Die Grabmoschee Fâtemas in Qom

▪Sâve

Die etwa 140 km südwestlich von Teheran gelegene Stadt Sâve war vor ihrer Eroberung durch die Mongolen im Jahr 1220 ein bedeutendes Handelszentrum, das an einer der beiden Hauptrouten Teheran-Hamadân lag. Neben seiner Altstadt – und seiner wohlschmeckenden Granatäpfel – lohnt Sâve einen Besuch aufgrund zweier Moscheen und ihrer schönen seldschukischen Minarette.

Im Stadtzentrum liegt am Hauptplatz Sâves die aus dem Jahr 1061 datierende **Masjed-e Meidân**, die mehrere Bauteile aus seldschukischer Zeit bewahrt hat; ihr **Minarett** gilt als das älteste seldschukische Minarett Irans. Über dem Gebetssaal erhebt sich eine einfache Ziegelkuppel.

Mehrere hundert Meter südlich befindet sich die **Freitagsmoschee**, deren überkuppelter Mihrabsaal noch aus dem 12. Jh. stammt. Süd- und Westiwan wurden in mongolischer Zeit erbaut, während die Kuppel des Gebetssaals sowie die gesamte Fliesendekoration unter Shâh Ismail entstand. Von dem heute frei stehenden, aus dem Jahr 1110 datierenden **Minarett** steht nur noch ein 14 m hoher Stumpf. Dennoch gilt es mit seiner geometrischen Ziegelverzierung und den Kufi- und Naskhi-Schriftbändern als eines der schönsten Minarette Irans.

Rechte Seite:
Moderne Moschee in Teheran

Folgende Doppelseite:
Fischer am Kaspisee

Ayatollahs im Internet

Zunächst als »Teufelszeug« abgelehnt, haben die iranischen Geistlichen längst die Möglichkeiten von Computer und Internet für sich entdeckt. »Computer sind Teil des menschlichen Lebens«, argumentiert Großayatollah Nâser Shirâzi. Die anfängliche Skepsis vieler Mullahs wich, als sie erkannten, wieviel schneller sie sich mit den elektronischen Hilfsmitteln Zugang zu den religiösen Quellen verschaffen können.

In Qom gibt es nun neben den etwa 40 Medresen auch mehrere Computerzentren, die mit Rechnern aus Europa, Japan oder den USA ausgestattet sind. Die Gelehrten verfolgen das ehrgeizige Ziel, alle verfügbaren islamischen Texte der vergangenen 14 Jahrhunderte elektronisch zu speichern. Auf CD-Rom gibt es bereits circa 4000 islamische Textsammlungen – neben dem Koran existieren CD-Roms über das islamische Rechtswesen, *Hadith*-Wissenschaft und diverse Sammlungen von *Fatwas* (islamische Rechtsgutachten). Außerdem gibt es Programme, die Koranrezitationen berühmter Rezitatoren über Lautsprecher (parallel zum Text am Bildschirm) wiedergeben. Seit einigen Jahren ist die Islamische Republik auch im Internet mit einer eigenen Homepage vertreten (http://www.netiran.com). »Wir nutzen die moderne Technologie, solange sie keine moralischen Schäden bringt«, erklärt Shirâzi. Für Kinder werden daher eigens islamische Computerspiele entwickelt. Und wer privat im Internet surfen will, braucht noch immer eine Genehmigung des Postministeriums in Teheran.

Die Kaspiküste

Die Kaspiprovinzen Gilân, Mâzandarân und Gorgân – genannt *Shomâl* (der »Norden«) – sind durch das mächtige Alborzgebirge vom überwiegend wüstenhaften iranischen Hochland abgegrenzt. Aufgrund der reichen Niederschläge konnte sich hier eine vielfältige Flora und Fauna entwickeln. In dem über 600 km langen iranischen Küstenstreifen, den rund 1300 Flüsse und Bäche durchziehen, werden heute Zitrusfrüchte, Kiwis, Reis, Baumwolle und Tee angebaut. Aufgrund der hohen Luftfeuchtigkeit (im Sommer bis zu 90%) ist die Luft meist dunstig, und es regnet häufig. Sommer und Winter sind milder als im übrigen Iran; sehr angenehme Reisezeiten sind Frühling und Herbst.

Das Kaspische Meer (pers. *Daryâ-ye Khazar*) ist ein Binnengewässer, was bereits Herodot bekannt war: »Es liegt ganz für sich und hat keine Verbindung zum übrigen Meer. Es hat eine Länge von fünfzehn Tagen Ruderfahrt und eine Breite, da wo es am breitesten ist, von acht Tagen.« Der mit etwa 370.000 qm² größte Binnensee der Welt ist salzhaltig und liegt etwa 28 m unter dem Meeresspiegel.

Neben der Land- und Forstwirtschaft leben die Bewohner vor allem vom Fischfang (Kaviar). Eine bedeutende Rolle spielt auch der inneriranische Tourismus: Zahlreiche Städter strömen an Wochenenden und in den Ferien zur Erholung an die Kaspiküste. Dennoch gibt es nur wenige Badestrände; wegen der strikten Geschlechtertrennung sind sie zudem in Frauen- und Männerabschnitte unterteilt. An Feiertagen sollte man aufgrund des Andrangs die Kaspiregion meiden, da Hotelzimmer nur schwer zu finden sind. Die Küstenstädte sind durch eine gut ausgebaute Straße miteinander verbunden und mit Sammeltaxis und Bussen problemlos zu erreichen.

Die traditionellen Wohnhäuser sind aus Holz oder Lehmziegeln errichtet und von einer umlaufenden Veranda umgeben; die spitz zulaufenden Dächer sind mit Reisstroh gedeckt. Manche Häuser sind auch auf Pfählen erbaut. Im Gegensatz zu den Städten des Hochlands fehlt den Kaspiorten eine Umwallung sowie ein *Arg*; zudem sind die Bazare stets ungedeckt.

Reisstrohgedecktes Bauernhaus

■Die Provinz Gilân

Die westlichste Kaspiprovinz umfaßt nur 14.709 km². Die Mehrheit ihrer Bevölkerung lebt in der fruchtbaren Küstenregion um das große Delta des Sefid-Rud. Charakteristisch für das überwiegend agrarische Gilân ist die lockere Streusiedlung. Sie konnte sich hier im Gegensatz zu den übrigen Regionen Irans entwickeln, da die Provinz niemals unter kriegerischen Nomadenstämmen zu leiden hatte. Die angrenzenden Hänge des Alborz-Gebirges sind mit dschungelähnlichen Wäldern bedeckt, die in jüngster Zeit allerdings stark dezimiert wurden – und mit ihnen die dort lebenden Raubtiere wie Bären, Panther und Luchse.
Aufgrund seiner geographischen Isolation blieb Gilân, das frühere *Daylam*, bis ins 16. Jh. unabhängig von der iranischen Zentralregierung und bewahrte sich seine eigene Kultur und Sprache – das *Gilaki* wird noch heute von einem Großteil der Bevölkerung gesprochen. Im 19. und 20. Jh. verstärkte sich der Einfluß Rußlands bzw. der Sowjetunion, was nicht nur die moderne Architektur prägte, sondern auch die besondere Affinität der Bevölkerung zu sozialistischen Ideen bewirkte.

Rebellen im Norden

Während des Ersten Weltkriegs entstanden in Gilân mehrere revolutionäre Bewegungen, die für soziale Gerechtigkeit und wirtschaftliche Unabhängigkeit von den Großmächten kämpften. Sie schlossen sich unter der Führung des Geistlichen Mirzâ Kuchek Khân zusammen, der 1917/18 mit seinen bewaffneten Anhängern, den **Jangali** (»Waldbewohnern«), die Macht in der Provinz übernahm. Als im Mai 1920 sowjetische Truppen in Anzali landeten, kam es zu einem Bündnis zwischen Kuchek Khân und den kommunistischen Streitkräften. Im Juni wurde in Rasht die Persische Sozialistische Sowjetrepublik Gilân ausgerufen, die allerdings keinerlei sozialistische Maßnahmen ergriff. Obwohl es den Jangali gelang, ihre Herrschaft auf Mâzandarân auszudehnen, zerbrach die Regierung bald an der Uneinigkeit zwischen radikalen Kommunisten, eher gemäßigten Sozialdemokraten und dem islamistisch orientierten Kuchek Khân. Das Zerwürfnis erleichterte es Ende 1921 den Truppen Rezâ Khâns, die abtrünnige Provinz zurückzuerobern. Doch das Bestreben der gilânischen Bevölkerung nach Reformen blieb bestehen: Im Jahr 1927 gründeten linksorientierte Frauen in Rasht eine Frauenorganisation, gaben eine eigene Zeitschrift heraus und richteten Schulklassen sowie eine Bibliothek für Frauen ein. In den 70er Jahren war in Gilân dann die Guerillaorganisation der Volksfedayin aktiv, deren Anhänger vor allem linke Intellektuelle waren. Ihr bewaffneter Aufstand wurde von den Truppen Mohammad Rezâs niedergeschlagen.

Rasht

Rasht-Museum
Tägl. 9–16 Uhr, außer montags.

Hafen in Rasht
(Anfang des 20. Jh.)

Die 7 m unter dem Meeresspiegel gelegene Stadt ist nicht nur Hauptstadt und ökonomisches Zentrum Gilâns, sondern auch die größte Stadt der iranischen Kaspiküste. An der einzigen ganzjährig befahrbaren Straße nach Teheran gelegen, erlangte Rasht seit dem 19. Jh. zunehmend wirtschaftliche und politische Bedeutung. Nach Bazar, Handel und traditionellen Industrien (u.a. Seidenspinnerei, Reismühlen, Ziegeleien) entstanden Ende der 60er Jahre erste moderne Industriebetriebe; 1977 wurde Rasht zudem Universitätsstadt.

Aufgrund der guten Straßen- und Flugverbindung nach Teheran verbringen viele Teheraner das Wochenende in Rasht. Sehenswürdigkeiten bietet die flache Kaspistadt kaum. Die übersichtlich angelegte Stadt stellt jedoch einen guten Ausgangspunkt für Touren und Ausflüge in die Kaspiregion dar, wobei alle Hauptstraßen zusätzlich in Englisch ausgeschildert sind. Zu besichtigen sind in Rasht der ungedeckte **Bazar**, von dem große Teile 1920 im Zuge der russischen Intervention niederbrannten, sowie das **Rasht-Museum**, das eine kleine Sammlung von lokalen archäologischen Funden beherbergt.

Bandar-e Anzali

Etwa 35 km von Rasht entfernt liegt auf einer schmalen Landzunge die Hafenstadt Bandar-e Anzali, die während der Pahlavi-Herrschaft *Bandar-e Pahlavi* genannt wurde. Im frühen 19. Jh. entwickelte sich Anzali durch die Intensivierung der Handelskontakte mit Rußland zum bedeutendsten persischen Kaspihafen; heute bestehen Fährverbindungen nach Aserbeidschan, Turkmenistan und Rußland. An die russische Präsenz erinnern noch einige Gebäude am zentralen Imam-Khomeini-Platz. Als einzige Kaspistadt besitzt Anzali eine Uferpromenade. Sie verläuft nicht weit vom **Bazar**, wo es neben Fisch und Gemüse zahlreiche geflochtene Behältnisse zu kaufen gibt.

Besondere Bedeutung besitzt Anzali heute als Zentrum der staatlichen Kaspifischerei, die vor allem auf Störfang und Kaviargewinnung ausgerichtet ist. Da die Küstenfischerei saisonal im Herbst betrieben wird, sind viele der in Genossenschaften zusammengeschlossenen Fischer nebenher in der Landwirtschaft beschäftigt. Der frische Fisch, der nicht verkauft wird, wird in den großen Kühlhäusern am Hafen gelagert oder aber auf traditionelle Weise haltbar gemacht – eingesalzen und geräuchert gilt er als eine Spezialität der Restaurants am Kaspischen Meer.

Besonders schmackhaft ist der Weißfisch (*Mâhi-ye Sefid*), der in der südlich von Bandar-e Anzali gelegenen Süßwasserlagune **Mordâb-e Anzali** laicht. Gespeist wird die etwa ½ bis 8 m tiefe Lagune von vier Flüssen aus den Tâlesh-Bergen; vom Kaspischen Meer ist sie durch eine Halbinsel abgetrennt. Von Schilfdickicht umgeben, bietet sie zahlreichen Fisch- und Vogelarten ideale Lebensbedingungen. Da auch Zugvögel hier rasten, gilt die Lagune als das ornithologisch vielseitigste Gebiet Irans. Es besteht die Möglichkeit, an der Promenade ein Motorboot zu mieten und eine Fahrt durch die seerosen- und schilfbestandene Lagune zu unternehmen.

Kaviar – das grauschwarze Gold

Zu den berühmtesten Exportartikeln Irans zählt das sogenannte »grauschwarze Gold«: der Kaviar. Dabei handelt es sich um die gereinigten und gesalzenen Eier (Rogen) der weiblichen Störe (pers. *Sag-mâhi*), die bereits die Römer als Delikatesse zu schätzen wußten. Während die schnabelgesichtigen Fische (türk. *Uzunburun*: »Langnase«) früher in vielen Binnengewässern der Welt heimisch waren, sind sie heute nahezu ausgerottet: Ihr Lebensraum wurde derart eingeschränkt, daß es Störe fast nur noch im Kaspischen Meer gibt. Doch auch hier leiden die Tiere unter der fortschreitenden Wasserverschmutzung, und die natürliche Vermehrung der Störe reicht längst nicht mehr aus, um den weltweiten Bedarf an Kaviar zu decken. Pro Jahr werden daher etwa 2 Mio. Störe gezüchtet und in den Flüssen des Alborz-Gebirges ausgesetzt, von wo sie ein halbes Jahr später dem Kaspisee zustreben. Zu den Störarten, die im Kaspischen Meer leben, zählen **Osietra**, **Sevruga** sowie der bis zu 2 m lange **Beluga**. Der hellgraue Rogen des Beluga gilt als der beste Kaviar der Welt und ist entsprechend teuer. Preiswerter ist das Korn des Sevruga, das ein besonders intensives Aroma besitzt. Der etwas größere, goldgelbe Osietra-Kaviar besitzt von allen dreien das festeste Korn. Zu den Hauptabnehmern des iranischen Kaviars zählt die Deutsche Lufthansa, die jährlich 10,7 Tonnen Kaviar in ihrer First Class anbietet.
Doch nicht allen gilt Kaviar als Delikatesse: Als die Kaspi-Fischer noch kein Verfahren zur Haltbarmachung des leicht verderblichen Rogens kannten, mußten ihre Familien die braunschwarzen Kügelchen bis zum Überdruß vertilgen, wie der englische Reisende Francis Gilmore im 19. Jh. berichtet: »Die armen Kinder bekommen monatelang nichts Rechts zu essen ... nur Kaviar am Morgen, am Mittag und am Abend.« Der Stör selbst unterlag – im Gegensatz zum Kaviar – als schuppenloser Fisch zunächst dem islamischen Speiseverbot. Erst ein Rechtsgutachten von Ayatollah Khomeini hob 1983 das Verbot auf, und heute steht der leckere Fisch in vielen Restaurants wieder auf der Speisekarte. Kaviar indes kann man in Iran beinahe nirgendwo kaufen, da er fast ausschließlich für den Export produziert wird. Nur in einigen Teheraner Geschäften sowie in der Duty-Free-Zone am Teheraner Flughafen ist es möglich, Kaviar gegen Devisen zu erwerben.
Die Einfuhr nach Deutschland ist bis DM 100,- zollfrei; für Mengen über 250 g bedarf es einer Einfuhrgenehmigung durch das Bundesamt für Naturschutz in Bonn.

Mâs'ule

In den Bergregionen Gilâns gibt es zahlreiche traditionelle Bergdörfer. Das malerischste ist zweifelsohne das 1050 m hoch gelegene Mâs'ule, das auch für Iraner ein beliebtes Ausflugsziel darstellt. Obwohl nur 56 km südwestlich von Rasht entfernt, dauert die Anfahrt mit Bus oder Sammeltaxi aufgrund des großen Höhenunterschiedes etwa 1 ½ Stunden.

Das von dichten Wäldern umgebene Dorf ist in unregelmäßiger Terrassenbauweise in den Berg hineingebaut, wobei manche Dächer als Fußweg der nächsthöheren Terrasse fungieren. Viele Gäßchen und Treppen schlängeln sich die Terrassen hinauf, die von Läden, Bäckereien und Teehäusern gesäumt sind. Die zweistöckigen Häuser sind meist mit Lehm verputzt.

Kaufmann in Mâs'ule

Während die Winter in dem etwa 1000 Einwohner zählenden Dorf sehr kalt und schneereich sind, ist es im Sommer angenehm frisch. Aufgrund des Mangels an Arbeitsplätzen verlassen viele Jugendliche das abgelegene Bergdorf und wandern in die Kaspistädte oder nach Teheran ab. Ein schweres Unglück ereignete sich im Juli 1998: Heftige Regenfälle lösten einen Erdrutsch aus, bei dem mehr als 30 Menschen starben und Teile des Dorfes zerstört wurden.

Lâhijân

An der Straße zwischen Rasht und Râmsar liegt die Kleinstadt Lâhijân, die das Zentrum des iranischen Teeanbaus darstellt. Die Berghänge der Region sind dicht mit den knie- bis hüfthohen Teesträuchern bepflanzt; dreimal im Jahr werden die frischen grünen Blätter geerntet. Vor einigen Jahren wurde in Lâhijân ein kleines **Museum** eröffnet, das sich dem Anbau von Tee und den Traditionen des Teetrinkens widmet. Es befindet sich im **Mausoleum von Kâshef as-Soltâne**, dem als erstem Iraner in Lâhijân die Aufzucht von Teepflanzen gelang.

Mausoleum von Kâshef as-Soltâne
Tägl. 9–18 Uhr, außer montags.

Sehenswert sind auch einige gut erhaltene **Holzhäuser** mit ihren umlaufenden Veranden und spitzen Ziegeldächern. Einen Besuch lohnt des weiteren der baumbestandene **Kuh-e Sheitân** (»Teufelsberg«), zu dessen Füßen sich ein großes Wasserbecken und ein Park befinden.

PROVINZ GILÂN ∎∎∎∎∎∎

Mâs'ule

Südlich des Sardar-Jangal-Platzes liegt die **Masjed-e Chahâr Oleyâ**, auch **Masjed-e Chahâr Pâdshâh** (»Moschee der vier Fürsten«) genannt, da hier vier Mitglieder der Sa'âdatkiâ-Familie bestattet wurden. Das möglicherweise aus dem 13. Jh. stammende Gebäude ist im Stil der lokalen Häuser erbaut. Im Innern des Mausoleums sind an den Türen und Sarkophagen feine Holzschnitzarbeiten zu bewundern; eine der besonders schön geschnitzten Türen befindet sich im Teheraner Nationalmuseum.

Nicht weit hinter dem Ortsausgang Richtung Langrud befindet sich rechter Hand ein **Mausoleum**, das bei der lokalen Bevölkerung als das Grab **Scheich Zâheds** (gest. 1301) gilt. Der in großer Bedürfnislosigkeit lebende Sufi-Scheich Tâj ad-Din Ebrâhim, so der eigentliche Name Zâheds (»der Enthaltsame«), war 25 Jahre lang der geistige Mentor des berühmten Sufi-Ordensmeisters Safi ad-Din. Auffällig an dem typischen Kaspibau ist das pyramidenförmige, mit blaugrundigen Fliesen verkleidete Dach. Der farbig ausgeschmückte Innenraum soll die Gräber von Scheich Zâhed sowie zweier weiterer religiöser Würdenträger, Seyyed Rezâ Kiâ und Gholâm Scheich, enthalten. Der holzgeschnitzte Sarkophag von Scheich Zâhed datiert aus dem Jahr 1419; andere Teile des Mausoleums wurden möglicherweise bereits früher erbaut.

Wie der Tee nach Persien kam

Tee (pers. *Châi*) wurde in Iran bereits im 17. Jh. getrunken – zur Verwunderung des Persienreisenden Olearius, dem das Getränk bis dahin unbekannt gewesen war: »In *Châi-khânes* trinken sie ein heißes, schwarzes Wasser, welches gekocht wird aus einem Kraute, daß die Usbeken nach Persien bringen. ... Es wird diesem Wasser von den Persern eine fürtreffliche Kraft und Wirkung zugeschrieben. Einer, der dies Wasser fleißig gebraucht, soll etliche Nächte munter und wachsam, ohne Beschwerung durch den Schlaf sitzen und Kopfarbeit mit Lust verrichten können. Wenn es mäßig genossen wird, soll es den Menschen nicht allein allezeit bei guter Gesundheit erhalten, sondern auch zu einem hohen Alter bringen.«
Der **Tee-Anbau** besitzt in Iran jedoch erst eine junge Tradition: Sie geht zurück auf den iranischen Diplomaten Mohammad Mirzâ Châikâr, auch **Kâshef âs-Soltâne** genannt, der im Jahr 1900 Teesamen aus Indien nach Lâhijân brachte – im Schaft eines Spazierstocks versteckt. Nach mehreren fehlgeschlagenen Versuchen gelang ihm schließlich in seinem Garten die Aufzucht der Teepflanzen. Seither gilt Kâshef âs-Soltâne als »Vater der iranischen Teeindustrie«.
Heute sind die Berge um Lâhijân, Rudsar, Langrud, Fomanât und Rasht dicht mit Teesträuchern bepflanzt. Im Frühjahr und Sommer werden die frischen grünen Blätter von den Frauen geerntet, die in ihren bunten Kleidern die Teefelder entlangziehen – aus der Handbewegung des Pflückens entwickelte sich in Gilân sogar ein eigener Tanz. Die Männer bringen anschließend die gefüllten Körbe zur nächstgelegenen Teefabrik, wo die Teeblätter getrocknet und sortiert werden.
Rund 80.000 Menschen arbeiten heute in Gilân und Mâzandarân in der Teeindustrie, und Iran ist auf dem besten Weg zum Selbstversorger: Bereits 80% des iranischen Teebedarfs werden durch die einheimische Produktion gedeckt. Zur Erinnerung an den experimentierfreudigen Diplomaten erbaute man ihm 1956 in seinem Lâhijâner Garten ein Mausoleum, in dem vor kurzem ein kleines Museum eingerichtet wurde.

Teemuseum, tägl. 9–18 Uhr, außer montags.

Teeplantagen am Kaspischen Meer

Die Provinzen Mâzandarân und Gorgân

Die beiden östlichen Kaspiprovinzen Mâzandarân und Gorgân – letztere wurde erst im Juni 1997 von Mâzandarân abgespalten – entsprechen mit 47.365 km² in etwa dem historischen *Tabarestân*. Während der westliche Teil Mâzandarâns Gilân ähnelt, unterscheiden sich das östliche Mâzandarân sowie Gorgân ökologisch, ökonomisch und ethnisch von Gilân. Die aus gebrannten Ziegeln errichteten Wohnhäuser weisen hier für Iran untypische rote Ziegeldächer auf; und nicht Reis und Tee, sondern Baumwolle und Weizen dominieren das Vorgebirge. In jüngster Vergangenheit wurden zur Intensivierung der Bewässerung mehrere **Staudämme**, u.a. der Vushmgirstaudamm, gebaut.

Um Bâbol und Sâri öffnet sich der schmale Küstenstreifen in eine Ebene, an die sich im Nordosten die **Turkmenensteppe** (*Torkman Sahrâ*) anschließt. Bereits seit mehreren Jahrtausenden besiedelt, wurde sie im islamischen Mittelalter von nomadisierenden, zentralasiatischen **Turkmenen** bevölkert. Das Nomadentum der Turkmenen ist im Gegensatz zu den übrigen Nomadengruppen Irans kein Berg-, sondern ein Flächennomadentum. In den vergangenen Jahrhunderten als kriegerische Räuber von der seßhaften Bevölkerung gefürchtet, lebt die Mehrzahl der iranischen Turkmenen heute in Dörfern und Siedlungen. Einige turkmenische Viehzüchter unternehmen jedoch noch heute mit ihren Jurten größere Wanderungen zwischen Gorgân und Atrek.

Die zentralasiatische Herkunft der sunnitischen Turkmenen ist noch in Aussehen und Traditionen sichtbar. Charakteristisch für die Kleidung der Männer ist die schwarze Astrachan-Mütze sowie der eng anliegende, taillierte und bis zu den Knien reichende Rock; die Frauen tragen lange, farbenfrohe Schals. Berühmt sind die Turkmenen für die Züchtung von Pferden sowie ihre Reitkünste; in Gonbad-e Qâbus finden noch heute traditionelle Reiterwettkämpfe statt. Eine bedeutende ökonomische Rolle spielt das Knüpfen hochwertiger Teppiche, ein Kunsthandwerk, das in fast allen Haushalten gepflegt wird. Wichtige Umschlagplätze der begehrten Teppiche sind die malerischen Wochenmärkte.

Râmsar

Der attraktivste Bade- und Kurort an der Kaspiküste, das rund 10.000 Einwohner zählende Râmsar, liegt rund 100 km östlich von Rasht. Seine landschaftliche Schönheit besteht vor allem darin, daß die bewaldeten Berghänge hier bis auf wenige hundert

Hotel Râmsar

Meter an die Küste heranreichen. In den 30er Jahren ließ Rezâ Shâh an einem Berghang eine luxuriöse Sommerresidenz mit Blick auf das Meer erbauen, das spätere **Hotel Râmsar**. In den 60er Jahren wurde das Hotel durch einen Neubau erweitert; beide Gebäude sind heute Eigentum der Mostazefân-Stiftung. An der vom Meer abgewandten Seite liegen ein kleiner Park sowie ein **Hammam**, der von heißen Schwefelquellen gespeist wird: Wer einen Badeanzug dabeihat, kann das in einen Frauen- und Männertrakt unterteilte, dampfende Badehaus aufsuchen.

Im Jahr 1971 erhielt Râmsar internationale Bedeutung, als hier die erste Konferenz zur Erhaltung der großen Weltfeuchtgebiete und der darin lebenden Wat- und Wasservögel abgehalten wurde. Die sogenannte *Râmsar-Konvention* stellt eines der ältesten internationalen Umweltschutzabkommen dar und wurde seither von 92 Staaten unterzeichnet. Heute schützt die Konvention weltweit 775 Flüsse, Seen und Feuchtgebiete – darunter auch die Lagune Mordâb-e Anzali.

Châlus und Umgebung

Rund 75 km östlich von Râmsar liegt der ruhige Küstenort Châlus, der mit dem Bus direkt von Teheran (202 km) aus zu erreichen ist. Das palmengesäumte Städtchen ist heute beinahe ein Vorort der größeren, etwa 5 km östlich gelegenen Hafenstadt Noushahr. In Châlus ist wenig zu tun, doch die zahlreichen guten Restaurants laden zum Essen ein und tragen zur entspannten Atmosphäre bei. Etwa 12 km westlich von Châlus liegt im Küstendorf Namak Abru das luxuriöseste Hotel Irans, das **Hotel Enqelâb-e Khazar**. Wer sich die hohen Zimmerpreise (Einzelzimmer ab 120 US-Dollar) leisten kann, braucht das frühere *Hyatt Regency* gar nicht mehr zu verlassen: Innerhalb des Hotelkomplexes kann man Reiten, Golf spielen, in exklusiven Boutiquen Shoppen und fein Essengehen. Wer sich dennoch nach weiterer Bewegung sehnt, kann das über 1000 m hoch gelegene Bergdorf **Kalârdasht** aufsuchen, wo es vielfältige Wandermöglichkeiten gibt. Zu erreichen ist Kalârdasht über das Richtung Teheran gelegene Marzan Âbâd, von wo aus man etwa 20 km nach Westen ins Alborz-Gebirge fährt. In den Wintermonaten besteht hier die Möglichkeit zum Skilanglauf.

Sâri

Die Provinzhauptstadt Mâzandarâns (seit 1937) ist wesentlich kleiner und ruhiger als Rasht und weist noch einige Häuser im typischen Mâzandarâni-Stil mit spitzen Holzdächern auf. Das Stadtzentrum liegt um den **Meidân-e Haft-e Tir**, der auch **Meidân-e Sâ'at** (»Platz der Uhr«) genannt wird. In südwestlicher Richtung erstreckt sich beiderseits der Jomhuri-ye-Eslami-Straße der Bazar. Während sich der Bahnhof rund 1 ½ km südlich des Zentrums befindet, liegt die Busstation im Nordosten der Stadt.

Von den Sasaniden gegründet, fungierte Sâri mehrere Jahrhunderte als Hauptstadt der Provinz Tabarestân, was bedeutende sasanidische Gold- und Silberfunde in der Region bestätigen. Auch nach der arabischen Eroberung blieb Sâri zunächst Verwaltungszentrum, bis die Taheriden im 9. Jh. Âmol zur neuen Provinzhauptstadt erhoben. Im 13. Jh. wurde Sâri von den Mongolen, im 14. Jh. von den Truppen Timurs zerstört.

Zu den bedeutendsten Sehenswürdigkeiten zählen zwei Grabtürme aus dem 15. Jh., die sich in der Nähe des Bazars befinden. Das **Imâmzâde Yahyâ** (gest. 799) ist ein einfacher runder Ziegelturm, der von einem etwa 20 m hohen achteckigen Kegeldach gekrönt wird. Bestattet wurde hier, wie es heißt, Yahyâ, ein Sohn des siebten Imam Musâ al-Kâzem.

Der ebenfalls aus Ziegeln errichtete **Borj-e Soltân Zein al-Âbedin** besitzt einen quadratischen Grundriß sowie ein achteckiges konisches Dach. Noch heute sind einige Überreste des originalen blauen Fliesenschmucks zu sehen. Im Inneren befinden sich die Holzsarkophage von Soltân Zein al-Âbedin und Soltân Amir Shams ad-Din.
Außerhalb der Stadt erhebt sich im Osten ein dritter Grabturm. Das achteckige, im Jahr 1491 errichtete **Imâmzâde Abbâs** besitzt gleichfalls ein konisches Dach. Im Gegensatz zu den beiden anderen Grabtürmen sind hier Pilgerunterkünfte angeschlossen.

Âmol

Rund 70 km westlich von Sâri liegt abseits vom Kaspisee die Kleinstadt Âmol, die im 9. Jh. von den Taheriden Hauptstadt der Provinz Tabarestân wurde. Im 10. und 13. Jh. war die am Hazar-Fluß gelegene Stadt berühmt für ihre glasierte Keramik. Nach der Eroberung durch die Mongolen verlor Âmol im 13./14. Jh. an wirtschaftlicher und politischer Bedeutung. Erhalten haben sich noch einige Häuser im typischen Mâzandarâni-Stil mit spitzen Dächern, Holzveranden und bunten Glasfenstern.
Die bedeutendste Sehenswürdigkeit ist das **Mashhad-e Mir Bozorg**, das unmittelbar nördlich von Âmol am Westufer des Hazar-Flusses liegt. Das große rechteckige Ziegelmausoleum wurde unter Shâh Abbâs I. anstelle eines von Timur zerstörten Schreins erbaut. Der erst kürzlich restaurierte Grabbau ist von einer roten Ziegelkuppel überwölbt, die einst mit blaugrundigen Fliesen bedeckt war. In der quadratischen Grabkammer sind Überreste der safawidischen Fliesendekoration zu sehen.
Noch zwei weitere Mausoleen sind in Âmol zu besichtigen: Das **Imâmzâde Ebrâhim**, ein Ziegelturm aus dem 16. Jh., sowie der achteckige Grabturm **Maqbare-ye Mir Heidar**, auch Boq'e-ye Se-Seyyed oder Se-Tan genannt, der aus dem 12. Jh. datiert, jedoch in weiten Teilen neu erbaut wurde.

Bâbol

Etwa 30 km von Âmol entfernt liegt das zu Beginn des 16. Jh. gegründete *Barfurush*, das heutige Bâbol. Bis ins frühe 19. Jh. war die Hafenstadt am Fluß eine der bedeutendsten Städte Mâzandarâns, die eng mit dem Kaspihafen Bâbolsar verbunden war.
Etwa 4 km östlich der Stadt befindet sich inmitten eines alten Friedhofs im Dorf Soltân Mohammad Tâher ein sehenswerter Grabturm aus dem späten 15. Jh. Trotz seiner einfachen Struktur stellt das **Maqbare-ye Soltân Mohammad Tâher** einen Höhe-

punkt in der iranischen Grabarchitektur dar. Der mit einem umlaufenden Fries und Nischen geschmückte Turm ist von einem polygonalen Dach bedeckt. Die originale holzgeschnitzte Tür führt in die Grabkammer, wo sich der geschnitzte Holzsarg von Soltân Mohammad Tâher befindet.

Behshahr

Auf halbem Weg zwischen Sâri und Bandar-e Torkman liegt die verschlafene Kleinstadt **Behshahr**, die vor allem von ihrer Baumwollspinnerei lebt. Die im Süden der Stadt gelegenen bewaldeten Hügel bieten sich für kurze Wanderungen an.

Auf einem dieser Hügel südwestlich von Behshahr, dem *Kuh-e Kâkh*, der von der Ayatollah-Tâleqâni-Straße leicht zu erreichen ist, befinden sich die Überreste des **Safi-Âbâd-Palastes** (*Kâkh-e Safi-Âbâd*). Der von Shâh Abbâs I. im Jahr 1612 erbaute Palast war ursprünglich Teil einer wesentlich größeren Palastanlage, die inmitten eines Gartens mit Wasserbecken (Bâgh-e Shâh) plaziert war. Um den Komplex herum entstanden bald mehrere Wohnhäuser, die allmählich die Stadt Ashraf bildeten, das heutige Behshahr.

Die Palastanlage wurde während der türkischen Invasion stark zerstört, so daß heute nur noch der Safi-Âbâd-Palast zu sehen ist. Die königliche Sommerresidenz ist wesentlich kleiner und einfacher als jene Paläste, die Shâh Abbâs zur gleichen Zeit in Isfahan errichten ließ, und lebt vor allem von ihrer schönen Lage. Gegenwärtig kann der Palast nicht besichtigt werden, da auf dem Hügel ein militärischer Stützpunkt errichtet wurde.

Gorgân

Die Hauptstadt der erst im Juni 1997 geschaffenen Provinz Gorgân stellt nach Rasht die größte Kaspistadt dar. Im frühen 8. Jh. von den Arabern gegründet, war Gorgân im 10. und 11. Jh. Sitz der Ziyaridenherrscher, bis diese gezwungen waren, die Oberherrschaft der Ghazna-

Ein Italiener in Mâzandarân

Der Italiener Della Valle, der im 17. Jh. Persien bereiste und in Safi-Âbâd sogar mit Shâh Abbâs I. zusammentraf, war von der landschaftlichen Schönheit Mâzandarâns und der Gastfreundschaft seiner Bewohner überaus begeistert:

»Mâzandarân ist die schönste Landschaft, die ich bisher gesehen habe, und seine Bewohner zählen zu den besten und höflichsten Menschen der Welt ... Wir fanden das Tal ganz mit Reis bepflanzt, der in Mâzandarân dank dem Reichtum an Wasser und der Feuchtigkeit des Grundes in großen Mengen angebaut wird und sozusagen die einzige oder wenigstens die hauptsächliche Nahrung der Bewohner ergibt. Getreide bauen sie nämlich nicht an; entsprechend haben sie auch kein Brot außer ihrem Reisbrot ... Die Frauen schauen für meinen Geschmack gar schön und anmutig drein, um so mehr, als sie im Unterschied zu allen andern Musliminnen das Gesicht nicht verschleiern und auch den Männern nicht aus dem Wege gehen. Mit allen verkehren sie offenen Antlitzes und ganz frei und plaudern aufs artigste.«

Turkmenische Frauen beim Filzwalken

viden anzuerkennen. Gorgâns weitere Geschichte ist durch seine besondere Lage in der Grenzregion zwischen dem fruchtbaren Küstenstreifen und der Turkmenensteppe geprägt. So entwickelte es sich zu einem bedeutenden Karawanenstopp und zum Hauptmarkt für die nomadisierenden Turkmenen – und damit zum Treffpunkt zweier ganz unterschiedlicher Lebensweisen. Durch ihre Nähe zum Steppengebiet wurde die Stadt mehrfach von kriegerischen Turkmenen erobert. Im 19. Jh. erhielt das damalige *Astar Âbâd*, das als solches Hauptstadt der gleichnamigen Provinz war, daher mächtige Mauerwerke.

Heute ist Gorgân eine lebendige Stadt, in der Perser, Turkmenen sowie die Nachfahren anderer Nomadenstämme, die im 18. und 19. Jh. aus Westiran umgesiedelt und seßhaft gemacht wurden, einträchtig zusammenleben. Als nördlicher Endpunkt der transiranischen Eisenbahn lebt Gorgân insbesondere von der Vermarktung von Baumwolle und Getreide.

In den vielen kleinen Gassen im Stadtzentrum, vor allem im Bazar, sind noch einige traditionelle Wohnhäuser mit spitz zulaufenden Dächern und Holzveranden zu sehen. Viele historisch interessante Gebäude wurden jedoch durch Erdbeben zerstört.

Im Zentrum Gorgâns liegt im Bazar die aus seldschukischer Zeit datierende **Freitagsmoschee**, die mit ihren flachen Walmdächern ein typisches Beispiel der Kaspi-Architektur darstellt. Sie wurde unter den Safawiden mehrfach restauriert und verändert, so daß heute nur noch das runde, auffallend kurze und stämmige Ziegelminarett seldschukischen Ursprungs ist. Das mit Ziegelornamenten und einer Kufi-Inschrift verzierte Hoheitszeichen wird durch ein quadratisches Holzdach bedeckt. Im Innern der Moschee befinden sich ein interessanter Mihrab sowie eine aus dem 15. Jh. stammende Kanzel (Minbar).

Rund 200 m westlich der Freitagsmoschee erhebt sich das **Imâmzâde Nur**, ein aus dem 14. oder 15. Jh. datierender polygonaler Grabturm. Seine Außenwände sind mit einfachen Ziegeldekorationen geschmückt, die westliche Außenwand zeigt ein frühes Beispiel von Mukarnas-Verzierung. Die aus dem 15. Jh. datierende Holztür ist normalerweise verschlossen. Im Innern befinden sich ein Mihrab sowie ein Holzsarg.

Gonbad-e Qâbus

An der Straße von Gorgân nach Mashhad liegt die turkmenische Kleinstadt Gonbad-e Qâbus. Sie beherbergt den wohl eindrucksvollsten Grabturm Irans, den **Gonbad-e Qâbus** (1006), der bei den Einheimischen *Mil-e Gombad* genannt wird. Erbaut wurde er von dem Ziyaridenherrscher Qâbus ibn Vushmgir (gest. 1012). Schon von weitem ist der 51 m hohe Ziegelturm sichtbar, der sich auf einem runden, etwa 12 m hohen Fundament von rund 17 m Durchmesser erhebt. Der Gonbad-e Qâbus gilt als der früheste *mehrkantige* Grabturm Irans: Obwohl im Inneren kreisrund, erhält er durch zehn dreieckig vorspringende Pfeilerstreben an der Außenwand einen sternförmigen Grundriß. Faszinierend ist der

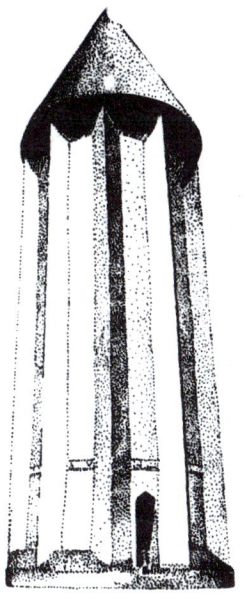

Grabturm Gonbad-e Qâbus

Die Entdeckung des Gelehrten al-Biruni

Der Ziyaridenherrscher Qâbus ibn Vushmgir, der in den Jahren 976 bis 981 und 988 bis 1012 in Gorgân regierte, war ein kunstsinniger Mensch: Selbst ein Dichter und Kalligraph von Ruf, versammelte er an seinem Hof zahlreiche Künstler und Wissenschaftler. Auch **al-Biruni** (gest. um 1050), einer der größten Universalgelehrten des islamischen Mittelalters, lebte von 998 bis 1007 in Gorgân. Hier verfaßte der in Mathematik, Astronomie, Geographie und Geschichte gleichermaßen bewanderte Gelehrte das erste seiner insgesamt rund 200 wissenschaftlichen Werke.

Bei seinen Studien machte al-Biruni eine spektakuläre Entdeckung: Er gelangte zu dem Schluß, daß die Erde eine Kugel sei, die sich um ihre eigene Achse drehe und gemeinsam mit anderen Planeten die Sonne umkreise. Diese bereits um 275 v. Chr. von dem Griechen Aristarchos von Samos gemachte Entdeckung geriet jedoch erneut für mehrere Jahrhunderte in Vergessenheit - bis Kopernikus, Kepler und Newton sie mit ihren Forschungen wissenschaftlich untermauerten.

Grabturm vor allem durch seine formstrenge Einfachheit und die Klarheit seiner Linien.
Der sich nach oben leicht verjüngende Schaft wird lediglich von zwei schmalen, gleichlautenden Inschriftenbändern geschmückt, die einst mit Stuck überzogen waren: Eines verläuft etwa einen Meter über dem Eingang, das andere unmittelbar unter dem Gesims des 18 m hohen Kegeldaches. In der Laibung des Eingangsbogens wurden ein einfaches Rautenmuster sowie eine zweireihige Mukarnas-Verzierung angebracht, die ebenfalls mit Stuck überzogen waren – die Mukarnas-Zwickel zählen zu den frühesten ihrer Art in Iran.
Das schlanke Kegeldach aus rund geformten Ziegeln besitzt ein nach Osten ausgerichtetes Fenster. Eine frühe arabische Quelle erzählt, daß der Leichnam Qâbus' in einem gläsernen Sarg an Ketten in der Kuppel aufgehängt worden sei, vermutlich an der Stelle, wo das Licht am frühen Morgen durch das Ostfenster auf ihn fiel. Heute ist der Grabturm leer und der einzige Zugang meist verschlossen.

Sadd-e Eskandar

Unmittelbar westlich von Gonbad-e Qâbus befinden sich Überreste einer historischen Mauer, die parallel zum Gorgân-Rud bis in die Nähe des Kaspisee führte. Die Legende schreibt die Errichtung des **Sadd-e Eskandar** (»Alexanderdamm«) genannten Walls Alexander dem Großen zu. Wahrscheinlich wurde die ursprünglich etwa 150 km lange Mauer jedoch erst in der Parther- oder Sasanidenzeit als Schutzwall gegen kriegerische Nomadenstämme aus dem Norden errichtet. In späterer Zeit wurden die Lehmziegel von den Bewohnern aus der Umgebung als Baumaterial benutzt, so daß heute nur noch die bis zu 5 m breiten Fundamente zu erkennen sind. Da sich der Wall nahe der Grenze zu Turkmenistan erstreckt, sollte man das Gebiet nicht ohne schriftliche Erlaubnis der Gemeindeverwaltung (*Farmândâri*) in Gonbad-e Qâbus oder Gorgân aufsuchen.

Golestân-Nationalpark

Östlich von Gorgân liegt der 1957 eingerichtete **Golestân-Nationalpark**, der 91.895 ha umfaßt. Wegen seiner vielfältigen Pflanzen- und Tierwelt ist er einer der interessantesten Nationalparks Irans. Wildschweine, Gazellen und Steinböcke sowie zahlreiche Vogelarten sind relativ leicht zu beobachten. Bemerkenswert ist, daß sich der Park über zwei völlig unterschiedliche Klimazonen erstreckt und daher sowohl dichte Wälder als auch semi-aride Steppen aufweist.

Reisfelder in Mâzandarân

Der Nordwesten

Der Nordwesten Irans, der heute die fünf Provinzen Zanjân, Qazwin, Ardabil, Ost- und West-Aserbeidschan umfaßt, ist vor allem ein Bergland. Seine höchsten Punkte bilden die beiden erloschenen, vergletscherten Vulkane Sabalân (4740 m) und Sahand (3710 m), doch selbst der tiefste Punkt des Gebiets, der Orumiye-See, liegt noch 1280 m hoch. In diesem Bergland herrscht typisches Kontinentalklima mit langen, schneereichen Wintern (bis zu -25° C) und hohen sommerlichen Temperaturen (bis zu 30° C). Sowohl die im Herbst und Winter beträchtlichen Niederschläge als auch die im Frühjahr aus den Bergen abfließenden Schmelzwässer kommen der Landwirtschaft zugute: Neben Weizen und Gerste gedeihen hier Äpfel, Birnen, Pflaumen, Erbsen, Bohnen und Zwiebeln, im Süden Aserbeidschans darüber hinaus Gurken, Weintrauben, Melonen und Aprikosen.

Stadttor von Qazwin im 19. Jh.

Nördlich des gebirgigen Hochlandes liegt das Tiefland der Moghân-Steppe. Aufgrund seines heißen und trockenen Sommerklimas wachsen hier lediglich Kurzgräser und einige Kleesorten. Das Hochland von Aserbeidschan dagegen war, wie mittelalterliche arabische Geographen und europäische Reisende einhellig berichten, früher von Wald bedeckt. Heute ist es, von den bewässerten Gebieten abgesehen, fast baumlos – das Resultat extensiver Abholzung in den vergangenen Jahrhunderten.

Spuren menschlicher Besiedlung lassen sich in Nordwestiran bis ins 7. vorchristliche Jt. zurückverfolgen; *Dalma Tepe* südlich des Orumiye-Sees mag hier stellvertretend für zahlreiche neolithische Siedlungen im gebirgigen Hochland stehen. Ihre Blütezeit erlebte die Region jedoch erst unter der Herrschaft der Mongolen. Sie errichteten hier das Zentrum ihres Reiches, da ihnen das Hochland von Aserbeidschan ideale Sommer- und Winterweidemöglichkeiten für ihre Herden bot. Noch heute nutzen Nomadenstämme das Hochgebirgsmassiv des Sabalân als Sommerweidegebiet, nicht selten bis in Höhen von 4000 m hinauf, wo dank der Schmelzwässer die Wiesen bis in den August hinein grün sind.

Imâmzâde Hosein in Qazwin, auf dem Schriftband steht: »Die islamische Kleidung der Frau ist das Zeichen ihrer Würde.«

DER NORDWESTEN

■Die Provinzen Qazwin und Zanjân

Qazwin

Die 125 km westlich von Teheran liegende Stadt bildete in der Vergangenheit einen bedeutenden Schnittpunkt zwischen Kleinasien und Mesopotamien. Gegründet von Shâpur I. und nach ihm *Shâd Shâpur* genannt, prosperierte Qazwin vor allem unter den Seldschuken – zu jener Zeit, als unweit von Qazwin die berüchtigte Sekte der Assassinen agierte. Ihr Begründer, Hasan Sabbâh, wurde vermutlich hier begraben.

Von den Truppen Dschingis Khans völlig zerstört, erlebte Qazwin einen neuen Aufschwung, als es Shâh Tahmâsp I. (1529 bis 1598) zur Hauptstadt des Reiches erhob. Obwohl der Safawide ehrgeizige Pläne zum Ausbau der Stadt verfolgte, blieben die Bauten hinter denen Isfahans zurück. Heute erinnern noch das Monumentaltor Ali Qâpu und Teile der Hauptmoschee an die ehemalige Residenzfunktion der Stadt.

Bis heute ist Qazwin das wirtschaftliche und administrative Zentrum des gesamten westlichen Alborzvorlandes. Unter dem Schahregime entstand vor seinen Toren der erste iranische Industriepark. Die traditionellen Quellen seines Wohlstandes waren jedoch Weinbau und Weinproduktion – die »Stadt des Rotweins« ist weithin berühmt für ihre kernlosen Trauben. Als das Weintrinken mit der Herrschaft der Ayatollahs verboten wurde, ging es mit Qazwin zunächst bergab. Schwere Unruhen brachen zudem im August 1994 aus, als das Parlament einen Gesetzesentwurf ablehnte, der die Schaffung einer eigenen Provinz Qazwin vorsah. Im Januar 1997 wurde Qazwin dann doch Provinz und kann nun die staatlichen Gelder, die zuvor über die Provinzhauptstadt Zanjân geleitet wurden, direkt empfangen.

Übrigens entstand vor einigen Jahren in Qazwin die erste Kondom-Fabrik Irans, die Geschäftspartner zum Export nach Europa sucht.

Besichtigung

Trotz mehrfacher Zerstörungen durch Erdbeben sind in Qazwin einige interessante Bauwerke zu besichtigen. Von den insgesamt acht qajarischen Stadttoren haben sich allerdings nur zwei erhalten. Im Norden der Stadt liegt an der Khiâbân-e Hafis das **Darb-e Kushk**, das mit blauen, gelben und weißen Fliesen geschmückt ist. Oberhalb des zentralen Bogens befindet sich zweimal ein altes iranisches Königssymbol, das eine Sonne über dem Rücken eines Löwen zeigt, wobei die Krone des Löwen später entfernt wurde. Das **Darvâze-ye Tehrân**, das Stadttor nach Teheran, befindet sich am östlichen Ausgang von Qazwin am Qadim-Tehrân-Platz und wurde in den 60er Jahren restauriert.

Das bedeutendste Bauwerk Qazwins ist die westlich der Shohadâ-Straße gelegene **Freitagsmoschee**, deren älteste Teile aus dem späten 8. Jh. datieren. Legenden besagen, daß der Kalif Hârun ar-Rashid ihren Bau veranlaßt habe, als er in Qazwin weilte. Unter dem Seldschukenherrscher Malik Shâh wurde sie zu einer Vier-Iwan-Moschee erweitert. Auch unter den Safawiden wurde sie mehrfach restauriert; vor allem das Dekor geht fast völlig auf die späte Safawidenzeit zurück. Aus der Zeit Malik Shâhs stammt nur noch der quadratische Mihrabsaal, der mit 15 m Breite eine der größten seldschukischen Kuppeln besitzt. Der seldschukische Mihrab, der sehr groß gewesen sein soll, ist nicht mehr erhalten; der heutige Hauptmihrab stammt aus mongolischer Zeit. Sehenswert sind die beiden prachtvollen Inschriftenbänder, die auf Fayencegrund den ganzen Raum umlaufen.

Südlich der Freitagsmoschee liegt in der Khiâbân-e Salâmgâh das **Imâmzâde Hosein**. In dem Grabbau wurden ein 821 in Qazwin verstorbener Sohn von Imam Rezâ sowie Familienangehörige der Safawidendynastie beigesetzt. Das Grabmal wurde im 16. Jh. von Shâh Tahmâsp I. erbaut und 1630 von seiner Tocher Zainab Begum erweitert. Umgeben ist es von einem ummauerten Gartengelände, das Wasserbecken und Fontänen aufweist. Der überwiegend blau-

gelbe Fliesendekor von Kuppel und Eingangsportal datiert aus dem 19. Jh.; der Portalbau ist zudem mit sechs gefliesten Zierminaretten ausgestattet. Auch die Spiegelmosaike der Vorhalle, an deren Seiten zwei Eingänge – für Frauen und Männer getrennt – zum Grab führen, stammen aus dem 19. Jh.
Am südlichen Ende der Khiâbân-e Mowlavi befindet sich der qajarische **Hammam Mohammad Rahim**, der einige schlichte Stuck- und Mukarnasverzierungen aufweist. Ihm gegenüber liegt das sehenswerte **Wohnhaus von Mohammad Rezâ Amini**, einem qajarischen Kaufmann, das heute als *Hoseiniye* fungiert. Das Innere des Hauses ist reich mit farbigen Glas- und Spiegelmosaiken verziert, Türen und Fenster sind mit geschnitzten Holzverkleidungen ausgestattet. Schön sind vor allem die farbig verglasten Fenster – einzelne Fenster dieser Art können Liebhaber in kleinen Werkstätten in Qazwin erstehen.
Wenn man die Khiâbân-e Mowlavi Richtung Norden weitergeht, gelangt man rechter Hand zum attraktiven qajarischen **Bazar**, dessen Gassen überdacht sind. Östlich des ausgedehnten Handelszentrums erhebt sich die **Masjed-e Nabi**, die »Moschee des Propheten«, eine der größten Vier-Iwan-Moscheen Irans.
Östlich der Moschee liegt in einem Park südlich des Âzâdi-Platzes der kleine safawidische **Chehel-Sotun-Pavillon**. Das zweistöckige Gebäude gilt als typisch für die Arkaden-Pavillons der Safawidenzeit, wie sie auch in Isfahan erbaut wurden. Im restaurierten Inneren sind an Decke und Wänden noch Fragmente der früheren Malereien zu sehen; auch die geschnitzten Holztüren haben sich erhalten. Nahe dem Eingang ist heute ein schöner safawidischer Holzsarg plaziert. Im zweiten Stock befindet sich ein kleines **Museum**, das Gegenstände aus neolithischer bis qajarischer Zeit präsentiert.
Rund 500 m südlich des Chehel-Sotun-Pavillons liegt der **Ali-Qâpu-Torbau**, die »Hohe Pforte«. Der von Shâh Tahmâsp I. in Auftrag gegebene Bau bildete ursprünglich den Eingang zu einer größeren safawidischen Palastanlage, die heute nicht mehr existiert. Bemerkenswert ist vor allem seine Südfassade; die Thulth-Inschriften stammen von Rezâ Abbâsi. Heute ist in dem Torpalast die Polizei untergebracht.
In einer Gasse etwa 250 m südöstlich des Ali Qâpu liegt die **Haidariye-Medrese**, die in qajarischer Zeit um eine kleine seldschukische Moschee errichtet wurde. Daß es sich bei dem im 12. Jh. errichteten Sakralbau um eine *Kioskmoschee* handelt, ist wegen der fehlenden Kuppel heute nicht mehr zu erkennen. Erhalten ist noch der sehr schöne original-seldschukische Mihrab, dessen geschnitzter Stuckdekor Kufi-Inschriften und dreidimensional gestaltete Arabesken aufweist. Die sehr gut erhaltene Dekoration der Wände verbindet exquisite, einst farbige Stuck-Inschriften und –

Ornamente mit geometrischem Ziegeldekor. Mukarnas-Nischen umrahmen die kleineren Seitenportale.

Im Osten Qazwins liegt an der Khiâbân-e Mahmudiye (westlich der Khiâbân-e Ayatollah Kâshâni) der kleine **Grabturm von Hamdollâh Mostowfi**. Der aus der späten Mongolenzeit (15. Jh.) datierende Grabbau wurde für den aus Qazwin stammenden Geographen und Historiker Hamdollâh Mostowfi (gest. um 1350) errichtet, der unter dem Ilkhaniden Oljâitu Minister war. Der quadratische Ziegelbau besitzt ein fliesengeschmücktes Kegeldach sowie eine unterirdische Krypta.

Soltâniye

Während die meisten iranischen Städte unter den Wirren und Verwüstungen der Mongolenzeit schwer litten, prosperierte im Nordwesten Irans die städtische Kultur: Nicht nur die Residenzstädte der Ilkhâne, auch die an der Seidenstraße nach China gelegenen Orte entwickelten sich unter ihrer Herrschaft zu bedeutenden überregionalen Handelszentren. Zudem kam es im Nordwesten vereinzelt zu Städtegründungen, zu denen auch das etwa 45 km von Zanjân entfernte Soltâniye zählt, die »Sultansresidenz«.

Das kühle Sommerklima sowie die fruchtbaren Weidegründe machten die Region für die mongolischen Herrscher attraktiv. Um 1270 begann der Ilkhân Arghun mit dem Bau einer ummauerten Stadt, die anstelle von Tabriz neue Reichshauptstadt werden sollte. Sein Sohn **Oljâitu** setzte die Arbeiten fort, und in rascher Folge entstanden eine von einer steinernen Mauer umgebene Zitadelle, ein Palast in Form eines hohen Pavillons sowie eine prächtige Moschee – denn Oljâitu war unter dem Namen Mohammad Khodâbande vom Christentum zum Islam übergetreten. Tatsächlich wetteiferte der Ilkhân mit seinen beiden Wesiren Rashid ad-Din und Tâj ad-Din Ali Shâh um den Ausbau der Stadt – letztere taten sich vor allem mit der Anlage großzügiger Wohnviertel hervor. Im Jahr 1313 war der Bau der Stadt vollendet und wurde mit einem glanzvollen Fest begangen.

Mit dem Ende der Ilkhaniden begann jedoch schon der Niedergang der Stadt, die im Jahr 1384 von den Timuriden fast völlig zerstört wurde. Mit der Verlagerung des politischen Zentrums nach Isfahan Ende des 16. Jh. verlor die »Sultansresidenz« vollends an Bedeutung. Eine kurze Blüte erlebte Soltâniye erst wieder zu Beginn des 19. Jh., als der Qajaren-Herrscher Fath Ali Shâh die alte Tradition der Sommerresidenz wieder aufnahm und in der Nähe von Soltâniye ein Jagdschloß errichten ließ. Doch auch das neue **Soltân Âbâd** wurde nach dem russisch-persischen Krieg 1828 aufgegeben. Heute zählt Soltâniye, das am besten mit dem Minibus von Zanjân (ca. ½ Stunde) zu erreichen ist, rund 5000 Einwohner.

DER NORDWESTEN

Besichtigung

Vom einstigen Glanz der Stadt zeugen nur noch die Überreste des monumentalen **Kuppelmausoleums von Oljâitu**, das allein jedoch den Besuch der Stadt lohnt. Ursprünglich hatte Oljâitu, der zeitweise der schiitischen Lehre anhing, das Grabmal errichtet, um hier die Leichname der Imame Ali und Hosein beisetzen zu lassen. Die Überführung der Leichen aus den irakischen Städten Najaf und Kerbela scheiterte jedoch an der Weigerung der dortigen Bevölkerung, die einträglichen Reliquien herauszugeben, und im Jahr 1313 wurde der Ziegelbau zum Mausoleum des Ilkhân bestimmt. Im 16. Jh. ließ Shâh Tahmâsp I. den Grabbau restaurieren, und noch Della Valle und Olearius fanden ihn in gutem Zustand. Wegen Einsturzgefahr wurde er seit den 60er Jahren dieses Jahrhunderts gesichert und restauriert.

Schon von weitem ist der mächtige oktonale Ziegelbau mit seiner charakteristischen Spitzkuppel zu sehen. Mit einer Kuppelhöhe von 51 m und einem Kuppeldurchmesser von 25,5 m stellt das Mausoleum eines der größten Gebäude des islamischen Iran dar und reicht fast an die Maße der Hagia Sophia in Istanbul heran (Kuppelhöhe 55 m, Durchmesser etwa 31 m). Bau und Ausgestaltung des Mausoleums sind typisch für die ilkhanidische Kunst – und die Prachtliebe der Mongolen: Obwohl sie bezüglich Konstruktion und Dekoration keine neuen Techniken einführten, ver-

Eingang zum Bazar in Qazwin im 19. Jh.

feinerten sie die alten Traditionen und steigerten sie gleichzeitig ins Monumentale. Fast alle bisher bekannten Schmuckmethoden gelangten im Dekor des Grabmals zur Anwendung: Neben das kunstvoll gefügte Verblendziegelwerk und reliefartigen Stuck treten farbige Glasuren als Belag ganzer Flächen (Kuppel) oder als Muster auf dem Grund des Ziegelockers zusammengefügt (Minarette). Mit dieser vielfältigen Dekoration zählt das Mausoleum zu den künstlerisch bedeutendsten Werken der persisch-islamischen Architektur.

Reich geschmücktes Arkadengewölbe im Mausoleum von Oljâitu

Das Mausoleum besitzt einen inneren Durchmesser von 26 m, seine Mauern sind rund 7 m dick. Es war ursprünglich von mehreren Nebengebäuden umgeben, deren Spuren noch im Außenputz der Ost-, West- und Nordwände zu erkennen sind. Sie sind heute, ebenso wie die eisernen Fenstergitter und die drei Stahltüren, verschwunden.

Im Innern werden die Mauern des Oktogons von acht hohen Nischen durchbrochen, über denen sich eine reich geschmückte Galerie befindet, die sich durch dreifache Bogen nur nach außen öffnet. Über diesen Bogen verläuft ein reiches Mukarnas-Gesims, das mit Mosaik aus türkisfarbenen und schwarzen Plättchen verziert ist. Über dem Gesims erheben sich die Stümpfe von acht schlanken, mit blauen Fliesen verkleideten Rundminaretten, die die Spitzkuppel einst wie eine Krone umgaben.

In seiner ersten Phase als bedeutendes schiitisches Heiligtum war der Grabbau im Innern verschwenderisch mit Mustern aus hell- und dunkelblau glasierten Ziegeln ausgeschmückt, die mit Ziegeln von stumpfer Oberfläche und Terrakotta-Reliefplatten abwechselten. In die gleiche Zeit gehören die wunderbar verzierten und bemalten Gipsgewölbe der oberen Galerie, wo Ziegelmauerung mit skulptierten Medaillons nachgeahmt ist. In der zweiten Periode, nachdem der Bau zum Grabmal des Ilkhâns bestimmt worden war, wurde ein großer Teil des Dekors mit einer dicken weißen Stuckschicht überzogen, auf der man Inschriften und Blumenmuster in blauer Farbe anbrachte.

Im Dorf befindet sich ein weiterer, kunsthistorisch allerdings weniger bedeutender oktonaler **Grabturm** aus dem 14. Jh., das Mausoleum von Mullah Hasan, das wie das Kuppelmausoleum von Oljâitu die Zerstörung Soltâniyes durch Timurs Truppen unbeschadet überstand.

Folgende Doppelseite:
Mausoleum von Mullah Hasan in Soltâniye

Die Burg der Assassinen

Nordöstlich von Qazwin, in der Nähe des Dorfes Gâzor Khân, liegen inmitten des Alborz-Gebirges die Überreste der sagenumwobenen Festung **Alamut** (»Adlerhorst«), auch »Festung der Assassinen« (*Dezh-e Hashishiyun*) genannt. Obwohl vom Bau selbst nicht mehr viel erhalten geblieben ist, lohnt die grandiose Landschaft einen Besuch allemal.

Die Assassinen

Im 12. und 13. Jh. kursierten in Europa zahlreiche fantastisch-gruselige Schilderungen über eine in Persien und Syrien beheimatete schiitische Sekte, die die Kreuzfahrer »Assassinen« nannten – abgeleitet vom arabischen Wort *Hashishiyun* (»Haschischraucher«). Der religiöse Hintergrund der Gruppierung blieb den Europäern verborgen; ihnen galten die Assassinen lediglich als gedungene Mörder, die heimtückisch, wahllos und aus Habgier mordeten – wie der europäische Sprachgebrauch des Wortes *Assassin* noch heute zeigt. »Sie verkaufen sich, dürsten nach Menschenblut, töten Unschuldige gegen Bezahlung, scheren sich weder um das Leben noch um die Erlösung«, schrieb der deutsche Kleriker Brocardus im Jahr 1332.

Tatsächlich handelte es sich bei den Assassinen um eine **ismailitische Splittergruppe**, die den politisch motivierten Mord als Teil ihres Kampfes gegen die herrschende sunnitische Orthodoxie begriff. Die *Ismailiten* oder »Siebenerschiiten« hatten sich nach dem Tod des sechsten Imam im Jahr 765 von den übrigen Schiiten abgespalten, da sie nicht den jüngeren Sohn des Verstorbenen, sondern dessen älteren Bruder Ismail als legitimen Nachfolger anerkannten.

Weitreichende politische Macht erhielt die lange im verborgenen wirkende Gruppierung, als es der ismailitischen Dynastie der **Fatimiden** im Jahr 969 gelang, Ägypten zu erobern. Im neugegründeten Kairo errichteten sie mehrere religiöse Hochschulen, wie die berühmte Azhar-Universität, an denen ismailitische Missionare (arab. *Dâ'i*) ausgebildet wurden. Diese wurden als Propagandisten auch nach Persien und Zentralasien geschickt, wo sie viele Muslime zur neuen Lehre bekehrten – unter ihnen den berühmten Dichter und Philosophen Nâser Khosrow sowie **Hasan Sabbâh** (gest. 1124), den späteren Begründer der Assassinen.

Sabbâh war erstmals in seinem Heimatort Ray, das seit dem 9. Jh. ein Zentrum der *Dâi's* war, mit der ismailitischen Doktrin in Kontakt gekommen; später wurde er selbst drei Jahre in Ägypten geschult. Nach seiner Rückkehr begründete er die Sekte der **Assassinen**, die gleichsam eine Häresie innerhalb einer Häresie darstellt.

Sabbâhs religiös-revolutionärer Kampf galt zum einen der Erneuerung der Ismailiya, die durch die zunehmende Regierungsschwäche der Fatimiden im Verfall begriffen war. Zum anderen richtete er sich gegen die »despotischen« sunnitischen Herrscher in Persien und Syrien. Die Assassinen fühlten sich im Krieg gegen eine illegitime Herrschaft; ihr Ziel war der Umsturz der bestehenden Ordnung, um sie durch eine bessere zu ersetzen. Anders als in den mittelalterlichen europäischen Quellen behauptet, war Sabbâhs Kampf nicht primär gegen die Kreuzfahrer gerichtet.

Im Jahr 1090 gelang es Sabbâhs Anhängern, durch einen Trick die entlegene Burgfeste **Alamut** einzunehmen. Bis zu seinem Tod im Jahre 1124 sollte Sabbâh seine Behausung nicht

PROVINZEN QAZWIN UND ZANJÂN

Die ursprüngliche Festung war in den Jahren 860–861 erbaut worden, wahrscheinlich von religiösen Flüchtlingen, die hier vor dem abbasidischen Kalifen Schutz suchten. Um 1090 eroberte der Ismailit Hasan Sabbâh die Burg und bezog sie mit seinen Anhängern, den »Assassinen«. Sie unternahmen große Veränderungen, so daß die Festung neben den Wohnquartieren nun auch Moscheen, Gärten, hauswirtschaftliche und Werkräume, Ställe, Brunnen und Bewässerungskanäle umfaßte. Damit wurde Alamut, das

mehr verlassen: »Er war damit beschäftigt, Bücher zu lesen, Missionstexte zu Papier zu bringen und die Geschäfte seines Reiches zu führen. Sein Leben war asketisch, mäßig und fromm«, heißt es bei dem mittelalterlichen Historiker Rashid ad-Din. Von Alamut aus dirigierte Sabbâh die militärischen Unternehmungen seiner Anhänger, und in den folgenden Jahren eroberten die Assassinen zahlreiche weitere Burgen.

Als der Seldschukenherrscher Malik Shâh im Jahr 1092 mit einem zahlenmäßig weit überlegenen Heer die Festungen in Alamut und Kuhestân angriff, wurde er vernichtend geschlagen. Dennoch verfiel Sabbâh kurz darauf auf eine besonders perfide Waffe: **Selbstmordattentate** auf gezielte hohe Persönlichkeiten. Nun setzte eine beispiellose Serie von Attentaten auf Monarchen, Minister, Generale oder hohe religiöse Würdenträger ein – als erster fiel den Assassinen im Jahr 1092 der mächtige seldschukische Wesir Nizâm al-Mulk zum Opfer.

Während ihre Umgebung die Kämpfer abwertend als *Hashishiyun* bezeichnete, da sie im Ruf standen, vor ihrem selbstmörderischen Einsatz Haschisch zu rauchen, nannten sie sich selbst *Fedâ'iy un* (»die sich Opfernden«). Durch hartes ideologisches und militärisches Training wurden sie dazu ausgebildet, unter Einsatz ihres Lebens jede ihnen aufgetragene Aufgabe auszuführen – im festen Glauben daran, daß sie für ihre Tat ins Paradies kämen. Dabei wurde »stets die gleiche Waffe gebraucht: der Dolch, persönlich geführt von dem für die Tat designierten Assassinen. D.h., man wählte die schwierigsten und am schwersten erreichbaren Ziele und die gefährlichste Angriffsmethode. Bemerkenswerterweise wurde nicht auf sichere Waffen – Bogen, Armbrust oder Gift – zurückgegriffen. Der Assassine selbst machte, hatte er sein ihm zugewiesenes Opfer einmal niedergestreckt, keinen Versuch zu entfliehen; ebensowenig wurde versucht, ihn zu retten. Im Gegenteil: Eine Mission überlebt zu haben, galt als Schande.« *(Lewis, 1993, S. 11)*

Der unerschrockene Mut der Assassinen wurde in Europa, trotz aller Verteufelung der Sekte, geradezu sprichwörtlich. So tauchen in italienischen Liebesbriefen aus dem 12. Jh. häufig Phrasen auf wie: »Ich bin Euer Assassine, der das Paradies erhofft, indem er Euren Befehlen nachkommt« oder »Wie die Assassinen ihrem Meister standhaft dienen, so habe ich Amor gedient in unverbrüchlicher Treue«.

Dem blutigen Treiben der Assassinen machten erst die Mongolen unter Hülegü ein Ende. Rukn ad-Din, der letzte Herrscher von Alamut, erkannte die Übermacht des mongolischen Heeres und ergab sich im November 1256, um schlimmere Verwüstungen zu verhindern; mit seinen Anhängern stieg er von der Burgfeste hinab. Der Mongolenführer brandschatzte dennoch die als uneinnehmbar geltende Burg – im Feuer verbrannte die gesamte Bibliothek der ismailitischen Sekte, in der sich auch die Autobiographie Hasan Sabbâhs befand.

DER NORDWESTEN

nur eine von mehreren Assassinen-Festungen im Alborz-Gebirge darstellte, zum Zentrum der radikalen Sekte, bis der Mongole Hülegü die Burg im Jahr 1256 zerstörte.

Wahrscheinlich in der Safawidenzeit wurde Alamut wieder aufgebaut und im 17. und 18. Jh. als Gefängnis genutzt. Noch heute ist der Boden mit den türkisen und ockergelben Fliesen bedeckt, die geometrische Muster zeigen.

■ Die Provinzen Ardabil, Ost- und Westaserbeidschan

In der heute *Aserbeidschan* genannten Region siedelten mit den indoeuropäischen Urartäern und Medern einige der ältesten Zivilisationen Irans. Im Jahr 330 v. Chr. wurde das Gebiet von Alexander dem Großen erobert, der seinen General Atropates als Gouverneur einsetzte. Dieser etablierte bald eine autonome Dynastie, die dem Land ihren Namen gab: Aus *Atropatene* entwickelte sich die Bezeichnung Aserbeidschan. Eine Blütezeit erlebte die Region unter den Mongolen, vor allem während der Regentschaft des Ilkhân Ghâzân (1295–1304); ein weiterer Höhepunkt begann für

Kurdische Tänzerinnen
(Beginn des 20. Jh.)

PROVINZEN ARDABIL UND ASERBEIDSCHAN

Aserbeidschan unter dem westtürkischen Turkmenengeschlecht der Qara Qoyunlu, insbesondere unter der Herrschaft Jahân Shâhs (1436–1467).

Im 11. und 12. Jh. setzte in Aserbeidschan ein ethnisch-linguistischer Wandlungsprozeß ein: In der ursprünglich von indoeuropäischen Bergvölkern bewohnten Region siedelten die seldschukischen Machthaber **türkische Stämme** an, die das Land gegen die Christen in Georgien verteidigen sollten. Heute sind etwa 90% der Bevölkerung Aserbeidschaner bzw. *Azeri*, ein Volk, das den anatolischen Türken verwandt ist, sich von diesen aber durch die schiitische Glaubensrichtung unterscheidet. Ihre Sprache, das *Azeri*, ist grammatikalisch-strukturell dem anatolischen Türkisch verwandt, in der Aussprache weicht es jedoch erheblich davon ab. Obwohl viele Aserbeidschaner, insbesondere der älteren Generation, nur gebrochen Persisch sprechen, sind alle Hinweisschilder in persischer Sprache abgefaßt. Auch in Behörden und Schulen wird allein die offizielle Landessprache verwendet.

In seiner jüngeren Geschichte spielte Aserbeidschan eine besondere Rolle als Puffer- und Grenzregion gegen das osmanische wie das russische Reich. Nach wechselvollen Kämpfen wurde im Jahr 1603 eine für Iran günstige, Aserbeidschan einschließende Grenzregelung mit den Osmanen erreicht: auf einer Linie, die von da an bis heute fast unverändert gilt. Allerdings fiel Anfang des 19. Jh. ein Teil des aserbeidschanischen Gebietes an Rußland. Seit dem Zerfall des Sowjetreiches bildet es die eigenständige Republik Aserbeidschan, deren reiche Erdöl- und Gasvorkommen eine rasante Entwicklung erwarten lassen.

In den Jahren 1945–46 kam es im iranischen Teil Aserbeidschans zur Gründung der autonomen **Demokratischen Republik Aserbeidschan** – auf Betreiben der sozialistischen *Demokratischen Partei Aserbeidschans*, die von der Sowjetunion unterstützt wurde. Zu den eingeleiteten Reformen zählten Maßnahmen zur Förderung der kulturellen Identität wie die Einführung des *Azeri* in Schulen und Verwaltung. Auch die Gründung der Tabrizer Universität geht auf die neue Regierung zurück. Das »Projekt« einer autonomen sozialistischen Republik wurde allerdings am 12. Dezember 1946 wieder beendet, als Truppen der Zentralregierung in Tabriz einmarschierten.

Die historische Region Aserbeidschan ist heute – abgesehen von der Republik Aserbeidschan – in die drei Provinzen Ardabil, Ost- und West-Aserbeidschan eingeteilt. Die größte der drei Provinzen ist Ost-Aserbeidschan mit seiner Hauptstadt Tabriz. Das östlich des Orumiye-Sees gelegene West-Aserbeidschan ist sowohl flächenmäßig (44.000 km²) als auch von der Zahl seiner Einwohner her wesentlich kleiner. Die erst junge Provinz Ardabil umfaßt sogar

Übrigens: Die einzige **kurdische Republik**, die jemals existierte, konstituierte sich im Januar 1946 im iranischen Teil Aserbeidschans. Mit dem Zentrum in Mahâbâd umfaßte sie etwa ein Drittel des iranischen Kurdengebietes. Ihr Präsident Mohammad Qâzi führte Kurdisch als Unterrichtssprache ein und eröffnete ein erstes Mädchengymnasium. Auf Druck der westlichen Alliierten stellte die UdSSR im Mai 1946 jedoch ihre Unterstützung für die kurdische Republik ein. Im Dezember 1946 wurde sie, ebenso wie die Demokratische Republik Aserbeidschan, von Truppen des Schahs besetzt und zerschlagen.

nur 18.011 km² und rund 1 Mio. Einwohner. Wie in ganz Nordwestiran herrscht in Aserbeidschan kontinentales Klima mit trockenen Sommern und schneereichen, kalten Wintern. Die beste Reisezeit ist das späte Frühjahr oder der frühe Herbst.

Ardabil

Die östlichste Stadt des historischen Aserbeidschan ist Ardabil, die Hauptstadt der erst vor wenigen Jahren gegründeten gleichnamigen Provinz. In etwa 1300 m Höhe liegt sie auf einem von Gebirgen umschlossenen Steppenhochland, dessen höchste Erhebung westlich der Stadt aufragt: der erloschene Vulkan **Sabalân** (4740 m), auch Savalân oder Salvândâgh genannt. Bereits im Mittelalter war der ganzjährig von Firnschnee bedeckte Berg für seine heißen Schwefelquellen bekannt und wurde häufig zu Heilzwecken aufgesucht. Ein beliebtes Pilgerziel wurde im 14. Jh. der Sabalân auch wegen der zahlreichen Sufi-Scheiche, die an den Hängen des Berges lebten. Noch heute ranken sich um den Sabalân zahlreiche Legenden - so soll Zarathustra auf jenem Berg das Avesta verfaßt haben. Heutigen Wanderern sei gesagt, daß der Vulkan nur im Hochsommer bestiegen werden kann, da es in dieser Höhe in der übrigen Jahreszeit zu kalt und der Berg mit Schnee und Eis bedeckt ist.

Die Stadt Ardabil wurde wahrscheinlich im 5. nachchristlichen Jh. vom Sasanidenshâh Peroz gegründet. Im Jahr 639 von den Arabern erobert, avancierte sie im 10. Jh. zur Hauptstadt Aserbeidschans. Zerstört wurde die Stadt im Jahr 1221 durch die mongolischen Heere, und ein Großteil der Bevölkerung wurde getötet. Noch um 1300 waren die Stadtmauern von Ardabil verfallen, das Umland weitgehend verödet. Dennoch erlangte Ardabil im 13. Jh. Bedeutung als Sitz des zunächst sunnitischen Safawiden-Ordens. Im Jahr 1725 wurde die Stadt vorübergehend von den Osmanen, im Jahr 1828 von den Russen besetzt; letztere verschleppten die wertvolle Bibliothek Ardabils nach St. Petersburg, wo sie sich noch heute befindet.

Wie auch in den umliegenden Nomadenstädten Ahar, Meshkinshahr und Sahrab spielt in Ardabil seit jeher die Herstellung von und der Handel mit Teppichen eine wichtige Rolle. Zu den beliebtesten Knüpferzeugnissen der Region zählen neben den Teppichen der Shâhsavannomaden die berühmten Heristeppiche, benannt nach dem gleichnamigen Marktort. Eine Besonderheit Ardabils sind auch die Filzteppiche, die in den bis zu −30° C kalten Wintern für Wärme in den Häusern sorgen.

Während Ardabil im Mittelalter einen wichtigen Verkehrsknotenpunkt darstellte, liegt die nur 40 km von der Republik Aser-

In der grandiosen Berglandschaft zwischen Ardabil und Kaspisee lädt ein »Teehaus« zur Rast ein.

beidschan entfernte Stadt heute abseits der großen Verkehrswege, und der Handel hat nur noch regionale Bedeutung. Das moderne Ardabil ist eine lang hingestreckte Stadt, deren Häuser meist einstöckig sind.

Besichtigung

Die bedeutendste Sehenswürdigkeit Ardabils ist der **Mausoleumskomplex**, der sich seit dem 14. Jh. um das **Grab des Ordensscheichs Safi ad-Din** (*Boq'e-ye Sheikh Safi ad-Din*) entwickelte und heute im Nordwesten der Stadt in der Ali-Qâpu-Straße liegt. Scheich Safi selbst hatte diesen Ort für seinen Konvent ausgewählt, der sich damals an der Stadtmauer am Asfâri-Tor, an der Peripherie Ardabils, befand. Nach dem Tod des Ordensscheichs errichtete man sein Mausoleum just an der Stelle, wo sich sein Wohnhaus befunden hatte – es wurde in den folgenden Jahrhunderten dann mehrfach restauriert und erweitert. Bereits sein Sohn und Nachfolger Scheich Sadr ließ das Grab erneuern, mit einer Kuppel bekrönen, Fenster und Türen vergrößern und den Namen des Verstorbenen rund um das Eingangsportal schreiben. Während der zehnjährigen Bauarbeiten wurde die Leiche Scheich Safis nicht von ihrem ursprünglichen Grabplatz fortbewegt, sondern das Mausoleum um sie herum und über ihr errichtet.

Heute betritt man den Komplex durch einen baumbestandenen Vorhof, der durch ein mosaikverziertes Portal in einen Innenhof

Kunstvolles Fliesenmosaik im Innenhof des Grabkomplexes

(31 x 16 m) führt. An der südwestlichen Seite des Hofes, der mit wunderschönem Fliesenmosaik ausgestattet ist, befindet sich der Grabkomplex. Drei überkuppelte Türme zieren das eigentliche Mausoleum: Unter der größten Kuppel ist Scheich Safi, unter der kleinsten Shâh Ismail begraben.

Der schmucklose dritte Turm, das älteste heute noch erhaltene Gebäude, gehört zum Mausoleum von Muhyi ad-Din, dem ältesten Sohn Scheich Safis. Nach dessen vorzeitigem Tod im Jahr 1324 hatte Scheich Safi für ihn ein Grabmal östlich seines eigenen Hauses errichten und mit einer Kuppel krönen lassen. Heute ist das Gebäude als *Haram-khâne* bekannt und beherbergt eine ganze Reihe weiterer Gräber von Männern und Frauen der safawidischen Familie, u.a. dasjenige von Bibi Fâtiema, der Gattin Scheich Safis, die nur wenige Tage nach ihm im Jahre 1334 starb.

Der Sarkophag Scheich Safis, eine Stiftung des indischen Moghulherrschers Humâyun, befindet sich hinter kostbar eingelegten Türen und silbernen Gittern. Verbunden ist der Schrein mit der **Dâr al-Hoffâz** genannten, langgestreckten Halle für Koranrezitationen, die Scheich Sadr anstelle des alten Konventshauses erbauen ließ. Die in einem Glaskasten ausgestellten christlichen Bilder zeigen, daß auch Christen zur Grabstätte des berühmten Sufi-Scheichs pilgern. Im Mittelalter war der Boden der zentralen Halle von einem 1152 x 534 cm großen Teppich bedeckt, der ein Meisterwerk persischer Knüpfkunst darstellt. Er gelangte Ende des

19. Jh. nach Europa und ist heute im Victoria and Albert Museum in London zu besichtigen. Vor kurzem wurde hier ein großer Webstuhl aufgestellt, an dem der wunderschöne Teppich nachgewebt wird. Die Decke der Halle ist zur Zeit weiß: Sie war eingestürzt und soll in Kürze restauriert werden.

Möglicherweise ebenfalls auf die Bautätigkeit Sadrs geht ein weiteres großes Kuppelgebäude zurück, das sich vor der *Dâr al-Hoffâz* befindet: das sogenannte »Mausoleum der Prinzen«. Später wurde es als **Chini-khâne** (»Porzellanhaus«) bekannt, da es die kostbare Ming-Porzellansammlung beherbergte, die Shâh Abbâs I. dem Heiligtum gestiftet hatte; sie ist heute zum Teil im Teheraner Nationalmuseum ausgestellt.

Der Orden der Safawiye

Unter der Mongolenherrschaft im 13. und 14. Jh. kam es zur Verelendung weiter Teile der Bevölkerung. Insbesondere die Landbevölkerung war durch die Kriegszüge und den Verfall des Kulturlandes entwurzelt worden. Gleichzeitig kam es zum Verfall der Sittlichkeit, da sich die mongolischen Moralvorstellungen grundlegend vom islamischen Sittenkodex unterschieden – in vielen Städten breiteten sich Weinschenken und Freudenhäuser aus.

In dieser Zeit suchten viele Menschen religiösen Beistand bei Derwischen und Ordens-Scheichen, von denen manche zu Volksheiligen avancierten. Eine große Anhängerschaft erwarb der *sunnitische* **Scheich Safi ad-Din Ishâq** (gest. 1334), der in Ardabil den Safawiye-Orden begründete. Aufgrund seiner charismatischen Persönlichkeit sowie seiner vorbildlichen, asketischen Lebensweise begegneten ihm selbst Herrscher und Würdenträger mit Respekt – zu seinen Bekannten zählte auch der berühmte Dichter Saadi. Immer wieder forderte Scheich Safi die Einhaltung der Gebete und die Beachtung der Speisevorschriften, insbesondere des islamischen Weinverbots. Ebenso rief er zur Befolgung des islamischen Sittenkodex auf und wandte sich gegen die mongolische Freizügigkeit.

Nach seinem Tod führte sein zweitältester Sohn **Sadr ad-Din Musâ** den Orden weiter (1334–1392). Seine **schiitische** Ausrichtung erfuhr der Orden unter Sadrs Enkel, Scheich **Junaid** (1447–1456). Wahrscheinlich um Anhänger unter den Schiiten zu gewinnen, erklärte die Familie nun ihre Abstammung vom siebten Imam Musâ al-Kâzem. Desgleichen organisierte Scheich Junaid die Bruderschaft auch militärisch. Unter seinem Sohn und Nachfolger **Haidar** (1456–1488) begannen die Ordensmitglieder, zum Derwischgewand den charakteristischen roten Turban mit den zwölf Zwickeln zu Ehren der zwölf Imame zu tragen, der ihnen die Bezeichnung *Qizilbâsh* (»Rotköpfe«) eintrug.

In der zweiten Hälfte des 15. Jh. schaltete sich die Bruderschaft immer häufiger in politische Auseinandersetzungen ein. Die türkischen Nomadenstämme Aserbeidschans schlossen sich nun der Gemeinschaft an und wurden ihr wichtigster Rückhalt. Im Jahr 1499 übernahm der erst 14jährige **Ismail** die Leitung des kriegerischen Ordens. In nur wenigen Jahren eroberte er ganz Iran und begründete die schiitische Dynastie der Safawiden, die Iran mehr als zwei Jahrhunderte hindurch beherrschte.

Noch heute wird das Mausoleum jährlich von rund 100.000 Pilgern besucht. Tradiert ist die Sitte, das Haar der eigenen Kinder als Opfergabe an Scheich Safis Grab zu bringen, damit er sie vor Unheil schütze. Im Mittelalter wurde einem Kriminellen, dem es gelang, im Mausoleum Zuflucht zu finden, »das große Asylum oder Freiheit« gewährt, wie Olearius berichtet.
Das aus dem 16. Jh. stammende **Mausoleum von Scheich Jebrâ'il**, dem Vater Scheich Safis, ist in dem Dorf **Kalkhorân**, etwa 3 km nördlich von Ardabil, zu besichtigen. Ein attraktives Ausflugsziel sind auch die heißen Quellen etwa 30 km westlich von Ardabil bei **Sar-e Ain** – schon Olearius rühmt die »an den Gebirgen gelegenen warmen Bäder, Lust- und Gesundbrunnen«.

Tabriz

Die mit rund 1,5 Mio. Einwohnern größte Stadt Nordwestirans liegt in einem fruchtbaren Tal am nördlichen Fuß des *Kuh-e Sahand*, eines erloschenen Vulkans (3710 m). Für die Fruchtbarkeit der Ebene sorgt der 160 km lange *Aji-Châi* oder *Talkhe*-Fluß. Die heißen **Thermalquellen** der Umgebung werden bereits seit Jahrhunderten als Heilquellen genutzt und prägten wohl auch den Namen der Stadt: *tab-riz* bedeutet das »Verschwinden des Fiebers«. Das Klima der 1360 m hoch gelegenen Stadt ist kontinental: Während die Winter sehr kalt sind (bis zu -20° C), sind die Sommer warm und trocken. Problematisch ist die Lage wegen der häufigen Erdbeben: Immer wieder wurde die Stadt von schweren Beben heimgesucht (u.a. in den Jahren 791, 858, 1041, 1273, 1721 und 1780).

Geschichte
Die im 4. nachchristlichen Jh. erstmals erwähnte Stadt geriet im Jahr 642 unter arabische Herrschaft. Eine erste Blüte erlebte sie unter der Herrschaft der **Mongolen**, als der Ilkhân Ghâzan Tabriz zu seiner glanzvollen Residenz ausbauen ließ. Auch sein berühmter Wesir, der Historiker Rashid ad-Din (gest. 1336) förderte die planmäßige Erweiterung der Stadt: Das von ihm erbaute Stadtviertel *Rob'e Rashidi* entwickelte sich bald zum intellektuellen Zentrum des Reiches und zog zahlreiche Künstler und Gelehrte an. Zu jener Zeit gab es in Tabriz neben einer christlichen auch eine große jüdische Gemeinde: Viele jüdische Ärzte lebten hier, und die Gemeinde besaß neben einer Synagoge auch einen eigenen Friedhof.
Im Jahr 1392 von Timur erobert und zerstört, wurde Tabriz im 15. Jh. von den turkmenischen **Qara Qoyunlu** (»Schwarze Hammel«)

PROVINZEN ARDABIL UND ASERBEIDSCHAN

wiederaufgebaut, die die Stadt zu ihrer Residenz erhoben. Nach seinem Sieg über die turkmenische Stammesföderation machte der Safawiden-Shâh Ismail I. dann Tabriz im Jahr 1501 zur Hauptstadt seines neugegründeten Reiches. Obwohl sein Nachfolger, Tahmâsp I., die Residenz im Jahr 1529 nach Qazwin verlegte, blieb Tabriz Sitz der safawidischen Hofmanufaktur. Seine Bedeutung als zentraler Umschlagplatz für die in der Region geknüpften Teppiche behielt Tabriz bei – bis heute.

Im 16. Jh. war Tabriz mehrfach zwischen den Safawiden und ihren osmanischen Nachbarn umkämpft; erst seit 1603 blieb Tabriz dauerhaft bei Iran. Eine wirtschaftliche Blüte erlebte Tabriz im frühen 19. Jh. als Zentrum des wachsenden Europahandels. Für das Jahr 1881 wurde seine Bevölkerung bereits auf 170.000 Einwohner geschätzt; rund 160 Karawansereien und etwa 4000 Läden zeugen von der Geschäftigkeit der Stadt. Ihre Monopolstellung verstärkte sich, als Tabriz 1916 über die Grenzstadt Jolfâ an das europäische Eisenbahnnetz angeschlossen wurde.

Seine Sonderstellung machte Tabriz im 19. und 20. Jh. erneut zum Streitobjekt zwischen den Großmächten: Tabriz wurde nicht nur von den Osmanen (1918) besetzt, sondern auch von den Russen bzw. Sowjets (1828 und 1943-1946).

Während der **Konstitutionellen Revolution** (1905-1911) stellte Tabriz ein bedeutendes Zentrum der Bewegung dar. Aufgrund der geographischen und sprachlich-kulturellen Nähe zur sowjetischen Republik Aserbeidschan spielte die Stadt auch in den folgenden Jahrzehnten eine zentrale Rolle in den oppositionellen sozialen und politischen Bewegungen. Viele zeitgenössische Intellektuelle und Schriftsteller wie Ahmad Kasravi, Mohammad Hosein Shahriyâr, Gholâm-Hosein Sâ'edi, Rezâ Barâheni, Samad Behrangi und Faraj Sarkuhi stammen aus dieser Stadt.

Wirtschaftlich gesehen stand Tabriz im 20. Jh. ganz im Schatten Teherans. Bis in die 60er Jahre verfügte es lediglich über einige traditionelle Industriebetriebe (Streichholz-, Leder- und Textilfabriken). Erst Ende der 60er Jahre wurden in Tabriz mehrere arbeitsintensive Großbetriebe des Fahrzeug- und Maschinenbaus angesiedelt, die die bis dahin führende Teppichmanufaktur zurückdrängten. Auch der Bau einer Erdölraffinerie sorgte dafür, daß Tabriz mehr ökonomisches Gewicht erlangte.

Die Modernisierung der Stadt wurde seit dem Zweiten Weltkrieg beschleunigt. Eine Vielzahl neuer Gebäude einschließlich einer Universität (1946) und einer Bahnstation (1957) wurden errichtet. Daß Tabriz eine Millionenstadt ist, wird die Besucher überraschen: Die Stadt ist weit ausgedehnt, die Häuser sind überwiegend einstöckig und die parallel angelegten Straßen von Bäumen gesäumt.

Besichtigung

Die meisten Sehenswürdigkeiten liegen südlich des Flusses Quri-Châi, der Tabriz von Ost nach West durchquert, sowie entlang der Imam-Khomeini-Straße. Eine Art Stadtzentrum bildet der **Meidân-e Shahrdâri** (»Rathausplatz«), hier steht auch das imposante Rathaus, das im Jahre 1934 von deutschen Ingenieuren erbaut wurde. Von hier aus sind sowohl der Busterminal in der Jomhuri-ye Eslâmi-Straße als auch der Bahnhof, der sich etwa 5 km westlich vom Stadtzentrum befindet, gut mit städtischen Bussen zu erreichen.

Inmitten des alten Stadtzentrums, in der Nähe der Motahhari-Straße, befindet sich der aus dem 15. Jh. stammende **Tabrizer Bazar**. Er ist nicht nur einer der wichtigsten – und mit einem Quadratkilometer einer der größten – Bazare im Nahen Osten, sondern auch ein architektonisches Prachtstück: Die zahlreichen überdachten Gassen, Innenhöfe, Medresen und Moscheen machen ihn zu einem typischen Beispiel eines orientalischen Bazars. Die gegenwärtige Struktur geht auf die zweite Hälfte des 18. Jh. zurück, als die Zanddynastie in Schiraz regierte; seitdem wurde die alte Bausubstanz mehrfach modernisiert. Noch immer stellt der Bazar den Lebensnerv der Stadt und das Zentrum ihres Teppichhandels dar. Berühmt ist der Tabrizer Bazar auch für seine Silberwaren und Juwelen sowie für seine exzellenten Gewürze und Henna.

In der Imam-Khomeini-Straße liegt gegenüber dem Hotel Golshan die **Blaue Moschee** (*Masjed-e Kabud*), auch »Türkis des Islam« (*Firuz-e Islâm*) genannt. Die Errichtung der Moschee geht auf den Qara Qoyunlu-Herrscher Abu al-Muzaffar Jahân Shâh (1438–67) zurück. Ursprünglich gehörte das im Jahr 1465 vollendete Gotteshaus einem größeren Komplex namens *Muzaffariye* an, zu dem neben Zisterne, Bibliothek und Grab auch ein Khanaqah für Sufis zählte. Heute stellt die Moschee das einzige Gebäude in Tabriz dar, das aus der Zeit der Turkmenenherrschaft erhalten ist. Mehrere Erdbeben und Plünderungen führten allerdings dazu, daß die einstmals prachtvolle Fliesenverkleidung, die keines der späteren Bauwerke mehr übertreffen konnte, stark in Mitleidenschaft gezogen ist. Heute sind nurmehr das Portal sowie die Pfeilerwände im Inneren sehenswert: Tiefe Blau- und Grüntöne bilden hier den Grundakkord für eine meisterhaft ausgeführte, sechsfarbige Mosaikdekoration mit floralen, geometrischen und kalligraphischen Motiven.

Die sehr breite Fassade, an deren Ecken sich einst Minarette erhoben, kann als typisch für die timuridische Baukunst gelten. Der Grundriß der Moschee ist dagegen sehr originell: An den zentralen quadratischen Kuppelraum von 15 m Länge schließt sich in der Qibla-Achse ein zweiter, kleinerer Kuppelraum an. Die drei

anderen Seiten weisen neun narthexartige überkuppelte Schiffe auf, die weiteren Betern Platz bieten. Der weithin offene Charakter des zentralen Raumes wird auch durch die Galerie nicht gemindert, auf der sich die Frauen während des Gebets aufhielten. Dieser ungewöhnliche Grundriß erinnnert an die timuridische Masjed-e Shâh in Mashhad (1451) – aus diesem Grund wird deren Erbauer, Ahmad Shams ad-Din Mohammad, häufig für den Architekten der Blauen Moschee gehalten. Wahrscheinlich wurde diese jedoch von Ne'matollâh Ibn Mohammad al-Bavvâb entworfen, wie eine Inschrift nahelegt.

Aserbeidschan-Museum
Tägl. 8–20 Uhr.

Direkt linker Hand der Blauen Moschee liegt das **Aserbeidschan-Museum** (*Muze-ye Azerbeijân*). Entgegen seinem Namen umfaßt es Gegenstände aus allen Teilen Irans, die in Persisch und Englisch beschriftet sind. Im ersten Raum befinden sich frühe anthropomorphe und zoomorphe Figuren aus dem 1. Jt. v. Chr., prähistorische Grabbeigaben, Luristan-Bronzen, achämenidische Gold- und Silbergefäße, Jagdschalen aus der Sasanidenzeit sowie Roll- und Stempelsiegel. Wer der chronologischen Anordnung folgen möchte, beginnt den Rundgang rechts. Im ersten Stock werden vor allem frühislamische Keramik, Lüsterware und safawidische Porzellannachahmung gezeigt. In der ersten Vitrine auf der linken Seite befinden sich die Kleidungsstücke Ayatollah Tabâtabâ'is, der einem Attentat zum Opfer fiel.

Die ebenfalls in der Imam-Khomeini-Straße gelegene **Zitadelle** (*Arg-e Tabriz*) ist das älteste erhaltene Gebäude der Stadt. Der im frühen 14. Jh. errichtete Ziegelbau, von dem allerdings nur zwei mächtige Torbögen erhalten sind, ist wegen seiner Größe, Schlichtheit und exzellenten Ziegelarbeit bemerkenswert. Es heißt, daß der Qajaren-Shâh Mohammad Ali Shâh diejenigen seiner Frauen, die er der Untreue bezichtigte, von der Spitze der Zitadelle herunterstieß; eine Frau habe überlebt, weil ihr Tschador wie ein Fallschirm fungierte und sie sicher zur Erde geleitete.

Kaum eine Spur blieb von der **Masjed-e Jâmi** oder **Ali-Shâh-Moschee**, die hier von dem ilkhanidischen Wesir Tâj ad-Din Ali Shâh Gilân Tabrizi (gest. 1324) zwischen 1310 und 1320 erbaut wurde. Sie gilt als eine der größten Moscheen, die je im Iran erbaut wurden. Das bereits vor rund 500 Jahren verfallene Bauwerk bestand aus einem einzigen riesigen Ziegel-Iwan von 30,13 m Breite und etwa 65 m Tiefe. Der Gesamtplan zeigt einen riesigen *Sahn* mit einem Becken in der Mitte und einschiffigen Säulenhallen, die mit glasierten Ziegeln verkleidet waren. Eine Medrese und ein Khanaqah für Derwische flankierten den Iwan.

Eine Besonderheit von Tabriz stellt der **Dichter-Friedhof** (*Ârâmgâh-e Sho'arâ*) dar, der in der Seqat al-Eslâm-Straße liegt. Mehr als fünfzig bedeutende iranische Dichter, Mystiker, Wissenschaftler und Theologen liegen hier begraben, unter ihnen Asadi Tusi, Qatrân Tabrizi, Zâher Faryâbi und Mohammad Hosein Shahriyâr. Eine lokale Besonderheit ist auch das **Haus der Verfassung** (*Khâne-ye Qânun-e Asâsi*), das sich neben dem Bazar in der Motahhari-Straße befindet. Während und vor der Konstitutionellen Revolution (1905-11) diente es den Führern und Sympathisanten der Bewegung als Treffpunkt, unter ihnen Sattâr Khân, Bâqer Khân, Seqat al-Eslâm und Hâji Mirzâ Âghâ Farshchi. Das zweistöckige Gebäude wurde im Jahr 1868 von Hâj Vali Me'mâr-e Tabrizi erbaut und besitzt mehrere Räume und Hallen. Wunderschön sind die Dachfenster sowie ein Korridor, der mit farbigem Glas und Spiegeln dekoriert ist.

Seit den frühesten Zeiten der Christenheit befinden sich in Tabriz eine größere armenische Gemeinde und dementsprechend viele Kirchen. Heute besitzt Tabriz sechs Kirchen, deren älteste und interessanteste die **St.-Marien-Kirche** (*Kelisâ-ye Maryam-e Moqaddas*) am Meidân-e Namâz ist. Das heute restaurierte Gotteshaus wurde im Jahr 1785 fertiggestellt. Weitere Kirchen sind die **St.-Serkis-Kirche** im armenischen Viertel sowie die **Bârun Âvâb-Kirche**, die im Jahr 1845 renoviert wurde.

Wer Erholung und Entspannung sucht, kann den im Stadtzentrum am Meidân-e Honârestân gelegenen **Golestân-Garten** (*Bâgh-e Golestân*) aufsuchen. Der baumbestandene Park wurde vor rund 60 Jahren anstelle eines alten Friedhofs angelegt.

Ein beliebtes Naherholungsgebiet stellt auch der **El-Goli-Park** (früher: *Shâhgoli*) dar, der am südöstlichen Stadtrand von Tabriz (Richtung Teheran) liegt. Der von Wald umgebene Park umfaßt einen künstlich angelegten See, auf dem man im Sommer Boot fahren kann. Auf einer Halbinsel erhebt sich ein hexogonaler Bau, der von den Aq Qoyunlu-Königen erbaut, von den Safawiden erweitert und unter den Qajaren völlig erneuert wurde. Heute befindet sich hier ein Restaurant.

Ausflüge

Sehr eindrucksvoll ist der Besuch des Dorfes **Kandovân**, das rund 50 km südlich von Tabriz in der Nähe der Stadt Osku in den Bergen liegt. Die Besonderheit des etwa 800 Jahre alten Dorfes besteht darin, daß die Bewohner ihre »Häuser« in den weichen Tuffstein der umgebenden Berge trieben.

Rund 18 km nordwestlich der Grenzstadt Jolfâ, einer einstmals wohlhabenden armenischen Ortschaft, liegt völlig isoliert in den Hügeln die **St. Stephanus-Kirche** (*Kelisâ Darre Shâm*) – ein einsam in den Hügeln gelegenes armenisches Kloster. Der Legende nach erbaute St. Bartholomäus, einer der ersten christlichen Apostel in Armenien, bereits um das Jahr 62 hier eine Kirche – etwa

Für den Besuch der im Grenzgebiet zur Republik Aserbeidschan gelegenen Kirche ist eine schriftliche Erlaubnis notwendig, die man in Tabriz in der Touristeninformation oder in der *Ostândâri* (Abteilung öffentliche Sicherheit) erhalten kann.

zur selben Zeit der St. Thaddäus-Kirche. Die Hauptteile des gegenwärtigen Steingebäudes stammen jedoch aus dem 16. Jh., die frühesten erhaltenen Teile datieren aus dem 14. Jh. Bemerkenswert an der gut erhaltenen Kirche sind vor allem die feinen Außenreliefs, die armenische Kreuze, Engel sowie andere christliche Motive zeigen.

Vorhergehende Doppelseite: Thaddäus-Kirche

Thaddäus-Kirche (Qara Kelisâ)

Die im äußersten Nordwesten Irans gelegene **St.-Thaddäus-Kirche** (*Kelisâ-ye Tâtâvus* oder *Kelisâ-ye Tâdi*), auf Azeri auch *Qara Kelisâ* (»Schwarze Kirche«) genannt, gilt als der älteste Sakralbau der Christenheit und ist eines der interessantesten Bauwerke Aserbeidschans. Schon die Fahrt zu der einsam inmitten vielfarbiger Bergzüge liegenden Kirche, rund 140 km von Tabriz, ist atemberaubend – mit etwas Glück ist auch der 5165 m hohe **Ararat** zu sehen. In unmittelbarer Nachbarschaft der Kirche befindet sich heute ein kurdisches Dorf.

Bereits im Jahr 66 soll hier der **Apostel Judas Thaddäus** eine Kirche errichtet haben, in der er nach seinem Tod begraben wurde. Tatsächlich ist wenig über den heiligen Thaddäus bekannt – nur sporadisch wird er in der Bibel erwähnt. Den Armeniern gilt er als Apostel der christlichen Kirche in Persien und als Märtyrer. Von der ursprünglichen Kirche ist nichts erhalten geblieben, da der Sakralbau mehrfach durch Erdbeben zerstört wurde. Das heutige Gebäude mit den zwei Kuppeln sowie den beiden kegelförmigen Dächern geht im wesentlichen auf die Safawiden zurück. Auch die Reliefs, die vor allem Szenen aus der christlichen Mythologie zeigen, stammen überwiegend aus dem 15. und 16. Jh. Älter ist allein das *chevet*, das aus dem 10. oder 11. Jh. datiert und ein konisches Dach aus schwarzem Stein besitzt. Wie eine Inschrift über dem Portal besagt, führte der Qajare Fath Ali Shâh eine erneute Restauration durch – und erflehte dafür Gnade im Jenseits. Gegenwärtig nimmt der iranische Antikendienst umfangreiche Restaurierungs- und Stabilisierungsarbeiten vor.

Die Bezeichnung »Schwarze Kirche« rührt von den schwarzen Marmorsteinen her, mit denen die Kirche ursprünglich errichtet war, wovon heute noch das Innere der Kirche zeugt. Interessanterweise befindet sich im Innern auch ein Mihrab: ein Hinweis darauf, daß Muslime das Gotteshaus zeitweise als Moschee nutzten. Einmal im Jahr wird die einsam gelegene Kirche zum Zentrum ausgelassener Feierlichkeiten, wenn um den 19. Juni herum das Fest des heiligen Thaddäus gefeiert wird. Drei Tage zelten und feiern dann hier rund 15.000 Armenier aus aller Welt. Muslimen ist dann der Zutritt verboten, da sich die Feierlichkeiten nicht allein auf armenische Tänze und das Singen von Liedern beschränken: Auch der Genuß von Alkohol ist erlaubt, und die Christinnen feiern selbstverständlich ohne Kopftuch.

Bastam

Rund 6 km westlich von Qara Zeyâ ad-Din liegt oberhalb des türkischen Dorfes **Bastam** die bedeutendste urartäische Ausgrabungsstätte Irans: die ehemalige Garnisonsstadt **Ruza Ururtu**. Das Reich von Urartu (bibl. *Ararat*) erstreckte sich vom 9. bis 7. Jh. v. Chr. zwischen Van- und Orumiye-See. *Ruza Ururtu*, in einer fruchtbaren Ebene an einem Fluß gelegen, stellt die drittgrößte urartäische Anlage dar und existierte rund 100 Jahre. Die vom Deutschen Archäologischen Institut durchgeführten Grabungen förderten nicht nur Tausende Rollsiegel und Tontafeln zutage, sondern auch Steinmauern, Festungstore und eine gepflasterte Straße. Letztere führte den Hügel hinauf zu einer Tempelanlage. Gleichzeitig entdeckte man hier die älteste Säulenhalle Irans: Auf halber Höhe des Berges sind noch die Sockel der einstmals 14 Säulen zu sehen. Erfunden haben die Urartäer dieses architektonische Element allerdings nicht: Es geht auf die Hethiter, das älteste indoeuropäische Kulturvolk, zurück. Ihre gewaltigste Ausgestaltung erfuhr die Säulenhalle (altpers. *Apadana*) unter den Achämeniden, wie die Überreste in Persepolis eindrucksvoll vor Augen führen.

Überreste der urartäischen Säulenhalle in Bastam

Orumiye-See

Der in etwa 1280 m Höhe gelegene Orumiye-See (*Daryâche-ye Orumiye*) – zwischenzeitlich *Rezâ'iye* genannt – ist mit 4368 km² der größte See Irans. Sein hoher Salzgehalt von rund 30% verhindert mit Ausnahme von Plankton jegliches Leben. Für die Bewässerung der umliegenden Region ist der abflußlose Steppensee daher völlig ungeeignet; vielmehr finden sich an seinen Ufern häufig Salzablagerungen. Berühmt ist der nur etwa 6–8 m tiefe See für seine Heilwirkung, insbesondere bei der Linderung von Rheuma. Neben der bewohnten *Eslâmi*-Insel gibt es im südlichen Teil des Orumiye-Sees mehrere unbewohnte Inseln, die zu Naturschutzgebieten erklärt wurden. Insbesondere auf der bewaldeten **Kabudân-Insel** lebt eine Vielzahl seltener Vögel wie Flamingos, Pelikane und Wildgänse. Interessant ist die zweitgrößte Insel auch deshalb, weil sich hier im Jahr 1265 der Mongole Hülegü mitsamt seinen

Konkubinen begraben ließ – angeblich versteckte er hier auch seinen Schatz. Der Besuch der Insel ist nur mit einer Erlaubnis durch die Umweltschutzbehörde in Orumiye gestattet.

Orumiye (Stadt)

Die Geschichte der 1312 m hoch und etwa 20 km westlich des Orumiye-Sees gelegenen Stadt **Orumiye** (auch *Urmiye* genannt) reicht bis ins 2. Jt. v. Chr., in die Zeit der Urartäer, zurück – *Urmi* bedeutet in der urartäischen Sprache »Festung«. Unter der Pahlavi-Herrschaft wurde sie, ebenso wie der Salzsee *Rezâ'iye* genannt – nach dem ersten Pahlavi-Herrscher Rezâ Shâh. Heute ist sie Hauptstadt und Verwaltungsmittelpunkt der Provinz Ost-Aserbeidschan, die die östlich und südlich des Orumiye-Sees gelegene Region umfaßt. Die etwa 600.000 Einwohner zählende Universitätsstadt lebt durch die Landwirtschaft und die Verarbeitung ihrer Produkte: Zuckerraffinerien, Mühlen und Aufbereitungsanlagen für Trocknung und Verpackung von Weintrauben/Rosinen dominieren die nahrungsmittelverarbeitende Industrie. Die Bevölkerung Orumiyes ist durch ethnische und religiöse Vielfalt geprägt: Neben Kurden und Azeris leben hier, wie auch in anderen Städten der Region, zahlreiche Armenier, Assyrer und Chaldäer sowie Christen protestantischer, katholischer und russisch-orthodoxer Konfession.

Besichtigung

Inmitten des lebendigen überdachten **Bazars** liegt die sehenswerte seldschukische **Freitagsmoschee**. Erbaut im Jahr 1277, wurde sie in den folgenden Jahrhunderten mehrfach restauriert; der Mihrab besitzt noch seine originale, überaus fein geschnitzte Stuckdekoration. Aus der Zeit der Seldschuken stammt auch der zylindrische Grabturm, genannt **Se Gonbad** (»Drei Türme«), der sich nicht weit von der Freitagsmoschee in der südlich gelegenen Pâsdârân-Straße befindet. Beachtenswert sind das schön verzierte Portal sowie eine tiefergelegene Krypta; drei kufische Inschriften datieren den Bau auf das Jahr 1184.

Orumiye-Museum
Tägl. 8.30–18 Uhr.

Das **Orumiye-Museum** (*Muze-ye Orumiye*) in der Shahid-Dr. Beheshti-Straße besitzt eine kleine Sammlung von archäologischen und ethnographischen Objekten der Region, datierend von der prähistorischen Zeit bis in die vorislamischen und islamischen Epochen.

Das Besondere an Orumiye ist die Vielzahl von Kirchen. Die verschiedenen christlichen Konfessionen haben alle ihre eigenen Gotteshäuser, und Orumiye ist Sitz eines chaldäischen Erzbistums. Bemerkenswert ist vor allem die **St.-Marien-Kirche** (*Kelisâ-ye Maryam-e Moqaddas*) in der Qods-e Jonubi-Straße gegenüber dem Touristenoffice. Das alte, aus weißem Stein erbaute Gebäude befindet sich auf dem Standort einer wesentlich älteren Kirche. Im Inneren sind einige interessante Gräber zu besichtigen. Neben St. Marien erhebt sich eine große moderne Kirche, die in den 60er Jahren von der russisch-orthodoxen Gemeinde erbaut wurde; ganz in der Nähe liegt auch eine moderne protestantische Kirche.

Einen Ausflug lohnt die rund 140 km von Orumiye entfernte Kleinstadt **Kho'i**. Der malerische Ort ist noch von Resten einer alten Stadtmauer umgeben und besitzt einen Bazar aus der Safawidenzeit.

Sehenswert ist auch das sasanidische **Felsrelief**, das sich in der Nähe des Örtchens *Surât Daghi* bei **Salmâs** am nordwestlichen Ende des Orumiye-See befindet. Es handelt sich um eines der wenigen Felsreliefs, die die Sasaniden außerhalb der Persis errichten ließen; seine Auftraggeber waren wohl Ardashir I. und sein Sohn Shâpur I. Es zeigt zweimal einen sasanidischen König zu Pferde, vor dem ein stehender Untertan seine Unterwürfigkeit bekundet. Wahrscheinlich setzten die Sasaniden hier ein Denkmal zur Erinnerung an die Unterwerfung Armeniens im Jahr 230 n. Chr.

Marâghe

Die inmitten einer fruchtbaren Ebene gelegene Kleinstadt lebt vom Obstanbau: Die ganze Umgebung ist berühmt für ihre schmackhaften Äpfel, Pfirsiche und (getrockneten) Aprikosen – wie auch für ihre kernlosen Weintrauben, die aufgrund des Alkoholverbots nur als Tafeltrauben und Rosinen genossen werden. Rund 17 km westlich von Marâghe sind in dem Örtchen **Bonâb** mehrere alte Taubentürme zu bewundern. Von Tabriz (143 km) und Orumiye ist Marâghe leicht mit Bussen zu erreichen, von und nach Teheran verkehren täglich mehrere Züge.

Ebenso wie Tabriz und Soltâniye entwickelte sich Marâghe unter den Ilkhaniden zu einem geistigen Zentrum des Landes. Zwar hatte der Ort unter der Invasion der mongolischen Heere im 13. Jh. zu leiden gehabt, doch als sich Hülegü, der Enkel Dschingis-Khans, nach seinen siegreichen Feldzügen in Marâghe niederließ, erlebte die Stadt einen Aufschwung. Berühmt wurde die **Sternwarte** (*Rasadkhâne*), deren Bau Hülegü in Auftrag gab. Zum Chef des Observatoriums ernannte er den schiitischen Mathematiker, Arzt und Astronomen Nâser ad-Din Tusi (gest. 1274), der den Mongolen-Khân auf dessen Feldzügen begleitet hatte. Doch bereits im 14. Jh. verfiel die berühmte Sternwarte zur Ruine. Heute sind nurmehr die Grundmauern übriggeblieben. Sie befinden sich in einem schwer zugänglichen, abgesperrten Gebiet, auf dem sich heute die Sendestation von Radio Iran befindet.

Lohnender und eindrucksvoller ist der Besuch von vier **Grabtürmen**, die sich aus dem 12. und frühen 14. Jh. erhalten haben. Da sie nicht leicht zu finden sind, empfiehlt es sich, hiesige Taxifahrer nach dem Weg zu fragen.
Im Südwesten der Stadt befindet sich der älteste der Marâgher Grabtürme: der **Gonbad-e Sorkh** (»Roter Grabturm«) aus dem Jahr 1147. Als eines der ersten persisch-islamischen Gebäude wurde es von seinem Erbauer Abu Bakr Mohammad mit glasierten Ziegeln versehen, deren Türkis sich eindrucksvoll vom matten roten Ziegelgrund abhebt. Zudem wurden die Bindeglieder zurückgesetzt, um durch das Spiel von Licht und Schatten die Ziegelmuster hervorzuheben. Wie der Grabbau des Samaniden-Shâh Ismail I. in Buchara, nach dessen Vorbild der »Rote Turm« konzipiert wurde, ist das Mausoleum quadratisch und besitzt halbkreisförmige Eckstützpfeiler. Es gibt nur einen Zugang, an den übrigen drei Seiten befinden sich je zwei Blendarkaden. Das mit einer Kuppel versehene Innere trug einst ein pyramidenförmiges Dach. Heute sind das Innere wie auch die seitlich gelegene Krypta leer; die früheren Stuckreliefs wurden von den Mongolen zerstört.
Im Zentrum der Stadt befindet sich der auf 1196 datierte **Gonbad-e Kabud** (»Blauer Grabturm«), das meistverzierte Marâgher Mausoleum. Wie die anderen Grabtürme steht der achteckige, nachseldschukische Bau auf einem Steinfundament. Das Besondere des Bauwerks ist, daß alle Wände wie eine Mihrab-Nische behandelt wurden: Sie sind mit stalaktitgefüllten Blendnischen verkleidet und weisen geometrische Muster aus türkisblauen Ziegeln auf. Die flachen Tafeln darunter und die halbkreisförmigen Strebepfeiler dazwischen sind mit einem eindrucksvollen Ziegel-Netzmuster bedeckt. Sowohl die kufischen Inschriften als auch das kegelförmige Dach waren ganz von türkisen Fliesen bedeckt. Unter dem Turm befindet sich eine sehr schöne Krypta, die mit – für die Seldschuken typischem – Stempeldruck ausgekleidet ist: Geometrische Muster wechseln mit dem Wort »Gott« (*Allâh*) in schöner Regelmäßigkeit ab. An einer Wand ist zudem ein Stuckmihrab angebracht.
Direkt neben dem Blauen Grabturm befindet sich der **Borj-e Modavvar** (»Zylindrischer Turm«) aus dem Jahr 1167. Der zu Unrecht als das Grabmal der Mutter Hülegüs (*Borj-e Mâdar-e Holâku Khân*) bezeichnete Turm – tatsächlich entstand er mehrere Jahrzehnte *vor* Ankunft der Mongolen – ist bis auf das Portal völlig schlicht. Sein Erbauer sowie die Person, die in dem zweistöckigen Turm begraben wurde, sind unbekannt. Beide Mausoleen sind von der Straße durch einen hohen Zaun abgetrennt und freitags nicht zu besichtigen.

Nördlich einer Brücke über den Fluß Safi-Châi liegt inmitten eines kleinen, öffentlich zugänglichen Parks der **Gonbad-e Qafâriye**. Das im Jahr 1328 vollendete quadratische Mausoleum orientiert sich im Plan am »Roten Grabturm«. Wie dieser ist es aus roten Ziegeln erbaut, jedoch mit schwarzen, weißen, kobalt- und türkisblauen Fliesen dekoriert – Farben, die der Prachtfreude der Mongolenzeit entsprechen und auch am wenige Jahre früher erbauten Grabbau in Soltâniye auftauchen. Der nördlich gelegene Eingang weist je zwei Blendarkaden sowie ein Inschriftenband auf. Der Gonbad-e Qafâriye gilt als das Mausoleum Shams ad-Din Qara Sunkurs, eines ehemaligen Vizekönigs von Syrien, der im Jahr 1311 an den Hof des Ilkhaniden Oljâitu floh. Dessen Nachfolger, Abu Sa'id, ließ ihm in Marâghe, das Shams ad-Din bis zu seinem Tod regiert hatte, ein Grabmal errichten.

Hasanlu

Am südlichen Ende des Orumiye-Sees, rund 5 km westlich der Kleinstadt Mohammad Yâr, befindet sich auf einem 25 m hohen Hügel die Ausgrabungsstätte **Hasanlu**. Früheste Siedlungsspuren lassen sich bis ins 6. Jt. v. Chr. nachweisen. Seine besondere Bedeutung erlangte Hasanlu in der Eisenzeit. Wie assyrische Quellen aus dem 9. vorchristlichen Jh. berichten, befand sich südlich des Orumiye-Sees – und damit in Hasanlu – das kleine Reich der **Mannäer**, eines bisher relativ unbekannten indoeuropäischen Volkes. Seine Blüte erlangte die mannäische Siedlung aufgrund seiner Lage an den zentralen Handelswegen, die die mannäischen Ländereien mit Assyrien und Urartu verbanden.

Als der amerikanische Archäologe Robert H. Dyson im Jahr 1957 mit ersten Ausgrabungen begann, legte er die Überreste von Festungsanlagen und Säulenhallen mit spiralförmig gewundenen Treppenaufgängen frei, die von manchen Forschern als Tempel gedeutet werden. Sowohl das administrative Zentrum als auch die Tempel befanden sich innerhalb der Zitadelle, deren Mauern bis zu neun Meter hoch waren. Bei weiteren Grabungen kamen Waffen sowie Artefakte aus Silber, Gold und Elfenbein zum Vorschein – unter ihnen eine berühmte goldene Schale mit eingravierten mythologischen Szenen, die sich heute im Teheraner Nationalmuseum befindet. Desgleichen gilt Hasanlu als die eindrucksvollste Fundstätte grauer Töpferware.

Die zahlreichen wertvollen Funde deutete Dyson als Anzeichen dafür, daß Hasanlu um 800 v. Chr. einer Feuersbrunst zum Opfer gefallen war: Durch das sich schnell ausbreitende Feuer blieb den angreifenden Urartäern keine Zeit mehr, den Ort zu plündern.

DER NORDWESTEN

Takht-e Soleimân

Überaus eindrucksvoll ist der Besuch der 2400 m hoch gelegenen Stätte **Takht-e Soleimân** (»Thron Salomons«). Die im Jahr 1819 von dem britischen Reisenden Sir Robert Ker Porter wiederentdeckte Anlage liegt weitab von jeder größeren Stadt; die etwa 30 km südlich gelegene Ortschaft Takâb bietet ebenfalls keine Möglichkeit zur Übernachtung.

Empfehlenswert ist daher ein Tagesausflug von Marâghe, wobei man für die Hin- und Rückfahrt einschließlich der Besichtigung etwa 10-12 Stunden benötigt.

Die von den Arabern *Shiz* und von den Mongolen *Saturiq* genannte Stätte wurde von den Sasaniden auf einer natürlichen Anhöhe um einen kleinen tiefblauen See erbaut – die frühesten

Takht-e Slaimân
1 Festungsmauer
2 Reste einer alten Lehmziegelmauer
3 Innere Umfassungsmauer
4 Feuertempel und sasanidischer Palast
5 Ilkhanidischer Jagdpalast
6 Heiliger See

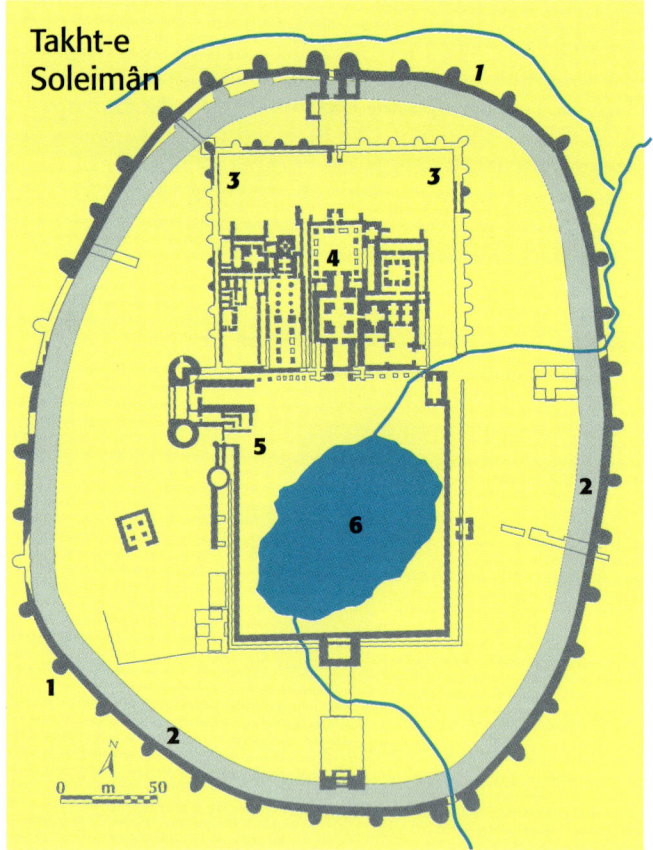

PROVINZEN ARDABIL UND ASERBEIDSCHAN

Siedlungsspuren reichen sogar bis in die achämenidische Zeit zurück. Die mächtige steinerne Festungsmauer, die die Siedlung in ovaler Form umschließt, wurde um 300 n. Chr. erbaut und ist erstaunlich intakt. Die ursprünglich 38 Festungstürme sind allerdings zur Höhe der Mauer »zusammengeschmolzen«. Man betritt die Zitadelle von Süden durch ein großes gewölbtes Tor. Eine kufische Inschrift aus der Mongolenzeit weist auf die damals durchgeführten Restaurierungen hin.

In der Anlage selbst sind die Überreste mehrerer Gebäude der Sasaniden- und Mongolenzeit erkennbar, die alle mehrfach erneuert oder erweitert wurden – die unebene Oberfläche besteht aus den Ruinen vieler kleiner Gebäude, in denen früher wohl Soldaten und Priester lebten. Die ältesten Strukturen sind die eines sasanidischen Palastes sowie eines Feueraltars, der einst zu einer größeren Tempelanlage gehörte: Hier befand sich wahrscheinlich das große Feuerheiligtum von *Azar Gushnasp*, auch »Königliches Feuer« oder »Feuer der Krieger« genannt, das eines der drei großen zoroastrischen Feuerheiligtümer darstellte. Die aus gebrannten Ziegeln erbauten Wände des Heiligtums waren an einigen Stellen bis zu 4 m dick, in ihnen fand man über 100 Inschriften. Der Legende nach pilgerten die sasanidischen Herrscher nach ihrer Krönungszeremonie in Ktesiphon zu Fuß hierher, um Geschenke darzubringen und im Feuerheiligtum die göttliche Investitur zu erlangen.

Wenige Kilometer entfernt erhebt sich ein hohler Felskegel, der **Zendân-e Soleimân** (»Gefängnis Salomons«) genannt wird. Die Gebäudereste, die den Kegel wie einen Kranz umfassen, sind vermutlich Überreste des ältesten erhaltenen Feuertempels aus der Mederzeit um 800 v. Chr.

Der Westen

Der Westen Irans, der heute die Provinzen Kurdistan, Hamadân, Kermânshâhân, Ilâm und Luristan umfaßt, ist von besonderer landschaftlicher Schönheit. Dominiert vom mächtigen Zagros-Gebirge fasziniert vor allem die wilde und weitgehend unberührte Berglandschaft mit ihren canyon-artigen Tälern. Während die Winter sehr kalt und schneereich sind, sind die Sommer milder als im übrigen Iran. Noch zu Beginn des 20. Jh. galt die Region als wild und gefährlich, und heute gehören die Provinzen, vor allem Ilâm und Kurdistan, zu den am wenigsten entwickelten Gebieten Irans. Mit Ausnahme der Verbindung nach Südluristan gibt es keine einzige Bahnlinie, die Westiran mit den übrigen Landesteilen verbindet.

Seit der Antike verfügte die Region aufgrund ihrer Lage zwischen dem iranischen Hochplateau und dem mesopotamischen Tiefland über besondere strategische Bedeutung. Im 3. vorchristlichen Jt. kämpften hier die Völker der Kassiten, Lullubi und Guti gegen die babylonischen Herrscher sowie das akkadische Reich, dessen Untergang sie um 2200 v. Chr. herbeiführten. Den aus Luristan stammenden Kassiten gelang es sogar, zwischen dem 16. und 12. Jh. v. Chr. eine eigene Dynastie in Babylon zu etablieren. Auch das indoeuropäische Volk der Meder, das sich um Ekbatana (Hamadân) niederließ, kämpfte gegen das assyrische Reich und eroberte schließlich im Jahr 612 v. Chr. dessen Hauptstadt Ninive. Mit der Errichtung der großen achämenidischen und sasanidischen Reiche gewann Westiran erneut strategische Bedeutung durch seine Lage zwischen den königlichen Residenzen Babylon und Ktesiphon sowie dem iranischen Hochland.

Die rund 19.800 km² umfassende Provinz Hamadân besitzt vor allem eine ländliche Bevölkerung.

■Hamadân

Die Hauptstadt der gleichnamigen Provinz liegt 1826 m im Zagros-Gebirge, am nordöstlichen Fuß des *Kuh-e Alvand* (3571 m). Die Lage am quellwasserreichen Berg führte schon früh zur Entstehung einer Bewässerungslandwirtschaft. Das milde Klima macht die Universitätsstadt noch heute zu einer angenehmen Sommerfrische. Die Winter sind allerdings lang und streng; dafür besteht in den Alvand-Bergen die Möglichkeit zum Skifahren.

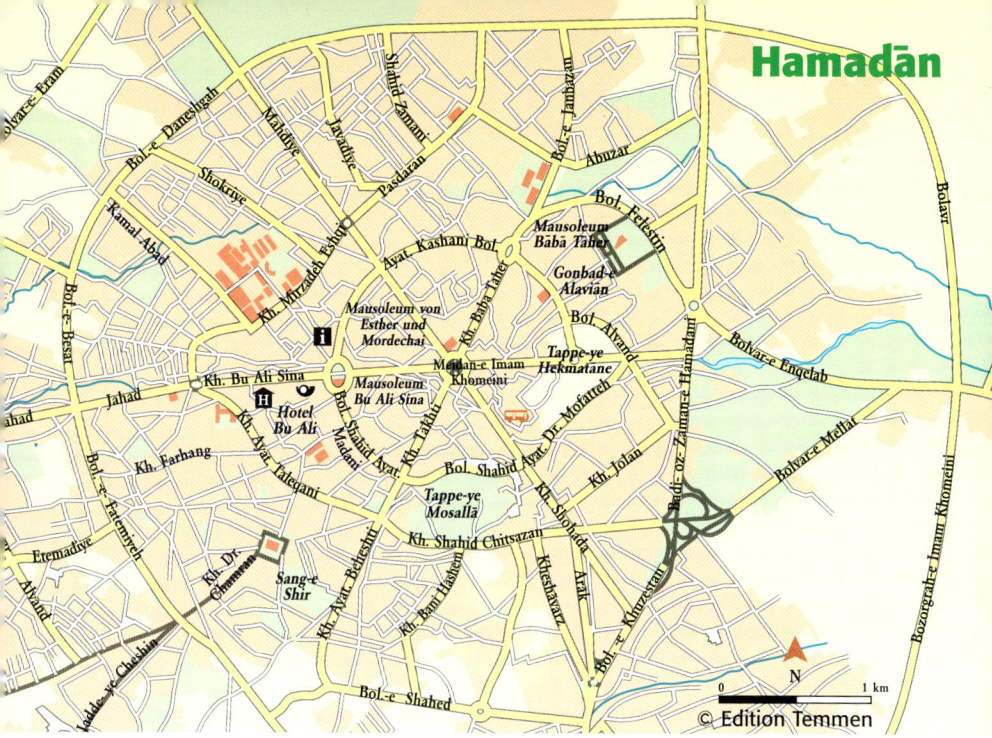

Geschichte

Hamadân gilt als eine der ältesten dauerhaft besiedelten Städte der Welt. Dennoch berichten Quellen erst vom 1. Jt. v. Chr. an von dem Ort, den die Assyrer *Bit Daiukki*, die Meder *Hangmatana* bzw. *Agbatana* und die Griechen *Ekbatana* nannten. Einer Legende zufolge geht die Gründung Hamadâns auf den mythischen König Jamshid zurück. Herodot hingegen erzählt, daß Deiokes, der erste sagenhafte König der indoeuropäischen Meder, den Bau der Stadt in Auftrag gegeben habe.

Sicher ist, daß die Meder Ekbatana im 9. Jh. v. Chr. zu ihrer Hauptstadt erhoben und ihr zur ersten großen Blüte verhalfen. Die Achämeniden, die im Jahr 550 v. Chr. unter Kyros II. Ekbatana eroberten, schmückten die Stadt weiter aus und machten sie zu einer ihrer Sommerresidenzen – wie später auch die Parther und Sasaniden.

Im Jahr 642 von den muslimischen Arabern erobert, erlebte Hamadân zu Beginn des 11. Jh. eine kurze Glanzzeit als Wirkungsstätte des bedeutenden Gelehrten Ibn Sina sowie in der zweiten Hälfte des 12. Jh. als Hauptstadt des Seldschukenreiches. Wenig später teilte Hamadân das Schicksal fast aller persischen Städte: Im Jahr 1220 von den Mongolen in Schutt und Asche gelegt, zerstörten die Heere Timurs 1386 die Stadt erneut und massakrierten ihre Einwohner. In den folgenden Jahrhunderten blieb

Der zentrale Imam-Khomeini-Platz in Hamadân

Hamadân eine unbedeutende ländliche Siedlung. Im 17. Jh. teilweise wieder aufgebaut, geriet Hamadân im 18. Jh. mehrfach in die Grenzstreitigkeiten zwischen Persien und dem Osmanischen Reich und war von 1724 bis 1730 von den Osmanen besetzt. Als im Jahr 1813 der englische Reisende Morier die Stadt aufsuchte, fand er nurmehr einen Ruinenhaufen. Erst durch die Öffnung der Handelsverbindungen zwischen Bagdad und dem Hochland von Iran erlangte Hamadân einen Teil seiner alten Verkehrsbedeutung zurück, und Handel und Gewerbe (Lederherstellung, Holzverarbeitung, Teppichknüpferei, Kupferartikel und Rosinenherstellung) erholten sich. Um 1900 berichten englische Reisende von einer Bevölkerungszahl von etwa 50.000, von der über ein Viertel turksprachig war und mehr als 10% jüdischen Ursprungs. Der hohe **turksprachige** Bevölkerungsanteil, der noch heute in Hamadân und Umgebung vorherrscht, resultiert aus der Seßhaftwerdung turksprachiger Nomaden und der alten Grenzlage zum Osmanischen Reich. Die große **jüdische** Gemeinde, die spätestens seit dem 5. nachchristlichen Jh. in Hamadân besteht, geht auf eine bedeutende jüdische Pilgerstätte, das Mausoleum von Esther und Mordechai, zurück. Noch in den 70er Jahren sollen in Hamadân 4000 Juden gelebt haben.

Wesentliche Teile des modernen Hamadân wurden in den 20er Jahren nach den Plänen des deutschen Architekten Karl Fritsch erbaut – so auch der große, nach Khomeini benannte Platz im Zentrum der Stadt, auf den sechs große Alleen münden. Unmittelbar nördlich des Platzes befindet sich der lebendige Bazar.

Besichtigung

Die mehrfache Zerstörung der Stadt hat dazu geführt, daß vom alten Ekbatana nur wenig übriggeblieben ist. Zudem wurde ein Großteil der gegenwärtigen Stadt direkt auf dem Kulturschutt der früheren Epochen errichtet – umfangreiche Grabungen wären nur um den Preis der Zerstörung der vorhandenen Bausubstanz möglich. Auf dem im Norden Hamadâns gelegenen Hügel **Tappe-ye Hekmatâne** sind die wenig interessanten Überreste einiger Wälle und Mauern aus der Meder- und Achämenidenzeit zu besichtigen; die hier gefundenen Objekte, unter ihnen auch einige Gold- und Silberartefakte, sind heute im Teheraner Nationalmuseum untergebracht. Der im Osten gelegene **Tappe-ye Mosallâ** ist für Besucher wie Forscher noch unergiebiger und wurde in einen Park umgewandelt.

Der berühmte 2,5 m lange **steinerne Löwe** (*Sang-e Shir*), der im Südosten der Stadt in einem kleinen Park steht, stellt den einzigen sichtbaren Überrest der vorislamischen Zeit dar. Der heute fußlose und arg erodierte Löwe datiert aus dem späten 4. Jh. v. Chr. und stellt die berühmteste hellenistische Plastik außerhalb des griechischen Mutterlandes dar. Möglicherweise ließ ihn Alexander der Große zur Erinnerung an seinen in Hamadân verstorbenen General Hephaestion anfertigen. In frühislamischer Zeit krönte er gemeinsam mit einem weiteren Löwen eines der Stadttore, das *Bâb al-Asad*. Das Wachs in den Vertiefungen um seine Schnauze rührt von den zahlreichen Kerzen, die Frauen hier anzünden, damit ihre Wünsche nach einem guten Ehemann oder Kindersegen in Erfüllung gehen. Vom Park aus hat man einen schönen Blick auf den nordöstlich gelegenen Mosallâ-Hügel.

Das älteste Gebäude Hamadâns ist das sogenannte **Mausoleum von Esther und Mordechai**, das sich in einem kleinen ummauerten Garten in der *Kuche-ye Tabâtabâ'i*, rund 200 m westlich des Imam-Khomeini-Platzes, befindet. Es ist die bedeutendste jüdische Pilgerstätte auf iranischem Boden und eine von zehn Synagogen in Hamadân. Der Tradition nach sind hier Esther, die in der Bibel erwähnte jüdische Frau des Achämenidenkönigs Xerxes I., sowie ihr Onkel Mordechai begraben. Esther (pers. »Stern«) soll im 5. Jh. v. Chr. nicht nur die erste jüdische Gemeinde in Persien begründet, sondern auch Judenverfolgungen im achämenidischen Reich verhindert haben; so erzählt zumindest das *Buch Esther*, das vermutlich um 140 v. Chr. in Susa entstand. Wahrscheinlicher ist jedoch, daß das aus dem 13. Jh. stammende Ziegelgebäude über den Gräbern von Shushan-Dokht, der jüdischen Gattin des Sasaniden Yazdegerd I., sowie von deren Onkel Mordechai errichtet wurde. Von Shushan-Dokht heißt es, daß sie

Folgende Doppelseite:
Hamadân liegt in 1826 m Höhe mitten im Zagros-Gebirge.

249

ihren Ehemann überzeugte, jeweils eine große jüdische Gemeinde in Hamadân und Isfahan anzusiedeln.

Eine kleine, über eintausend Jahre alte massive Steintür führt in das Innere des Heiligtums, wo sich in einem hinteren Zimmer zwei geschmückte Ebenholzsärge befinden. Die sterblichen Überreste selbst liegen in der tiefergelegenen Krypta, die durch eine kleine Öffnung zwischen den Särgen zu sehen ist. Im Vorraum befindet sich neben verschiedenen hebräischen Inschriften eine alte, auf Gazellenhaut geschriebene Thora.

Sehr sehenswert ist auch der seldschukische Grabturm **Gonbad-e Alaviân**, der sich auf dem Gelände einer Mädchenschule in der Sa'âdati-Straße befindet (die in östlicher Richtung vom Bolvâr-e Alaviân abgeht). Der quadratische Bau stammt wahrscheinlich aus dem späten 12. Jh. und diente wohl zunächst als Khanaqah. Später nutzte ihn die *Alavi*-Familie, die rund 200 Jahre die Geschicke Hamadâns lenkte, als Grabstätte. Berühmt ist der Bau aufgrund seiner opulenten geometrischen und floralen Stuckdekoration, die sowohl die Fassade als auch das Innere einschließlich des Mihrab verziert. Die mit Votivgaben geschmückten Gräber befinden sich in einer tiefergelegenen Krypta, die durch eine Treppe vor dem Mihrab zu erreichen ist.

Darüber hinaus sind in Hamadân zwei moderne Mausoleen zu besichtigen, die dem Grabturm *Gonbad-e Qâbus* bei Gorgân aus dem Jahr 1006 nachempfunden sind. Das **Mausoleum** des berühmten Arztes und Philosophen **Ibn Sina**, auch *Bu Ali Sina* genannt, liegt inmitten des Bu-Ali-Sina-Platzes. Es wurde im Jahr 1952 an der Stelle seines früheren quadratischen Kuppelgrabmals errichtet, das in den 40er Jahren durch ein Erdbeben zerstört worden war. Um das Grab sind an den Wänden getrocknete Pflanzen gruppiert, die von Ibn Sina als Arzneien verwendet wurden. Neueren Datums ist auch der mit Koranversen und Gedichtzeilen geschmückte Grabstein, der sich in dem angegliederten Museum befindet. Der Originalgrabstein aus dem Jahr 1037 befindet sich ebenfalls hier, wie auch der des mystischen Dichters Scheich Abu Sa'id Dokhduh, bei dem Ibn Sina während seines Aufenthalts in Hamadân lebte. Im Museum befindet sich zudem eine Bibliothek sowie ein Raum mit Weihegaben für den berühmten Mediziner. Vom Dach des Museums bietet sich ein eindrucksvoller Blick auf die Stadt sowie den Alvand-Berg.

Illustration in einer europäischen Ausgabe von Ibn Sinas medizinischem Kanon

Museum des Mausoleums Ibn Sina
Tägl. 8–13, 14–16 Uhr.

Das 1970 wieder aufgebaute **Mausoleum von Bâbâ Tâher** liegt im Nordwesten der Stadt in einem kleinen Park. Wie das Grab Ibn Sinas besitzt es zwölf äußere Pfeiler, doch werden hier die Zwischenräume durch den Turm selbst eingenommen. Über den Mystiker Bâbâ Tâher (gest. 1019) ist relativ wenig bekannt. Berühmt wurde er durch seine *Do-beiti*, Vierzeilen-Gedichte, deren Metrum einfacher ist als das der *Robâyat* von Omar Khayyam. In seinen Gedichten zeigt sich Bâbâ Tâher erfüllt von der Liebe zu Gott, jedoch stets der Bedeutungslosigkeit und Einsamkeit der Menschen bewußt.

Der Arzt und Philosoph Ibn Sina

In Hamadân starb im Jahr 1037 einer der bedeutendsten Ärzte und Philosophen des islamischen Mittelalters: Abu Ali **Ibn Sina**, der in Europa als **Avicenna** – nach hebräisch Aven Sinâ – bekannt wurde. Geboren bei Buchara im heutigen Usbekistan, war Ibn Sinas Leben von steter Wanderschaft geprägt: Er arbeitete als Arzt und Minister u.a. an den Fürstenhöfen von Gorgân, Ray, Hamadân und Isfahan. Sein umfangreiches medizinisches Wissen hatte sich Ibn Sina schon früh selbst angeeignet; bereits im Alter von 16 Jahren leitete er berühmte Ärzte an. Nachdem er den Sultan von Buchara von einer schweren Krankheit geheilt hatte, durfte Ibn Sina dessen reich bestückte Bibliothek benutzen: »Alles Wissen der bekannten Welt muß an diesem Ort zusammengetragen sein«, heißt es in Ibn Sinas Autobiographie, und in den folgenden drei Jahren vertiefte Ibn Sina hier seine Kenntnisse der Jurisprudenz, der Literatur, der Musik, der Astronomie und der Mathematik.
Insgesamt verfaßte der Gelehrte rund 175 Werke zu medizinischen, metaphysischen, akustischen, geometrischen und literarischen Themen – und zwar auf Arabisch, der damaligen *lingua franca* der islamischen Welt. Ibn Sina las und schrieb grundsätzlich nachts, wenn er seine Tätigkeit als Arzt oder Minister beendet hatte.
»Wenn ich nachts nach Hause kam, stellte ich eine Lampe vor mich hin und widmete mich dem Lesen und Schreiben. Wann immer mich der Schlaf zu überkommen drohte, trank ich ein Glas Wein, und meine Kräfte kehrten zurück. Dann begann ich erneut zu lesen.«
Sein philosophisches Hauptwerk, das »Buch der Genesung (der Seele)« (*Kitâb al-Shifâ'*), ist durch die Werke Aristoteles' beeinflußt. Auch Ibn Sina gab sein Wissen an eine andere Kultur weiter: Als im 12. Jh. in Toledo und Sizilien wissenschaftliche und philosophische Schriften aus dem Arabischen ins Lateinische übersetzt wurden, gehörte auch das Werk Ibn Sinas dazu. Seine Gedanken beeinflußten vor allem Thomas von Aquino (gest. 1274), der die Philosophie als gleichberechtigt neben den Glauben stellte. Paradoxerweise entwickelte sich das europäische Interesse am persisch-arabischen Denken zu einem Zeitpunkt, als die muslimischen Philosophen innerhalb der islamischen Welt heftig angefeindet wurden. Hier avancierte das »Abendland« zum Retter eines bedeutenden kulturellen Erbes – wie zuvor das »Morgenland« für die Werke der griechischen Philosophie und Wissenschaft.
Ibn Sinas bedeutendstes medizinisches Werk, »Der Kanon der Medizin« (*al-Qânûn fî t'Tibb*), diente an europäischen Universitäten noch bis ins 17. Jh. als Leitfaden der Schulmedizin. Vor allem in der Renaissance interessierte man sich für den *Kanon*: Zwischen 1500 und 1674 wurden mehr als sechzig Ausgaben in lateinischer Sprache gedruckt.
Heute ist Ibn Sina im Westen vor allem durch die Darstellungen in den Bestsellern *Der Medicus* (Noah Gordon) und *Die Straße nach Isfahan* (G. Sinoué) bekannt.

Ausflüge

Rund 35 km südwestlich von Hamadân sind in der Nähe des Ortes Asad Âbâd zwei berühmte achämenidische Felsinschriften zu besichtigen, die unter dem Namen **Ganjnâme** (»Schatzbuch«) bekannt geworden sind – in früheren Zeiten glaubte man, daß sie Hinweise auf die Verstecke der medisch-achämenidischen Schätze enthielten. Das linke wurde von Dareios I., das rechte von seinem Sohn Xerxes in Auftrag gegeben, beide sind dreisprachig (Altpersisch, Neoelamisch und Neubabylonisch). Die Texte sind fast identisch: Beide preisen den Gott und Weltschöpfer Ahura Mazda, beschreiben den jeweiligen Umfang des achämenidischen Weltreiches und enden mit den Titeln der beiden Könige, einschließlich des Titels *Shâhanshâh* (»König der Könige«).

Rund 50 km südlich von Hamadân liegen zwischen den Dörfern Nakmil Âbâd und Shushâb auf einem **Nush-e Jân** genannten Hügel die Überreste einer **medischen Festungsanlage**. Die Lehmziegelmauern der 1965 entdeckten Anlage sind noch relativ gut erhalten. In der Zitadelle stieß man auf einen aus dem 8. Jh. v. Chr. datierenden Feuertempel, der als ältester nachweisbarer Feuertempel Irans gilt. Nach der Beseitigung des Schutts wurden ein Altar sowie Nischen in den Wänden sichtbar.

Etwa 65 km nordwestlich von Hamadân befinden sich in der Nähe der gleichnamigen Ortschaft die eindrucksvollen **Ali Sadr-Höhlen**. Das weitverzweigte Höhlensystem umfaßt zahlreiche stalaktiten- und stalakmitengeschmückte Räume sowie unterirdische Seen. Die größeren Höhlen sind bis zu 60 m breit und 15 m hoch. Als der Tourismus nach der Entdeckung der Höhlen sprunghaft anstieg, wurden in Ali Sadr ein Hotel und ein Restaurant erbaut.

■Kermânshâh (Bâkhtarân)

Mit rund 600.000 Einwohnern ist die Hauptstadt der gleichnamigen Provinz die bedeutendste Stadt Westirans, die zudem einen sehr lebendigen und farbenfrohen Bazar besitzt. Zu erreichen ist die in 1630 m Höhe inmitten eines wasserreichen Beckens gelegene Stadt per Flugzeug oder per Sammeltaxi von Hamadân aus.

In Kermânshâh und Umgebung leben zahlreiche Kurden, von denen viele noch ihre traditionelle Kleidung tragen: Frauen wie Männer tragen weite Hosen, wobei die Männer zusätzlich eine schwarze Schärpe um die Hüfte binden, eine Tradition, die in die Zeit der Sasaniden zurückreicht. Zur »Tracht« gehören auch die farbenfrohen Kopftücher der Frauen und die aus langen Stoffbahnen gewickelten Turbane der Männer – sowie die traditionellen Schuhe, die *Give*, die seit mehreren Jahrhunderten im Westen Irans getragen werden. Kermânshâh ist berühmt für seine qualitativ hochwertigen *Give*, die aus dicker, fester Baumwolle und Leder angefertigt werden.

Kermânshâh wurde wahrscheinlich im 4. nachchristlichen Jh. unter der Herrschaft des Sasaniden Bahrâm IV. gegründet und ist damit wesentlich jünger als Hamâdan. Sein ursprünglicher Name, *Kermânshâhân* (Stadt der »Könige von Kermân«), rührt daher, daß Bahrâm zunächst Gouverneur der Provinz Kermân gewesen war. Die sasanidische Siedlung lag etwas weiter nördlich als das heutige Kermânshâh, in der Nähe von Tâq-e Bostân – und damit an der alten achämenidischen Königsstraße, die Mesopotamien und das Hochland von Iran miteinander verband. Im Jahr 649 von den Arabern erobert, wurde Kermânshâh wegen seiner zentralen Lage auch in den folgenden Jahrhunderten mehrfach angegriffen. Nach der Herrschaft der Buyiden und Seldschuken zerstörten die Mongolen im Jahr 1220 die Stadt. Erst unter den Safawiden gewann Kermânshâh wieder an Bedeutung, doch erinnern heute keine Überreste mehr an diese Epoche.

Bis weit in das 20. Jh. soll die Stadt eher einer Ruinenstätte geglichen haben; noch in den 20er Jahren beschreiben englische Reisende Kermânshâh als ein »großes kurdisches Dorf mit Hütten und engen Gassen«. Besondere Bedeutung erlangte die Stadt als Standort der zweiten, 1936 errichteten Raffinerie des Landes, die in den 70er Jahren erweitert und modernisiert wurde. Heute ist Kermânshâh von modernen Straßen und Alleen durchzogen. Während des Irak-Iran-Kriegs litt Kermânshâh sehr unter irakischen Luftangriffen und dem Beschuß durch Marschflugkörper. Nach der Revolution war Kermânshâh zunächst in *Bâkhtarân* umbenannt worden; das Wort *Shâh* (»König«) war den geistlichen Herrschern ein Dorn im Auge. Doch Anfang der 90er Jahre machte der damalige Präsident Rafsanjâni diese Entscheidung wieder rückgängig – mit der Begründung, daß der alte Name keine Verbindung zu den verhaßten Pahlavi-Shâhs aufweise.

Tâq-e Bostân

Sechs Kilometer nordöstlich von Kermânshâh sind die Felsgrotten und Flachreliefs von **Tâq-e Bostân** (»Gartengrotte«) zu bewundern, die ein eindrucksvolles Beispiel spätsasanidischer Reliefkunst darstellen. Sie gehören zu den Überresten eines sasanidischen Königspalasts, dessen Gartengrotten mit den seit alters beliebten Wasserbassins noch vorhanden sind – heute kann man hier Boot fahren. Rechts neben den Grotten befindet sich das älteste Relief, das die Investitur Ardashirs II. durch Ahura Mazda (rechts) zeigt. Beide

████████████████ DER WESTEN

Das einzig erhaltene Reliefbild des Sonnengottes Mithra

Tâq-e Bostân
Tägl. 8 Uhr morgens bis Sonnenuntergang. In der Nähe von Tâq-e Bostân befinden sich zahlreiche kleine Restaurants, wo man draußen sitzen, Kabâb essen und Wasserpfeife rauchen kann.

stehen auf einem besiegten Gegner, wohl einem römischen Soldaten. Das Besondere des Flachbilds ist die Darstellung von **Mithra** (links), der an seinem Strahlenkranz als Sonnengott erkennbar ist und auf einer Lotusblüte steht. In seinen Händen hält er ein Bündel heiliger Zweige (*Barsom*), wie sie im zoroastrischen Gottesdienst noch heute verwendet werden. Tatsächlich handelt es sich um das einzige erhaltene Bildwerk von Mithra, der sich vom Gott des Vertrages zum unbesiegbaren Sonnengott gewandelt hat.

Die Reliefs der kleineren rechten Grotte stammen aus dem 4. Jh. und zeigen – gemäß den mittelpersischen Inschriften – Shâpur II. sowie seinen Enkel, den späteren Shâpur III. Interessant ist an dieser Darstellung, daß Shâpur III. seine Herrschaft nicht durch einen Gott, sondern durch seinen berühmten Großvater, der rund 70 Jahre lang das sasanidische Reich regiert hatte, legitimieren ließ.

Die meisterhaften, ursprünglich farbigen Reliefs der großen Grotte stammen aus dem Ende der Sasanidenzeit und sind genaugenommen eher eine Wanddekoration. Der Hintergrund ist in zwei Gruppen aufgeteilt: Das obere Bild zeigt eine Investiturszene zwischen den beiden Gottheiten Ahura Mazda und Anahita (erkennbar an ihrem Wasserkrug); wahrscheinlich handelt es sich dabei um Khosrow II. Der im unteren Teil dargestellte Reiter in Ritterrüstung und mit gezückter Lanze stellt wohl ebenfalls Khosrow II. dar, diesmal auf seinem – heute kopflosen – Pferd Shabdaes.

Auch bei den vielfigurigen Szenen auf den Seitenwänden steht die Darstellung des Königs im Mittelpunkt, der hier in seinem *Paradeisos* (Garten) auf die Jagd geht. Die sehr lebendigen und naturalistischen Reliefs zeigen auf der einen Seite eine Hirsch-, auf der anderen eine Eberjagd, mit Elefanten als Treibern, begleitet von den Hofdamen und Musikern. Darüber befindet sich die sehr viel jüngere und noch heute farbige Darstellung von Fath Ali Shâh sowie mehreren Qajarenprinzen. Auch die Engel und floralen Motive auf der symmetrischen Außenfassade sind jüngeren Datums.

Bisotun

Rund 30 km östlich von Kermânshâh erhebt sich an der Straße nach Hamadân das eindrucksvollste iranische **Felsrelief**: ein etwa 3 x 5,5 m großes Flachrelief, das der Achämenide Dareios I. im Jahr 520 v. Chr. in etwa 60 m Höhe in die steile Felswand einmeißeln ließ. Den Ort hatte der König mit Bedacht gewählt: Im Altertum verlief hier eine belebte Karawanen- und Heerstraße, die Babylonien und Medien miteinander verband. Auch hatte der Berg früher religiös-kultische Bedeutung, wie seine ursprüngliche Bezeichnung *Bagastâna* (»Ort der Götter«) nahelegt – woraus im Lauf der Jahrhunderte *Behistân* (mittelpersisch) und *Bisotun* (neupersisch) wurde; letzteres bedeutet gleichzeitig »ohne Säulen« (*bi-sotun*).

Darüber hinaus war es Dareios und seinen Mitverschwörern in der Nähe dieses Ortes gelungen, den Aufständischen **Gaumâta** zu töten und selbst die Macht zu übernehmen. Das Relief sowie die elamischen (rechts neben dem Relief), babylonischen (links) und altpersischen (unten) Inschriften berichten von den Ereignissen. Tatsächlich sind die Schriften das eigentlich Sensationelle in Bisotun: Denn zuvor hatte es keine **Schrift** für das Persische, die indoeuropäische Sprache der Achämeniden, gegeben. Erst Dareios beauftragte seine Sekretäre, eine Schrift für das Persische zu erfinden. Seine Sekretäre waren jedoch Elamer, Babylonier und Aramäer und entstammten damit gänzlich anderen Sprachfamilien, aus denen sie die von ihnen entwickelten 37 neuen Keilzeichen zusammensetzten. So stellt das Altpersische eine Mischung aus alphabetischer und Silbenschrift dar und weist mehrere Inkonsequenzen auf.

Alle drei Fassungen schildern die Ereignisse um den »ersten Krimi der Weltgeschichte« – natürlich aus der Sicht des siegreichen Herrschers Dareios: Als sich der Achämenide Kambyses II. auf seinem Feldzug in Ägypten befand, putschte sich daheim ein Mann auf den Thron, dessen Identität bis heute rätselhaft ist. Er selbst gab sich als Kambyses' jüngerer Bruder **Bardiya** aus. Dareios behaup-

DER WESTEN

tete jedoch, daß Bardiya von Kambyses vor seiner Abreise ermordet worden war und der Aufständische ein medischer Magier namens Gaumâta sei. Im Sommer 522 wurde der vorgebliche Bardiya von den Persern als König anerkannt; auch die übrigen Länder des Reiches huldigten ihm, da er »die Steuern und den Heeresdienst für drei Jahre aussetzte«, wie Herodot berichtet. Ein Vierteljahr später, am 29. September 522, erschlug jedoch Dareios gemeinsam mit sechs Helfern den »falschen König« und machte sich selbst zum Herrscher. Daraufhin brachen im ganzen Reich Aufstände aus. Erst nach insgesamt 19 Schlachten und der Niederschlagung von acht Rebellen, die Dareios in der Inschrift »Lügenkönige« nennt, war der Achämenide am 28. Dezember 521 unangefochtener Herrscher über das persische Weltreich: »Die Königsherrschaft, die von unserem Geschlecht genommen war, brachte ich zurück, stellte es an seinen Platz wie vordem. Ich baute die Tempel auf, die Gaumâta, der Magier, zerstört hatte. Ich gab dem Volk wieder das weite Land, die Herden und die Wohnungen, die Hausklaven und die Häuser, die ihnen Gaumâta, der Magier, entrissen hatte. Nach dem Willen Ahura Mazdas tat ich dies.«

Diesen Sieg verherrlicht auch das in eine geglättete rechteckige Fläche eingehauene **Relief**. Es zeigt auf der linken Seite den siegreichen Achämenidenkönig, der durch seine Größe hervorgehoben wird. Hinter ihm stehen sein Bogenträger Vindafarnah und sein Lanzenträger Gaubarva. Dareios hält in seiner Linken einen Bogen und setzt seinen linken Fuß auf die Brust des am Boden liegenden Magiers, der flehentlich seine Hände emporstreckt. Rechter Hand folgen ihm die acht gefesselten »Lügenkönige«, die durch einen Strick aneinandergebunden sind. Die spitzmützige Figur am rechten Ende der Reihe stellt Skunkha, den König der Skythen, dar und wurde erst nach Dareios' Sieg über die Skythen im Jahr 518 v. Chr. hinzugefügt. Über der Szene schwebt das geflügelte Symbol des Gottes Ahura Mazda, der Dareios den Ring der Herrschaft überreicht – zu ihm hat Dareios seine Rechte betend erhoben. Damit alle Menschen in seinem Reich von diesen Ereignissen Kenntnis nähmen, ließ Dareios sowohl von den Inschriften als auch von dem Relief Kopien anfertigen, die in alle Provinzen des Reiches geschickt wurden – eine Kopie fand sich beispielsweise in der jüdischen Gemeinde auf der ägyptischen Nilinsel Elephantine.

Tatsächlich ist Dareios' Flachrelief einem wesentlich älteren Relief nachempfunden, das **Anubanini**, der König der Lulubi, um das Jahr 2000 v. Chr. in Auftrag gegeben hatte. Es ist bei **Sar-e Pol-e Zahâb**, rund 120 km westlich von Kermânshâh (Richtung Bagdad), zu besichtigen, wo sich noch drei weitere Reliefs von Anubanini befinden. Auch hier setzt der König seinen linken Fuß auf die Brust eines am Boden liegenden Gegners. Ihm gegenüber tritt die Göttin Ishtar, die Anubanini den Ring der Herrschaft überreicht. Zwischen beiden schwebt das Symbol der Göttin, ein achteckiger Stern in einem Kreis. An einem Strick zieht Ishtar zwei gefesselte Gefangene hinter sich her, während sechs weitere Gefangene unter den Füßen des Königs abgebildet sind – wie bei Dareios' Flachrelief sind es insgesamt neun besiegte Gegner.

Unterhalb des Bisotuner Felsreliefs haben spätere Nachahmer weitere Reliefs anbringen lassen. Unter ihnen sind zwei **parthische Reliefs**, die griechische Inschriften aufweisen. Bei dem linken handelt es sich um das älteste parthische Felsrelief, dessen Figuren – wie es für den achämenidischen Stil typisch war – im Profil dargestellt sind. Es zeigt Mithridates II., der vier Würdenträger empfängt. Durch eine persische Inschrift aus dem 17. Jh. wurde das Relief allerdings stark zerstört. Das rechte Bild, das den Sieg von Gotarzes II. (38–51 n. Chr.) über seinen Rivalen Meherdates verewigt, ist dagegen mehr dem römischen Stil verpflichtet. Des weiteren befindet sich an der Felswand von Bisotun ein Bildnis von **Herkules** aus dem Jahr 148 v. Chr., das den griechisch-mythologischen Helden auf einem Löwenfell liegend zeigt.

Kangâvar

Etwa 90 km östlich von Kermânshâh, auf halbem Weg nach Hamâdan, befinden sich in der kurdischen Kleinstadt Kangâvar die Überreste eines **Anahita-Tempels** aus der Sasanidenzeit (um 500 n. Chr.). Der große Tempel zu Ehren der Göttin des Wassers und der Fruchtbarkeit wurde auf einer quadratischen Terrasse erbaut und muß einst ein eindrucksvolles Bauwerk gewesen sein. Als der Engländer Sir Henry Layard im Jahr 1840 die Stätte aufsuchte, standen noch acht der massiven Säulen. Jüngste Grabungen haben eine doppelläufige Treppe zum Vorschein gebracht. Anahita (neupers. *Nahid*) ist die einzige weibliche Gottheit im altiranischen Götterreigen, die seit achämenidischer Zeit auch als Liebes- und Kriegsgöttin verehrt wurde.

Der Südwesten

■ Provinz Khuzestân

Die rund 118.000 km² große Provinz umfaßt den Süden des Zagros-Gebirges sowie dessen vorgelagerte Ebene, die sich östlich des alten Zweistromlandes und des Schatt al-Arab (pers. *Arvand-Rud*) erstreckt. Hier befand sich im 3. und 2. Jt. v. Chr. das **Reich von Elam** (griech. *Elymais*) mit seiner prachtvollen Hauptstadt **Susa**. Klimatisch kann die Provinz in zwei Zonen eingeteilt werden: Die nördlich von Ahvâz gelegene susianische Ebene (griech. *Susiana*) ist wesentlich niederschlagsreicher als die sich daran anschließende südliche Region mit den Städten Khorramshahr und Âbâdân. Extrem heiß wird es im Sommer jedoch in ganz Khuzestân: Nicht nur am Persischen Golf kann das Thermometer die 50° C-Marke überschreiten; zudem ist die Luftfeuchtigkeit sehr hoch.

Aufgrund ausgefeilter Bewässerungstechniken war Khuzestân (wie Mesopotamien) zu allen Zeiten eine sehr fruchtbare Region, vor allem entlang der großen, ganzjährig wasserführenden Flüsse Dez, Karkhe und Kârun. Bis zu viermal im Jahr wird heute geerntet (u.a. Zuckerrohr). Der gegenwärtige Reichtum der Provinz stammt allerdings von den südlich von Ahvâz gelegenen Ölfeldern und Erdgasvorräten; an Erdgas besitzt Iran die zweitgrößten Reserven der Welt.

Charakteristisch für Khuzestân ist seine heterogene Bevölkerung – in religiöser (Muslime, Christen und Juden) wie in ethnischer (Perser und Araber) Hinsicht. Der hohe arabische Bevölkerungsanteil (etwa 35%) reicht weit in die Vergangenheit zurück. Bereits vor der Eroberung durch muslimisch-arabische Heere (637-656 n. Chr.) siedelten hier arabische Stämme wie die Banâ Lâm und Banâ Qaab; seit dem 7. Jh. verstärkte sich der Zustrom arabischer Siedler in die auch **Arabistân** genannte Region weiter.

Seit 1436 wurde Khuzestân durch die arabische Muhajiadynastie regiert, die auch nach Gründung des Safawidenreiches 1501 de facto einen Autonomiestatus aufrechterhalten konnte. Auch die wachsende safawidisch-osmanisch-portugiesische Rivalität in der Region begünstigte die Unabhängigkeit der lokalen arabischen Emire. Als mit dem Vertrag von Zuhâb 1639 die Grenze zwischen osmanischem und persischem Reich am Ostufer des Schatt al-Arab fixiert wurde, betrachteten beide Staaten Khuzestân als Puf-

Landschaft bei Khuzestân

ferzone und tasteten seine Selbständigkeit nicht an. Von 1690 bis 1924/25 stellten die Banâ Qaab den jeweiligen lokalen Herrscher. Im Jahre 1812 gründeten die Bu Kassab das Emirat und die gleichnamige Stadt Mohammara. Erst Truppen des Pahlavi-Herrschers Rezâ Shâh besiegten den Emir von Mohammara und beseitigten das Emirat. Die Pahlavi-Shâhs versuchten in der Folgezeit, die in der Provinz vorherrschende arabische Kultur zurückzudrängen: Arabistân wurde in Khuzestân zurückbenannt, aus Mohammara wurde Khorramshahr, die arabische Sprache wurde durch das Persische ersetzt und die Ansiedlung persischer Familien gefördert. Khuzestân hatte von allen iranischen Provinzen am meisten unter dem achtjährigen Irak-Iran-Krieg zu leiden; hier wurden einige der härtesten und blutigsten Schlachten ausgetragen, und die Industriestädte Ahvâz, Khorramshahr und Âbâdân wurden durch Bombardements fast völlig zerstört. Saddam Hussein hatte gehofft, die kulturellen Bande zwischen der beiderseits des Schatt al-Arab lebenden arabischen Bevölkerung für sich nutzen zu können – doch eine Revolte der in Khuzestân lebenden Araber blieb aus.

Ahvâz

Für die in- und ausländischen Besucher ist Ahvâz der ideale Ausgangspunkt zur Besichtigung von Susa, Haft Tepe und Chogha Zanbil. Allerdings liegen die Terminals und Büros der einzelnen Busgesellschaften weit außerhalb des Zentrums im Nordwesten der Stadt (*Khiâbân-e Enqelâb*). Während die Busse nach Dezful vom *Ghârâzh-e Dezful* auf der nördlichen Seite der Enqelâb-Straße abfahren, starten die Busse und Minibusse nach Susa, Chogha Zanbil und Haft Tepe stündlich vom etwa 400 m westlich davon gelegenen *Terminâl-e Shush*; die Fahrt dauert rund 1½ Std.

Politischer und wirtschaftlicher Mittelpunkt von Khuzestân ist Ahvâz, das sich rund 130 km nördlich von Khorramshahr an beiden Seiten des Kârun-Flusses erstreckt. In der Partherzeit war Ahvâz Residenz eines arsakidischen Fürstentums. Nach seiner Eroberung durch den Sasaniden Ardashir I. wurde es in *Hormizd Shahr* oder *Hormizd Ardashir* umbenannt. Eine Blütezeit erlebten Ahvâz und die umliegende Region nun durch die Errichtung eines großen Stauwehrs an den Stromschnellen des Kârun, wodurch weite Teile des Kâruntales bewässert wurden. Im Jahr 638 geriet Ahvâz unter muslimische Herrschaft. Ende des 9. Jh. wurde es während der **Zanj-Rebellion** verwüstet: Ehemalige schwarze Sklaven erhoben sich damals gegen das abbasidische Kalifat in Bagdad. Ein Jahrhundert später ließ der Buyiden-Prinz Adud ad-Dowla die Stadt wieder aufbauen und machte sie zum Zentrum des Zuckerrohrexports. Im 16. Jh. begann erneut der Niedergang, und bis ins 20. Jh. war Ahvâz nurmehr als Endpunkt der hier auf Stromschnellen stoßenden Kârunschiffahrt bekannt. Noch im Jahr 1940 zählte die Kleinstadt lediglich 32.000 Einwohner.

Bedeutung erlangte Ahvâz erst wieder als Verkehrsknoten der transiranischen Eisenbahn sowie durch seine Lage inmitten der neuentdeckten Ölfelder. Seitdem ist Ahvâz ganz durch die Erdölwirtschaft geprägt: Hier befinden sich die Verwaltungseinrichtungen der NIOC, die Materialdepots und Werkstätten für Exploration und Förderung. Überregionale Bedeutung erlangte Ahvâz auch durch

PROVINZ KHUZESTAN

seine Hochschule, die *Jundi-Shâpur-Universität*, deren Name an ihre berühmte sasanidische Vorgängerin erinnert.

Während des Irak-Iran-Krieges wurde Ahvâz durch irakisches Bombardement stark zerstört. Die meisten Einwohner flohen nach Schiraz oder Teheran, und Ahvâz wurde zu einer Geisterstadt. Diese Situation nutzten zahlreiche Bewohner der ländlichen Umgebung und siedelten sich in der verlassenen Stadt an. Nach Ende des Krieges kehrten auch die Flüchtlinge zurück. Nach dem Krieg wurde viel in den Wiederaufbau der Stadt investiert.

Die moderne Industriestadt ist an sich nicht besonders bemerkenswert. Sehenswert sind die 1935 errichtete moderne Hängebrücke *Pol-e Mo'allagh* (auch *Pol-e Sefid* genannt) und der lebendige Bazar. Neben frischem Obst und Gemüse gibt es vor allem zahlreiche Arten von Süßwasserfischen aus dem Kârun zu kaufen, die zu den schmackhaftesten Fischen Irans zählen. Lohnenswert ist auch ein Spaziergang auf der Uferpromenade. Zudem besteht die Möglichkeit, mit kleinen Motorbooten eine Spritztour auf dem Fluß zu unternehmen; eine Anlegestelle befindet sich neben dem Restaurant *Rudkenâr*.

Araberinnen mit traditionellen Tätowierungen im Gesicht

Susa

Die wenig spektakulären Überreste von Susa (bibl. *Shushan*), einer der ältesten Siedlungen der Welt, befinden sich nahe der Ortschaft *Shush*, 116 km nördlich von Ahvâz und etwa 30 km von Dezful entfernt. Die beste Reisezeit ist aufgrund des milden Klimas zwischen Januar und April – selbst im Winter fällt die Temperatur selten unter 20° C. Die Sommer sind extrem heiß, und das Thermometer steigt häufig über 50° C. Schon der griechische Geograph Strabon erzählt, daß man in Susa an einem »Hochsommertag auf der Straße eine Eidechse braten« könne. Daher ist es ratsam, im Sommer zur Besichtigung Susas früh aus Ahvâz aufzubrechen, da auf der historischen Stätte bis auf einen einzelnen Baum kein Schatten zu finden ist.

Geschichte

Als die französischen Archäologen im Jahr 1884 begannen, den 35 m hohen Erdhügel von Susa zu erforschen, standen sie den

Überresten einer Stadt gegenüber, die etwa 5000 Jahre unter der Herrschaft der Elamer, Achämeniden, Seleukiden, Parther und Abbasiden überdauert hatte, bis sie im 13. Jh. durch die mongolischen Heere zerstört wurde. Tatsächlich reicht die früheste Besiedlung Susas bis ins Neolithikum um etwa 7000 v. Chr. zurück. Um 4000 v. Chr. entstand hier die früheste städtische Siedlung Irans. Die zahlreichen Gefäße und Siegel aus dieser Zeit belegen, daß sich Susa unter dem Einfluß zweier Kulturen entwickelte: Enge Kontakte bestanden nicht nur zu den Bergdörfern in Luristan und dem iranischen Hochland, sondern auch zu den urbanen Zentren im Zweistromland – ein Charakteristikum, das auch die weitere Geschichte der Susiana prägte.

Aufgrund seiner günstigen Lage zwischen dem Industal im Osten und der alten Hochkultur Sumers im Westen entwickelte sich Susa bald zu einem bedeutenden Handelszentrum. Um etwa 3300 v. Chr. entstand hier eine neue Kultur mit einer eigenen Schrift, die allgemein als **proto-elamisch** bezeichnet wird. Diese Kultur entwickelte sich unter dem Einfluß der mesopotamischen Stadt Uruk: Die einfache, in Massenproduktion hergestellte Keramik gleicht der aus Uruk, auch die Rollsiegel weisen ähnliche Bilder auf und sind im gleichen Stil gearbeitet wie jene in Uruk. Um 2800 v. Chr. endete das proto-elamische Zeitalter abrupt unter nach wie vor ungeklärten Umständen.

In der nachfolgenden **altelamischen** Epoche blieb Susa bis etwa 2300 v. Chr. eine mittlere Stadt mit enger Anbindung an Mesopotamien. Nach wechselnden Kämpfen mit sumerischen Stadtstaaten wurde Susa um 2300 v. Chr. von den Streitkräften aus Akkad, einem aufstrebenden semitischen Staat in Mesopotamien, erobert und als Verwaltungszentrum in das im Entstehen begriffene Reich eingegliedert. Dieses Ereignis spiegelt sich in zahlreichen Skulpturen, Töpferwaren und Aufzeichnungen in akkadischer und elamischer Sprache aus Susa wider.

Nach dem Zusammenbruch des akkadischen Reiches um 2150 v. Chr. wurde Susa zur Hauptstadt des neuen unabhängigen Reiches von Elam, das in den nahegelegenen Bergen entstanden war. Susa erlebte nun seine größte Blüte. Insbesondere unter der **Dynastie der Shutrukiden** im 12. Jh. v. Chr. wurde Susa zu einer prachtvollen Stadt ausgebaut. Diese Könige errichteten nicht nur neue Tempel und Paläste, sondern bauten auch die alten um und verzierten sie mit blau, grün und weiß glasierten Ziegeln. Die Wohnhäuser Susas waren um Innenhöfe herum angelegt und zeichneten sich durch besonders große Empfangshallen aus, die an einem oder beiden Enden mit hohen Pilastern geschmückt waren. Ein Großteil der Kunstwerke, die Susa zierten, stammte aus Beutezügen, die die Shutrukiden in die Städte der babylonischen und

PROVINZ KHUZESTAN ■■■■■■

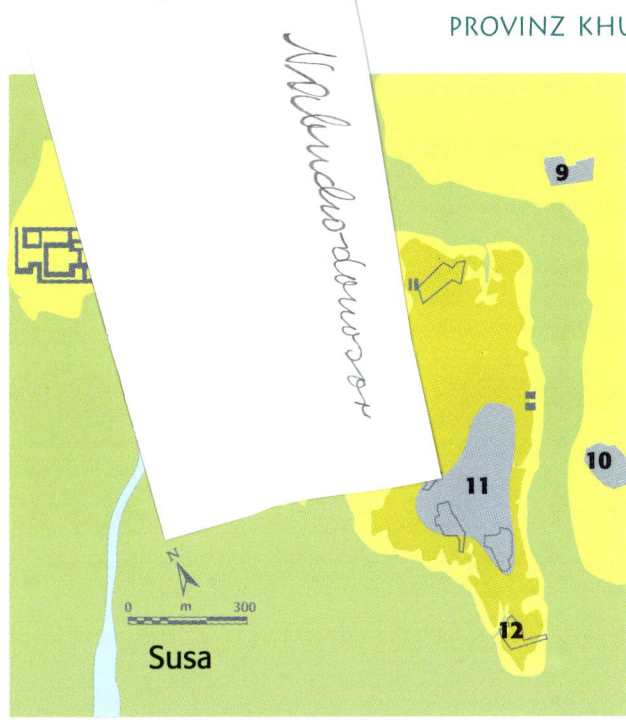

Susa
1. Palast Artaxerxes' II.
2. Apadana-Hügel
3. Dareios-Palast
4. Torbau
5. Französisches »Château«
6. Museum
7. Daniels Grab
8. Akropolis
9. Achämenidische Siedlung
10. Handwerkerstadt
11. Königsstadt
12. Bergfried

assyrischen Reiche unternahmen. Um 1150 v. Chr. ließ König Shilhak-Inshushinak das babylonische Reich der Kassiten zerstören und die Schätze Babylons nach Susa bringen – darunter auch die berühmte Gesetzesstele des babylonischen Herrschers Hammurabi (1728–1686 v. Chr.), von der eine Kopie im Teheraner Nationalmuseum zu besichtigen ist. Die Vergeltung für den Kriegszug ließ nicht lange auf sich warten: Ende des 12. Jh. v. Chr. eroberte der babylonische König Nebukadnezar I. Susa und brannte es nieder.

Über die folgenden Jahrhunderte ist wenig bekannt, doch wurde die Stadt wahrscheinlich wieder aufgebaut und erlebte eine erneute Blütezeit. Um das Jahr 640 v. Chr. zerstörte schließlich der **assyrische König Assurbanipal** Susa und damit das Königreich von Elam. In einer Inschrift rühmt sich Assurbanipal seiner grausamen Tat: »Susa, die große, heilige Stadt, Wohnsitz ihrer Götter, Heimat ihrer Mysterien, habe ich erobert. Frohlockend betrat ich ihre Paläste; ich öffnete die Schatzkammern, wo Silber, Gold und andere Reichtümer zuhauf lagen ... die Schätze von Sumer, Akkad und Babylon, welche die früheren Könige von Elam geraubt und fortgeschleppt hatten. Ich zerstörte die Zikkurat von Susa. Ich zerschmetterte ihre glänzenden, kupfernen Hörner. Die Tempel von Elam machte ich dem Erdboden gleich; ihre Götter und

Göttinen verstreute ich in alle Winde. Die Gräber ihrer Könige aus früherer und jüngst vergangener Zeit verwüstete ich, und ihre Knochen nahm ich mit ins Land Assur. Ich verwüstete die Provinzen Elams und streute Salz über ihre Ländereien.«
Doch auch das Reich der Assyrer überdauerte nurmehr wenige Jahre. Im 6. Jh. v. Chr. wurde Susa in das **achämenidische Weltreich** eingegliedert. Eine erneute Glanzzeit Susas begann, als **Dareios** im Jahr 521 v. Chr. den Entschluß faßte, die Stadt zum administrativen Zentrum seines Reiches auszubauen. Finanziert wurden die Bauarbeiten, die während seiner ganzen Regierungszeit andauerten, aus der Kriegsbeute und den Tributzahlungen, die ihm aus den Provinzen des Reiches zuflossen. Rund fünf Jahre später entschied Dareios, in Susa seine Winterresidenz zu errichten, da die Winter im rund 500 km weiter nördlich gelegenen Ekbatana sehr kalt sind. Der **Palast**, den Dareios nun errichten ließ, ist der erste Baukomplex, der von ihm von Grund auf neu geschaffen wurde. Anders als die früher in Susa üblichen Ziegelbauten wurde er größtenteils aus Stein errichtet; dazu wurde eine 10 bis 20 Meter hohe Terrasse aus Kies aufgeschüttet. In seiner berühmten Bauinschrift berichtet Dareios von diesen Vorbereitungen: »Die Erde ist ausgegraben worden, bis ich den gewachsenen Boden erreicht hatte. Als die Fundamentgräben da waren, da ist Kies geschüttet worden, an einigen Stellen bis 40 Pferdehöhen hoch, an anderen bis 20 Pferdehöhen hoch; auf diesem Kies ist der Palast errichtet worden.« Ebenso anschaulich schildert Dareios, wie die Materialien für den Bau aus allen Teilen des achämenidischen Reiches herbeigeschafft wurden: »Zedern von einem Berge namens Libanon, Gold aus Sardis und Baktrien, Lapislazuli und Karneol aus Sogdien, Silber und Kupfer aus Ägypten ...« Auch die Arbeiter und Kunsthandwerker stammten aus allen Regionen des Reiches: »Die Steinmetze sind Ionier und Sarder; die Goldschmiede Meder und Ägypter; die Leute, die die Terrasse gebaut haben, sind Sarder und Ägypter ...«, heißt es in der Inschrift. Zu den besten Künstlern zählten die Babylonier, die die Fassade des Palastes mit Friesen aus emailliertem Ziegel verzierten.

Dareios selbst lobte sein Werk, wie ein in Susa entdecktes Tontäfelchen überliefert: »Ein herrliches Werk befahl ich, und herrlich ist es geworden.«

Von dem prächtigen Palast ist jedoch fast nichts erhalten geblieben, da er durch ein großes Feuer vernichtet wurde. Nur die farbigen Ziegelreliefs, die Löwen, Fabelwesen sowie Reihen von Wachsoldaten, deren Kopien sich heute im Teheraner Nationalmuseum befinden, vermitteln einen Eindruck der einstigen Pracht.

Bis zum Ende der achämenidischen Zeit diente der Palast allen persischen Königen als Residenz. Im Jahr 480 v. Chr. startete Xerxes I.

von Susa aus seinen Feldzug nach Griechenland; hierher ließ er die Beuteschätze bringen, die ihm bei der Zerstörung von Athen und Delphi in die Hände fielen. Knapp 150 Jahre später, im Jahr 331 v. Chr., erschien die Armee **Alexanders des Großen** vor Susa. Da sich der Satrap von Susa ergab, wurde die Stadt nicht zerstört. 324 v. Chr. veranstaltete Alexander hier die berühmte Massenhochzeit von makedonischen Offizieren mit vornehmen Perserinnen.

Während der Herrschaft der Seleukiden, Parther und Sasaniden blieb Susa weiter bewohnt. Unter Shâpur I. prosperierte die Stadt erneut und entwickelte sich zu einem bedeutenden christlichen Zentrum. Nach der mongolischen Invasion im 13. Jh. verfiel Susa jedoch und geriet in Vergessenheit.

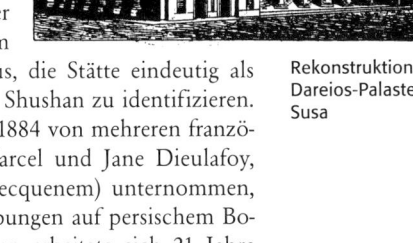

Rekonstruktion des Dareios-Palastes in Susa

Der Westen entdeckte Susa erst wieder im 19. Jh.: Im Jahr 1851 gelang es dem britischen Archäologen William Loftus, die Stätte eindeutig als das klassische Susa sowie das biblische Shushan zu identifizieren. Systematische Grabungen wurden seit 1884 von mehreren französischen Archäologen (unter ihnen Marcel und Jane Dieulafoy, Jacques de Morgan und Roger de Mecquenem) unternommen, die bis 1932 das Monopol auf Ausgrabungen auf persischem Boden besaßen. Allein Robert Ghirshman arbeitete sich 21 Jahre lang durch die rund 30 Besiedlungsschichten. Gefunden wurden neben bemalter Keramik und knapp 5 Mio. Tontäfelchen auch goldene und silberne Statuen, kleine Tierfiguren aus Lapislazuli und Gold sowie Perlen aus Achat, Karneol und Goldfiligran. Die Funde sind heute größtenteils im Louvre zu bewundern. Einige Artefakte befinden sich auch im Nationalmuseum in Teheran sowie in einem **Museum** in Susa selbst, das sich nahe der Akropolis befindet und demnächst wiedereröffnet werden soll.

Besichtigung

Von der viele Jahrtausende währenden Geschichte Susas ist nicht mehr viel zu sehen, und es bedarf einiger Phantasie, sich die einst prachtvolle Hauptstadt der Elamer und Achämeniden vorzustellen. Die meisten Überreste Susas gehen auf die Achämenidenzeit zurück; sie befinden sich auf zwei der insgesamt vier Hügel.

Wenn man die Anlage betritt, fällt einem zunächst das **moderne Fort** auf, das der französische Architekt Jacques de Morgan Ende des 19. Jh. auf dem größten Hügel, der Akropolis, errichten ließ. Erbaut aus 3000 Jahre alten elamischen Ziegeln diente das »Château de Suse« der Verteidigung gegen die unbefriedeten arabischen Stämme der Region. Alle in Susa gefundenen Artefakte wurden hier

Rechte Seite:
Grabmal des Propheten Daniel

von den französischen Archäologen zusammengetragen und anschließend über den Persischen Golf nach Paris verschifft. Von den früheren Gebäuden auf der Akropolis ist fast nichts erhalten: Hier befanden sich die Gemächer der elamischen Könige und später eine achämenidische Zitadelle. Zudem sind hier die ältesten Siedlungsspuren Susas entdeckt worden.

Nordöstlich der Akropolis erstrecken sich die Ruinen von Dareios' prächtigem Palast, der auf einer künstlichen Terrasse angelegt wurde. An den Wohnräumen des Königs und des Harems vorbei gelangt man im Norden zum öffentlichen Teil des Palastes, zur quadratischen Apadana mit ehemals 36 Säulen. Diese waren, ebenso wie die 36 Säulen der Vorhöfe, mit kunstvoll gearbeiteten Kapitellen mit Doppelstieren oder -löwen gekrönt, deren Überreste noch heute zu sehen sind. Umgeben war die Flachdachkonstruktion von 12–14 m hohen Mauern, die oben Fensteröffnungen besaßen; sie waren mit Seidentüchern geschmückt, wie das Buch Esther schildert: »Da hingen weiße, rote und blaue Tücher, mit leinenen und schalarchnen Seilen gefaßt, in silbernen Ringen auf Marmorsäulen. Die goldenen und silbernen Bänke standen auf dem Pflaster von grünem, weißem, gelbem und schwarzem Marmor. Die Getränke trug man in goldenen Gefäßen, und der königliche Wein floß in Hülle und Fülle.«

Östlich der Akropolis liegt der größte der vier Hügel, auf dem sich die **Königliche Stadt** mit den Quartieren der Hofbediensteten befand, während sich im Norden der Anlage der **Palast von Artaxerxes II.** erstreckt.

Direkt gegenüber der archäologischen Stätte liegt am östlichen Ufer des Shaur-Flusses das **Grabmal des Propheten Daniel** (*Ârâmgâh-e Dânyâl*), dessen prägnante weiße Zuckerhut-Form schon von weitem sichtbar ist. Seit dem 12. Jh. befindet sich hier ein Mausoleum, das jedoch mehrfach umgestaltet wurde. Der an einen Zuckerhut erinnernde Turm stammt aus dem 13. Jh. und ist charakteristisch für Khuzestân. Die Front des Grabmals besitzt einen zentralen, mit blauen Fliesen geschmückten Iwan, der von zwei kurzen Minaretten flankiert wird. Das Heiligtum wird von Männern und Frauen durch zwei verschiedene Eingänge betreten; für Frauen ist das Tragen des Tschadors obligatorisch, der am Eingang entliehen werden kann. Noch heute ist das vermeintliche Grab Daniels, dem magische Kräfte zugeschrieben werden, ein bedeutendes lokales Pilgerzentrum. Wie andere volkstümliche Mausoleen ist es im Innern reich mit kleinen Spiegeln dekoriert.

Haft Tepe

Etwa 15 km südlich von Susa liegen auf dem Weg nach Chogha Zanbil die Überreste einer elamischen Stadt, die **Haft Tepe** (pers.:

»sieben Hügel«) genannt wird. Sie wurde im 15. Jh. v. Chr. von dem Monarchen Tepti-Ahar errichtet, über den bis Mitte der 60er Jahre fast nichts bekannt war. Erst die Grabungen, die der iranische Archäologe Ezzat Negahbân hier bis 1979 durchführte, brachten Licht in diese dunkle Epoche. Negahbân legte in dieser Stätte die Ruinen mehrerer Tempel, Werkstätten, Küchen, Innenhöfe und einer Bibliothek frei. Die Mitte des 15. Jh. errichteten Gebäude waren aus Ziegelsteinen erbaut, die mit Gipsmörtel zusammengehalten und mit Farbe und Stuck verziert waren. Einen besonders interessanten Fund stellt das aus drei Kammern bestehende **Grab Tepti-Ahars** dar, das das weltweit älteste bekannte Ziegelgewölbe in dieser Größe aufweist. Das Grab befindet sich im Osten eines mehr als 70 m langen und 30 m breiten Grab- und Tempelkomplexes und liegt heute direkt an der Straße. Im Innern des Grabes lagen auf Ziegelplattformen mehrere Skelette, bei denen es sich, so Negahbân, möglicherweise um weibliche Bedienstete handelte. Die gewachsten Leichen waren alle bekleidet, der Mantel des Königs mit Gold verziert. Hinter dem Königsgrab befand sich eine kleine Zikkurat sowie das Grab des Sohnes von Tepti-Ahars, mit dessen Tod die Dynastie bereits ihr Ende fand.

In den Tempeln und Werkstätten von Haft Tepe wurden zahlreiche Artefakte – Rollsiegel, Tontafeln und Statuenköpfe aus bemaltem Ton mit mandelförmigen Augen und geflochtenem Haar – gefunden, die in Kürze in einem Museum auf dem Gelände besichtigt werden können.

Chogha Zanbil

Etwa 45 km südöstlich von Susa (und 30 km von Haft Tepe) entfernt liegen die eindrucksvollen Überreste der elamischen Königsstadt **Dur-Untash** mit der größten erhaltenen Zikkurat Elams und Mesopotamiens. Seit Jahrhunderten wurden die Ruinen von den Einheimischen als **Chogha Zanbil** (»Korbhügel«) bezeichnet, da der Hügel vor seiner Ausgrabung an einen auf dem Kopf stehenden Korb erinnerte. Wiederentdeckt wurde der Ort 1935 bei Erkundungsflügen für die britisch-iranische Erdölgesellschaft AIOC. Erste Probegrabungen führte Roger de Mecquenem 1936–39 auf dem 100 ha großen Gelände durch; sie wurden zwischen 1951 und 1962 in größerem Umfang von Roman Ghirshman fortgesetzt. Von der Unesco wurde die Stadtanlage zum Weltkulturerbe erklärt.

Um 1250 v. Chr. hatte hier der elamische Herrscher Untash-Napirisha (1260–1235 v. Chr.) die neue Stadt **Dur-Untash** direkt am Fluß erbauen lassen, sie sollte Susa als religiöses Zentrum Elams ablösen. Heute gilt die Tempelanlage von Chogha Zanbil als wichtigstes Dokument über die religiösen Vorstellungen der Elamer,

PROVINZ KHUZESTAN

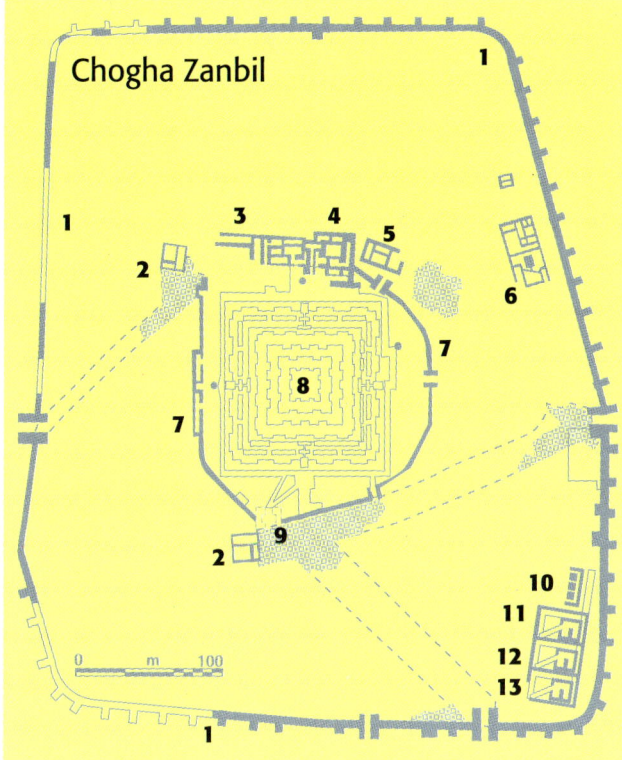

Der heilige Bezirk von Chogha Zanbil

1. Äußere Temenosmauer
2. Tortempel
3. Kiririsha-Tempel
4. Ishnikarab-Tempel
5. Napirisha-Tempel
6. Tempel der Götter Hishmitik und Ruhuratir
7. Innere Temenosmauer
8. Zikkurat
9. Haupttor

Heiligtümer der Götter:
10. Napratep
11. Shimut und Nin Ali
12. Shalu
13. Pinikir

die deutliche Parallelen zu denen der Babylonier aufweisen. Hier wie dort existierte die Idee einer Stadtgottheit: Zwar gab es in jeder Stadt eine Vielzahl von Tempeln, die verschiedenen Göttern geweiht waren, doch nur der Stadtgott bzw. die Stadtgöttin erhielt eine *Zikkurat*, d.h. einen pyramidenförmigen Stufenturm. Besonders bekannt sind unter den mehr als 30 elamischen Gottheiten die Schlangen- und Himmelsgöttin Pinikir, ihr Gemahl Huban und ihr Sohn Hutran. Hauptgott war Inshushinak, der Stadtgott von Susa und Gott des Eides.

Ursprünglich war der Tempel im Zentrum von Chogha Zanbil nur Inshushinak gewidmet, der hier in Form eines Stieres verehrt wurde. Zu diesem Zeitpunkt bestand der Tempel lediglich aus einem riesigen viereckigen Hof. Erst als der König entschied, das Heiligtum gleichfalls Napirisha, dem Stadtgott von Anshan, zu weihen, wurde die fünfstöckige Zikkurat errichtet. Noch als Ruine ragt sie 25 m über die Ebene; nach ihrer Fertigstellung dürfte die Zikkurat 52 m hoch gewesen sein.

Folgende Doppelseite:
Chogha Zanbil

Die ersten Zikkurats hatten sich in Mesopotamien aus den frühen sumerischen Tempeln entwickelt. Anders als die mesopotamischen Zikkurats sind die einzelnen Stufen in Chogha Zanbil jedoch nicht aufeinander erbaut, sondern wie gewaltige Kästen ineinander verschachtelt. Als Baumaterial dienten hauptsächlich sonnengetrocknete Ziegel. Vier monumentale gewölbte und etwa 7 m hohe Ziegeltüren führten in einen Komplex von Gräbern, Gängen und Zimmern, von denen einige mehr als 15 m lang waren. Der innerste und höchste Stufenturm der Zikkurat mißt 28 m² an seiner Basis. Auf dem flachen Dach befand sich ein Tempel, den nur der König aufsuchen durfte. Von hier, so glaubte man, stieg jede Nacht Inshushinak gen Himmel auf.

Geschmückt war die Zikkurat mit türkisen Fliesen, die hier erstmals in Iran zu dekorativen Zwecken verwendet wurden. Darüber hinaus zierten hell und dunkel gestreifte Glasstäbe die hölzernen Türen, die diagonal in die Füllungen eingesetzt wurden. Auch Mosaike aus Elfenbein wurden angebracht. Noch heute sind in den Außenmauern dreifach vertiefte Nischen zu erkennen, ein dekoratives Element, das die Sasaniden beim Bau ihres Palastes in Firuzâbâd wiederaufnahmen. Die zahlreichen Keilinschriften auf den Gebäuden sind teils in akkadischer, teils in elamischer Sprache abgefaßt.

Durch eine Ringmauer war die Stufenpyramide vom übrigen heiligen Bezirk abgetrennt; in diesem innersten Bereich (105 m²) durften sich nur der König und die Priester aufhalten.

Vor dem an der linken Seite befindlichen Hauptaufgang ist heute noch der Opferaltar zu besichtigen, der mit einem Inschriftenband verziert ist. Hier stand einst eine Stierskulptur, die sich heute im Teheraner Nationalmuseum befindet. Vom Eingang gesehen hinten rechts liegen mehrere Königsgräber. Der übrige heilige Bezirk (1200 m x 800 m) war durch eine weitere Ringmauer von der eigentlichen Stadt abgegrenzt. Hier befanden sich die Wohnräume des Königs sowie weitere Tempel, Gräber und Werkstätten.

Noch vor der Vollendung seiner neuen Stadt starb Untash-Napirisha, und Susa übernahm wieder die Führung im Reich. Das bald sagenumwobene Dur-Untash blieb über 600 Jahre weitgehend menschenleer, bis es um 640 v. Chr. von Assurbanipal geplündert wurde.

Shushtar

Etwa 125 km nördlich von Ahvâz liegt am Ufer des Kârun die antike Stadt Shushtar. Berühmt ist sie vor allem durch die einst 165 m lange **Brücke**, die der sasanidische König Shâpur I. hier über den Kârun erbauen ließ. Heute stehen von ihr nurmehr 35 Bögen (28 an einem Ufer, sieben am anderen). Einzigartig waren auch die rund 40 **Wassermühlen**, von denen sich einige im Zentrum Shushtars befinden. Sie stammen aus dem 8. bis 10. Jh. n. Chr.; die Anlage selbst geht jedoch auf sasanidische Zeit zurück. Durch heftige Bombardements im Irak-Iran-Krieg wurden die Mühlen stark zerstört. Ihnen gegenüber befindet sich ein gemütliches Teehaus, von dem man die eindrucksvolle Szenerie mit den verbliebenen Wasserfällen betrachten kann. Sehenswert ist desweiteren die aus dem 9. Jh. stammende **Freitagsmoschee**.

Âbâdân

Die auf einer Insel im Schatt al-Arab gelegene Hafenstadt war in der Vergangenheit heftig zwischen Osmanen und Persern umkämpft; erst seit 1847 blieb sie dauerhaft bei Persien. Noch um 1910 zählte Âbâdân kaum mehr als 400 Einwohner. Bedeutung erlangte die 10 m über dem Meeresspiegel gelegene Stadt erst durch die Erschließung der benachbarten Erdölfelder und den Bau einer Raffinerie (1909–18), die bis 1951 die größte der Welt darstellte. Beinahe über Nacht entstand eine moderne Großstadt, die in den 70er Jahren rund 300.000 Einwohner zählte und eigene Stadtviertel für die verschiedenen Arbeiter und Angestellten der Raffinerie aufwies. Während des achtjährigen Irak-Iran-Krieges wurde Âbâdân wie auch das benachbarte Khorramshahr stark zerstört. In den 90er Jahren wieder aufgebaut, verlor Âbâdân dennoch seine überragende Bedeutung als Raffinerie-Standort: Sie wurde durch die Raffinerie von Bandar Mashâr sowie andere kleinere Raffinerien ersetzt. Im Januar 1999 schlug nahe Âbâdân wieder eine Rakete ein: ein Irrläufer der US-Angriffe auf irakische Stellungen.

■Die Provinz Fârs

Die rund 133.300 km² große Provinz Fârs liegt im Südwesten Irans in der Nähe des Persischen Golfs. Die historische **Region Fârs**, von den Griechen *Persis* genannt, reichte noch wesentlich weiter nach Süden. Sie spielte in der iranischen Geschichte eine so bedeutende Rolle, daß sie als Zentrum der iranischen Identität gilt; von ihrem Namen rührt auch die Bezeichnung für die moderne persische Sprache, *Fârsi*.
Im 1. Jt. v. Chr. hatten sich die indoeuropäischen **Perser**, ein Volk von Reiternomaden, das sich selbst *Pârsa* nannte, in den Bakhtiâri-Bergen im Nordosten der heutigen Provinz Fârs angesiedelt. In der Stadt Anshan, die etwa 40 km nördlich von Schiraz lag und wie Susa eine Hauptstadt des elamischen Reiches gewesen war, ließ sich

einer der beiden Zweige der königlichen Familie der Achämeniden nieder: von hier aus begann **Kyros II.** (559–530 v. Chr.) seinen ersten Eroberungsfeldzug gegen das medische Reich. Auch als die achämenidischen Könige ihre Residenzen in die neueroberten Städte Susa und Ekbatana verlagerten, blieb Fârs weiterhin als Stammland der Achämeniden bedeutend: Hier wurden Pasargadae und Persepolis erbaut, und die königlichen Gräber von Naqsh-e Rostam verdeutlichen den heiligen Charakter der Region.

Als unter den Seleukiden und Parthern verschiedene kulturelle Einflüsse nach Iran eindrangen, war es die Provinz Fârs, die die alten Traditionen aufrechterhielt. So stammte **Ardashir I.**, der sich als legitimer Nachfolger der Achämeniden präsentierte und das Sasanidenreich begründete, aus Istakhr nahe Persepolis, wo sich das Heiligtum der zoroastrischen Göttin Anahita befand. Auch für die nachfolgenden Sasaniden besaß Fârs eine besondere religiös-politische Bedeutung: Die meisten sasanidischen Felsreliefs wurden hier, vor allem in der Nähe von Persepolis, angebracht. Nach der arabischen Eroberung blieb die mittelpersische Sprache (Pahlevi) in der Provinz noch bis ins 9. Jh. weit verbreitet.

Geographisch und klimatisch kann die Provinz in zwei Regionen unterteilt werden: Während im Norden die Zagros-Berge Höhen von über 3000 m erreichen, werden die Ausläufer südlich von Schiraz allmählich flacher und formen Täler, in denen Getreide, Baumwolle und Weintrauben gedeihen. Im Süden und Osten liegen die *Garmsirât*, die »warmen Länder«, die den Nomaden als Winterweiden dienen. Bis zur zweiten Hälfte des 20. Jh. lebte ein Großteil der Bevölkerung als Nomaden, vor allem im Osten und Norden der Provinz. Noch heute lebt in Fârs die größte Zahl von Nomaden in Iran (rund 70.000), von denen die meisten Qashqâi sind. Die turkstämmige Volksgruppe teilt sich in viele Sippen auf; das von ihnen bevölkerte Gebiet erstreckt sich über 500 km, vom Südrand des Chahâr Mahâl bis Lâr am Persischen Golf. Die Winter verbringen sie in den *Garmsirât*; im Frühjahr ziehen sie nach Norden, um den Sommer über im Zagros-Gebirge zu bleiben.

Als Stammesföderation organisiert, besaßen sie eine erhebliche regionale Macht, bis sie in den 60er Jahren von Mohammad Rezâ entwaffnet und zur Ansiedlung gezwungen wurden. Noch heute besitzen die Qashqâi Bedeutung als Teppichknüpfer – der *Qashqâi*-Teppich ist berühmt für seine Schönheit wie für seine Qualität. Heute entstehen hier ungewöhnlich feine Knüpfungen in leuchtenden Farben, die vor allem in den arabischen Golfstaaten Käufer finden. In Schiraz selbst werden keine Teppiche geknüpft. Da die Stadt jedoch der Markt für die Region ist, hat man den Erzeugnissen aus Hunderten von Dörfern und von nomadisierenden Stämmen aus der gesamten Provinz den Namen *Schiraz* gegeben.

PROVINZ FÂRS ∎∎∎∎∎∎

Schiraz

Das als »Stadt der Rosen und der Nachtigallen« berühmte Schiraz, Geburtsstätte zweier berühmter persischer Dichter, zählt neben Isfahan zu den Höhepunkten jeder Iranreise. Die 1530 m hoch gelegene Stadt ist von einem fruchtbaren Tal umgeben, in dem Getreide, Baumwolle, Sesam, Pistazien, Walnüsse, Melonen, Artischocken, Aprikosen, Kirschen, Orangen und Weintrauben gedeihen – die Schirazer Traube ist noch heute berühmt, wenn auch in Iran kein Wein mehr produziert werden darf. Das Schirazer Klima ist sehr gemäßigt; selbst an heißen Sommertagen steigt die Temperatur nicht über 40° C. Auch die Winter fallen milder aus als in Teheran; Schnee ist selten. Besonders schön sind Frühling und Herbst, wenn die zahlreichen Gärten in Blüte stehen oder die Früchte geerntet werden.

Wenn auch weniger prächtig als Isfahan, gilt Schiraz manchen Iranern und ausländischen Besuchern als die angenehmste iranische Stadt. Man schätzt insbesondere die ruhige und entspannte, ja kultivierte Atmosphäre sowie die Freundlichkeit der Bewohner. Auch die weiten, baumgesäumten Alleen tragen zum Charme der Stadt bei, der weniger offensichtlich ist als der des verschwenderisch schönen Isfahan – er ist mehr poetischer Natur.

Geschichte

Bereits in achämenidischer Zeit befand sich hier eine Siedlung, die allerdings ganz im Schatten von Persepolis blieb – auch unter Parthern und Sasaniden stand sie hinter Istakhr zurück. Erst nach der arabischen Eroberung stieg Schiraz um 693 n. Chr. zur Provinzhauptstadt auf, während Istakhr an Bedeutung verlor. Eine gewisse religiöse Bedeutung erlangte Schiraz seit dem 9. Jh. durch die Grabstätte von **Shâh Cherâgh**, einem Bruder von Imam Rezâ. Unter den Saffariden (867-963) und Buyiden (945-1055) spielte Schiraz auch erstmals eine politische Rolle; aus dieser Zeit stammen die ältesten Befestigungsanlagen. Im 12. Jh. entwickelte sich Schiraz zu einem bedeutenden Zentrum des Kunsthandwerks.

Die Invasionen der Mongolen unter Dschinghis-Khan (1220) und Timur (1387) überstand Schiraz im Gegensatz zu vielen anderen persischen Städten unbeschadet, da sich ihre Herrscher freiwillig ergaben. Durch das Wirken der Dichter **Saadi** und **Hafis** im 13. und 14. Jh. entwickelte sich Schiraz dann zum literarischen Zentrum Irans. Auch andere Künste wie Kalligraphie, Architektur und Miniaturmalerei florierten. In den folgenden Jahrhunderten waren viele Schirazer Künstler auch außerhalb des Landes tätig: Sie trugen zur Verschönerung Samarkands und zahlreicher Städte der indischen Moguldynastie bei. Der bekannteste Schirazer Architekt ist Ostâd Isâ, der im 17. Jh. das berühmte Grabmal Taj Mahal entwarf.

Eine erste wirtschaftliche und städtebauliche Blüte erlebte Schiraz unter den Safawiden, insbesondere unter Shâh Abbâs I. und seinem Gouverneur für die Provinz, Imam Qoli Khân. Letzterer ließ nach dem Vorbild Isfahans Gärten und eine breite Allee sowie Paläste, Moscheen und Medresen errichten. Von diesen Gebäuden ist heute kaum etwas erhalten; sie wurden durch Erdbeben, eine verheerende Überschwemmung im Jahr 1668 sowie durch die Eroberungen im 18. Jh. zerstört: Im Jahr 1729 von den Afghanen verwüstet, wurde Schiraz 1744 nach fast halbjähriger Belagerung durch Nâder Shâh zum zweitenmal und diesmal vollständig zerstört. Das nachfolgende Massaker führte zu einem starken Bevölkerungsrückgang. Eine anschließende Pestepidemie mit über 14.000 Opfern ließ die Stadt vollends veröden.

1750 gelang es dem Kurden **Karim Khân Zand**, als Sieger aus den bürgerkriegsähnlichen Auseinandersetzungen um die Safawidennachfolge hervorzugehen. Er erhob Schiraz zur Hauptstadt seines Reiches und leitete damit die eigentliche Blüte der Stadt ein. Sofort begann eine rege Bautätigkeit: Karim Khân gründete nicht nur ein königliches Stadtviertel, sondern schuf auch die planmäßige Anlage des Bazars, zahlreiche Bäder, Karawansereien, Gärten, ein ausgefeiltes Bewässerungs- und Abwassersystem, Medresen und Moscheen. Dabei zeigte Karim Khân deutliche schiitische Sympathien: Die zwölf Distrikte der Stadt wurden je einem der zwölf Imame geweiht.

Die wirtschaftliche Grundlage für diese ehrgeizigen Bauvorhaben, an denen 12.000 Arbeiter beteiligt gewesen sein sollen, waren die Konzentration von Steuern und Abgaben in Schiraz sowie die Entwicklung der Stadt zu einem internationalen Handelszentrum: 1763 eröffneten die Engländer den Golfhafen Bushehr als ihr wirtschaftliches Einfallstor nach Persien und erhielten in Schiraz, wie schon zuvor in Isfahan, Handelsrechte.

Die Blütezeit war jedoch, wie auch die der Zanddynastie, nur von kurzer Dauer. Im Jahr 1794 wurde der letzte Zandherrscher, Lotf Ali Khân, durch den Qajarenführer Âghâ Mohammad ermordet. Mit der Erhebung Teherans zur Hauptstadt des Qajarenreiches fiel Schiraz in relative Bedeutungslosigkeit zurück. Mehrere Erdbeben trugen dazu bei, daß europäische Reisende zu Beginn des 19. Jh. ein tristes Bild der Stadt zeichnen; um 1815 soll nur etwa die Hälfte der Stadt bewohnt gewesen sein.

Schiraz blieb jedoch ein bedeutender Stopp auf der Karawanenroute von Bushehr nach Norden, und die unter den Qajaren wachsenden Außenhandelsbeziehungen führten zu einem erneuten Aufschwung: Im Jahr 1890 lebten wieder rund 50.000 Einwohner

Das vielbesuchte Grabmal des Dichters Saadi in Schiraz

in Schiraz. Seine Stellung als Handelsstadt verlor Schiraz dann durch die fortschreitende Industrialisierung und Motorisierung des Landes: Nach dem Bau der transiranischen Eisenbahn wurde der größte Teil des Handels über die persischen Häfen in Khuzestân abgewickelt. Noch heute ist Schiraz nicht an das nationale Eisenbahnnetz angeschlossen.

Ohne größere industrielle, religiöse oder strategische Bedeutung ist die Zweimillionenstadt heute vor allem ein administratives Zentrum. Überregionale Bedeutung erlangte sie als Universitätsstadt: Die medizinische Fakultät ist die prestigeträchtigste in Iran und die einzige im Land, an der die Studenten vorrangig in Englisch unterrichtet werden. Damit steht Schiraz ganz in der Tradition des islamischen Mittelalters, als die Stadt als *Dâr al-'Elm* (»Haus der Wissenschaft«) bezeichnet wurde.

◉ Orientierung

Die meisten der historisch bedeutsamen Gebäude liegen im Zentrum der Stadt, am südlichen Ufer des *Rudkhâne-ye Khoshk* (»trokkenes Flußbett«), dessen Name bereits darauf hinweist, daß er die meiste Zeit des Jahres kein Wasser führt. Der Fluß wird von sieben Brücken überquert. Das Stadtzentrum bildet der *Meidân-e Shohadâ* (»Märtyrer-Platz«), der auch unter seinem früheren Namen Meidân-e Shahrdâri bekannt ist. Hauptstraße ist die weite, baumbestandene Karim-Khân-Zand-Avenue, die Schiraz von Ost nach West durchquert und das im 18. Jh. erbaute königliche Stadtviertel in zwei Hälften teilt. Die meisten Sehenswürdigkeiten und Hotels sind von hier aus gut zu Fuß zu erreichen. Die Altstadt sowie das wirtschaftliche Zentrum befinden sich südlich des Flusses, während die besseren Wohngegenden im Norden angesiedelt sind, wo auf einem steilen Hügel auch die modernen Universitätsgebäude liegen.

Die Busstation befindet sich nördlich des Flusses auf der östlichen Seite der Salmân-e Fârsi-Straße; vom Zentrum etwa eine Stunde Fußmarsch entfernt, ist sie gut mit Sammeltaxis zu erreichen. (Auf einigen lokalen Stadtplänen ist noch ein falscher Standort verzeichnet!). Der Flughafen liegt südöstlich der Stadt und ist per Bus von der Modarres-Straße aus zu erreichen.

Besichtigung

Von dem unter Karim Khân Zand errichteten »Königlichen Viertel« sind nur wenige Gebäude erhalten. Dazu zählt die eindrucksvolle **Zitadelle von Karim Khân** (*Arg-e Karim Khân*), die östlich des *Shohadâ*-Platzes im Zentrum der Stadt liegt. Der sehr gut erhaltene Ziegelbau diente Karim Khân als Regierungssitz und als Wohnpalast. Seine fensterlosen und mit Zinnen bekrönten Außenmauern verdeutlichen den wehrhaften Charakter der Anlage. Wäh-

Das Innere der Vekil-Moschee

rend die vier runden Ecktürme geometrische Ziegelmuster aufweisen, waren die Innenräume mit farbigen Wandmalereien verziert. Gegenüber der Zitadelle befindet sich inmitten eines Gartens (*Bâgh-e Nazar*) ein Pavillon, in dem heute das **Pars-Museum** untergebracht ist. Der oktogonale Bau zählt zu den schönsten Gebäuden, die unter Karim Khân errichtet wurden. Einst für Staatsempfänge erbaut, fungierte das Palais später als Mausoleum Karim Khâns – bis der Qajarenführer Âghâ Mohammad dessen Leichnam nach Teheran bringen ließ. Charakteristisch für das 18. Jh. ist die *Haft rangi*-Dekoration der Fassaden mit ihren floralen Motiven und Jagdszenen in blau, grün, beige und rosa; oberhalb der flachen Nischen sind mythologische und schiitische Szenen dargestellt. Zu den Ausstellungsstücken zählen Luristânbronzen, islamische Keramik sowie vier sehr alte Koranexemplare in Kufi-Schrift; sehenswert ist auch das Schwert von Karim Khân.

Pars-Museum
Tägl. 9–17 Uhr, außer montags

Aus der Regierungszeit Karim Khân Zands stammt auch die 1773 fertiggestellte **Vekil-Moschee** (*Masjed-e Vekil*), die wie andere Bauten dieser Ära zwei schwere Erdbeben nahezu unbeschadet überstand. Sie liegt weiter östlich an der Zand-Avenue direkt neben dem **Bazar-e Vekil**. Beide sind nach dem Titel *Vekil* (»Regent«) benannt, den sich Karim Khân anstelle des *Shâh*-Titels zugelegt hatte. Insgesamt umfaßt die Moschee eine Fläche von rund 10.000 m². Statt vier besitzt sie nur zwei Iwane, die das nördliche und südliche Ende des großen Innenhofes bezeichnen. Beide Iwane sind, wie auch die Alkoven, die den Innenhof umgeben, mit den typischen Schirazer

Haft rangi-Fliesen geschmückt. Interessanterweise tauchen hier jedoch statt stilisierter floraler Motive realistische Pflanzendarstellungen auf. Hinter dem Südiwan befindet sich der eindrucksvolle, 100 x 50 m große Winterbetsraum (*Shabestân*), der den Moscheen arabischen Stils nachempfunden wurde. Die mehrschiffige Halle wird von 48 monolithischen Säulen gestützt, die mit gedrehten Rippen verziert sind und deren Kapitelle Akanthus-Blätter zeigen. Sehenswert ist auch die 14stufige und 6,40 m lange Treppe, die zur fliesengeschmückten Minbar-Nische führt; sie wurde aus einem einzigen Marmorblock geschnitten.

Der im Westen der Moschee gelegene **Hammam-e Vekil** zählt gleichfalls zu dem von Karim Khân errichteten Bazarkomplex. Während die Eingangsfassade mit Fliesen und geometrischen Ziegelmustern geschmückt ist, sind die Wände und Decken im Innern mit Wandmalereien verziert.

Der von Karim Khân errichtete **Vekil-Bazar** gilt als der schönste Bazar Irans. Leider wurde er durch die Zand-Avenue in zwei Hälften zerschnitten; der kleinere nördliche Teil ist nun als *Bazar-e Nou* (»Neuer Bazar«) bekannt. Die Hauptader des attraktiveren südlichen Teils bildet die parallel zur Zand-Avenue verlaufende, etwa 800 m lange Bazarstraße, deren Ziegelgewölbe im Sommer für Kühle und im Winter für Wärme sorgen. An den zahlreichen kleinen Nebengassen liegen mehrere Innenhöfe (*Sarây*), in denen die Großhändler ihre Waren lagern. Der bekannteste ist der **Sarây-e Moshir**, auch *Sarây-e Golshan* oder *Honar* genannt, der am südöstlichen Ende der Bazarstraße liegt. Erbaut im Jahre 1871 von Mirzâ Abolhasan Khân Moshir al-Mulk, fungierte der Sarây etwa 100 Jahre lang als das Handelszentrum der Schirazer Kaufleute. Noch vor der Islamischen Revolution restauriert, befinden sich heute in den zweistöckigen Gebäuden um das große Wasserbassin mehrere Läden sowie ein traditionelles Teehaus und ausgezeichnetes Restaurant.

Eine weitere Gruppe von Bauwerken befindet sich nördlich und südlich der *Ayatollah-Dastghaib-Avenue*. Nördlich der Avenue liegt die **Madrase-ye Khân**, eine der ältesten und größten Schirazer Medresen. Begonnen unter Allâh Verdi Beg Afshâr, wurde der Bau unter seinem Sohn Imam Qoli Khân, dem safawidischen Provinzgouverneur, im Jahr 1615 fertiggestellt. Das zweistöckige Gebäude bot mit seinen 100 Zellen ebenso vielen Studierenden Platz. Vier 16 m hohe Iwane gliederten den Innenhof, an den sich vier Gärten zur Erholung anschlossen. Während einer als Haupteingang diente, fungierten die anderen als »Lehrräume« und Gebetshalle. Der Südiwan ist mit blauen und rosa Fliesen dekoriert. Nach zwei Erdbeben (1823 und 1852) wurde die Medrese restauriert. Nur die oktogonale Halle, die vom Eingang aus zu sehen ist, befindet sich im ursprünglichen Zustand.

DER SÜDWESTEN

Mausoleum von Shâh Cherâgh mit Vorhalle

Südlich der Ayatollah-Dastghaib-Avenue und westlich des Ahmadi-Platzes liegt die **Masjed-e Nou** (»Neue Moschee«), die heute offiziell **Masjed-e Shohadâ** (»Moschee der Märtyrer«) genannt wird. Sie stellt mit einem Grundriß von 200 x 160 m die größte Moschee Irans dar; allein der von vier Iwanen umgebene Innenhof mißt 200 x 100 m. Gestiftet wurde sie im 12. Jh. von dem lokalen Herrscher Saad ibn Zangi, dem Mäzen des Dichters Saadi; ihre Fertigstellung erfolgte im Jahr 1218. Im 16. Jh. renoviert, wurde sie im 18. und 19. Jh. durch Erdbeben schwer zerstört.

Auf der anderen Seite des Ahmadi-Platzes befindet sich das **Mausoleum von Shâh Cherâgh** (*Boq'e-ye Shâh Cherâgh*), dessen gefliese tulpenförmige Kuppel eines der Wahrzeichen der Stadt darstellt. Bei der bedeutenden Pilgerstätte handelt es sich um das Grabmal des 835 in Schiraz verstorbenen Seyyed Amir Ahmad, genannt Shâh Cherâgh (»König des Lichts«), eines Bruders des in Mashhad begrabenen Imam Rezâ. Ende des 13. Jh. ließ Saad ibn Zangi hier die ersten Gebäude zu Ehren des Verstorbenen erbauen; sie wurden in der Safawiden- und Qajarenzeit mehrfach restauriert und erweitert. Auf dem Dach des Mausoleums befinden sich zwei kurze, fliesenverzierte Minarette. Frauen dürfen den Innenhof sowie das spiegelverzierte Innere des Grabbaus nur im Tschador betreten, der am Eingang entliehen werden kann. Vor dem Hauptzugang, der in das Innere mit dem Schrein führt, befindet sich eine offene, von Holzsäulen getragene Vorhalle.

Etwa 200 m östlich befindet sich im gleichen Innenhof noch eine Grabstätte, das **Mausoleum von Seyyed Mir Mohammad** (*Boq'e-ye Seyyed Mir Mohammad*), einem weiteren Bruder von Imam Rezâ. Der in der Qajarenzeit errichtete Bau ist im Innern ebenfalls mit Spiegeln ausgeschmückt, und auch die mit einem Rautenmuster verzierte Kuppel weist die für Schiraz typische Tulpenform auf: Sie sitzt auf einem sehr schmalen Schaft, dessen Durchmesser geringer ist als der größte Durchmessser der Kuppel.

Weiter östlich ist die **Nasr-al-Mulk-Moschee** zu besichtigen, die eines der interessantesten Gebäude aus der Qajarenzeit darstellt. Ihre Außenfassaden sowie der Südiwan sind mit den für die Epoche charakteristischen rosafarbenen Blumenmotiven verziert. Im Inneren der Wintermoschee sind die Bögen mit geometrischen Mustern und die gedrehten Pfeiler mit stilisierten Palmetten verziert. Vom Dach der Moschee hat man einen schönen Blick auf das Shâh-Cherâgh-Mausoleum.

Südlich der beschriebenen Monumente liegt die **Freitagsmoschee** oder **Masjed-e Atiq** (»Alte Moschee«), die auch vom hinteren Ausgang des Shâh-Cherâgh-Mausoleums zu erreichen ist. Von dem ursprünglichen Bau, der unter dem Saffaridenherrscher Amr ibn Laith im Jahr 894 vollendet wurde, ist fast nichts erhalten geblieben. Die im 12./13. Jh. erbaute Vier-Iwan-Moschee wurde unter den Safawiden restauriert, die auch Teile der Fliesendekoration erneuerten. Die Mosaike der westlichen Wand datieren aus dem 16. Jh. Eine Besonderheit der Moschee stellt das sogenannte **Haus des Koran** (*Bâit al-Mashaf*) dar, dessen quadratischer Bau inmitten des Innenhofes liegt. Erbaut im Jahr 1351 von Shâh Abu al-Eshâq Inju, diente es der Aufbewahrung mehrerer wertvoller Koranexemplare. Oberhalb des mit Spitzbögen versehenen Arkadengangs ist eine sehr schöne Thulth-Reliefinschrift auf türkisem Grund angebracht, die Yahyâ al-Jamâli, einem berühmten Kalligraphen des 14. Jh., zugeschrieben wird. In den 40er Jahren des 20. Jh. wurde der Bau restauriert.

Auch wenn jene Gärten, für die Schiraz berühmt war, längst verschwunden sind, besitzt die Stadt noch mehrere Parks, die zu Rast und Erholung einladen. Zu ihnen zählt der **Bâgh-e Narenjestân** (»Orangengarten«), dessen üppige Blumenbeete und Rosensträucher sich am östlichen Ende der Ayatollah-Dastghaib-Avenue hinter einer hohen Mauer verbergen. Er wurde, wie auch das Palais am Ende des Parks, im 19. Jh. von dem Schirazer Bürgermeister Ebrâhim Khân-e Qavâm errichtet. Sehenswert sind an und in dem Hauptgebäude vor allem die mehrfarbigen Fliesen mit figürlichen Szenen sowie die Spiegelmosaike.

Der wohl beliebteste Garten von Schiraz ist der **Bâgh-e Eram** (»Paradiesgarten«), der im Nordwesten der Stadt unterhalb der

Universität liegt. Er fungiert heute als botanischer Garten und ist vor allem für seine hochgewachsenen Zypressen bekannt.
Der Eram-Garten wurde im 19. Jh. von dem Qajaren Mohammad Qoli Khân Ilkhâni angelegt. Gegenüber einem rechteckigen Wasserbassin befindet sich ein dreistöckiger Pavillon, der von dem Architekten Mohammad Hasan entworfen wurde und dessen bunte Fliesen vor allem figurative Szenen zeigen. Im Nordosten der Stadt, in der Nähe des Saadi-Mausoleums, liegt der **Bâgh-e Delgoshâ** (»Der herzerfrischende Garten«), wo neben Blumen vor allem Orangenbäume angepflanzt wurden. Der Weg führt zu einem Gebäude aus der Zand- oder Qajarenzeit, dessen Fassade mit glasierten Fliesen verziert ist und dessen Türen feine Spiegel- und Holzeinlegearbeiten aufweisen. Sehenswert ist auch der weitflächige **Khalili-Garten**, der mit Rosen und anderen Blumen bepflanzt ist.
Nördlich des Khoshk-Flusses befinden sich die Mausoleen der beiden Dichter Saadi und Hafis. Das **Grabmal von Hafis**, die

Der Schirazer Dichter Saadi

Schiraz ist die Geburtsstätte zweier bedeutender persischer Dichter: Saadi und Hafis. **Musleh ad-Din Saadi** (1209-1292) lebte in einer politisch unruhigen Zeit, im Übergang zur mongolischen Epoche. Er selbst verbrachte mehrere Jahrzehnte außerhalb Irans und unternahm langjährige Reisen nach Syrien, Irak, Jemen und Indien, pilgerte mehrfach nach Mekka und soll sogar von Kreuzfahrern gefangengenommen worden sein. Erst als über Siebzigjähriger kehrte Saadi in seine geliebte Heimatstadt zurück: »Der Morgenwind und die Erde von Schiraz ist Feuer; wen dieses ergreift, der hat keine Ruhe mehr«, heißt es in einem seiner Gedichte. Seine letzten Lebensjahrzehnte verbrachte der Dichter zurückgezogen; nun schrieb er kurz nacheinander seine beiden Hauptwerke *Bostân* (»Obstgarten«) (1257) und *Golestân* (»Rosengarten«) (1258).
Dabei handelt es sich um Sammlungen moralischer Geschichten, die in Vers oder Prosa verfaßt sind. So heißt es beispielsweise im *Golestân*: »Dem, was vergeht, gib nicht dein Herz! / Es fließt noch lange / nach dem Kalif der Tigris / in Bagdad vorbei! / Wenn du es kannst, so sei / großmütig wie die Palme, / kannst du es nicht, so sei / wie die Zypresse frei.« Saadi selbst, der seither als unbestrittener Meister der **Lehrdichtung** gilt, sagt über sich: »Guter Rat ist Saadis Wesen: / Kann er wohl zurück ihn halten? / Moschus hat er: / Kann er hindern / seinen Duft sich zu entfalten?«
Darüber hinaus verfaßte Saadi mehrere Lobgedichte (*Qaside*) und verfeinerte die Kunst des Ghasels (*Ghazal*), des Liebesgedichts, das sich seither zur dominierenden Gattung der klassischen persischen Poesie entwickelte.
Der *Golestân* wurde 1653 erstmals von Olearius ins Deutsche übersetzt; im 18. Jh. begeisterte er Herder, der die persische Dichtung als »Tochter des Paradieses« bezeichnete und sie im Deutschen literaturfähig machte. Auch Goethe schätzte Saadi, und der Wiener Orientalist Joseph von Hammer-Purgstall urteilte zu Beginn des 19. Jh.: »Von allen großen persischen Dichtern ist keiner, dessen Moral tiefer im praktischen Leben eingewurzelt wäre als Saadis.«

PROVINZ FARS

Hâfeziye, liegt näher zum Zentrum; der Eingang befindet sich in der Golestân-Straße gegenüber dem Nationalpark (*Bâgh-e Melli*). Im Jahr 1773 hatte hier Karim Khân zu Ehren von Hafis einen kleinen Schrein mit einem Alabastergrabstein errichten lassen. Während der Schrein 1935 durch einen offenen, oktogonalen Pavillon mit acht Säulen ersetzt wurde, ist der Grabstein noch heute zu besichtigen. In ihn wurden in schöner Nast'aliq-Schrift zwei Gedichte von Hafis eingraviert: »Wenn du zu meinem Grabe / deine Schritte lenkst, / bring Wein und Laute mit, / damit ich zu der Spielmannsweise / tanzend mich erhebe«, lautet eine Strophe. Hinter dem kleinen Garten befindet sich ein traditionelles Teehaus, das mit Tee, Wasserpfeife und Rosenwasser-Eiskrem zum Verweilen einlädt. Manche Iraner rezitieren hier gemeinsam Verse von Hafis oder spielen mit der *Ney*, einer Rohrflöte, die Melodien seiner vertonten Gedichte.

Teehaus an der Hâfiziye
7–19 Uhr

Die **Grabstätte von Saadi**, die *Saadiye*, befindet sich ebenfalls in einem schönen Garten, der nordöstlich von Schiraz am Ende des Bostân-Boulevard liegt. Arabische Historiker überliefern, daß Saadi hier seinen Alterssitz hatte und nach seinem Tod an diesem Ort begraben wurde. Ibn Battuta berichtet 1347 von einem Schrein, den man über Saadis Grab errichtet hatte. Das gegenwärtige Grabmal wurde im Jahr 1952 nach den Plänen von A. Godard erbaut. Wie das Mausoleum von Hafis gilt es vielen Iranern als Pilgerstätte; voller Respekt und Andacht berühren die Besucher den Grabstein. In den Ecken um den Grabstein sind Ausschnitte aus den vier großen Werken Saadis (*Bostân*, *Golestân*, *Tayyebât* und *Badâye'*) angebracht. Linker Hand des Museums führt eine Treppe zu einem tiefergelegenen, sehr gemütlichen Teehaus, dessen Bänke um einen Brunnen mit Forellen (*Houz-e Mâhi*) gruppiert sind. Bei musikalischer Untermalung kann man Eis und andere Erfrischungen genießen.

Nördlich des Hafis-Mausoleums liegt an der Straße nach Isfahan das **Koran-Tor** (*Darvâze-ye Qor'ân*), das auch Allâh-o-Akbar-Tor genannt wird. Es wurde im 10./11. Jh. als ornamentaler Eingang in den Norden der Stadt erbaut. Im 18. Jh. wurde es von Karim Khân restauriert. Er ließ in einer extra eingerichteten kleinen Kammer im oberen Teil des Tores ein Koranexemplar hinterlegen – es sollte allen Reisenden eine sichere Heimkehr garantieren. Das ursprüngliche Tor wurde in den 50er Jahren wegen Straßenbaumaßnahmen abgerissen, jedoch originalgetreu wieder aufgebaut.

Teehaus an der Saadiye
7.30–17.30 Uhr

»Zwei kluge Freunde, alten Weines zwei, drei Scheffel,
Beschaulichkeit, ein Buch, ein kleines Wiesenstück:
ich gebe solchen Platz nicht her für diese und jene Welt,
auch wenn das Volk mir nachläuft jeden Augenblick!
Ein jeder, der den Winkel der Genügsamkeit
gegen den Prunk der Welt vertauscht,
hat Joseph von Ägypten für ein Nichts verkauft.
Komm, denn der Glanz des Weltgebäudes nimmt nicht ab,
weder durch deine Frömmigkeit noch durch mein Laster!
Im Auf und Ab der Zeit ist nicht zu sehen,
ob hier Narzissen auf der Wiese blühten, ob Jasmin.
Sieh in des Bechers Spiegel die verworrenen Muster,
denn keiner kann sich solcher Zeit erinnern!
Man staunt, daß noch die Rose leuchtet, Blumenduft verblieb
in diesem Wüstenwind, der über den Garten strich.
Sei du geduldig, Herz, denn Gott wird es nicht dulden,
daß Salomonis Ring der Dämon trägt!
Hafis, das Weltgebäude kam ins Schwanken in dieser Not.
Wo ist des Weisen Denken, des Brahmanen Weg?«

Hafis

Der Schirazer Dichter Hafis

Hafis (gest. 1389), dessen eigentlicher Name Shams ad-Din Mohammad lautet, wurde wie Saadi in Schiraz geboren. Anders als Saadi verbrachte er jedoch fast sein ganzes Leben in seiner Heimatstadt. Aufgewachsen in ärmlichen Verhältnissen, eignete er sich das Wissen seiner Zeit weitgehend selbst an. Sein Bei- und Künstlername zeigt, daß er sich besondere Kenntnisse des Koran erworben hatte (arab./pers. *Hâfez*: »der den Koran auswendig weiß«). Schon früh interessierte ihn auch die Literatur, und in der Kunst des Ghasels galt er bald als unübertroffener Meister. Neben der Leichtigkeit seiner Verse und seiner Kunst, raffinierte Beziehungen zwischen den Worten herzustellen, fasziniert vor allem die Mehrdeutigkeit, der sich Hafis immer wieder als Stilmittel bedient. Da Hafis eng mit der Begriffswelt der islamischen Mystik vertraut war, wird seine Liebeslyrik meist im mystisch-allegorischen Sinn gedeutet. Doch die besondere Faszination seiner Ghaselen liegt gerade darin, daß wohl beides zugleich gemeint ist: erotische Liebessehnsucht wie die geistig-mystische Gottessuche. Der realistische und der mystische Bezug sind hier als Aspekte eines Ganzen zu verstehen, »in dem das Profane und das Heilige, irdische und himmlische Liebe, Sinnlichkeit und Geist ineinander übergehen« (Cyrus Atabay).

Allerdings schrieb Hafis nicht nur »Liebesgedichte«, sondern auch politische Gedichte. Immer wieder kritisierte er in poetischer Form die Willkür der Mächtigen und die Scheinheiligkeit der Geistlichen. In religiösen Kreisen stieß Hafis daher - wie auch aufgrund der Freigeistigkeit seiner Verse - auf scharfe Kritik.

Hafis' rund 500 Gedichte wurden erst nach seinem Tod von seinen Schülern gesammelt und in einem *Dîvân* zusammengefaßt. In den folgenden Jahrhunderten erlangte sein *Dîvân* eine Bedeutung, die kein anderes Werk der persischen Literatur je erreichte. Fast alle Iraner kennen zahlreiche Verse von Hafis auswendig, und es wurde Brauch, Hafis' *Dîvân* wie ein Orakel zu befragen: Wer eine drängende Frage oder ein Problem hat, schlägt mit geschlossenen Augen eine Seite auf: In dem so gefundenen Ghasel liegt die Antwort, die man nur noch zu deuten braucht.

Seit den Übersetzungen durch Hammer-Purgstall 1812/13 übte Hafis auch auf die deutsche Poesie einen großen Einfluß aus. Goethe, Rückert, von Platen und sogar Nietzsche zählten zu seinen Verehrern. Friedrich Rückert erfaßte in einem berühmten Gedicht die besondere Tiefe und Anmut von Hafis, das Ineinander von profaner Liebeslyrik und mystischer Weltsicht:

»Hafis, wo er scheinet Übersinnliches
nur zu reden, redet über Sinnliches.
Oder redet er, wo über Sinnliches
er zu reden scheint, nur Übersinnliches?
Sein Geheimnis ist unübersinnlich,
denn sein Sinnliches ist übersinnlich.«

Auch **Goethe**, der im Alter von 65 Jahren erstmals die Gedichte des persischen Dichters las, bewunderte Hafis sehr. Er attestierte ihm eine »Übersicht des Weltwesens« und betrachtete sich fortan als seinen »Zwilling«: Sein *Westöstlicher Divan* (1819) ist eine Hommage an den persischen Dichterfürsten wie auch ein poetisches Zwiegespräch über die Länder und Jahrhunderte hinweg:

»Daß du nicht enden kannst das macht dich groß,
Und daß du nie beginnst das ist dein Los.
Dein Lied ist drehend wie das Sterngewölbe,
Anfang und Ende immerfort dasselbe,
Und was die Mitte bringt ist offenbar
Das was zu Ende bleibt und anfangs war« -

heißt es über Hafis in Goethes Divan. **Nietzsche** preist in seinem *Trinkspruch eines Wassertrinkers* Hafis als den unerreichten Meister der sinnlich-mystischen Darstellung:

»Fällst ewiglich in dich hinein,
fliegst ewig aus dir hinaus -
Bist aller Höhen Versunkenheit,
bist aller Tiefen Schein,
Bist aller Trunknen Trunkenheit
- wozu, wozu *dir* - Wein?«

PROVINZ FARS ■ ■ ■ ■ ■ ■

Persepolis

Etwa 50 km nordöstlich von Schiraz liegt am Fuß des *Kuh-e Rahmat* (»Berg der Barmherzigkeit«) die wohl eindrucksvollste historische Stätte Irans, die altpersisch *Pârsa* hieß. Weltweit bekannt wurde sie unter ihrem griechischen Namen *Persepolis*, die »Stadt der Perser«. Zur Besichtigung der großflächigen Palastanlage sollte man wenigstens zwei Stunden einplanen. Insbesondere im Sommer empfiehlt es sich, die Achämenidenresidenz frühmorgens oder spätnachmittags zu besuchen, da es mittags sehr heiß wird und die Ruinen nur wenig Schatten spenden.

Persepolis
Tägl. 8–12.30, 13.30–17 Uhr.

Geschichte

Statt die Residenz von Kyros II. in Pasargadae zu übernehmen, gab der Achämenide **Dareios I.** um 518 v. Chr. den Bau eines neuen Palastkomplexes in Auftrag. Als Standort wählte er die 70 km südwestlich gelegene Ebene der *Marv-e Dasht*. Wie beim Palastbau in Susa ließ Dareios Architekten, Handwerker und Materialien aus allen Teilen des Reiches kommen: Daher sind urartäische, assyrische, ägyptische, babylonische, griechische und medische Einflüsse in Architektur und Dekoration erkennbar. Dabei wurden die Bauarbeiten keineswegs von Sklaven oder Kriegsgefangenen ausgeführt; alle Arbeiter wurden, wie man durch gefundene Tontäfelchen weiß, mit den entsprechenden Gerste- und Weinrationen entlohnt. Auch Frauen waren als Kunsthandwerkerinnen und Schneiderinnen tätig und erhielten meist den gleichen Lohn wie ihre männlichen Kollegen. Nach der Geburt eines Kindes kamen sie in den Genuß eines etwa fünfmonatigen Mutterschaftsurlaubes. Dank der Inschriften sowie der goldenen und silbernen Gründungsurkunden, die man im Fundament des Apadana gefunden hat, ist die Chronologie der 60 Jahre währenden Bautätigkeiten bekannt: Unter Dareios wurde zunächst die Terrasse angelegt und mit dem Bau des Apadana sowie Dareios' Palast (*Tachara*) begonnen. Dareios' Sohn und Nachfolger Xerxes I. vollendete diese Bauten und fügte das »Tor aller Länder« sowie seinen eigenen Palast (*Hadish*) hinzu. Der Hundert-Säulen-Saal wurde erst unter seinem Sohn Artaxerxes I. fertiggestellt.
Persepolis diente nicht nur als administratives Zentrum, sondern auch der Ausrichtung großer Feierlichkeiten und Empfänge – möglicherweise auch während des Neujahrsfestes *Nouruz*, dem wichtigsten Fest des achämenidischen Kalenders. Manche Forscher sind zudem der Ansicht, daß der Palastkomplex einst das zeremonielle Zentrum einer weit größeren Metropole darstellte, die außerhalb der Befestigungsmauern noch auf ihre Entdeckung wartet.
Nach der Regierungszeit Artaxerxes' I. wurden plötzlich alle Bau- und Steinmetzarbeiten eingestellt, obgleich manches noch nicht

Medische Würdenträger mit Lotusblume

291

vollendet war. Fortan wurde die Anlage als Begräbnisplatz der Dynastie genutzt. Erst am Ende der Achämenidenzeit war Persepolis wieder stärker belebt, und unter Artaxerxes III. ist eine erneute Bautätigkeit nachgewiesen.

Im Jahr 330 v. Chr. erschien dann die Armee **Alexanders des Großen** vor Persepolis. Obwohl sich die Königsstadt kampflos ergab, wurden ihre Schätze geplündert. Auch zerstörte ein Brand mehrere Teile der Anlage, darunter die Thronsäle und den Wohnpalast von Xerxes. Ungewiß ist nach wie vor, ob der Brand auf Alexanders Befehl gelegt wurde – als Vergeltung für die Verwüstung Athens durch Xerxes 480 v. Chr. – oder durch Fahrlässigkeit infolge des rauschhaften Siegesfestes entstand. Für die letztere Vermutung spricht, daß Alexander die von ihm eroberten Städte in der Regel nicht zerstören ließ und sich zudem als Nachfolger der achämenidischen Könige betrachtete. So oder so hatte der Feuersturm auch sein Gutes: Er brannte mehrere tausend Tontäfelchen, die in den Befestigungsmauern lagerten, und bewahrte sie auf diese Weise der Nachwelt.

Persepolis blieb auch nach der Eroberung durch Alexander bewohnt. Unter den Seleukiden fungierte es als Hauptstadt der Persis, die nun eine Provinz des seleukidischen Reiches war. In den nachfolgenden Jahrhunderten verlor Persepolis jedoch an Bedeutung und wurde im 3. Jh. von der nahegelegenen Stadt Istakhr als das Zentrum des sasanidischen Reiches abgelöst. Schließlich gerieten die Erbauer und der eigentliche Zweck der Palastanlage in Vergessenheit. Die Bewohner der Umgebung schrieben sie nun **Jamshid**, dem mythischen iranischen Urkönig, zu, der auch in Ferdowsis *Shâhnâme* besungen wird. Noch heute heißt die Stätte auf Persisch *Takht-e Jamshid*, »Thron des Jamshid«.

Aufgrund der noch heute erhaltenen stehenden Säulen wurde Persepolis von muslimischen Historikern auch die »Moschee der vierzig Minarette« (*Masjed-e Chehel Manâr*) genannt.

Europa entdeckte Persepolis erst wieder im 18. Jh., als Reisende wie Carsten Niebuhr und Eugène Flandin von den Ruinen berichteten. Nach ersten Grabungen im frühen 19. Jh. wurden systematische Grabungen seit 1931 durch das Oriental Institute of Chicago durchgeführt, zunächst unter der Leitung von Ernst Herzfeld und Friedrich Krefter; letzterem verdanken wir mehrere eindrucksvolle Rekonstruktionszeichnungen der Palastanlage. Von 1934 bis 1939 wurden die Grabungen von Erich Schmidt, von den 40er bis in die 70er Jahre von der Iranischen Antikenverwaltung fortgesetzt.

Im Jahr 1971 machte sich der Pahlavi-Shâh Mohammad Rezâ die Symbolik und den Ruhm der historischen Stätte zunutze und richtete hier anläßlich des rund 2500 Jahre währenden »iranischen« Königtums eine gigantische Feier aus. Der Schah, der sich in den

Propagandabroschüre des Schahs von 1971

»Tor aller Länder«

60er Jahren den Titel *Âriyâmehr* (»Licht der Arier«) zugelegt hatte, stellte sich damit, wie schon die Sasanidenkönige, als Ahnherr und Nachfolger der Achämeniden dar. An Kyros' Grab soll er gesagt haben: »Schlafe ruhig, Kyros, denn wir sind wach.« Noch heute sind im Westen der Palastanlage Teile der blaugelben Zeltstadt zu sehen, die der Schah zur Unterbringung und Bewirtung von Staatsgästen und gekrönten Häuptern aus aller Welt errichten ließ. Das etwa 300 Mio. US-Dollar teure Gala-Ereignis – nach den Worten des Schah »die größte Schau, die die Welt je gesehen hat« – wurde von der säkularen Opposition sowie der schiitischen Geistlichkeit heftig kritisiert. Auch Ayatollah Khomeini geißelte die Verschwendung: »Die von iranischen Königen begangenen Verbrechen haben die Seiten der Geschichtsbücher schwarz gefärbt.«

Besichtigung

»Wie ein Schiff, das in die Weite des Meeres entlassen wird, schiebt sich die große Terrasse in die Ebene, die Säulen ragen wie kahle Masten in die klare Luft«, beschrieb die Persienreisende Vita Sackville-West 1927 ihren Eindruck von der Grandiosität der Anlage. Tatsächlich zeugt die Wahl des Standorts am Rande der weiten Ebene vor der Felskulisse vom Gespür Dareios' für wirkungsvolle Szenerie. Die durchschnittlich etwa 15 m hohe und 455 m x 300 m messende **Terrasse** wurde teils aus dem felsigen Untergrund gehauen, teils aus

Folgende Doppelseite:
Die östliche Freitreppe des Apadana (vor ihrer Überdachung)

DER SÜDWESTEN

Persepolis
1 Zugang zur Terrasse
2 Tor aller Länder
3 Wasserbecken
4 Apadana
4a nördl. Freitreppe
4b östl. Freitreppe
5 Wohnpalast des Dareios
6 Wohnpalast des Xerxes
7 Haremstrakt
8 Beamtenwohntrakt (jetzt Museum)
9 Tripylon
10 Schatzhaus
11 Hundert-Säulen-Saal
12 Unvollendetes Tor
13 Verwaltungsgebäude
14 Straße der Armee
15 Felsengrab Artaxerxes' II.
16 Zisterne
17 Unvollendetes Grab Artaxerxes' III.

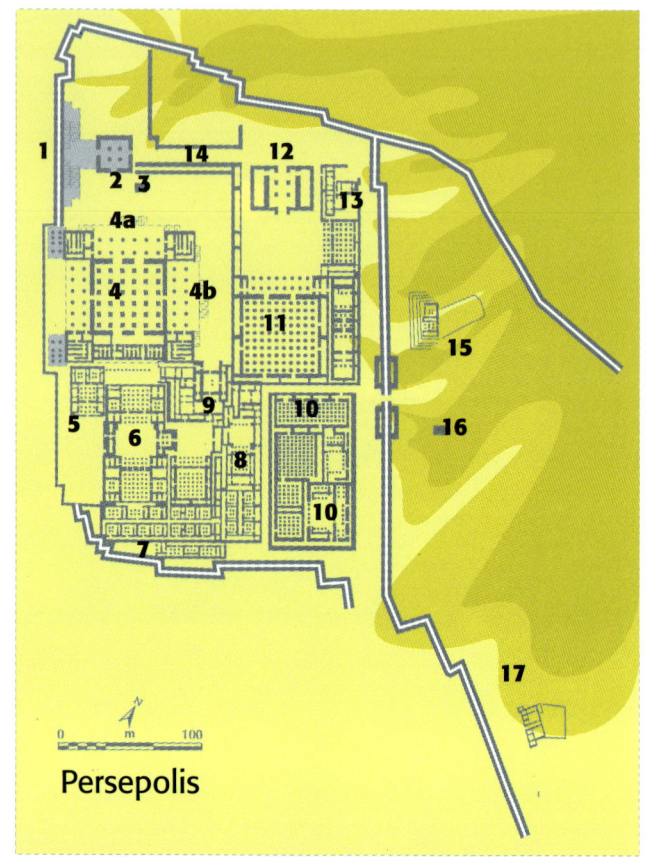

Persepolis

großen Steinquadern errichtet. Ursprünglich war die Terrasse an drei Seiten von einer vier bis 12 m hohen Befestigungsmauer umgeben, deren Steinquader (wie bei allen Gebäuden der Anlage) ohne Mörtel präzise zusammengefügt waren.

Zunächst von Süden her betretbar, ließ Xerxes im Nordwesten der Terrasse als einzigen Zugang eine monumentale doppelläufige **Freitreppe** (1) erbauen, die noch heute als Eingang fungiert. Ihre 111 Stufen sind nur etwa 10 cm hoch; über den Grund ihrer niedrigen Höhe wird in der Fachwelt bis heute gerätselt. Von der Freitreppe gelangt man geradewegs zum **Tor aller Länder bzw. Völker** (2). Das von Xerxes quadratisch angelegte Torgebäude diente der Registrierung der Besucher und war ursprünglich an drei Seiten geöffnet. Heute sind lediglich die steinernen Bauelemente erhalten, die dazwischen errichteten Lehmziegelmauern sind verfallen. Die Decke wurde von vier etwa 16 m hohen Säulen gestützt.

Die östlichen und westlichen Torwangen sind mit großen Wächterfiguren geschmückt: geflügelte Stiere (im Westen) und geflügelte Stiermenschen (im Osten); insbesondere letztere zeigen deutliche Anleihen bei der assyrischen Kunst.
Der südliche Torausgang führt zum wichtigsten Gebäude der Anlage, der **Empfangshalle** (altpers. *Apadana*) (4), die auf einer etwa 3 m hohen steinernen Plattform errichtet wurde. Der quadratische Grundriß des von Dareios begonnenen und von Xerxes zu Ende geführten Bauwerks orientiert sich an Kyros' Palästen in Pasargadae. In der Mitte befindet sich die 3660 m² (60,5 m Seitenlänge) große Haupthalle, in der der König vermutlich die Delegationen der eroberten Länder empfing; nach Ansicht des Ausgräbers Herzfeld soll sie 10.000 Menschen Platz geboten haben. Insgesamt 36 etwa 20 m hohe Säulen aus weißem Kalkstein, von denen heute noch dreizehn stehen, stützten einst das Dach aus Zedernholz. Die kannelierten Säulen liefen in massiven Kapitellen mit doppelten Tierprotomen aus. Die doppelpaarigen Stiere, Löwen und Greifvögel waren ehemals bunt bemalt: die Augen rot, die Haare blau und die Hufe der Tiere möglicherweise vergoldet. An drei Seiten war das Apadana von ebenso hohen Portiken flankiert, die jeweils zwölf Säulen besaßen; auf der südlichen Seite schlossen sich mehrere kleine Zimmer an.
Die etwa 5 m dicken Wände der Audienzhalle waren aus luftgetrockneten Ziegeln errichtet, mit einer Putzschicht verkleidet und zum Teil mit farbigen Ziegeln bedeckt. In den Ecken des Apadana erhoben sich vier quadratische Türme; in zweien von ihnen wurden die vier 33 x 33 cm großen Gründungsurkunden von Dareios gefunden.

Die Relieftreppen des Apadana

Im Norden und Osten führen zwei monumentale doppelläufige Freitreppen zum Apadana hinauf, die mit – einstmals farbigen – Reliefs geschmückt sind. Die unter Xerxes errichtete **nördliche Freitreppe** (4a) ist stark beschädigt; sie zeigt die unterworfenen Völker bei der Entrichtung ihres Tributs. Außerordentlich gut erhalten ist dagegen die **östliche Freitreppe** (4b), die viele Jahrhunderte unter Schutt und Asche begraben war. Zudem ist sie qualitativ besser gearbeitet, so daß sie vermutlich den Hauptzugang zum Apadana darstellte. Ihre herrlichen Reliefs werden als die »größte erhalten gebliebene Galerie achämenidischer Kunst« bezeichnet – und die hier abgebildete Gesellschaft als »eine Welt der Männer«: Von den mehreren hundert abgebildeten Figuren ist keine einzige weiblich.
Im Mittelfeld der **östlichen Außentreppe** sind acht medische und persische Lanzenträger dargestellt, die einander anschauen.

Die Delegationen der östlichen Apadana-Relieftreppe

Die Anordnung der Delegationen

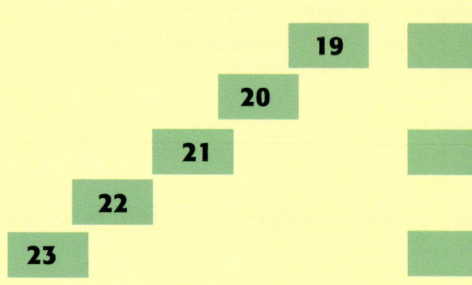

1 Meder – Im oberen Register sind ganz rechts als erstes neun Meder dargestellt, deren Anführer mit einem Kurzschwert (altpers. *Akinakes*) gerüstet ist. Sie tragen die iranische Reitertracht mit Hosen, einem knielangen Obergewand mit Ärmeln und einem Mantel darüber. Ihre Kopfbedeckung ist ein Baschlik aus weichem Stoff, der nur das Gesicht freiläßt; nur der Anführer trägt eine runde Kappe. In ihren Händen halten sie Krüge, Gewänder, Armreifen und ein Kurzschwert.
2 Elamer – Ihnen folgt eine sechsköpfige Delegation aus Elam. Gekleidet in ein langes Faltengewand, das die Perser zu ihrer Hoftracht machten, bringen sie Bogen und Dolche sowie eine Löwin mit zwei Jungen.
3 Armenier – Das mittlere Register wird von drei Armeniern angeführt, die in Reitertracht gekleidet sind und auf dem Kopf einen Baschlik tragen. Sie bringen als Tribut ein Pferd sowie eine Amphore mit Greifenprotomen.
4 Parther – Die vier Parther tragen wie die Meder eine Reitertracht, ihre Köpfe sind bis auf das Gesicht verhüllt. Sie bringen ein zweihöckriges Kamel, ein Löwenfell und zwei Töpfe.
5 Babylonier – Die sechsköpfige Gruppe der Babylonier ist in lange Gewänder mit einer Troddel gekleidet; die Zipfel ihrer spitzen Mützen fallen nach hinten. Sie bringen ein Buckelrind sowie Schalen und ein Gewand.
6 Lyder – Das untere Register beginnt mit den sechs Abgesandten der kleinasiatischen Lyder, die an ihrer charakteristischen Haarlocke hinter dem Ohr zu erkennen sind. Sie tragen ein langes Gewand und halbhohe Stiefel. Daß die Lyder zu den wohlhabendsten der unterworfenen Völker Persiens gehören, zeigen ihre Tributgaben: Krüge aus Edelmetall, Schalen, goldene Armreifen sowie ein Pferdegespann mit Wagen.
7 Areier – Die vier Areier tragen neben dem Reitergewand weite Pumphosen und hohe Stiefel sowie eine turbanartige Kopfbedeckung. Sie bringen Schalen sowie ein zweihöckriges Kamel.
8 Assyrer – Die sieben Assyrer tragen lange Hemden, einen breiten Gürtel sowie eine flache, runde Kopfbedeckung. Als Tribut bringen sie Kleidung, Schalen, eine Tierhaut sowie zwei Widder.
9 Kappadokier – Die fünf Kappadokier sind wie die Armenier gekleidet, tragen jedoch zusätzlich einen kurzen Umhang. Sie bringen ein Pferd sowie eine iranische Reitertracht.
10 Ägypter – Das Reliefbild der sechsköpfigen ägyptischen Gesandtschaft ist stark beschädigt. Zu erkennen sind noch ihre langen, fransengesäumten Hemden, die Hufe eines Stieres sowie ein Teil eines Gewandes.
11 Skythen – Die sechs Skythen tragen eine langärmelige Reitertracht sowie eine auffallend spitze Kopfbedeckung, die unter dem Kinn zusammengebunden wird. Zudem sind alle mit einem Kurzschwert versehen – in Gegenwart des Königs bewaffnet zu sein, galt als besonderes Privileg. Sie bringen ein Pferd, Armreifen sowie eine Reitertracht.

| 16 | 13 | 10 | 7 | 4 | 2 | 1 |

| 17 | 14 | 11 | 8 | 5 | 3 |

| 18 | 15 | 12 | 9 | 6 |

12 Ionier - Die achtköpfige Delegation der kleinasiatischen Ionier ist ebenso gekleidet wie die der Lyder; sie tragen keine Kopfbedeckung. Sie bringen Stoffe, Wollknäuel und Schalen.

13 Baktrer - Die vier Baktrer tragen Reiterkleidung, die jener der Meder ähnelt; ihre Locken werden durch ein hinten gebundenes Netz zusammengehalten. Als Tribut bringen sie Becher und Schalen sowie ein zweihöckriges Kamel.

14 Gandharer - Die aus der Region um das heutige Kandahar stammenden Abgesandten tragen kurze Hemden und einen Umhang. Sie bringen ein Buckelrind, einen Schild sowie fünf Lanzen.

15 Arachosier - Die vierköpfige Gruppe der Arachosier trägt Pumphosen, ein gegürtetes, knielanges Hemd, halbhohe Stiefel sowie große Ohrringe; ihr Kopf ist unbedeckt. Sie bringen Metallschalen und -becher sowie ein zweihöckriges Kamel.

16 Sagartier - Als letzte Gruppe des oberen Registers sind die Abgesandten des iranischen Volkes der Sagartier dargestellt, deren Kleidung der der Meder ähnelt. Sie bringen ein geschmücktes Pferd sowie eine iranische Reitertracht.

17 Sogder - Das mittlere Register schließt mit der fünfköpfigen Gruppe der Sogder ab. Ihre Kleidung ähnelt der skythischen Reitertracht; auf dem Kopf tragen sie einen Baschlik. Sie bringen ein Pferd, Armreifen, Streitäxte und ein Kurzschwert.

18 Inder - Das untere Register endet mit fünf Indern, die bis auf ihren Anführer nur einen knielangen Schurz tragen und barfuß sind; um den Kopf haben sie ein Stirnband gebunden. Ihr Anführer trägt ein langes Gewand mit Quasten sowie Sandalen. Als Tribut bringen sie ein Maultier sowie zwei Doppeläxte.

19 Thraker - An der Schräge des äußersten Treppenlaufes sind in kleinerem Maßstab fünf weitere Völker dargestellt, als erstes die vierköpfige Gruppe der Thraker. Sie tragen knielange Gewänder und spitzzulaufende Baschliks und bringen Waffen sowie ein Pferd.

20 Araber - Die drei Araber tragen lange Gewänder und Sandalen; ihr Kopf ist unbedeckt. Sie bringen ein Dromedar sowie ein Gewand.

21 Karer oder **Saranger** - Die folgende vierköpfige Gesandtschaft stellt vermutlich Karer oder Saranger dar. Sie tragen lange Hosen und ein gewickeltes Obergewand und bringen Waffen sowie ein Rind.

22 Libyer - Die drei Libyer tragen fransengesäumte Gewänder und bringen einen Ziegenbock mit weit geschwungenen Hörnern, zwei Lanzen und einen Wagen.

23 Äthiopier - Als letzte Gruppe kommen drei Äthiopier, die in lange Gewänder gekleidet sind. Sie bringen neben einem verschlossenen Behälter vermutlich einen Elefantenzahn sowie ein Gnu.

Während die Perser eine nach oben breiter werdende Kopfbedeckung tragen, sind die Meder an ihrer runden Filzkappe zu erkennen. Ursprünglich befand sich hier ein Audienzrelief des Dareios, das Xerxes später im Schatzhaus anbringen ließ (s.u.). Oberhalb der Wächter schwebt das geflügelte Symbol des Gottes Ahura Mazda, das von zwei sphingenähnlichen Wesen flankiert wird. Rechts und links des Mittelfeldes ist jeweils ein Löwe dargestellt, der einen Stier anfällt. Diese Szene wird meist als astrologisches Zeichen gedeutet, das im Zusammenhang mit dem Jahreszeitenwechsel während der Frühjahrs-Tagundnachtgleiche und den Neujahrsfeiern steht: Der Löwe, Symbol des Sommers, tötet den Stier, das Symbol des Winters.

Die Fläche der **östlichen Innentreppe** ist in jeweils drei horizontale Register unterteilt. Auf der **Nordfassade** sind neben dem bereits bekannten Löwe-Stier-Motiv Diener des königlichen Hofes sowie persische und medische Würdenträger dargestellt. Meder und Perser sind sorgfältig gekleidet und frisiert; sie halten einander an den Händen und sind ins Gespräch vertieft. Vor ihnen zeigt das nördliche Bildfeld fast einhundert mit Lanzen bewaffnete Wächter, die hier stellvertretend für die »Unsterbliche Garde«, die 10.000 Mann umfassende Fußtruppe des Königs, stehen. »Unsterblich« wurde das Heer genannt, da, so Herodot, ein getöteter Soldat sofort durch einen anderen ersetzt wurde.

Auf der eindrucksvollen **Südfassade** sind 23 Delegationen der insgesamt 28 Völker des achämenidischen Reiches in Stein gemeißelt. Umstritten ist nach wie vor, ob hier der Empfang der Völker und die Entrichtung ihres Tributs im Rahmen des iranischen Neujahrsfestes dargestellt ist oder ob es sich – wie bei allen anderen Reliefs in Persepolis – um die symbolische Darstellung der zeitlosen Macht des Königs handelt.

Jeder Gesandtschaft geht ein Würdenträger des Hofes voraus, der ihren Anführer an der Hand faßt und möglicherweise zum König geleitet. Abwechselnd sind diese Beamten ein Meder in der iranischen Reitertracht und ein Perser im langen achämenidischen Hofgewand. Die einzelnen Gruppen werden jeweils durch einen Baum voneinander getrennt.

Wohnpaläste und Verwaltungsgebäude

Südlich des Apadana schließen sich die Überreste mehrerer Paläste an. Der **Wohnpalast des Dareios** (5) (altpers. *Tachara*), der von Xerxes vollendet und von Artaxerxes III. erweitert wurde, weist in seiner Mitte eine rechteckige Halle mit 12 Säulen auf. Aufgrund der stark geglätteten Oberfläche der Steine wird sie auch »Spiegelhalle« genannt. Die Türlaibungen sind mit Flachreliefs

Löwe tötet Stier – Detail der östlichen Freitreppe

verziert. Sie zeigen den König beim Betreten der Räume oder im Kampf gegen Löwe, Stier oder Chimäre sowie Diener, die verschiedene Gegenstände tragen. Zwei Treppen führen im Süden und Westen zum 2,50 m hoch gelegenen Palast; sie sind mit Lanzenträgern der königlichen Garde und Dienern geschmückt, die Speisen zum König bringen.

Die südliche Treppe des Tachara führt zum **Wohnpalast des Xerxes** (altpers. *Hadish*) (6), der auf dem höchsten Punkt der Terrasse erbaut wurde. Seine zentrale quadratische Halle besaß einst 36 Säulen und öffnete sich in eine Vorhalle, deren Dach von weiteren zwölf Säulen getragen wurde. Alle Türlaibungen sowie die Nischen in der Ost- und Westwand waren mit Flachreliefs geschmückt, deren Motive an die Reliefs in Dareios' Palast erinnern.

Südlich des Hadish schließt sich der sogenannte **Harem** (7) an, in dem vermutlich die Frauen des Königs lebten. Begonnen wurde der Trakt unter Xerxes, jedoch erst unter seinen Nachfolgern vollendet. Hinter einem wohnpalastähnlichen Vordertrakt reihten sich mehrere gleichförmige zweiräumige Wohneinheiten aneinander. Östlich folgt ein weiterer Wohntrakt, der in den 30er Jahren von Herzfeld originalgetreu rekonstruiert wurde und heute als **Museum** (8) dient; ausgestellt sind einige Fundstücke aus Persepolis Nordwestlich des Museums liegt das **Tripylon** (9), dessen zentrale quadratische Halle drei Portale besaß. Begonnen wurde der als

Folgende Doppelseite: Die Überreste des Apadana, im Hintergrund Dareios' Palast

DER SÜDWESTEN

Museum Persepolis
Tägl. 9–13, 14–19 Uhr.

Empfangsraum dienende Bau von Dareios, doch erst unter Artaxerxes fertiggestellt. Vier Säulen trugen einst das Dach; im Norden und Süden wurde der Mittelbau von je einer Vorhalle mit zwei Säulen eingerahmt. Flachreliefs in den Türlaibungen zeigen den König mit seinen Dienern oder gemeinsam mit dem Kronprinzen. Der nördliche Aufgang ist mit Soldaten der Unsterblichen Garde sowie mit persischen und medischen Würdenträgern geschmückt.

Östlich von Tripylon und Museum erstreckt sich im Südosten der Terrasse das großräumige **Schatzhaus** (10), das den Königsschatz der Achämeniden beherbergte. Der rund 120 m x 61 m messende, längsrechteckige Gebäudekomplex wurde von Dareios in Auftrag gegeben, von Xerxes jedoch wesentlich verändert und erweitert. Festungsartige, etwa 11 m hohe Lehmziegelmauern umgaben die Anlage. Sie besaßen keine Fenster, waren jedoch durch Nischen gegliedert. Der Komplex umfaßte nach seiner letzten Bauphase mehrere große Säle sowie zwei großflächige Innenhöfe. Im Jahr 330 v. Chr. wurde das Schatzhaus von den Truppen Alexanders des Großen geplündert; antike Autoren erzählen, daß die Räume »mit Silber und Gold vollgepackt« gewesen seien. Im 20. Jh. fanden die Archäologen nurmehr einige kostbare Steingefäße sowie zwei große **Flachreliefs**. Sie waren ursprünglich in den Mittelfeldern der Apadana-Freitreppen angebracht; Xerxes hatte sie nach dem Tod seines Vaters ins Schatzhaus bringen lassen. Während das eine noch heute hier zu besichtigen ist, befindet sich das andere im Teheraner Nationalmuseum. Beide Reliefs zeigen unter einem Baldachin Dareios auf seinem Thron, während Kronprinz Xerxes hinter ihm steht; jeder von ihnen hält eine Lotusblume in der Hand. Hinter dem Kronprinzen stehen der Kammerdiener und der Träger der königlichen Waffen, während vor dem König, durch zwei Räuchergefäße getrennt, der Hofmarschall Farnaka seine rechte Hand zum Gruß erhebt. Außerhalb des Baldachins stehen Lanzen- und Standartenträger.

Nördlich des Schatzhauses schließt sich der **Hundert-Säulen-Saal** (11) an, der von Xerxes errichtet, jedoch erst von Artaxerxes fertiggestellt wurde. Der nach dem Apadana zweitgrößte Baukomplex der Terrasse wurde durch den Brand unter Alexander besonders stark beschädigt. Einst besaß der quadratische Thronsaal zehn Reihen mit je zehn Säulen, die rund 15 m hoch waren. Heute sind nur noch die Basen mit Palmenkronen sowie mehrere doppelpaarige Stierkapitelle erhalten. Alle Türlaibungen der Zugänge weisen Reliefs auf, die den König im Kampf gegen Löwen und Mischwesen oder auf seinem Thron zeigen. Neben seiner Funktion als Empfangshalle diente der Thronsaal auch als eine Art Großraumbüro.

Nördlich des Hundert-Säulen-Saals befand sich ein großer Hof, an den sich im Norden ein **Unvollendetes Tor** (12) sowie ein **Verwaltungsgebäude** (13) anschlossen; in letzterem wurden rund 30.000 Tontafeln in elamischer Sprache gefunden. Von hier zum Tor aller Länder verlief die **Straße der Armee** (14), in deren Norden Kasernen und Lagerräume lagen.

Felsengräber

Im Osten der Terrassenanlage liegen auf einer Anhöhe des Kuh-e Rahmat die **Felsengräber von Artaxerxes II.** (15) und **Artaxerxes III.** (17). Beide Gräber sind leer. Letzteres wurde zudem niemals vollendet – ebenso wie das weiter südlich in den Fels geschlagene Grab, das wohl für Dareios III. bestimmt war. Lohnenswert ist der Aufstieg zum Grab von Artaxerxes II. – auch wegen des herrlichen Blicks, den man von hier auf die gesamte Anlage hat.

In seiner Ausführung ist das Grab von Artaxerxes II. dem Felsgrab von Dareios in Naqsh-e Rostam nachempfunden. Die kreuzförmige Fassade zeigt den König vor einem Feueraltar; sein Thron wird von den Vertretern aller Völker des Reiches getragen. Über der Szene schwebt das geflügelte Sonnensymbol von Ahura Mazda, auf der rechten Seite ist auch der Mond dargestellt. Eingerahmt wird die Szene von persischen und medischen Würdenträgern sowie Soldaten der Unsterblichen Garde.

Unmittelbar südlich des Grabes von Artaxerxes II. befindet sich eine etwa 25 m tiefe **Zisterne** (16), die Persepolis mit Wasser versorgte. Gespeist wurde sie durch Regenwasser, das kleine, in den Fels geschlagene Kanäle ihr zuleiteten.

Naqsh-e Rajab

Rund 3 km nordöstlich von Persepolis befinden sich in einer einsamen Felsennische **vier sasanidische Felsreliefs**. Linker Hand zeigt das erste Bild Shâpur I. auf einem Pferd sitzend, gefolgt von neun Personen, die als Krieger, Würdenträger oder Mitglieder der königlichen Familie interpretiert werden. Zwei weitere Reliefs zeigen Investiturszenen: Während Ardashir I. den Ring der Macht von Ahura Mazda stehend empfängt, ist sein Sohn Shâpur I. auf einem Pferd sitzend dargestellt. Da insbesondere die Krone der letzteren Königsfigur stark zerstört ist, ist eine eindeutige Zuordnung allerdings nicht möglich; manche Forscher halten sie für Bahrâm I.

Zwischen Ardashir (links) und Ahura Mazda (rechts) sind zwei kleine, einander zugekehrte Figuren abgebildet, deren linke vermutlich den Kronprinzen Shâpur darstellt. Die Investitur selbst vollzieht sich in gleicher Weise wie auf dem früheren Relief in Firuzâbâd. Hinter dem König stehen ein Kammerherr mit Fliegen-

DER SÜDWESTEN

Die Magier

»Da sie den Stern sahen, wurden sie hocherfreut und gingen in das Haus und fanden das Kindlein mit Maria, seiner Mutter, und fielen nieder und beteten es an und taten ihre Schätze auf und schenkten ihm Gold, Weihrauch und Myrrhe« (Matt. 2/10-11). Die Heiligen Drei Könige, die solcherart dem Jesuskind ihre Aufwartung machten, waren wahrscheinlich persische **Magier**, die, so will es die biblische Legende, aufgrund ihrer astrologischen Kenntnisse von der Ankunft des Heilands erfahren und sich auf den Weg ins ferne Betlehem gemacht hatten.

Diese Magier oder Mager (altpers. *Magu*, neupers. *Mubed*) waren ursprünglich medische Priester, die den altiranischen Göttern dienten. Neben der Weissagung waren sie vor allem für die Durchführung der Opfer verantwortlich: »Ohne Mager Opfer zu vollziehen, gestattet ihr Brauch nicht«, berichtet Herodot über die Rituale der Meder und Perser im 5. vorchristlichen Jh. Nach dem griechischen Historiker handelte es sich bei den Magiern um eine Priesterkaste, die die Priesterwürde vom Vater auf den Sohn vererbte.

Mit der Ausbreitung des **Zoroastrismus** unter den Achämeniden übernahmen die Magier auch in der neuen Religion die Kulthandlungen, insbesondere die Pflege des »heiligen Feuers«. Während des Rituals zogen sie ihre *Baschliks* vor den Mund, um das Feuer nicht mit ihrem Atem zu verunreinigen. Des weiteren bereiteten sie den Rauschtrank *Haoma* zu, folgten dem Heer als Opferpriester, deuteten Träume und hüteten die Königsgräber. Auf den achämenidischen Reliefs sind die Magier, die das typische persische Faltengewand tragen, an ihren übereinandergeschlagenen Händen zu erkennen. Ein weiteres Kennzeichen ist das Rutenbündel (*Barsom*), das sie in der Hand tragen und das Kulthandlungen diente. Den griechischen und römischen Zeitgenossen waren die Magier suspekt: Man dichtete ihnen übernatürliche Fähigkeiten wie die Zauberkunst an – von dieser Vorstellung rührt unser Wort »Magie«.

wedel sowie ein Würdenträger. Auf der anderen Seite des Reliefs, getrennt durch einen senkrechten Schaft, sind im Rechtsprofil die Gattin Ardashirs sowie ein Hofdiener dargestellt.

Zwischen dem mittleren und linken Relief befindet sich ein kleines Brustbild, das den zoroastrischen **Priester Karter** zeigt und aus der Regierungszeit Bahrâms II. (276-293) datiert. Karters Gesicht ist zur rechten Seite gerichtet, seine rechte Hand scheint auf die vor ihm angebrachte mittelpersische Inschrift zu weisen. Sie stellt eine kürzere Version jener Inschrift dar, die an vier weiteren Orten, u.a. in Naqsh-e Rostam, angebracht wurde. Wie aus ihnen zu entnehmen ist, diente Karter unter vier Sasanidenherrschern als Oberpriester und förderte die Ausbreitung und Etablierung des Zoroastrismus als Staatsreligion. Dabei ging es nicht immer zimperlich zu. Mehrfach wurden unter seiner Amtsführung Kultbilder Andersgläubiger zerstört und ihre Kultstätten in zoroastrische Heiligtümer umgewandelt – wovon Karter selbst berichtet: »Der zoroastrischen Religion ... wurde im Reich hohe Würde zuteil, während die Irrlehren Ahrimans und der Daewas aus dem Reich verschwanden. Die Juden, Buddhisten, Hindus, Mandäer, Christen und Manichäer wurden im Reich zerschlagen, ihre Götzenbilder zerstört. In allen Provinzen ... wurden in großer Zahl heilige Feuer gegründet und die Magier froh und glücklich.«

Naqsh-e Rostam

Etwa 4 km nördlich von Persepolis erhebt sich in der Nähe von Naqsh-e Rajab der Felsen Kuh-e Hosein. In seine im Süden fast senkrecht abfallende Wand schlugen im 3. vorchristlichen Jt. bereits die Elamer ein Reliefbild; später brachten hier **Achämeniden** ihre Grabanlagen und **Sasaniden** weitere Reliefs an. Bekannt wurde die Stätte später als *Naqsh-e Rostam* (»Bildnis von Rostam«), da man glaubte, hier seien die Taten Rostams, des großen Helden des *Shâhnâme*, verewigt worden. Beeindruckt zeigte sich im 17. Jh. der Persienreisende Della Valle: »Wenn es darum geht, Erinnerungsmale in der Welt zurückzulassen, die ewig dauern sollen, so kann ich mir keinen schöneren Plan dazu vorstellen, als diese in den natürlichen Fels des harten Berges gemeißelten Figuren, die, fast unzerbrechlich, solange bestehen müssen als die Berge selbst.« Die Anlage ist durch keinen Zaun begrenzt und von Persepolis zu Fuß zu erreichen – wobei man in den heißen Monaten die Mitnahme von Wasser nicht vergessen sollte.

Die Nekropole der Achämenidenkönige

Als erster König ließ **Dareios I.** in der Felswand seine Grabanlage errichten. Dabei handelt es sich um eine völlig neue Konstruktion, die von drei seiner Nachfolger rechts und links neben seinem Grab kopiert wurde. Auch die späteren Felsgräber in Persepolis sind von Dareios' Grabbau inspiriert. Bis auf Dareios' Grab ist die Zuordnung der Gräber in Naqsh-e Rostam aufgrund fehlender Inschriften nicht eindeutig. Es handelt sich wahrscheinlich (von links nach rechts) um die Gräber von Dareios II., Artaxerxes I., Dareios I. und Xerxes I.; die Fassade des letzteren ist im Gegensatz zu den anderen nach Westen ausgerichtet.

Die Fassade von Dareios' Grab bildet eine etwa 23 m hohe Kreuzform, deren horizontaler Kreuzarm 18,57 m mißt – was genau der Breite seines Palastes in Persepolis entspricht. Im Mittelteil ist die Fassade eines Hauses dargestellt, dessen Decke von vier mit Stierkapitellen geschmückten Säulen getragen wird. In ihrer Mitte führt die Grabkammer in das Innere des Felsens. Von einem parallel zur Fassade verlaufenden Gang gehen drei Kammern ab, in denen jeweils drei sarkophagähnliche Vertiefungen in den Felsen gearbeitet wurden.

Im oberen Teil des Grabbaus zeigt ein Relief, wie Dareios seine Herrschaft verstand: Der König steht auf einem Podest, das von insgesamt 30 Vertretern der zum achämenidischen Reich gehörenden Länder getragen wird. Hinter dem König stehen seine engsten Vertrauten, während über der Szene das Symbol Ahura Mazdas schwebt, zu dem Dareios seine Rechte erhebt. Auf einem Altar brennt als Zeichen der Verehrung Ahura Mazdas ein großes Feuer.

Die sasanidischen Felsreliefs

Unterhalb der achämenidischen Grabanlagen ließen im 3. und 4. Jh. n. Chr. mehrere sasanidische Könige **acht Flachreliefs** anbringen. Sicher identifiziert werden können nur diejenigen Herrscher, die ihre individuelle Krone tragen.

Von West nach Ost:
Das im äußersten Westen gelegene Felsrelief entstand vermutlich Ende der 20er Jahre des 3. Jh. und stellt damit das älteste der hier eingemeißelten sasanidischen Felsreliefs dar. Es zeigt die **Investitur Ardashir I.**, wobei König (links) und Gott (rechts) zu Pferde sitzen. Unter den Hufen ihrer Pferde liegen die von ihnen besiegten Feinde: der letzte Partherkönig Ardawân V., erkennbar am Wappen an seiner Kopfbedeckung, sowie Ahriman, erkennbar an den Schlangenköpfen in seinem zerzausten Haar. Auf den Schultern der Pferde befindet sich eine Inschrift in Griechisch, Mittelpersisch und Parthisch, in der sich Ardashir als »Mazda-verehrender Herrscher« tituliert.

Auf dem nächstgelegenen Felsrelief erscheint in stehender Pose **Bahrâm II.**, während sein Gefolge und seine Familie als Brustbilder wiedergegeben sind. Auf der linken Seite ist der Oberpriester Karter dargestellt. Links und rechts des sasanidischen Reliefs haben sich Reste eines fast 2000 Jahre älteren **elamischen Reliefs** erhalten, das von den Sasaniden zerstört wurde: Links neben Bahrâm ist eine stehende Person, rechter Hand ein Schlangenthron mit zwei Götterfiguren in elamischer Kleidung zu erkennen. Am linken Reliefrand ist darüber hinaus der Kopf einer weiblichen Figur mit einer Krone, rechts ein Mann mit einer spitzen Mütze abgebildet.

Das folgende Relief unter der Grabanlage Dareios' II. ist ein Reiterkampfbild, das entweder Hormizd I. oder Bahrâm II. zeigt. Unter dem Grab Artaxerxes' I. befinden sich zwei Reliefbilder, von denen jenes, das wahrscheinlich auf Hormizd II. zurückgeht, ebenfalls einen Reiterkampf darstellt. Darüber befindet sich ein stark zerstörtes Relief, das einen thronenden König, vermutlich Shâpur II. zeigt.

Zwischen den Gräbern von Artaxerxes I. und Dareios I. befindet sich das eindrucksvolle **Relief Shâpurs I.**, das seinen Triumph

Iranische Touristen vor Dareios' Grab, links daneben befindet sich das Reliefbild Shâpurs I.

über die römischen Kaiser Philippus Arabs (kniend) und Valerian zeigt. Durch die Größe seiner Figuren, wobei der Korymbos über der Mauerkrone des Königs sogar den gesetzten Bildrahmen sprengt, ist es weithin sichtbar.

Auch hier findet sich (rechts hinter dem König) die Büste des Oberpriesters Karter, begleitet von einer langen mittelpersischen Inschrift, in der er von seinen Taten berichtet.

Direkt unterhalb des Grabes von Dareios I. befindet sich ein quadratisches Relief, das in zwei übereinander angeordneten Bildfeldern **zwei Reiterkämpfe** zeigt. Beide Male wird ein Gegner mit der Lanze angegriffen; möglicherweise handelt es sich bei der oberen Königsfigur um Bahrâm II.

Das östlichste und größte Relief von Naqsh-e Rostam zeigt eine bemerkenswerte Neuerung: die **Investitur von König Narse** durch die Göttin **Anahita**, die damit in jener Zeit ein ebenso großes Ansehen genossen haben muß wie Ahura Mazda. Die Gesichter der beiden Figuren sind einander zugewandt. Wie Ahura Mazda trägt Anahita die Mauerkrone mit Diadembändern; auf ihre Schultern fallen lange, gelockte Haare. Ihre Kleidung erinnert mit einem langen gegürteten Gewand und einem um die Schultern gehängten Mantel an eine sasanidische Königin. Eine kleine halbzerstörte Figur stellt vermutlich Hormizd I., den Sohn und Nachfolger Narses, dar; hinter dem Herrscher folgen zwei Würdenträger.

Kaaba-ye Zardosht

Gegenüber den Felsgräbern erhebt sich ein etwa 12 m hohes, aus weißen Kalksteinen errichtetes Gebäude, das allgemein als **Kaaba-ye Zardosht**, die »Kaaba Zarathustras«, bezeichnet wird. Iranische Grabungsteams legten den halbverschütteten Bau 1936 unter der Leitung des Oriental Institute of Chicago frei; seitdem rätseln die Wissenschaftler über den Zweck des vermutlich unter Dareios I. errichteten Bauwerks. Der quadratische Bau besitzt lediglich einen Raum, der über eine Treppe an der Nordseite zugänglich ist. Vermutlich handelte es sich um ein zoroastrisches Feuerheiligtum, das die ewige Flamme beherbergte und dem Totenkult der hier begrabenen Könige diente.

In den unteren Teilen der Ost- und Westfassaden wurden in sasanidischer Zeit mehrere Inschriften angebracht. Die mittelpersisch, parthisch und griechisch abgefaßte Inschrift von Shâpur I. um 260 n. Chr. gilt als sehr aufschlußreich für das königliche Verständnis des Zoroastrismus; doch schildert der König auch seine militärischen Auseinandersetzungen mit den Römern. Ebenso bedeutend ist die mittelpersische Inschrift des Oberpriesters Karter, der den Zoroastrismus als Staatsreligion durchsetzte.

PROVINZ FARS ∎∎∎∎∎∎

Reliefbild Shâpurs I.

Im äußersten Westen von Naqsh-e Rostam befinden sich zwei kleine, aus dem Fels gehauene **sasanidische Feuertempel**. Sie besitzen eine pyramidenartige Form mit kleinen Säulen in den Ecken und einer Höhlung in der Spitze, in der das Feuer entzündet wurde.

Istakhr

Etwa 7 km nördlich von Persepolis liegen die Überreste der von Alexander dem Großen gegründeten Stadt Istakhr. Hier etablierte sich in parthischer Zeit die nationale Gegenbewegung gegen die hellenistisch geprägte Fremdherrschaft: Im 2. Jh. n. Chr. begründete der Priester Sasan, der das bedeutende Feuerheiligtum Istakhrs verwaltete, das sasanidische Königshaus – im Jahr 224 schuf sein Enkel Ardashir I. von hier aus das sasanidische Reich. Istakhr wurde daher während der ganzen Regierungszeit der Sasaniden als Stammsitz der Dynastie in Ehren gehalten und blieb eines der religiösen Zentren des Reiches. Unter arabischer Herrschaft verfiel Istakhr im 9. Jh. – dafür blühte nun Schiraz auf.

DER SÜDWESTEN

Pasargadae

Rund 120 km nordöstlich von Schiraz liegen in der weiten Hochebene Dasht-e Morghab die Überreste von **Pasargadae** (pers. *Pâsârgâd*), der von Kyros II. gegründeten ersten achämenidischen Residenzstadt. Der Legende nach soll sich in der fast 2000 m hoch gelegenen Ebene die Entscheidungsschlacht zwischen Kyros II. und seinem medischen Rivalen Astyages zugetragen haben.
Zunächst gelangt man zum **Grabmal von Kyros II.**, das der Herrscher selbst in Auftrag gegeben hatte. Der aus weißen Kalksteinblöcken errichtete Bau mißt an seiner Basis 13,50 x 12,20 m und ist etwa 11 m hoch. Während der sechsstufige Unterbau an mesopotamische Stufentürme erinnert, verweist die mit einem Giebeldach versehene kleine Grabkammer auf anatolische Vorbilder. Damit zeigt sich bereits hier die Vermischung verschiedener orientalischer Stilelemente, die für die weitere achämenidische Architektur so typisch werden sollte. Antike Historiker berichten, daß Alexander der Große das Grab Kyros' leer vorgefunden habe – von dem goldenen Sarkophag, der kostbaren Kleidung sowie dem Schmuck, von dem ihm seine Soldaten berichtet hatten, war nichts mehr vorhanden.
Kyros' Grab war einst von einem Garten umgeben. Die umliegenden Säulenreste stammen von einem späteren, um das Grab erbauten Tempel. Tatsächlich geriet der Bauherr im Lauf der Jahrhunderte in Vergessenheit – noch heute gilt sein Grabmal in der Gegend als *Qabr-e Mâdar-e Soleimân*, das »Grab der Mutter Salomos«.
Von hier führt eine Asphaltstraße zum Ruinenfeld der Palastanlage – sie war nie ganz vollendet worden, da sich Dareios I. bald eigenen Palastprojekten in Susa und Persepolis widmete. Heute wirken die Überreste wie zerstreut und zufällig, doch waren sie in eine genau konzipierte Gartenanlage in der Tradition eines *Paradeisos* eingebunden. Geometrisch angelegte Wasserkanäle, periodisch mit quadratischen Wasserbecken durchsetzt, fügten die Gärten und Palastbauten zu einer harmonischen Einheit zusammen. Zwei luftige Pavillons in ihrer Mitte luden zum Betrachten der Anlage ein. Der ursprüngliche Verlauf des Flusses, der einst die offenen Kanäle speiste, ist heute nicht mehr zu erkennen.

Besichtigung

Als der deutsche Archäologe Ernst Herzfeld 1928 mit der Ausgrabung Pasargadaes begann, legte er die Grundrisse der beiden Hauptpaläste frei. Bei der Besichtigung gelangt man zunächst zu den im Süden des Palastbezirks gelegenen Überresten des **Audienzpalastes**, der 1941 von dem Architekten Friedrich Krefter rekonstruiert wurde. Seine zentrale rechteckige Halle war etwa 12 m hoch und an allen

Überreste von Kyros' Residenzpalast

Seiten von Säulenportiken umgeben. Dabei wurde die klassisch-strenge Bauweise durch die abwechselnde Verwendung von weißem und schwarzem Stein gemildert: Der weiße Schaft jeder Säule erhob sich auf einer quadratischen Plinthe aus schwarzem Stein, während die Kapitelle in Form von Stier- und Löwenprotomen wiederum aus schwarzem Stein gestaltet waren.

Das gesamte Palastareal war ursprünglich von einer Umfassungsmauer begrenzt, deren monumentales **Torgebäude** östlich des Audienzpalastes stand. In den Türlaibungen war das nur noch in seinen Fundamenten erhaltene Bauwerk mit Reliefs geschmückt, die als Wächterfiguren geflügelte Genien zeigten. Zu sehen ist heute noch ein einzelner, etwa 2,7 m hoher Laibungsstein, der einen vierflügeligen Genius in elamischer Kleidung darstellt; seine Krone mit gebogenen Widderhörnern und aufrecht stehenden Kobras ist wahrscheinlich ägyptisch beeinflußt.

Mehrere hundert Meter nördlich befinden sich im Nordwesten des Palastareals die Ruinen des etwas größeren **Residenzpalastes**, dessen mittlere Halle über 650 m² maß. Ihre Decke wurde von fünf Reihen mit sechs Steinsäulen getragen, die auf quadratischen schwarzen und weißen Kalkstein-Plinthen ruhten. Die Türlaibungen waren einst ebenfalls mit Reliefs verziert, von denen heute noch Fragmente zu erkennen sind. Eine kleine dreisprachige Inschrift nennt den Namen Kyros des Großen.

Rund 200 m nordöstlich erhebt sich außerhalb des Palastbezirks das sogenannte **Zendân-e Soleimân** (»Salomos Gefängnis«). Der etwa 14 m hohe, quadratische Steinturm, von dem nurmehr eine Wand erhalten ist, gleicht in seiner Bauweise der Kaaba-ye Zardosht von Naqsh-e Rostam und war vermutlich ein Feuerheiligtum. Auf

dem nahegelegenen Hügel befinden sich die Überreste einer befestigten, aus Stein und Ziegeln errichteten Terrassenanlage. Die heute als **Takht-e Mâdar-e Soleimân**, »Thron der Mutter Salomos«, bekannte Anlage wurde von Kyros II. errichtet und von Dareios weiter ausgebaut.
Etwa 1,5 km nordwestlich des Palastareals lag der heilige Bezirk von Pasargadae. Noch heute sind die Überreste zweier etwa 2 m hoher **Feueraltäre** aus Kalkstein zu sehen, die von Kyros II. um 545 v. Chr. erbaut wurden.

Bishâpur

An der Hauptstraße von Schiraz nach Ahvâz befinden sich etwa 20 km nordwestlich von Kâzerun die Überreste der sasanidischen Königsstadt Bishâpur – in deren nahegelegener Schlucht auch mehrere Felsreliefs zu besichtigen sind. Von Schiraz aus (rund 120 km) läßt sich gut ein Tagesausflug unternehmen.
Sechs Jahre nach seinem Sieg über den römischen Kaiser Valerian gab **Shâpur I.** im Jahr 266 n. Chr. den Bau der Stadt in Auftrag – an einem Ort, der bereits von Elamern und Parthern besiedelt gewesen war. Dabei bediente er sich auch der römischen Kriegsgefangenen, die er hier als Kolonisten ansiedelte. An der bedeutenden Handelsstraße Firuzâbâd-Ktesiphon sowie in einer sehr fruchtbaren Ebene gelegen, prosperierte Bishâpur in sasanidischer Zeit; gehandelt wurde vor allem mit Seide, Honig und Wachs. Mit der Eroberung durch die Araber im Jahr 637 n. Chr. verlor Bishâpur zugunsten von Kâzerun seine Bedeutung; im 10. Jh. wurde es nach der Zerstörung durch den Shabânkâra-Führer Abu Saad ibn Mohammad aufgegeben. Als James Morier 1809 die Stätte besuchte, fand er nur ein ärmliches Dorf. Erste Grabungen wurden in den 30er und 40er Jahren von den französischen Archäologen Georges Salles und Roman Ghirshman durchgeführt und seit 1968 vom iranischen Antikendienst fortgesetzt.
Im Gegensatz zu Firuzâbâd wurde Bishâpur nicht nach parthischem Vorbild rund, sondern viereckig angelegt. Umgeben war die Stadt von einer zum Teil noch erhaltenen Steinmauer mit halbrunden Wachtürmen und tiefen Gräben; die Straßen verliefen nach griechischer Bautradition schachbrettartig. Die königlichen Bauten nahmen etwa ein Viertel der Stadt ein, die Roman Ghirshman als »sasanidisches Versailles« rühmte. Ausgegraben wurde ein großer, aus Bruchsteinen und Mörtel errichteter **Palastkomplex**. Sehenswert ist vor allem die quadratische Empfangshalle (22 m Seitenlänge), um die sich vier Iwane mit dreifachen Kuppeln gruppieren. Ihre Wände weisen 64 Nischen auf, die – wie zum Teil noch sichtbar – mit bemaltem Stuckdekor verziert waren.

Relief Shâpurs II. in der Schlucht Tang-e Chowgân

Im Osten folgt ein weiterer quadratischer Hof, dessen Fußboden durch Mosaike im römisch-persischen Stil geschmückt war. Die heute im Teheraner Nationalmuseum und im Louvre befindlichen Mosaikbilder zeigen neben Portraits vor allem Szenen des luxuriösen sasanidischen Hoflebens, an dem auch die Frauen – lässig auf Kissen gelagert – teilnahmen und kaum verhüllte Tänzerinnen und Harfenspielerinnen für Unterhaltung sorgten.

Im Westen der Palastanlage führt eine Treppe zu einem tiefergelegenen **Tempel**, der – wie für zoroastrische Sakralbauten typisch – aus einem einzigen quadratischen Raum besteht. Seine über 2 m dicken Mauern waren ursprünglich 14 m hoch; sie besitzen jeweils eine Tür, die in einen gedeckten Korridor führt. Die hölzernen Balken des Dachs wurden von Stierprotomen getragen, die den Kapitellen in den Palastanlagen von Susa und Persepolis nachempfunden sind. Vermutlich diente der Tempel dem Kult der Anahita, der zoroastrischen Göttin der Fruchtbarkeit und des Wassers.

Westlich des Tempels befinden sich die Ruinen einer frühislamischen **Moschee**, von der nurmehr die rechteckige Umfassungsmauer erhalten ist. Noch weiter westlich liegen die Überreste eines römisch inspirierten **Denkmals** zu Ehren Shâpurs I. Auf zwei von drei Sockeln erhoben sich zwei monolithische Säulen, die mit korinthischen Kapitellen geschmückt waren. Auf dem vorderen großen Sockel stand einst eine Statue von Shâpur I.; eine Inschrift datiert das Gebäude auf 266 n. Chr.

Östlich von Bishâpur schließt sich die eindrucksvolle **Schlucht Tang-e Chowgân** an, die von dem Shâpur-Fluß durchschnitten wird. Auf einem Felsen am Eingang der Schlucht liegen die Überreste einer **sasanidischen Festung**, die ebenfalls unter Shâpur I. errichtet wurde. In der westlichen Felswand befindet sich die große **Mundân-Höhle**, in der einst die lebensnahe Statue von Shâpur I. stand. Die aus einem Monolithen gehauene Figur trug die gleiche Kleidung und Bewaffnung wie auf den Felsreliefs.
Auf beiden Seiten der Schlucht ließen die sasanidischen Könige Shâpur I., Shâpur II., Bahrâm I. und Bahrâm II. im 3. und 4. Jh. insgesamt sechs **Flachreliefs** in den Fels schlagen. Auf dem **Südufer** - rechter Hand, wenn man die Schlucht betritt -, verherrlichen zwei Reliefs den Sieg **Shâpurs I**. über die römischen Kaiser: Das erste und älteste Flachrelief, das die **Investitur Shâpurs I.** zeigt, ist stark zerstört. Gott und König erscheinen hier zu Pferd, unter deren Hufen - wie in der Investiturszene Ardashirs I. in Naqsh-e Rostam - der römische Kaiser Gordian III. sowie Ahriman, der Widersacher Ahura Mazdas, liegen. Ein weiterer römischer Kaiser kniet vor dem Pferd des Königs: Philippus Arabs, dargestellt in gegürteter Tunika und kurzem Mantel mit einem Schwert an der Seite. Das Fehlen Valerians deutet darauf hin, daß das Relief kurz nach 244 n. Chr. entstand, dem Jahr, in dem Philippus Arabs den Perserkönig um Frieden bitten mußte.
Das folgende Relief zeigt den dreifachen Triumph **Shâpurs I.** über Gordian III., Philippus Arabs und Valerian. Während Gordian III. unter den Hufen des Pferdes liegt und Philippus Arabs erneut mit ausgestreckten Armen vor Shâpur kniet, steht Valerian aufrecht hinter dem König, der ihn an seinem Handgelenk festhält - bereits in der griechischen Vasenmalerei des 8. Jh. v. Chr. ein Symbol der Gefangennahme. Zwei persische Würdenträger vervollständigen die Mittelszene. Ungewöhnlich ist, daß der König hier den Ring der Herrschaft nicht von Ahura Mazda, sondern von einem vor ihm schwebenden Putto erhält, ein Element, das der hellenistischen Ikonographie entlehnt ist. Ungewöhnlich ist auch, daß die Szene nicht auf die Hauptpersonen beschränkt ist, sondern auf beiden Seiten in mehreren Registern zahlreiche weitere Personen dargestellt sind.
Auf dem **Nordufer** des Flusses sind vier weitere Felsreliefs zu besichtigen, die zum Teil durch ein später angebrachtes Aquädukt beschädigt wurden. Das erste Relief verherrlicht im Zentrum eines gerundeten Bildfeldes wieder den Sieg **Shâpurs I.** über die Römer. Insgesamt acht rechts und links angebrachte Register zeigen vor allem persische Soldaten und römische Gefangene.
Das folgende Relief stellt **Bahrâm II.** dar, der die Huldigung von arabischen Stammesführern entgegennimmt, die mit ihren Pfer-

In der Schlucht bei Bishâpur wurden sechs sasanidische Felsreliefs angebracht.

DER SÜDWESTEN

Palast von Ardashir I. in Firuzâbâd

den und Kamelen gekommen sind. Das dritte, zwischen 273 und 276 n. Chr. entstandene Relief zeigt die **Investitur Bahrâms I.**, wobei Gott (links) und König (rechts) wiederum zu Pferde dargestellt sind. Eine hinter dem Kopf des Königs angebrachte mittelpersische Inschrift nennt den König *Narse*; es konnte jedoch gezeigt werden, daß dort zunächst der Name *Bahrâm* angebracht war – Narse hatte im Jahr 293 n. Chr. seinen Großneffen Bahrâm III. vom Thron gestürzt.

Das vierte und jüngste Relief unterscheidet sich in der Ausführung von den anderen. Der König, **Shâpur II.**, wird hier frontal abgebildet, sein Schwert vor sich auf den Boden gestellt. In den beidseitig angebrachten Registern werden Mitglieder der königlichen Familie sowie persische Soldaten gezeigt, die dem König Gefangene und Beute präsentieren – darunter auch zwei abgeschlagene Köpfe.

Etwa 70 km nördlich von Bishâpur und 15 km nordwestlich von Fahliân ist in der Nähe von Sih-Talu das elamische **Felsrelief von Kurangun** zu besichtigen. Das in einer fast senkrecht abfallenden Felswand angebrachte Relief stellt eines der wenigen erhaltenen Flachbilder der Elamer dar; es entstand vermutlich zwischen dem 15. und 11. Jh. v. Chr. Die mittlere Szene zeigt eine männliche und eine weibliche Gottheit, die von Priestern und Betenden umgeben sind. Der männliche Gott sitzt auf einem Schlangenthron und trägt in der linken Hand einen Krug, aus dem Wasser hervorquillt. Auch die unterhalb der Szene dargestellten Fische, die möglicherweise einst von Wasser bedeckt waren, deuten darauf hin, daß hier in elamischer Zeit ein Wasser- bzw. Fruchtbarkeitskult stattfand.

PROVINZ FARS

Firuzâbâd

Etwa 120 km südlich von Schiraz und 3 km nordwestlich der Ortschaft Firuzâbâd liegen die Überreste der sasanidischen Residenzstadt **Ardashir Khure**, »Ruhm des Ardashir«, die später *Gur* genannt wurde. Gegründet hatte sie Ardashir I. nach seiner Krönung zum Schah von Persien (226 n. Chr.). Gemäß der parthischen Städtebauweise wurde sie kreisrund angelegt und von zwei Befestigungsmauern mit einem Graben umgeben; ein Hügelwall zeigt noch heute den Verlauf der ehemaligen Mauern. Von vier Stadttoren führten die Hauptstraßen ins Zentrum, wo sich nun die einzigen Überreste der Stadt befinden. Weithin sichtbar ragt die Ruine eines Wach- und Meldeturms auf, die von der Bevölkerung *Manâr* (»Minarett«) genannt wird.

Außerhalb der Befestigungsmauern liegen unweit des heutigen Firuzâbâd die Ruinen des **Palastes von Ardashir I.**, der Kindern als Spiel- und Ziegen als Schlafplatz dient. Der aus Bruchsteinen und Mörtel errichtete Palast mißt etwa 104 x 55 m und vereint in sich verschiedene Bautraditionen. Bemerkenswert sind vor allem die drei hohen Kuppeln über quadratischen Grundrissen sowie die bis zu 4 m dicken Mauern, deren Unebenheiten durch eine Gipsverkleidung ausgeglichen wurden. Ein sehr tiefer und breiter Iwan öffnet sich zu einem Quellteich, der früher die Gärten um den Palast bewässerte.

Etwa 20 km von Firuzâbâd entfernt führt die Straße Richtung Schiraz durch die eindrucksvolle Schlucht **Tang-e Âb**, über der die frühsasanidische **Qale-ye Dokhtar**, die »Mädchenburg«, thront. Die befestigte Palastanlage wurde von Ardashir I. etwa 100 m oberhalb der Schlucht erbaut. Zwischen der Burg und Ardashirs Palast in Firuzâbâd befinden sich - nicht weit von der Burg entfernt - **zwei Felsreliefs**, die im Abstand von etwa 1,5 km in die Felswand gehauen wurden. Diese beiden ältesten von insgesamt etwa 30 sasanidischen Felsreliefs zeigen Ardashir I. in einer Kampf- sowie in einer Investiturszene.

Das sehr schlecht erhaltene **Kampfrelief** verherrlicht die Entscheidungsschlacht zwischen Ardashir I. und dem letzten Partherkönig Ardawân V. - durch seinen Sieg im Jahr 224 n. Chr. avancierte Ardashir zum Begründer der über 400 Jahre währenden Sasanidendynastie. Das allgemein in die Zeit kurz nach dem Sieg datierte Relief stellt mit 22 m Breite das größte sasanidische Felsrelief dar. In drei Einzelbildern werden von links nach rechts drei Reiterkampfmotive gezeigt: der Sieg eines sasanidischen über einen parthischen Krieger; der Sieg von Ardashirs Sohn Shâpur über den parthischen Kronprinzen, indem er letzteren mit seiner Lanze vom Pferd wirft; und der Sieg Ardashirs über Ardawân V., der von dem Sasaniden mit der Lanze getötet wird.

Das **Investiturrelief** entstand nur wenig später (um 226 n. Chr.). Es ist das erste von insgesamt drei Investiturreliefs, die Ardashir I. ausführen ließ, wobei die späteren Reliefs in Naqsh-e Rajab und Naqsh-e Rostam künstlerisch bedeutsamer sind. Das relativ roh gemeißelte Reliefbild in Firuzâbâd unterscheidet sich dennoch deutlich von den älteren achämenidischen Flachreliefs, da hier die Figuren fast bis zur Dreiviertel-Plastik aus dem Fels herausgearbeitet wurden.

Das Relief zeigt die Belehnung Ardashirs I. (rechts) mit der Königswürde durch Ahura Mazda (links). Während der Gott eine Mauerkrone mit Diadem trägt, besteht Ardashirs Krone aus Helmkappe, Diadem und Korymbus. Ardashir ist in gleicher Größe dargestellt wie der Gott; überhaupt sehen sich Gott und König, was Haar- und Barttracht sowie ihre Kleidung anbelangt, sehr ähnlich. In der linken Hand hält Ahura Mazda ein Barsombündel, wie es im zoroastrischen Kult verwandt wurde. Als Zeichen der Verehrung Ahura Mazdas hebt Ardashir seine mit nach vorn gebogenem Zeigefinger an den Mund. Zwischen ihnen befindet sich

Die Lehre des Königs Bahrâm Gur

Der persische Dichter **Nizâmi** machte in seinem [vierten] großen Epos *Haft Paikar* den sasanidischen **König Bahrâm** V. (421-438) zum Helden mehrerer wundersamer Geschichten, die auch heute noch spannend zu lesen sind. Eine Episode daraus erlangte in Persien besondere Berühmtheit.

Der König, der den Beinamen *Gur* (»Wildesel«) trägt, gilt als begnadeter Jäger: »Pfeilgeschwind, ein wilder Löwe, entsandte er das Geschoß in die Kruppe eines Esels, der alsbald den Boden vor ihm küßte«. Doch seine Geliebte **Fitna**, »mondenschön, die mutig und geschmeidig mit ihm ritt«, verweigert ihm die ersehnte Anerkennung: »Vollendet war der Schuß! Was man vollendet tut, ist das noch schwierig? Denn alles, was ein Mann zuvor geübt, mag es auch schwierig sein, ihm fällt es leicht. Daß nun des Königs Pfeil den Esel traf, beruht auf Übung, nicht besonderer Kraft!« Von ihren Worten wie ein »Beilschlag« schwer getroffen, befiehlt der König die Tötung Fitnas; der zum Mörder Auserkorene gibt sie jedoch heimlich frei.

Sieben Jahre später gelangt Bahrâm Gur zu einem Landschloß, wo er eine »feenschöne, silbergliedrige« Frau sieht, die auf ihren Schultern einen ausgewachsenen Stier die Treppen hinauf trägt. Voller Bewunderung forscht er nach dem Geheimnis der Frau, in der er bald seine frühere Geliebte wiedererkennt. Fitna erzählt ihm daraufhin ihre Geschichte, die dem König als Lehre dienen soll: Just nachdem das Kalb von »zierlicher Gestalt« auf die Welt gekommen war, hatte Fitna begonnen, es täglich »hoch zum Dach von jenem Schloß« zu tragen: »Keinerlei Plage schuf ihr nun diese Last, sie hatte sich gewöhnt daran seit langem. Denn in dem Maße, wie dem Stier das Fleisch wuchs, vermehrte sich die Kraft in ihrem Leib.«

Zitate nach Nizâmi: Die Abenteuer des Königs Bahram und seiner sieben Prinzessinnen, Aus dem Persischen von J. C. Bürgel, 1997.

PROVINZ FARS ∎∎∎∎∎∎∎

Palast von Bahrâm V. in Sarvestân

ein kleiner Feueraltar. Dem König folgen rechts vier kleinere Personen: Es handelt sich neben seinem Knappen wahrscheinlich um Mitglieder der königlichen Familie, wofür ihr Diadem und ihre Haar- und Barttracht sprechen. Alle haben ihre Linke jeweils auf das Schwert gelegt und die Rechte in der Geste der Ehrerbietung gegen den Mund erhoben.

Sarvestân

Rund 90 km südöstlich von Schiraz (Richtung Neiriz) erhebt sich in dem Ort Sarvestân das **Mausoleum von Scheich Yusuf Sarvestâni**. Das Besondere an dem aus dem 13. Jh. datierenden quadratischen Kuppelbau ist, daß er sich nach allen Seiten hin öffnet. In seiner Mitte steht ein einfacher Steinsarkophag.
Außerhalb der Ortschaft führt eine etwa 7 km lange Schotterpiste, vorbei an einem afghanischen Flüchtlingscamp, zum sehenswerten **Palast von Bahrâm V.**, der sich inmitten eines sasanidischen Ruinenfeldes erhebt. In sasanidischer Zeit befanden sich hier ausgedehnte Wälder, in denen der Herrscher mit seinem Gefolge zur Jagd ritt. Der vermutlich im 5. Jh. aus Bruchsteinen und Mörtel errichtete Palast öffnete sich an seiner Hauptfront mit drei Iwanen nach außen. Hinter der Fassade erstreckte sich ein aus Ziegelsteinen überkuppelter Empfangsraum, an den sich die um einen Hof gruppierten Wohnräume anschlossen. An den Wänden brachte man schmale Galerien mit Nischen an – ein Element der europäischen Bautradition. Die Gesamtanlage weicht dennoch nicht von der in Firuzâbâd ab.

Zentral-Iran

■Provinz Isfahan

Die 104.650 km² große Provinz stellt das geographische Zentrum Irans dar. Sie erstreckt sich von der Dasht-e Kavir im Nordosten bis in die Nähe des Persischen Golfs. Der über 300 km lange, ganzjährig wasserführende Zâyande-Rud ermöglicht den Anbau von Getreide und Obst in weiten Teilen der überwiegend wüstenhaften und von Bergen durchzogenen Provinz. Die Bevölkerung lebt überwiegend in den Städten, die an den ehemals bedeutenden Karawanenwegen liegen. Hauptstadt der Provinz ist seit etwa 1000 Jahren Isfahan (gesprochen: *Esfahân*).

Isfahan

Im Tal des Zâyande-Rud erhebt sich inmitten einer kargen Gebirgslandschaft die Oasenstadt Isfahan. Die in 1590 m Höhe gelegene Stadt besitzt ein gemäßigtes kontinentales Klima. Seit dem Bau ihrer prächtigen Moschee- und Palastanlagen im 17. Jh. galt sie den Iranern als die »Hälfte der Welt« (*Esfahân, Nefs-e Jahân*). Noch heute zählt Isfahan zu den schönsten Städten Irans; vor einigen Jahren hat die Unesco sie zum Weltkulturerbe erklärt und unter Denkmalschutz gestellt.

Geschichte

Die Geschichte Isfahans reicht möglicherweise bis in achämenidische Zeit zurück. Unter den Sasaniden war die Stadt ein Armeestandort – aus *Aspahân* (pers. »Armeen«) rührt ihr Name Espahân/Esfahân. Die Überreste zweier Feuerheiligtümer nahe Isfahan deuten darauf hin, daß es in sasanidischer Zeit ein wichtiges religiöses Zentrum war. Im Jahr 642 wurde Isfahan von den Arabern erobert, und die ersten genaueren Informationen über die Stadt datieren aus frühislamischer Zeit: Isfahan bestand damals aus zwei Teilen, der alten Stadt *Jay*, später *Shahrestân* genannt, sowie dem außerhalb der Stadtmauern gelegenen jüdischen Viertel, der *Yahudiye*. Die jüdische Kolonie entstand vermutlich in sasanidischer Zeit auf Betreiben der jüdischen Frau von Yazdegerd I. Einer Überlieferung zufolge wurde Yahudiye schon im 6. Jh. v. Chr. nach der Befreiung der Juden aus der babylonischen Gefangenschaft gegründet.

Scheich Lotfollâh-Moschee in Isfahan

Seit 935 wurde Isfahan von den Buyiden regiert, im frühen 11. Jh. von der lokalen Dynastie der Kakuyiden (1007–1051). Seine erste große Blüte erlebte es unter den Seldschuken, die Isfahan 1051 für rund 66 Jahre zu ihrer Hauptstadt erhoben. Aus dieser Zeit datieren nicht nur die ältesten Bauabschnitte der **Freitagsmoschee**; es entstanden auch zahlreiche Märkte, Medresen und Bibliotheken, darunter einige der schönsten Ziegelbauten der persischen Architekturgeschichte. Im 11. Jh. schrieb der persische Geograph Nâser Khosrow, er habe »niemals eine schönere und reichere Stadt gesehen«. Mit dem Niedergang der Seldschuken sank Isfahan jedoch wieder zu einer Provinzkapitale herab. Zwar blieb die Stadt während ihrer Eroberung durch die Mongolen im Jahr 1228 von Plünderung und Brandschatzung verschont, doch wurde sie von Timurs Heer 1387 (und nochmals 1414) weitgehend zerstört und ihre Einwohner massakriert.

Sein goldenes Zeitalter erlebte Isfahan, als es der Safawide **Shâh Abbâs I.** im Jahr 1598 zur Hauptstadt erhob. Zur Förderung von Wirtschaft und Handel verfügte er die Umsiedlung zahlreicher armenischer Einwohner der nordiranischen Stadt Jolfâ. Zudem setzte er eine rege Bautätigkeit in Gang, die Isfahan zu einer der größten und schönsten Städte des 17. Jh. machte. Sein Ruf verbreitete sich auch nach Europa, ausgelöst durch Berichte von europäischen Reisenden, Diplomaten und Kaufleuten, die im 17. und frühen 18. Jh. an den Isfahaner Hof kamen.

Reichtum und Glanz währten jedoch nur wenig mehr als ein Jahrhundert: Den Niedergang läuteten die mehrere Monate während Belagerung und abschließende Eroberung Isfahans durch die Afghanen im Jahr 1722 ein. Der französische Reisende Pierre Loti, der Isfahan zu Beginn des 20. Jh. besuchte, konnte ihre vergangene Schönheit nur mehr erahnen: »Eine Stadt in Ruinen, dort oben in einer Oase weißer Blumen gelegen; unter dreihundertjährigen Platanen eine Stadt aus Lehm und blauer Glasur, die in Staub zerfällt. Paläste aus Mosaiken und herrlichen Fayencen, die rettungslos zerbröseln unter dem einschläfernden Plätschern zahlloser kleiner klarer Bäche, unter dem ewigen Gesang der Muezzins und der Vögel.«

Bald darauf begann mit der Errichtung moderner Industriebetriebe die Wiederbelebung der Stadt. 1954 wurde zudem eine Universität eröffnet. Heute leben die rund 2,5 Mio. Einwohner vor allem von der Textilindustrie und Stahlverarbeitung, aber auch vom Kunsthandwerk und nicht zuletzt vom Tourismus. Von Teheran ist Isfahan mit Bus oder Flugzeug zu erreichen. Es kann jedoch vorkommen, daß der etwa 20 km nordöstlich der Stadt liegende Flughafen infolge starker Luftverschmutzung oder wegen heftiger Schneefälle geschlossen ist. Die gravierenden Umweltprobleme der modernen Großstadt hatte der frühere Bürgermeister Gholâm-Hosein Karbâschi (später Bürgermeister in Teheran) einzudämmen versucht, der auch umfangreiche Grünanlagen entlang des Zâyande-Rud anlegen ließ.

Besichtigung

Die Hauptachse Isfahans ist die von Nord nach Süd verlaufende Khiâbân-e Chahâr Bâgh, von der aus sich die meisten Sehenswürdigkeiten Isfahans sowie die Hotels zu Fuß erreichen lassen. Weitere Sehenswürdigkeiten befinden sich nördlich des Bazar sowie auf dem Südufer des Zâyande-Rud.

Die seldschukischen Gebäude liegen fast alle im alten **Stadtzentrum**, das sich um die Freitagsmoschee sowie den Meidân-e Qiyâm erstreckt. Östlich der Straßen Hâtef und Allâmeh-Majlesi befindet sich auch das alte **Judenviertel**, die *Yahudiye*. Es weist noch heute etwa sieben alte **Synagogen** auf, die meist nur an einem oder mehreren Davidsternen über dem Eingang zu erkennen sind. Während viele Synagogen in einem schlechten Zustand sind, zeugen einige gefliester Wohnhäuser noch vom Wohlstand ihrer früheren Besitzer. Unter der Naziherrschaft waren mehrere tausend Juden aus Deutschland nach Isfahan geflohen; einige von ihnen brachten es zu wirtschaftlichem Erfolg, wie etwa die Familie Rosenzweig, die ihr »Isfahaner Mineralwasser« heute im ganzen Mittleren Osten vertreibt. Nach der Errichtung der Islamischen Republik wanderten jedoch viele Juden nach Israel oder in die USA aus; heute leben in Isfahan nurmehr etwa 1000 Juden. In der Yahudiye wohnen heute vor allem afghanische Flüchtlinge. Eine moderne Synagoge, die **Kanise-ye Esfahân**, ist im Nordwesten des Falake-ye Falastin zu besichtigen.

Die Freitagsmoschee und das seldschukische Isfahan

Inmitten des alten seldschukischen Stadtzentrums erhebt sich nördlich des Meidân-e Qiyâm die knapp 24.000 m² große **Freitagsmoschee**. Ihr unauffälliger Eingang im Südwesten der Anlage ist von Bazarläden umgeben; die aus seldschukischer Zeit datierende Tür ist sparsam mit türkisen Fliesen dekoriert.

Im Vergleich zu den anderen Moscheen Isfahans ist die Freitagsmoschee sehr schlicht, und ihre Ziegelkuppeln weisen keinen Fliesenschmuck auf. Ihre frühesten erhaltenen Bauabschnitte datieren aus dem 11. Jh.; doch da nahezu jede Dynastie einschließlich der Safawiden die Moschee weiter ausgebaut hat, vereint sie mehrere Stilrichtungen. Unter den Qajaren wurde zu Beginn des 19. Jh. der gesamte Sakralbau restauriert.

Archäologische Forschungen im Jahr 1977 brachten die Überreste eines Vorgängerbaus aus dem 8. Jh. ans Licht. Er war im 9./10. Jh.

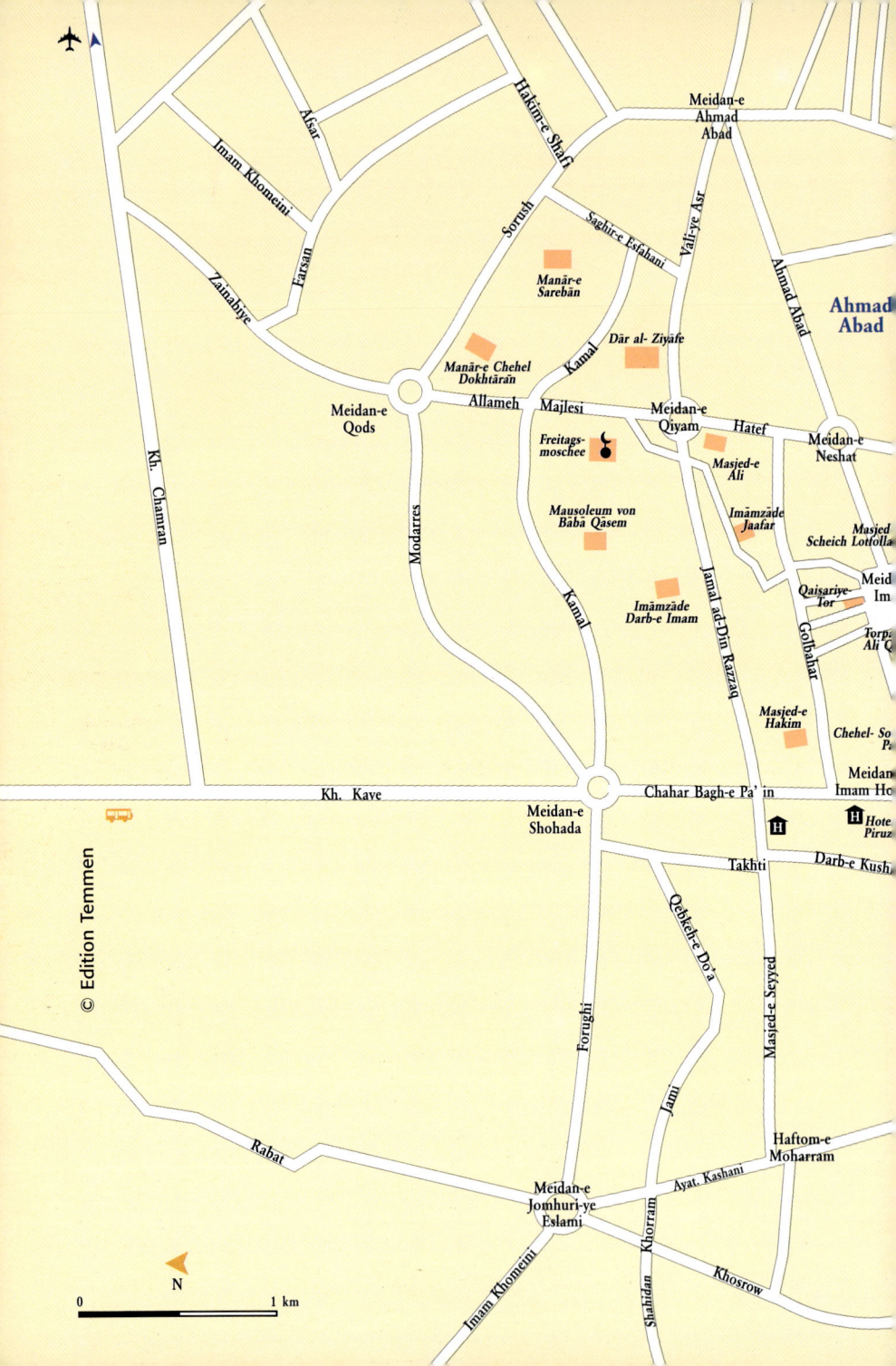

zu einer hypostylen Moschee erweitert worden, deren ursprüngliche Form sich noch im Grundriß erkennen läßt.

Im Jahr 1072 gab dann der seldschukische Wesir Nizâm al-Mulk den Bau einer großen **Ziegelkuppel** von 15 m Durchmesser in Auftrag, die auf den alten Stützen errichtet wurde. Nördlich davon ließ Tâj al-Mulk, der politische Rivale Nizâm al-Mulks, im Jahr 1088 einen weiteren Kuppelraum, den **Gonbad-e Khâki**, errichten. Die Funktion des ursprünglich isoliert stehenden Baus ist nicht bekannt; möglicherweise handelte es sich um ein Mausoleum oder eine Bibliothek. Beide Kuppelbauten zeichnen sich durch wunderschöne Ziegeldekorationen aus.

Durch ein von den Assassinen im Jahr 1121 gelegtes Feuer wurde die ursprüngliche Moschee zerstört; nur die beiden aus gebrannten Ziegeln errichteten Kuppelbauten blieben erhalten. Wahrscheinlich noch in der 1. Hälfte des 12. Jh. wurde die Moschee erneuert und mit einem 55 x 65 m großen Hof sowie vier Iwanen ausgestattet – damit zählt die Freitagsmoschee zu den ältesten bekannten Vier-Iwan-Moscheen Irans. Zudem wurden zwischen dem 12. und 14. Jh. mehrere schöne, vollständig aus Ziegeln erbaute Pfeilerhallen hinzugefügt. Der Hof ist von doppelstöckigen Arkaden gesäumt, die vollständig mit größtenteils aus dem 15. Jh. datierenden Mosaikfayencen verziert sind. In der Mitte befindet sich ein marmornes Wasserbassin. Der von zwei Minaretten flankierte **Südiwan** ist im Innern mit großen Nischen ausgestattet, die in timuridischer Zeit mit einfachen geometrischen Motiven geschmückt wurden. Die Inschriften und Fliesen des Bogens stammen dagegen aus dem 16. und 17. Jh. Hinter dem Südiwan schließt sich der von Nizâm al-Mulk erbaute Mihrabsaal an, der mit einer schlichten Ziegelkuppel bedeckt ist. Der Mihrab selbst wurde im 16. oder

Detail des Mihrab von Oljâitu

17. Jh. hinzugefügt. Hinter dem **Nordiwan**, der Verzierungen aus seldschukischer und späterer Zeit aufweist, erhebt sich der bereits erwähnte, nur 20 m hohe **Gonbad-e Khâki**, der eine der elegantesten Lösungen der Überführung eines quadratischen Grundrisses in eine Kuppel darstellt.

Der seldschukische **Westiwan** besitzt ein kleines Goldaste, von dem der Muezzin zum Gebet ruft. Sein Dekor stammt überwiegend aus safawidischer Zeit. Nördlich des Westiwans schließt sich ein Mihrabsaal an, der den **Mihrab von Oljâitu** aus dem Jahr 1310 beherbergt – er gilt als die schönste erhaltene mongolische Stuckarbeit überhaupt. Seine Inschriften und floralen Motive sind außerordentlich fein und in mehreren Schichten geschnitten. Von seiner früheren Farbenpracht haben sich allerdings kaum Spuren erhalten. Sehenswert ist auch der nebenstehende Minbar aus dem

PROVINZ ISFAHAN ∎∎∎∎∎∎

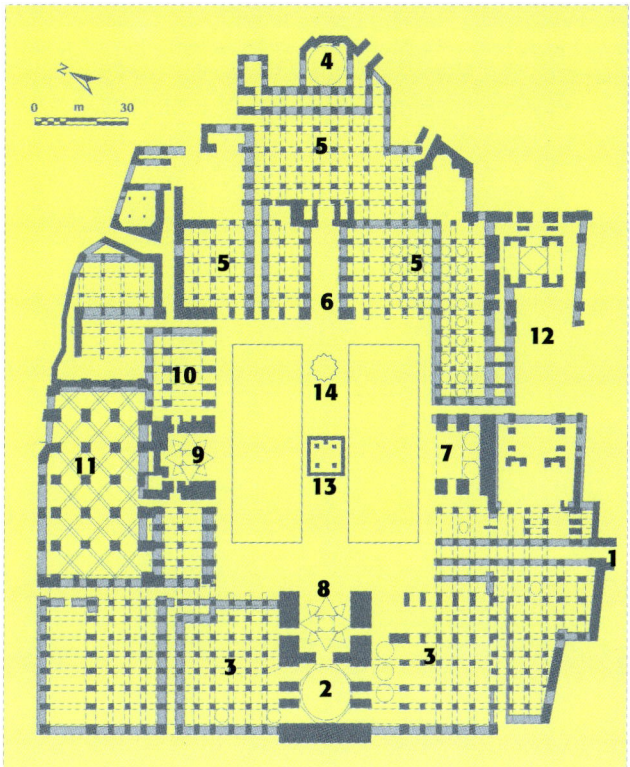

Grundriß der Freitagsmoschee
1 Eingang
2 Südkuppel (Gonbad-e Nizâm al-Mulk)
3 Südliche Säulenhallen
4 Nordkuppel (Gonbad-e Khâki)
5 Nördliche Säulenhallen
6 Nordiwan
7 Ostiwan
8 Südiwan
9 Westiwan
10 Oljâitu-Mihrab
11 Timuridischer Shabestân
12 Ilkhanidische Medrese
13 Reinigungsbecken
14 Wasserbecken

14. Jh. Hinter dem Westiwan entstand um 1447 ein großer **Shabestân**, dessen Dekoration sehr schlicht ist.

Der **Ostiwan** besitzt noch große Teile seines seldschukischen und mongolischen Dekors. Nördlich des Ostiwan wurde im 14. Jh. eine Medrese hinzugefügt.

Nördlich der Freitagsmoschee befindet sich das **Mausoleum von Bâbâ Qâsem**, das in Erinnerung an den persischen Theologen von einem seiner Studenten im Jahr 1340 erbaut wurde. Es wurde im 17. Jh. restauriert und besitzt einen attraktiven, mit Stalaktiten geschmückten Eingangsiwan. Neben dem Mausoleum liegt die Medrese Emâmi, die ebenfalls zu Ehren von Bâbâ Qâsem erbaut wurde. Die sparsam eingesetzten glasierten Fliesen kontrastieren in harmonischer Weise mit der Naturfarbe der Ziegel.

Östlich der Freitagsmoschee sind drei sehr schöne seldschukische Minarette zu besichtigen. Am südlichen Ende der Sorush-Straße steht das **Manâr-e Chehel Dokhtarân**, das »Minarett der 40 Mädchen«, das als das zweitälteste erhaltene Minarett Persiens gilt. Das 29 m hohe Minarett, dessen oberer Abschluß fehlt, ist von

ZENTRAL-IRAN

leicht untersetzter Gestalt. In etwa 2/3 der jetzigen Höhe weist ein rechteckiges Fenster Richtung Mekka. Den Schaft schmücken Kufi- und Naskhi-Inschriften, von denen letztere die wohl ältesten erhaltenen Beispiele überhaupt darstellen. Von der dazugehörigen Moschee ist nichts erhalten.

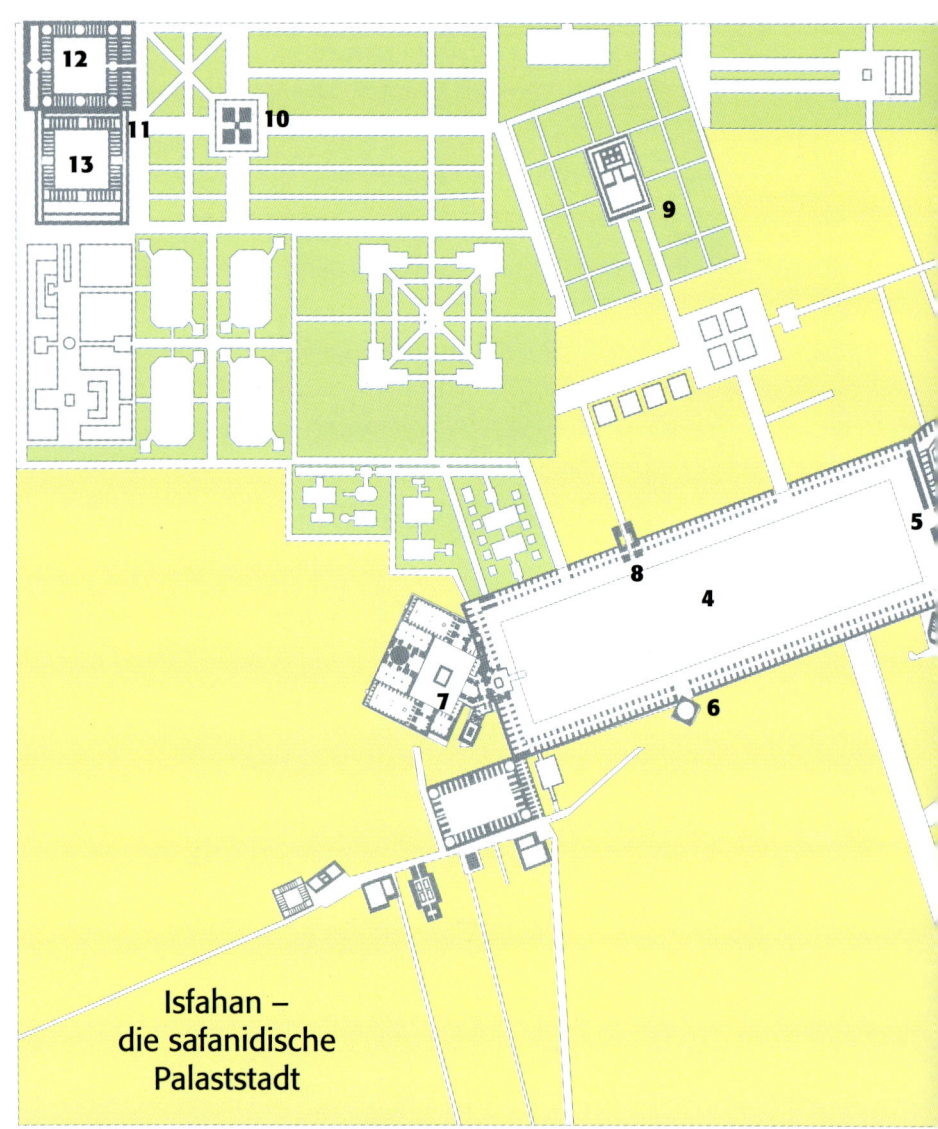

Isfahan – die safanidische Palaststadt

PROVINZ ISFAHAN ■■■■■■

Nördlich der Kamâl-Straße befindet sich das spätseldschukische **Manâr-e Sârbân**, das »Minarett der Kameltreiber«, das wohl schönste Minarett Isfahans. Das zwischen 1130 und 1155 erbaute und fast 45 m hohe Minarett steht isoliert auf einem Platz. Es besitzt Ziegelornamente sowie zwei gefliese Stalaktitengesimse. Die Mo-

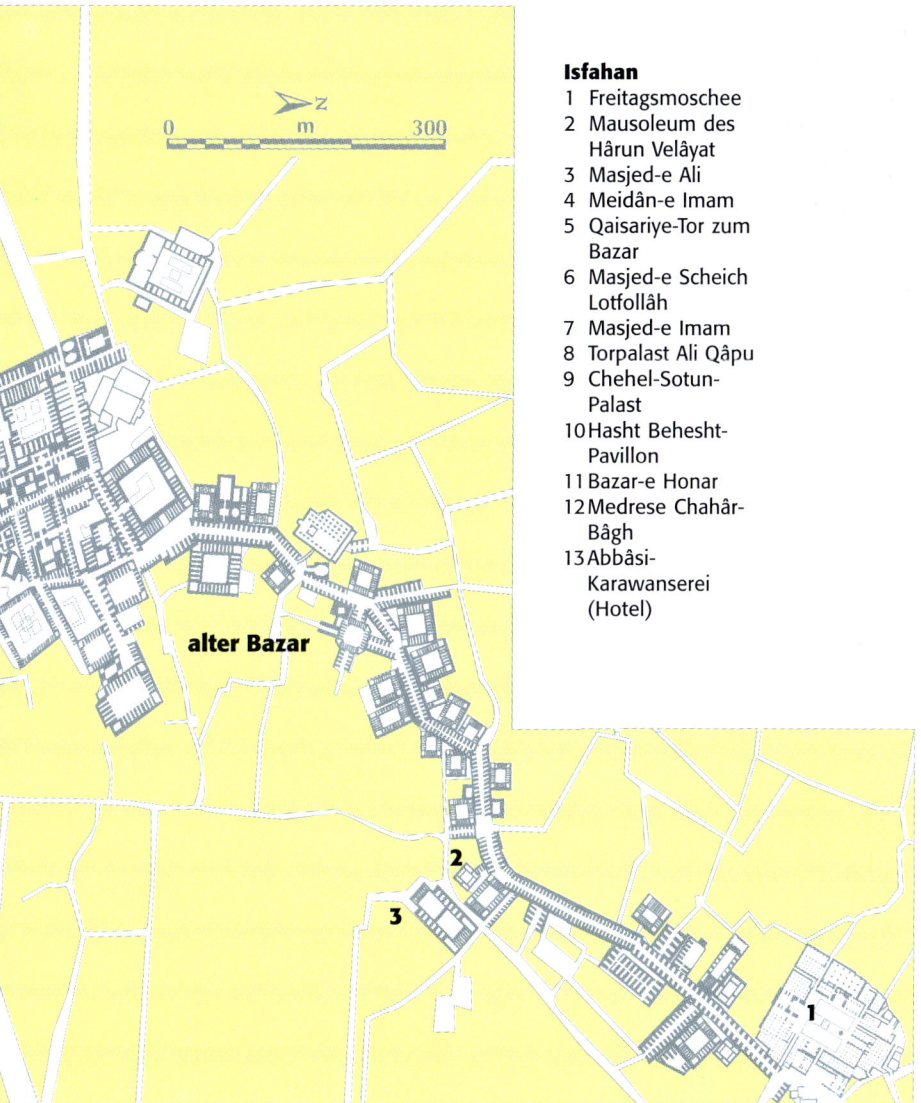

Isfahan
1 Freitagsmoschee
2 Mausoleum des Hârun Velâyat
3 Masjed-e Ali
4 Meidân-e Imam
5 Qaisariye-Tor zum Bazar
6 Masjed-e Scheich Lotfollâh
7 Masjed-e Imam
8 Torpalast Ali Qâpu
9 Chehel-Sotun-Palast
10 Hasht Behesht-Pavillon
11 Bazar-e Honar
12 Medrese Chahâr-Bâgh
13 Abbâsi-Karawanserei (Hotel)

schee, zu der es ursprünglich gehörte, ist heute nicht mehr erhalten. Südlich der Kamâl-Straße steht das Doppelminarett **Dâr al-Ziyâfe**, das einst Teil des Eingangstors einer mongolischen Medrese war.

Im Westen der Freitagsmoschee liegt das **Imâmzâde Darb-e Imam** (»Imam-Tor«). Das 1453 vollendete Bauwerk wurde über den Gräbern der beiden Prophetennachfahren Ebrâhim Bathâ und Zain al-Âbedin erbaut. Berühmt ist das Imâmzâde vor allem aufgrund seines besonders schönen Fliesenmosaiks am Eingangsiwan sowie der beiden Kuppeln, von denen die zweite erst von dem Safawiden-Shâh Soleimân hinzugefügt wurde.

Der Bazar

Von der Freitagsmoschee bis zum südlich gelegenen Meidân-e Imam erstreckt sich der große überdeckte **Bazar**, den Shâh Abbâs I. zu Beginn des 17. Jh. anlegen ließ. Entlang der 1,5 km langen Hauptstraße entstand ein Labyrinth von Gassen, an denen zahlreiche Moscheen, Timches, Karawansereien und Hammams liegen. Der Boden besteht aus Kopfsteinpflaster; die Dächer sind von einer Kette von Kuppeln gekrönt. Im Bazar können nicht nur Teppiche, Schmuck und Kupfererzeugnisse, sondern auch die typischen Isfahaner **bedruckten Baumwollstoffe** erstanden werden.

Südwestlich des Meidân-e Qiyâm erhebt sich das **Mausoleum von Hârun Velâyat**, über dessen Person nichts bekannt ist. Sein Grabbau wurde 1513 unter der Herrschaft Shâh Ismails errichtet. Das in tiefem Ultramarin gefliese Eingangsportal ist ein schönes Beispiel frühsafawidischen Fliesendekors. Die beiden grünen Pfaue im Hauptdreieck des Gewölbes, die auch in der Königsmoschee zu finden sind, symbolisieren die Gärten des Paradieses.

Ganz in der Nähe liegt östlich des Mausoleums die 1521 errichtete **Masjed-e Ali**. Ihr berühmtes Minarett, *Manâr-e Masjed-e Ali*, ist wesentlich älter und stammt wahrscheinlich aus seldschukischer Zeit (12. Jh.). Es ist etwa 50 m hoch, besitzt zwei kleine Rundbalkone sowie eine schlichte Ziegelverzierung.

Weiter östlich im Bazar befindet sich in der Nähe der Hâruniye-Straße das **Imâmzâde Jaafar**. Der kleine oktogonale Grabturm wurde im Jahr 1325 unter den Mongolen zu Ehren des Prophetengefährten Jaafar errichtet. Seine feine blaue und weiße Fliesenverzierung wurde in den 50er Jahren des 20. Jh. erneuert. Ein weiteres Imâmzâde steht östlich der Khiâbân-e Hâtef. Das **Imâmzâde Ismail** wurde 1634 auf den Überresten einer Synagoge errichtet. Das im 19. Jh. restaurierte Gebäude besitzt einen schönen überkuppelten Ziegelsaal, in dem sich heute mehrere Läden befinden. In den westlichen Ausläufern des Bazar befindet sich hinter der Golbahâr-Straße die **Hakim-Moschee**, die im 12. Jh. errichtet und 1654 erneuert wurde. Die Dekoration der Vier-Iwan-Moschee ist schlicht, aber sehr schön. Die obere Arkadenreihe um den Hof ist nie vollendet worden.

Der Meidân-e Imam – der Bauplan der Welt

Eines der großartigsten Zeugnisse safwidischer Baukunst stellt der von doppelstöckigen Arkaden gesäumte **Meidân-e Imam** dar, der frühere *Meidân-e Shâh* (»Königsplatz«). Seine Gestaltung geht im wesentlichen auf Shâh Abbâs I. zurück, der den etwa 500 m langen und 150 m breiten Platz an allen vier Seiten mit zweigeschossigen Arkaden versah. An den Flanken des Platzes gruppierte er – gemäß des Vier-Iwan-Schemas – vier Gebäude: im Norden das Iwan-Tor des Bazareingangs, an den Langseiten den Ali-Qâpu-Palast und die Lotfollâh-Moschee sowie an der südlichen Schmalseite die Königsmoschee. Baumreihen und ein inzwischen zugeschütteter Wasserlauf trennten die Läden in den Arkaden von dem mittleren Platz, der in safwidischer Zeit für Feste, befristete Märkte, öffentliche Hinrichtungen sowie Polospiele genutzt wurde – die steinernen Torpfosten an den Ecken des Platzes sind noch zu sehen. Auch europäische Reisende des 17. Jh. bestaunten den als »Bauplan der Welt« (*Naqsh-e Jahân*) bezeichneten Platz; der Engländer Thomas Herbert rühmt ihn als den »weitläufigsten, elegantesten und aromatischsten Platz auf der ganzen Welt«.

In den Arkadengängen bieten heute Geschäfte Souvenirs und Kunsthandwerk an. In der Mitte des Platzes wurden Grünflächen und ein Wasserbecken angelegt – abends picknicken hier zahlreiche Isfahaner auf mitgebrachten Teppichen und trinken mit dem Samowar zubereiteten Tee.

An der nördlichen Schmalseite des Platzes erhebt sich das **Qaisariye-Tor**, das ebenfalls unter Shâh Abbâs I. errichtet wurde. Der fliesengeschmückte Tor-Iwan fungiert als Eingang in den Qaisariye-Bazar, der nachts verschlossen wird. Den oberen Teil des Iwan zieren Wandmalereien, die u.a. Szenen aus den Schlachten von Shâh Abbâs gegen die Usbeken darstellen.

Im Osten des Meidân-e Imam liegt die kleine, asymmetrische **Masjed-e Scheich Lotfollâh**, die nach dem libanesischen Theologen und Schwiegervater von Shâh Abbâs benannt wurde. Bereits 1602 von Abbâs in Auftrag gegeben und 1619 vollendet, ist sie älter als die Königsmoschee. Da die Moschee ausschließlich von den Angehörigen des Königs genutzt wurde, besitzt sie weder ein Minarett noch einen Hof. Eine weitere architektonische Besonderheit stellt die Achsenverschiebung zwischen Eingangsportal und Kuppel dar, die jede Monumentalwirkung vermeidet. Die auf einem überwiegend blau gefliesten Tambour ruhende Kuppel stellt ein Meisterwerk harmonischer Farbgestaltung dar: Auf dem ok-

Die Kuppel der Imam-Moschee wird gegenwärtig restauriert.

kerfarbenen Grund der matten Lehmziegel verlaufen feine schwarze und blaue Arabesken, die weiß und blau gefüllt sind.

Auch das **Eingangsportal** ist von besonderer Schönheit. Seine gesamte Fassade, einschließlich des Stalaktitengewölbes, ist mit sehr feinem, überwiegend blaugrundigem Fayencemosaik überzogen, das um 1937 restauriert wurde. Der hohe Mauersockel des Iwan ist mit alabasterfarbenem Marmor aus Yazd verkleidet. Gleich hinter dem Eingang befindet sich rechts der Zugang zum Shabestân. Eine weitere Besonderheit der von Mohammad Rezâ ibn Ostâd Hosein errichteten Moschee stellt der abgeknickte Gang zum Mihrabsaal dar. Durch diesen Kunstgriff konnte sowohl die Qibla-Wand nach Mekka (= Südosten) orientiert als auch der Sakralbau harmonisch in den großen Platz eingefügt werden.

Die überwältigende quadratische Gebetshalle von 19 m Seitenlänge ist wie der Gang vollständig mit überwiegend blauen Fliesen geschmückt. Sie wird durch acht Bogen gegliedert, die von türkisfarbenen, spiralig geschnittenen Gesimsen begrenzt sind und Schriftbänder in Weiß auf Kobaltblau aufweisen – sie stammen von Ali Rezâ Abbâsi, dem berühmtesten Kalligraphen der Safawidenzeit, dessen Werk alle größeren Bauten von Shâh Abbâs in Isfahan und Mashhad zieren.

An der Südflanke des Meidân erhebt sich die mit vier Minaretten und einer herrlichen Kuppel geschmückte **Masjed-e Shâh** (»Königsmoschee«), die seit 1979 **Masjed-e Imam** genannt wird. Von Shâh Abbâs 1612 in Auftrag gegeben, konnte sie erst nach seinem Tod fertiggestellt werden (1638). Als erstes wurde im Jahr 1616 der monumentale, etwa 27 m hohe **Eingangsiwan** vollendet, für dessen Dekoration angeblich 500.000 Fayenceplatten verwendet wurden. Zum Dekor der Portalwand zählt ein meisterhaftes Schriftband von Ali Rezâ Abbâsi. Mit besonders schönem Fayencemosaik ist das Stalaktitengewölbe ausgestattet: Die einzelnen Flächen zeigen Blütenkompositionen sowie ein Himmelszelt aus Sternblumen. Flankiert ist der Eingangsiwan von zwei türkisgrundigen Minaretten.

Die architektonische Besonderheit der Königsmoschee besteht darin, daß sie nicht auf der gleichen Achse wie der Eingangsiwan verläuft. Aufgrund der Notwendigkeit, die Qibla-Wand der Moschee nach Mekka auszurichten und den Eingangsiwan harmonisch in den Platz zu integrieren, wurde die Moschee um etwa 45 Grad abgeknickt.

Der zentrale **Innenhof** der Vier-Iwan-Moschee ist mit zweistöckigen Arkaden gesäumt; seine Außenfassaden sind vollständig gefliest. Bei näherer Betrachtung enthüllt sich allerdings, daß der Fliesenschmuck nicht aus kleinen Mosaiken, sondern aus quadratischen, vielfarbig glasierten Fliesen besteht. Da Shâh Abbâs die Fertigstellung der Moschee, die er als sein Meisterstück betrachtete, nicht erwarten konnte, überzogen die Fliesenmeister mit der *Haft-rangi*-Technik in relativ kurzer Zeit die großen Flächen. Nur die wichtigsten Stellen der Moschee um den Mihrab sowie den Haupteingang erhielten eine kleinteilige Mosaikverkleidung.

Besonders beeindruckend sind der **Südiwan** sowie der dahinterliegende überkuppelte Gebetssaal. Die Außenfassaden des Südiwan sind mit weißen und goldenen Arabesken auf blauem Grund dekoriert, während die beiden ihn flankierenden Minarette überwiegend türkis sind. Ein Meisterwerk safawidischer Baukunst stellt die von dem Architekten Ostâd (Meister) Ali Akbar Esfahâni entworfene zweischalige **Kuppel** dar. Im Unterschied zur Lotfollâh-Moschee, bei der beide Kuppeln parallel zueinander gesetzt wurden und auf gleicher Höhe beginnen, hat der Architekt hier zwei völlig unterschiedliche Kuppeln gebaut: Während die Außenkuppel 52 m hoch ist, erreicht die Decke des Mihrabsaals nur 38 m. In Form einer Zwiebel erhebt sich die mit weißen und goldenen Ranken auf türkisem Grund geschmückte Außenkuppel über den schriftumzogenen Tambour. Von ihrer Vollkommenheit schwärmte auch Sâdeq Hedâyat, der große persische Schriftsteller des 20. Jh.: »Ihre blaue Kuppel kämpft mit dem Ultramarin des Himmels, und jemandem, der sie zum ersten Mal sieht, kommt sie vor wie ein Wunder, eine unfaßbare Zauberei.« Noch ein anderer Künstler dieses Jahrhunderts war von dem blauen Dekor der Königsmoschee

Grundriß der Imam-Moschee
1. Eingangsiwan mit Minaretten
2. Nordiwan
3. Ostiwan
4. Westiwan
5. Südiwan
6. Gebetshalle
7. Säulenhallen
8. Medresen

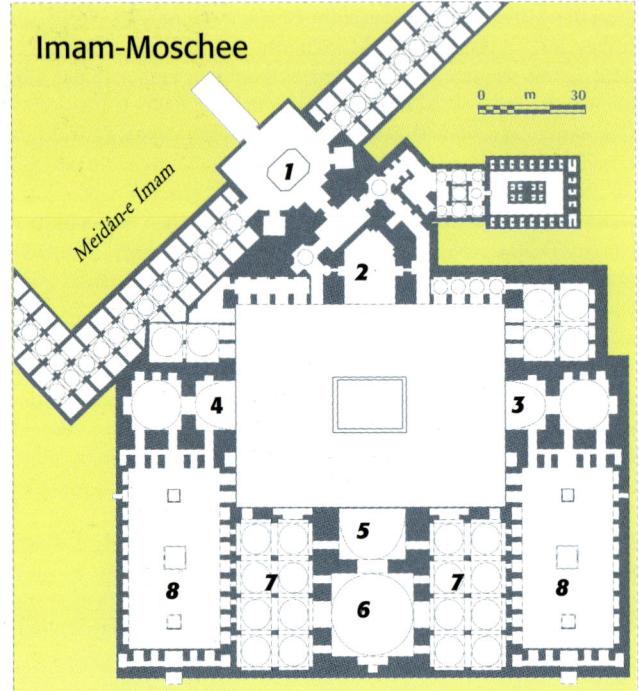

fasziniert: Der italienische Filmregisseur Pier Paolo Pasolini drehte hier 1974 einige Szenen für seinen Film *Erotische Geschichten aus 1001 Nacht.*

Die Dekoration im Innern der Kuppel ist ebenfalls sehr elegant und wiederholt das gleiche Blau, Weiß und Gold. Mihrab und Minbar sind beide aus Marmor. An beiden Seiten der Gebetshalle schließen sich zwei rechteckige, mit jeweils acht Kuppeln gedeckte Gebetsräume an, die mit Ausnahme der Pfeiler gleichfalls mit glasierten Fliesen verziert sind.

Über dem **Westiwan** erhebt sich ein Goldaste aus Holz mit einem Pyramidendach; von hier ruft der Muezzin zum Gebet. Die Flächen zwischen Iwan-Bogen und dem abschließenden Rahmen sind besonders prachtvoll ausgeschmückt.

Die östliche und westliche Wand des zentralen Hofes sind strikt symmetrisch; hinter jedem Iwan befindet sich ein kleiner Gebetsraum. Zudem öffnen sich die Arkaden im Süden an jeder Seite in eine Medrese, die jeweils einen rechteckigen, von den Wohnräumen der Studenten umgebenen Hof aufweist. Wie im zentralen Hof sind die Außenfassaden vollständig mit glasierten Fliesen geschmückt.

PROVINZ ISFAHAN ▪▪▪▪▪▪▪

Gegenüber der Lotfollâh-Moschee erhebt sich im Westen des Meidân der **Torpalast Ali Qâpu** (»Hohe Pforte«). Ursprünglich ein zweigeschossiger timuridischer Palast wurde er von Shâh Abbâs zum monumentalen Zugang des dahintergelegenen Palastkomplexes erweitert. Der in die Platzarkaden integrierte, fast 70 m hohe Bau diente darüber hinaus als Sitz der Verwaltung sowie als Empfangssaal für in- und ausländische Staatsgäste. Dabei fungierte der erhöhte hölzerne Talar mit seinem dem Meidân zugewandten Iwan und seinen zierlichen 18 Holzsäulen im Sommer als Thronraum und Tribüne bei militärischen Paraden und Polo-Spielen – auch heute hat man von hier einen schönen Blick über den Platz.

Die drei Haupt- und zwei Zwischengeschosse sind über schmale Treppen und niedrige Türen zu erreichen. Die weitläufigen Räume sind heute leer; doch die Wände zeigen noch den ursprünglichen Fliesendekor sowie die zahlreichen, zum Teil verblichenen Fresken. Im fünften Stock befand sich das Musikzimmer, dessen kleine Gipsnischen in den Wänden für eine ausgezeichnete Akustik sorgten. Die Umrisse der unterschiedlich geformten Flaschen und Flacons sind zu sehr schönen Motiven zusammengesetzt.

Chehel-Sotun-Palast

Die Chahâr-Bâgh-Anlage

Die breite gepflasterte **Chahâr-Bâgh-(»Vier-Gärten«)-Prachtstraße** verband einst die nördlich gelegenen königlichen Gartenanlagen mit der Armenierstadt Jolfâ auf dem Südufer des Zâyande-Rud. Die von Nord nach Süd verlaufende Allee war mit Bäumen bepflanzt, und in der Mitte verlief ein kleiner Kanal. Errichtet wurde die Straße von Shâh Abbâs I. um 1600, die meisten Bauwerke entstanden jedoch unter seinen Nachfolgern – erhalten sind noch die Paläste Chehel-Sotun und Hasht-Besht erhalten. Noch heute bildet die Chahâr-Bâgh-Straße die Hauptachse der Stadt; sie ist eine der größten Einkaufsstraßen Isfahans mit Teehäusern, Kinos, Bekleidungs- und Antiquitätengeschäften.

Zwischen der Prachtstraße und dem Ali Qâpu-Torbau liegt in einer großen Gartenanlage der **Chehel-Sotun-Palast**; sein Eingang befindet sich an der Khiâbân-e Sepâh. Möglicherweise von Shâh

Abbâs I. begonnen, wurde der Palast im Jahr 1647 unter Shâh Abbâs II. vollendet. Nach der Zerstörung durch ein Feuer im Jahr 1706 wurde der als Empfangspalast genutzte Pavillon weitgehend wieder aufgebaut.

Im Osten öffnet sich der Palast in einen Talar mit 20 schmalen Holzsäulen, an den sich ein rechteckiges Wasserbassin sowie eine kleine Iwanhalle anschließen – auch hier zeigt sich die Fähigkeit der persischen Kunst, Innen- und Außenräume harmonisch zu vereinen. Der Name *Chehel Sotun* (»Vierzig Säulen«) bezieht sich vermutlich auf die 20 sich im Wasserbecken spiegelnden Säulen – wobei die Zahl 40 auch allgemein eine große, nicht näher spezifizierte Menge bedeuten kann (wie beispielsweise beim Manâr-e Chehel Sotun).

Der Talar ist mit einem flachen Holzdach bedeckt, dessen Decke und Traufen mit schönen Motiven bemalt sind. Einst war die gesamte Ostwand hinter dem Talar mit Spiegeln verkleidet, heute sind sie nur noch im östlichen Iwan erhalten. Tatsächlich wurde das Spiegelmosaik, eine ursprünglich europäische Tradition, hier erstmals in Iran angewendet; seither schmücken Spiegelmosaiken in Iran vor allem Heiligtümer und Mausoleen. In den Nord- und Süd-Talaren befinden sich in den flachen Nischen Gemälde im europäischen Stil, die von persischen Arabesken umrahmt sind.

In dem etwa 24 x 11 m messenden, dreikuppeligen Empfangssaal befindet sich heute das **Isfahan-Museum**, das Objekte aus dem 17. und 18. Jh. zeigt. Den Saal schmücken sechs große sasanidische Wandgemälde, die mehrfach restauriert wurden. Über dem Eingang ist die Schlacht Ismails gegen die Usbeken dargestellt, rechts daneben der Kriegszug Nâder Shâhs gegen einen indischen Herrscher. Im Anschluß wird das Bankett gezeigt, das Shâh Abbâs II. für den Herrscher von Turkestan veranstaltete. Auf der gegenüberliegenden Wand lädt Shâh Abbâs I. den turkmenischen Herrscher Vali Mohammad Khân zum Festmahl; in der Mitte kämpft Shâh Ismail gegen die osmanischen Truppen Sultan Soleimâns, während das sechste Wandgemälde den Empfang zeigt, den Shâh Tahmâsp I. dem indischen Prinzen Homâyun bereitete. Unterhalb dieser großflächigen Gemälde sind kleinere Bilder im Stil persischer Miniaturen angebracht, die Garten-, Musik- oder Tanzszenen zeigen.

Südlich des Chehel-Sotun-Palastes liegt im Bâgh-e Bolbol, dem Nachtigallengarten, der spätsafawidische **Pavillon Hasht Behesht** (»Acht Paradiese«). Der Garten wurde jedoch bereits unter Shâh Abbâs I. angelegt; der Pavillon entstand erst 1669 unter Shâh Soleimân und wurde später unter den Qajaren- und Pahlavi-Herrschern restauriert. Der zweigeschossige Ziegelbau, in dessen Mitte sich ein Wasserbassin befindet, besitzt eine zentrale oktogonale

Isfahan-Museum, Tägl. 8.30–13, 15–19 Uhr.

Eine Audienz beim Schah in Isfahan

Im Jahr 1638 besuchte der Persienreisende **Adam Olearius** als Mitglied einer Gesandtschaft die Königsstadt Isfahan. In seinem Reisebericht schildert er minutiös seine Erlebnisse, beginnend mit dem pompösen Einzug in die Stadt: »Etliche Pfeilschüsse vor der Stadt kam uns ein fürnehmer königlicher Bedienter namens Isakhanbek, von zweihundert Reitern begleitet, entgegen und empfing uns freundlich. Mit ihm kamen auch zwei armenische große Herren, die Brüder Sefeasbek und Eilasbek, von denen der ältere ein Kommandant über die fürnehmsten Armenier. In deren Geleit ritten wir zur Stadt ... Wir wurden durch die Stadt, durch sehr viele Gassen, in welchen das Volk, um uns zu sehen, häufig oben auf den Häusern lag, und über den Meidân am königlichen Palast vorbeigeführt und in der Vorstadt Tzulfa (Jolfâ), welche von den reichsten armenischen Kaufleuten bewohnt wird, einquartiert.«

Zwei Wochen später erfolgte die Audienz bei Shâh Safi I. (reg. 1629-1642), bei der eine Vielzahl von Geschenken ausgetauscht wurde und ein opulentes Mahl stattfand: »Das Pflaster war mit sehr köstlichen Teppichen belegt, in der Mitte des Palastes ein viereckiger Brunnen, in welchem allerhand Blumen, Zitronen, Pomeranzen, Granatfrüchte, Äpfel und andere Früchte schwammen. Sehr viele goldene und gläserne Weinflaschen mit langen, schmalen Hälsen, welche alle entweder oben mit schönen Reuchelbüschen besteckt oder am Halse mit Kränzen belegt und geziert waren, standen umher. Hinter dem Brunnen an der Wand saß der König auf der Erde auf einem seidenen Kissen und hatte die Beine wie andere gemeine Perser übereinandergeschlagen; er war ein Herr von siebenundzwanzig Jahren, wohlgestaltet, weiß und frisch von Angesicht, hatte, wie die Perser fast alle, eine Habichtsnase und einen kleinen schwarzen Knelbart, jedoch nicht wie die andern Perser herunterhängend. Seine Kleidung, so von Goldstoff, war auch von der üblichen Art nicht unterschieden, außer daß er auf dem Mendil oder Kopfbund ein schönes Kleinod mit einer Kranichsfeder trug ...

Mittlerweile wurde die Tafel, welche der ganze Saal war, für alle Gäste mit Confect und Obst besetzt, in lauter großen goldenen Gefäßen, eines neben und bisweilen auf das andere; dazwischen wurden über dreihundert Sück dicke, goldene Flaschen, so leer und nur zum Zierat dastanden, gesetzt, daß man, wo man sich hinwendete, nichts als lauter Gold blinken sah, und zwar alles ganz schlicht und glatt, ohne erhabene oder gegrabene Arbeit, ausgenommen des Königs Trinkgeschirr, nämlich die Surahi und Piali, Weinflasche und Schale, welche überall mit Türkisen und Rubinen besetzt waren. Es wurde beim Genuß der Früchte vom guten Schirazer Wein etlichemal herumgetrunken. Mittlerweile trat einer auf und machte aus der Gaukeltasche allerhand behende und lustige Possen ... Nach einer guten Stunde wurde das Confect abgenommen, die Tafel zur richtigen Mahlzeit bereitet und Tafeltücher von Goldstoff aufgelegt ...

Der königliche Suffretzi oder Vorschneider setzte sich mit den Speisen mitten auf die Tafel oder Saal, zerteilte und legte dieselben in viele Schüsseln; setzte zuerst dem König, hernach den Gesandten und andern Herren nach der Ordnung vor ... Nach gehabter öffentlicher Audienz kamen unterschiedliche Nationen, die in Isfahan sich aufhielten, wie Engelländer, Portugiesen, Italiener und Franzosen, uns zu sprechen. Wir machten so gute Kundschaft untereinander, daß wir hernach, solange wir in Isfahan lagen, einer den andern in guter Freundschaft des öfteren besuchten.«

Olearius, 1959, S. 335-356

Kuppelhalle. Zum Garten hin öffnen sich vier Iwane, die durch quadratische oder rechteckige Räume vertieft werden. Alle Außen- und Innenflächen waren ursprünglich reich verziert. Sehenswert ist neben Wandmalereien und Spiegelmosaiken vor allem das Stalaktitengewölbe der Innenkuppel, dessen ursprüngliche Lackverzierung aus Gold, Rot und Blau noch erhalten ist. Wie beim Chehel-Sotun-Palast umgab das Gebäude einst ein schmaler, mit Springbrunnen versehener Kanal.

Südlich des Hasht-Behesht-Pavillons liegt zwischen den beiden Straßen Chahâr-Bâgh und Shahid-Ayatollah-Madani ein von der Mutter Shâh Hoseins in Auftrag gegebener Gebäudekomplex, der zwischen 1704 und 1714 errichtet wurde. Er umfaßt eine Medrese, eine Karawanserei sowie einen Bazar: Der **Bazar-e Honar** (»Kunstbazar«), auch *Bazar-e Boland* (»Langer Bazar«) genannt, besteht aus einer einzigen, langgestreckten Straße. Südlich schließen sich die Karawanserei sowie die **Medrese Chahâr Bâgh** an, die früher nach ihrer Stifterin *Madrase-ye Madar-e Shâh* genannt wurde. Das außerordentlich schöne Bauwerk verkörpert die letzte Blütezeit der Vier-Iwan-Medrese.

Das reich mit einem überaus kleinteiligen Fayencemosaik verzierte Eingangstor an der Chahâr-Bâgh-Straße hebt sich kontrastreich von den einfachen Außenfassaden des Gebäudes ab. Seine Holztüren sind mit halbvergoldeten Silberplatten bedeckt, die florale Motive und Inschriften zieren. Auf den Torbau folgt eine überkuppelte und reich mit blauen und weißen Fliesen geschmückte Vorhalle, die einen Goldaste aus Holz besitzt. Die Halle führt in den großen, mit hohen Bäumen bepflanzten Innenhof der Medrese, in dessen Mitte ein marmornes Wasserbassin liegt. Alle Seiten des Hofes sind mit doppelläufigen Arkaden versehen, hinter denen sich die Wohnräume der Studenten und Lehrenden befinden; die Fassaden des Hofes sind mit Fliesenschmuck reich verziert. An den zentralen Hof schließen sich weitere Gebäudeteile an, die sich um kleine Höfe gruppieren.

Im Nord- und Ostiwan liegen die Unterrichtsräume, die mit floralen Mustern und Inschriften geschmückt sind. Der Südiwan ist überaus prächtig verziert. Zwei kleine Minarette stehen zu seinen Seiten. Dahinter erhebt sich der Gebetssaal, dessen türkisgrundige Kuppel an die der Königsmoschee erinnert. In kufischen Lettern wird am Tambour wiederum Gott gepriesen. Im Innern ist die Kuppel reich mit Arabesken geschmückt. Neben dem Mihrab befindet sich ein sehr feiner Minbar, der aus einem einzigen Marmorblock geschnitten wurde.

Gegenwärtig fungiert die Medrese als theologische Hochschule; der Besuch ist daher auf die Eingangshalle beschränkt. In der Vergangenheit wurde die Medrese finanziert durch die Einnahmen

PROVINZ ISFAHAN

der nahegelegenen **Abbâsi-Karawanserei**, auch Khân-e Mâdar-e Shâh genannt. Unter Mohammad Rezâ wurde sie restauriert und in ein luxuriöses Hotel, das Shâh-Abbâs-Hotel (seit 1979 Abbasi-Hotel) umgewandelt – das wohl schönste Hotel Irans. Die ehemalige Karawanserei ist wie die Chahâr Bâgh-Medrese eine Vier-Iwan-Anlage, um deren quadratischen Innenhof sich in zwei Geschossen die Gastzimmer gruppieren. Auch wer sich die Übernachtung im Abbasi-Hotel nicht leisten kann, sollte den Innenhof besuchen: Im Nordiwan wurde ein traditionelles Teehaus eingerichtet, von wo man den Blick über den üppig bepflanzten und von einem kleinen Kanal durchzogenen Hof schweifen lassen kann.

Isfahans Brücken

Der bis zu 300 m breite **Zâyande-Rud** trennt Isfahan von seinen südlich gelegenen Vorstädten. Daß er seinen Namen, der »Erzeuger« oder »Lebensspender« zu Recht trägt, zeigen die grünen Gärten Isfahans. Etwa 100 km östlich der Stadt versickert der »Lebensspender« jedoch in dem Salzsee Bâtlâq-e Gâvkhuni, dem »Sumpf der blutigen Kuh«.

Neben den modernen Brücken überqueren den Zâyande-Rud mehrere historische Bogenbrücken, die jede für sich eine Meisterleistung der mittelalterlichen Ingenieure darstellt. In östlicher Richtung erstreckt sich heute am Südufer des Zâyande-Rud über 18 km eine ausgedehnte Grünanlage, so daß man die Besichtigung der Brücken mit einem schönen Spaziergang verbinden kann – eine Initiative des damaligen Bürgermeisters Kârbaschi. Am Ufer des Flusses kann man Paddel- oder Tretboote mieten.

In Verlängerung der Chahâr-Bâgh-Straße steht die **Allâh-Verdi-Khân-Brücke**, die nach ihrem Erbauer, einem General und Minister unter Shâh Abbâs I., benannt wurde. Aufgrund ihrer unteren 33 Bögen ist sie auch als **Si-o-Se Pol** (»33-Bogen-Brücke«) bekannt. Darüber weist die 1602 errichtete Brücke eine zweite Arkadenreihe auf. Mit etwa 295 m ist sie die längste Brücke Isfahans. Sie verband einst die königlichen Palastanlagen mit dem Armenierviertel Neu-Jolfâ. Am Südende lädt ein kleines *Châi-khâne* zum Genuß von Tee und Wasserpfeife ein.

Die **Pol-e Jubi**, die »Kanal-Brücke«, wurde 1665 als Aquädukt erbaut, das die nördlich gelegenen Gärten mit Wasser versorgte. Die heute als Fußgängerüberweg dienende Brücke ist 147 m lang und besitzt 21 Arkadenbögen.

Die schönste Brücke Isfahans ist die **Pol-e Khâju**, die von ihrer Bauweise der älteren Si-o-Se-Pol ähnelt. Die 132 m lange Brücke wurde um 1650 von Shâh Abbâs II. errichtet und überspannt den Fluß mit 23 Bögen. Die Gleichförmigkeit der doppelläufigen Bögen wird durch die mit Iwanen versehene Pavillons in der Mitte

Folgende Doppelseite:
Die Pol-e Khâju mit Pavillonbauten

und an den Enden der Brücke aufgelockert. Einen Blick auf den Fluß kann man durch die breiten tonnengewölbten Nischen zu beiden Seiten der Brücke werfen. Die breiten Steinstufen, die zum Wasser hinunterführen, sind nachmittags und abends ein beliebter Treffpunkt. In der Vergangenheit fungierte die Khâju-Brücke auch als Staudamm und Bewässerungsanlage; die Schleusentore sind zwischen den Brückenpfeilern angebracht.

Die älteste Brücke Isfahans, die **Pol-e Shahrestân**, lag bis vor kurzem noch außerhalb der Stadt. Ihr Name bezieht sich auf das alte, nördlich gelegene Stadtviertel Shahrestân. Die Fundamente der schlichten Zehn-Bogen-Brücke sind möglicherweise sasanidisch, doch wurde die Brücke in buyidischer und seldschukischer Zeit mehrfach erneuert. Den aus dem Süden Irans kommenden Karawanen diente sie als Zugang zur Stadt, weshalb an ihrem nördlichen Ende ein Wehrturm errichtet wurde.

Das armenische Stadtviertel Jolfâ

Südlich des Zâyande-Rud errichtete Shâh Abbâs I. im Jahr 1603 eine Siedlung, in der er armenische Christen aus der aserbeidschanischen Stadt Jolfâ ansiedelte. Mit der Zwangsumsiedlung wollte er Isfahan zum Zentrum des internationalen Seidenhandels machen, der damals von den Armeniern Jolfâs kontrolliert wurde. Tatsächlich entwickelte sich **Neu-Jolfâ**, wie die Armenier ihre Stadt nannten, bald zu einem bedeutenden Handelszentrum – auch aufgrund der traditionellen Handelsbeziehungen der Armenier mit dem mediterranen Europa, mit Rußland und Zentralasien. Zudem profitierte Neu-Jolfâ von seiner Lage im Süden Isfahans, da hier alle aus dem Süden Irans kommenden Karawanen durchziehen mußten.

Den etwa 30.000 Armeniern räumte Abbâs weitgehende Autonomie, niedrige Steuern sowie Religionsfreiheit ein; bald entstanden mehrere Kirchen, eine Kathedrale sowie ein Konvent. Den Muslimen wurde es demgegenüber verboten, sich in der neuen Stadt anzusiedeln. Die ersten 100 Jahre prosperierte Jolfâ – europäische Besucher berichten von den überaus luxuriösen Häusern der armenischen Kaufleute. Bald ließen sich auch katholische Missionare aus Portugal und seit 1653 Jesuiten in Jolfâ nieder. Im 18. Jh. verschlechterte sich die Situation der armenischen Gemeinde jedoch infolge der hohen Steuern; unter der Regierung Shâh Hoseins kam es sogar zu Verfolgungen und der Beschlagnahmung armenischer Besitztümer.

Heute ist Jolfâ ein ruhiger Vorort Isfahans, der durch städtebauliche Modernisierungen viel von seinem ursprünglichen Charakter verloren hat. Um die frühere Bedeutung der armenischen Gemeinde nachvollziehen zu können, empfiehlt sich der Besuch der **Vank-**

PROVINZ ISFAHAN

Vank-Kathedrale in Jolfâ, in der Mitte der Glockenturm

Kathedrale (*Kelisâ-ye Vank*), die in einer Seitengasse (*Kuche-ye Kelisâ*) der Nazar-e Sharqi-Straße liegt. Erbaut wurde die größte von insgesamt 13 armenischen Kirchen Isfahans zwischen 1606 und 1655. Der von hohen Mauern umgebene Sakralbau weist interessante Parallelen zu islamischen Bauwerken auf. Wie eine Moschee ist die Kathedrale mit einer Kuppel bedeckt, der quadratische, nach allen Seiten offene Glockenturm steht isoliert neben ihr. Die im 20. Jh. erneuerten Außenfassaden weisen zudem in der Spitze zusammenlaufende Bogennischen auf.

Auch in der Dekoration im Innern der Kathedrale zeigt sich die gemeinsame Bautradition, so in der etwa 1,80 m hohen Alabasterumrandung sowie im blauen und gelben Fliesenschmuck mit floralen Motiven. Vor dem quadratischen Altarraum verläuft ein Fliesenband, das wie ein Gebetsteppich die Mihrab-Form wiedergibt. Das Kuppelinnere ist mit eleganten blauen und goldenen Mustern im persischen Stil bemalt. Im Gegensatz zu den lichten, offenen Räumen der Isfahaner Moscheen wirkt das Innere jedoch düster: Zahlreiche, in dunklen Farben gehaltene Fresken zieren die Wände. Die Fresken zeigen Szenen des Alten und Neuen Testaments sowie das Martyrium des heiligen Gregor, des Missionars Armeniens (3./4. Jh.).

Gegenüber der Kathedrale befindet sich ein **Museum**, das auf zwei Stockwerken zahlreiche Objekte des armenischen Gemeindelebens zeigt, darunter Bibelhandschriften, Kleidung aus safawidischer Zeit, Gobelins und Weihrauchgefäße. Sehenswert ist darüber hinaus die aus dem 17. Jh. datierende **Betlehem-Kirche** (*Kelisâ-ye Betlehem*) in der Nazar-e Sharqi-Straße (nahe der Haft-e Tir-Straße).

Ausflüge in und um Isfahan

Im Süden Isfahans befindet sich an der Âzâdgân-Straße das **Mausoleum von Bâbâ Rokn ad-Din**. Es wurde im Jahr 1629 von Shâh Abbâs I. zu Ehren des im 14. Jh. verstorbenen Theologen errichtet und besitzt ein zehnseitiges konisches Dach; weite Teile der ursprünglichen Fliesendekoration sind heute zerstört.

In den westlichen Vororten Isfahans, an der Hauptstraße Richtung Najaf Âbâd und Hamadân, liegt das **Mausoleum von Amu Abdollâh**. In dem aus dem 14. Jh. datierenden, kleinen Grabbau wurde der 1338 verstorbene Sufi-Scheich Amu Abdollâh Soqlâ beigesetzt. Auf dem sehr hohen und breiten Eingangsportal wurden im 18. Jh. zwei Minarette errichtet, die als **Manâr Jonbân**, die »schwingenden Minarette«, Berühmtheit erlangten: Wenn man eines von ihnen durch heftiges Ruckeln von innen zum Schwingen bringt, schwingt das andere jeweils mit.

Schwingende Minarette
Tägl. 8–17 Uhr.

Eines der schwingenden Minarette

Wenige Kilometer weiter westlich erheben sich auf einem etwa 100 m hohen Hügel Ruinen, die vermutlich die Überreste eines sasanidischen **zoroastrischen Feuertempels** (*Âtashgâh*) darstellen. Der mühsame Aufstieg lohnt sich auch wegen der Sicht auf Isfahan; die steilen und rutschigen Wege erfordern allerdings festes Schuhwerk. Auf der Spitze des Hügels steht ein aus Lehmziegeln errichteter Rundbau. Er besitzt acht bogenförmige Öffnungen und war wahrscheinlich einst überkuppelt. An der von der Hauptstraße abgewandten Nordseite des Hügels befinden sich die Überreste von Lehmziegelmauern sowie mehreren Terrassenanlagen.

Südlich des Zâyande-Rud ist im Stadtteil Saadat Âbâd ein jahrhundertealter, riesiger **Taubenrundtempel** zu bewundern, der heute unter Denkmalschutz steht. Auch um das etwa 10 km östlich von Isfahan gelegene Dorf Gavart haben sich zahlreiche Taubentürme erhalten. Die immense Größe dieser Türme hat einen pragmatischen Grund: Tauben waren und

sind ein exzellenter Düngemittellieferant – jede Taube produziert im Jahr etwa 2,5 kg Dung.
Richtung Schiraz liegt der kleine, sehr malerische Ort **Izad-Khâst**. Oberhalb des modernen Dorfes, das sich entlang eines Hügels erstreckt, sind die Überreste einer mittelalterlichen befestigten Siedlung mit einer Burg zu sehen. Im Tal befindet sich eine aus safawidischer Zeit stammende Karawanserei, die als Vier-Iwan-Anlage erbaut wurde.

Kâshân

Etwa 200 km von Isfahan und 260 km von Teheran entfernt liegt am Fuß des bis zu 3600 m aufsteigenden Kuh Rud die Oasenstadt Kâshân (995 m). Dank der intensiven Bewässerung durch Qanate und Quellen gedeihen hier u.a. vorzügliche Feigen und Melonen. Berühmt ist Kâshân auch für seine tierischen Bewohner: In der Umgebung der Stadt tummeln sich besonders viele große, schwarze Skorpione, denen das wüstenhafte Klima mit seinen heißen Sommern und milden Wintern augenscheinlich gut bekommt.

Kâshân ist gut mit Bus oder Bahn zu erreichen; der Bahnhof liegt im Nordosten der Stadt, in Fußnähe zum Zentrum.

Geschichte

Wahrscheinlich eine sasanidische Gründung, prosperierte Kâshân erstmals in seldschukischer Zeit, als die Stadt für ihre keramischen Werkstätten berühmt wurde – die Bezeichnung *Kâshi* für glasierte Fliesen rührt von ihrem Namen. Bis ins 18. Jh. war Kâshân zudem als Produktionsstätte wertvoller Textilien wie Teppiche, Seiden-, Samt- und Brokatstoffe bekannt.
Seine höchste Blüte erlebte Kâshân unter dem Safawiden-Shâh Abbâs I., der die drei Tagereisen von Isfahan entfernt liegende Stadt mit Palästen und Gärten ausstattete. In jener Zeit war Kâshân mit einer Doppelmauer und fünf Stadttoren befestigt. Der Franzose Chardin, der im Jahr 1673 die Stadt besuchte, berichtet von über 6000 Häusern, 40 Moscheen und drei Koranschulen.
Im 18. Jh. führten die afghanische Belagerung, hohe Steuern unter Nâder Shâh sowie Erdbeben zum Verfall Kâshâns. Obwohl Karim Khân Zand die zerstörte Stadt wieder aufbauen ließ, zählte sie noch im Jahr 1866 weniger als 6000 Einwohner. Erst nach dem Zweiten Weltkrieg erholte sich Kâshân. Wichtigster Wirtschaftsfaktor ist noch heute die Teppichknüpferei – der meist mit Seide verfeinerte *Kâshân* gehört zu den wertvollsten iranischen Knüpferzeugnissen.

Besichtigung

Das Grab von Shâh Abbâs I., dem safawidischen Förderer Kâshâns, befindet sich in der Krypta der **Grabmoschee Habib ibn Musâ**.

Die aus dem 13. Jh. datierende Grabstätte, in der zunächst nur Habib ibn Musâ, ein Vorfahr von Abbâs, bestattet war, wurde in safawidischer Zeit erweitert und mit Fliesen und Wandmalereien ausgeschmückt. Der etwa 2 m lange und 50 cm hohe Grabstein von Abbâs besteht aus poliertem schwarzen Stein. Die Grabmoschee befindet sich in der Zeyârat-Habib-Straße, einer Querstraße der Khiâbân-e Imam-Khomeini.

In westlicher Richtung liegt inmitten des alten Stadtzentrums der attraktive überdachte **Bazar**, dessen Hauptstraße parallel zur Fâzel-Naraqi-Straße verläuft. Zu den historisch interessanten Gebäuden gehören zahlreiche Timches, die überkuppelte Dächer und Wandmalereien besitzen. Im Nordosten des Bazar liegt die aus dem 15. Jh. datierende **Mir Emâd-Moschee**, auch **Meidân-Moschee** genannt, deren Eingangsiwan mehrfach restauriert wurde. Ein sehr schöner, aus dem Jahr 1226 stammender Lüster-Mihrab, der in die Meidân-Moschee integriert war, befindet sich heute in den Staatlichen Museen zu Berlin.

Westlich der Meidân-Moschee liegt der aus dem 19. Jh. datierende **Hammam-e Khân**, der heute als Teehaus dient. Benannt wurde er nach dem Qajaren-Gouverneur Abd al-Razzaq Khân. In der Nähe befindet sich das gleichfalls in qajarischer Zeit erbaute **Amin ad-Dowla-Timche**, ein dreistöckiger Büro- und Lagerkomplex, der sich um einen überdachten, fliesenverzierten Innenhof gruppiert. Weiter westlich liegt nahe des Goldbazar die qajarische **Medrese Imam Khomeini**. Die frühere Medrese *Soltâni* wurde unter Fath Ali Shâh errichtet; sie besitzt einen gefliesten Eingangsiwan sowie einen von Wohnzellen gesäumten Innenhof mit einem Wasserbecken in der Mitte.

Nördlich des Bazar liegt die **Freitagsmoschee**, die durch eine Gasse von der Bâbâ-Afzal-Straße zu erreichen ist. Der im 12. Jh. unter den Seldschuken erbaute Sakralbau wurde später mehrfach erneuert. Aus seldschukischer Zeit datiert nur noch der Stuck-Mihrab sowie das isoliert stehende Ziegelminarett.

Südlich des Bazar erhebt sich nahe der Fâzel-Naraqi-Straße die **Moschee und Medrese Âghâ Bozorg**. Der aus dem 19. Jh. datierende, zweistöckige Bau gruppiert sich um einen zentralen Innenhof, der lediglich zwei Iwane aufweist. In seiner Mitte befindet sich ein zweiter, tiefergelegener Hof, der einen Garten mit Bäumen und Wasserbecken besitzt. Hier schließen sich die Unterrichts- und Wohnräume an, während der höhergelegene, von zwei Minaretten flankierte Südiwan als Moschee fungiert. Sowohl die Iwane als auch die Hoffassaden sind mit geometrischen Fliesenmustern in dezenten Gelb-, Blau- und Rottönen verziert, während die Mihrab-Kuppel schlicht ziegelfarben ist. Von den Minaretten hat man einen schönen Blick über die Anlage.

PROVINZ ISFAHAN ■ ■ ■ ■ ■ ■ ■

Rosenwasser

In unwirtlichen, wüstenhaften Bergen liegt rund 30 km südlich von Kâshân ein berühmter **Rosengarten** (pers. *Golestân*). Im nahegelegenen Dorf **Qamsar**, das von Kâshân per Bus zu erreichen ist, werden die süß duftenden Blüten zu Rosenwasser destilliert - **Rosenwasser** ist ein wesentlicher Bestandteil der persischen Küche und ihrer Süßigkeiten und wird überall in Iran in großen Flaschen und Kanistern verkauft. Gepflückt werden die Blüten von Mai bis Ende Juni - eine geschickte Pflückerin erntet in der Stunde etwa 2 kg. Rosen. In großen Wollsäcken werden sie ins Dorf gebracht, wo sich in den Höfen der Lehmhäuser die Blütenberge türmen.

Mit einfachsten Destillationsapparaten wird nun das Rosenwasser hergestellt, das dem ganzen Dorf einen süßen Duft verleiht. In großen, mit Wasser gefüllten Kupferkesseln werden die Blüten über einem Feuer so lange gekocht, bis der Dampf die Duftstoffe löst. Über ein Rohr wird das frische, intensiv duftende Rosenwasser in einer wassergekühlten Kupferkanne aufgefangen. Wenn sich das halbfeste Rosenöl an der Wasseroberfläche sammelt, kann man es leicht abschöpfen.

Im Südwesten Kâshâns liegt das sehenswerte **Borujerdi-Haus** (*Khâne-ye Borujerdihâ*), dessen Eingang über eine Seitengasse der Alavi-Straße zu erreichen ist. Das aus dem 19. Jh. datierende Wohnhaus gehörte einer qajarischen Kaufmannsfamilie. Mit seiner Trennung in einen öffentlichen (*Biruni*) und einen privaten Bereich (*Andaruni*) entspricht es der traditionellen islamischen Wohnhausarchitektur. Während der Biruni vormittags besichtigt werden kann, wird der Andaruni noch als Wohnraum genutzt und ist nicht öffentlich zugänglich. Das zweistöckige Gebäude gruppiert sich um einen baumbestandenen Innenhof, in dessen Mitte ein großes Wasserbecken angelegt ist. Sehr eindrucksvoll ist zudem der sechsseitige Windturm, der als »Klimaanlage« für den großen Empfangsraum fungiert.

Etwa 8 km südwestlich des Zentrums liegt im Vorort Fin einer der berühmtesten Gärten Irans: der **Bâgh-e Tarikhi-ye Fin**, auch *Bâgh-e Shâh* oder *Bâgh-e Amir Kabir* genannt, der wohl bereits in buyidischer und mongolischer Zeit existierte. Er ist von der Amir-Kabir-Straße im Stadtzentrum mit dem Sammeltaxi zu erreichen.

Die zahlreichen Wasserläufe, die den baumbestandenen Park durchziehen, werden durch die nahegelegene Quelle Fin gespeist. Die heutige Anlage geht vor allem auf Abbâs I. zurück. Unter seiner Regie entstand der zweistöckige **Shâh-Abbâs-Palast**, an dem sich noch originale Wandmalereien erhalten haben. Zahlreiche weitere Gebäude wurden unter dem Qajarenherrscher Fath Ali Shâh stark umgestaltet. In einem der beiden Badehäuser, dem **Kleinen Hammam**, wurde im Jahr 1852 der ehrgeizige und reformfreudige Premierminister Amir Kabir von den Schergen des Qajaren-Shâh Nâser ad-Din ermordet – der gruselige rötliche Fleck an der Wand ist seitdem wohl mehrfach erneuert worden.

Rund 4 km südwestlich von Kâshân liegen auf dem Weg zum Bâgh-e Fin die beiden Siedlungshügel von **Tepe Sialk**, eine der ergiebigsten Ausgrabungsstätten Irans. Besiedelt war Sialk im 5. und 4. Jt. v. Chr. sowie vom Ende des 2. Jt. bis 800 v. Chr. Erste Grabungen wurden in den 30er Jahren von französischen Archäologen unter Robert Ghirshman in den A (nördlich) und B (südlich) genannten Hügeln durchgeführt. Sie brachten zahlreiche Artefakte zum Vorschein, darunter bemalte Keramik, Menschen- und Tierfiguren sowie Bronzewerkzeuge, die sich heute vornehmlich im Pariser Louvre sowie im Teheraner Nationalmuseum befinden. Vor allem anhand der bemalten Keramik konnte eine genaue Chronologie der kulturellen Entwicklungsstufen in dieser Region des iranischen Hochlands vorgenommen werden. Auf Tepe Sialk sind noch die Grundrisse einiger Häuser zu erkennen.

Natanz

Etwa 80 km südöstlich von Kâshân liegt in wunderschöner Berglage das wegen seiner Töpferei bekannte Natanz. Auf einer Bergspitze sind noch die Überreste eines Feuerheiligtums zu erkennen. Sehr sehenswert ist – neben dem einfachen Ort selbst – ein **Gebäudekomplex** aus ilkhanidischer Zeit, der eine Moschee, ein Mausoleum sowie ein Khanaqah umfaßt. Der älteste Teil der **Freitagsmoschee**, der oktogonale Mihrabsaal, entstand 1304 unter der Herrschaft Oljâitus. Zwischen 1304 und 1309 wurde der pavillonartige Bau zu einer Vier-Iwan-Moschee erweitert, um deren quadratischen Hof sich vier unterschiedlich tiefe Iwane gruppieren. Der oberere Teil des auf 1324 datierenden **Minaretts** ist erst in jüngster Zeit bei einem Erdbeben abgebrochen. Sein ziegelfarbiger Schaft ist von einem Netzwerk aus glasierten Ziegeln überzogen, unterbrochen durch Schriftbänder sowie einen Mukarnaskranz unterhalb des Balkons.

An die Moschee angeschlossen ist das aus dem Jahr 1307 stammende **Mausoleum von Scheich Abd as-Samad al-Esfahâni**. Sein kreuzförmiger Innenraum erweitert sich in Höhe der Fenster zum

Oktogon. Unterhalb der sehr schönen Mukarnaskuppel verläuft eine durchgehende Stuckinschrift. Fayencegitter mildern das Licht aus den acht Fenstern und geben dem Gewölbe eine matte, goldene Farbe. Der Grabbau besitzt ein markantes achteckiges Zeltdach, das mit blauen Fliesen verziert ist. Südwestlich des Mausoleums wurde 1316 ein **Khanaqah** errichtet, von dem nur noch das (verschlossene) Portal erhalten ist. Seine Fassade ist reich mit glasierten und unglasierten Fliesen verkleidet; die Mukarnas-Halbkuppel wurde 1964 restauriert. Neben türkisen Inschriftenbändern im Kufi-Duktus wird hier auch – erstmals in Ziegel – der Nasta'liq-Schrifttyp angewendet.

Ardestân

Zwischen Kâshân und Nâ'in liegt das Dorf **Ardestân**, dessen **Freitagsmoschee** eine sehr frühe Vier-Iwan-Anlage darstellt. Der in die Mitte des 12. Jh. datierende Sakralbau ist sehr klein und durch breite Pfeiler und niedrige Bögen charakterisiert. Der Mihrab-Kuppelsaal wurde bereits mehrere Jahrzehnte vor der Umwandlung in eine Vier-Iwan-Anlage errichtet und weist noch Spuren seiner ehemals feinen Dekoration auf. Der Mihrab selbst ist mit geschnitztem Stuck verziert. Im Nordwesten der Freitagsmoschee befinden sich die Überreste einer seldschukischen **Medrese**.

Minarett der Moschee und Zeltdach des Mausoleums-Komplexes in Natanz

Zavâre

Rund 17 km nordöstlich von Ardestân liegt am Rande der Salzwüste das Dorf **Zavâre**, das die älteste bekannte **Vier-Iwan-Moschee** Irans besitzt. Diese Anlage, bei der sich vier Iwane um einen zentralen Innenhof gruppieren, ersetzte in den folgenden Jahrhunderten die hypostyle Moschee und entwickelte sich zur typisch iranischen Moscheeform. Die im Jahr 1136 vollendete Moschee in Zavâre ist sehr klein und von einfacher Form. Die den Hof säumenden Arkaden sind lediglich mit einer Kufi-Inschrift dekoriert. Die Halbkuppel des Südiwan ist mit Stalaktiten geschmückt; der Mihrab selbst ist schmucklos. Eine weitere Moschee in Zavâre, die in seldschukischer Zeit (11. Jh.) errichtete **Masjed-e Pâmenâr**, ist sehr schlecht erhalten; nur einige Überreste ihres originalen Stuckdekors sind zu sehen.

Folgende Doppelseite: Mukarnas-Halbkuppel des Khanaqah in Natanz

Nâ'in

Rund 140 km östlich von Isfahan und 160 km nordwestlich von Yazd liegt am Rande der großen Wüstengebiete die Kleinstadt Nâ'in. Die zahlreichen Windtürme sowie die tiefergelegenen Werkstätten deuten an, daß es in den Sommermonaten sehr heiß wird. Im Mittelalter war Nâ'in für die Herstellung sehr feiner Textilien berühmt; nach dem Verfall der Textilindustrie im frühen 20. Jh. verlegte man sich dann auf die Produktion von Medaillonteppichen. Seit dem Zweiten Weltkrieg gelang es den Webstätten in den zahlreichen kleinen Dörfern um Nâ'in, einen außerordentlich feinen Stil zu entwikkeln: Heute gilt der *Nain* als einer der wertvollsten und teuersten Webteppiche; Seidenteppiche weisen bis zu 10.000.000 Knoten je m² auf. Die charakteristischen Farben eines *Nain* sind hell- und dunkelblau, creme oder graubeige. Allerdings gibt es heute Fälschungen, die selbst von Fachleuten kaum erkannt werden können.

Besichtigung

Ein architektonisches Kleinod und eine der ältesten Moscheen Irans ist die **Freitagsmoschee**, deren zweite Bauphase in buyidische Zeit (um 960) datiert. Die fast quadratische Pfeilermoschee teilt sich in Haram und Hof. Die tonnengewölbten Arkaden des Hofes verlaufen rechtwinklig zur Außenmauer; ihre Pfeiler sind mit geometrischen Ornamenten verziert. Der Haram umfaßt neun Schiffe mit je vier Arkaden. Die Säulen, Bogenläufe und vor allem der Mihrab besitzen noch bedeutende Teile ihrer originalen, außerordentlich reichen Stuckdekoration – die Verzierung mit glasierten Ziegeln oder Fliesenmosaik war im 10. Jh. noch nicht üblich. Das aus dem Stuck geschnittene Rankenwerk aus Blättern, Trauben, Rosetten und Inschriften steht ganz in der Tradition von Samarra (10. Jh.) und wurde 1973 restauriert. Eindrucksvoll ist auch die aus dem 14. Jh. datierende geschnitzte Holzkanzel. Das überkuppelte Mihrabjoch ist mit blauen und goldenen Palmetten bemalt. Im Südosten der Anlage schließt sich ein achteckiges Minarett an, das sowohl ornamentale Ziegelmuster als auch ein Palmettenband aus Stuck aufweist. Unterhalb der Moschee befindet sich ein *Shabestân*, der sein Licht durch einige wenige Alabastersteine erhält.

Schräg gegenüber der Moschee kann man ein **herrschaftliches Wohnhaus** aus sasanidischer Zeit besichtigen, in dem auch ein ethnologisches Museum untergebracht ist. Im Zentrum des zweistöckigen Hauses befindet sich ein rechteckiger Hof, der mit schattenspendenden Bäumen bepflanzt ist. Um ihn herum gruppieren sich die Wohnräume, von denen einige noch mit Jagd- und Gartenszenen bemalt sind. In den Fenstern schützen geschnitzte Holzgitter vor der direkten Sonneneinstrahlung.

Provinz Yazd

Die 76.156 km² große Provinz Yazd wurde erst 1969 geschaffen und nach der zur Kapitale erhobenen Stadt benannt. In der überwiegend wüstenhaften Provinz befinden sich die größten Eisenerzminen des Landes; weiter werden Blei, Zink und Bauxit abgebaut.

Yazd

Die rund 350.000 Einwohner zählende Stadt (1230 m) liegt von zahlreichen Salzseen umgeben am Rande der Wüsten Kavir und Lut. Trotz der geringen Niederschlagsmengen (im Jahresdurchschnitt 59 Millimeter) spielt die Landwirtschaft um Yazd eine bedeutende Rolle. Dies ermöglichen bis zu 50 km lange und mehr als 100 m tiefe Qanate, die das Wasser aus dem Shir-Kuh-Massiv bis in das Umland von Yazd leiten, wo Maulbeer- und Mandelbäume sowie zahlreiche Früchte gedeihen. Aufgrund seiner isolierten Lage hatte sich Yazd nach der arabischen Eroberung zu einem Zentrum der in Iran verbliebenen **Zoroastrier** entwickelt. Seit dem islamischen Mittelalter bestanden enge Handelsbeziehungen nach Bombay, wohin die meisten iranischen Oroastrier geflohen wren. Heute ist der einstmals große wirtschaftliche Einfluß der Anhänger Zarathustras nur noch bedingt spürbar; die meisten Zoroastrier leben nicht in der Stadt selbst, sondern in den umliegenden Dörfern.

Zoroastrierinnen in Yazd

Geschichte

Gegründet wahrscheinlich im 5. nachchristlichen Jh., wurde Yazd im Jahr 642 von den Arabern erobert. Durch seine abseitige Lage besaß es seit jeher eine Sonderstellung: Während die meisten Städte Irans im 13. Jh. von dem Heer Dschinghis-Khans verwüstet wurden, blieb Yazd verschont und erlebte seine Blütezeit. Der Zugang zum Mongolenreich eröffnete den berühmten Yazder Teppichen und Seidenstoffen, die schon Marco Polo erwähnt, einen riesigen Markt. Auch von den Truppen Timurs blieb Yazd im Jahr 1380 unbehelligt. Nach dem

PROVINZ YAZD

Sturz der lokalen Muzaffaridendynastie arrangierte sich die Stadt mit den timuridischen Herrschern. In safawidischer Zeit erlangte Yazd Bedeutung als Station auf dem Handelsweg nach Indien; auch europäische Händler kauften hier die kostbaren Seidenstoffe. Der Einfall der Afghanen zu Beginn des 18. Jh. fügte der Stadt jedoch erheblichen Schaden zu.

Wie in den vergangenen Jahrhunderten ist heute die Textilproduktion der wichtigste Wirtschaftsfaktor. Allein in Yazd sind 9000 Menschen in der Herstellung der Seidenstoffe beschäftigt. Die Teppichproduktion, die im wesentlichen das Isfahan-, Kermân- und Kâshân-Design kopiert, findet in den Dörfern um Yazd statt; in der ganzen Provinz sind etwa 60.000 Knüpfrahmen in Betrieb. Neue Horizonte eröffnen sich für Yazd durch den Anschluß an die Eisenbahnlinie nach Teheran und Bandar-e Abbâs sowie durch die große Universität, die am westlichen Stadtrand entsteht.

◎ Orientierung

Das Zentrum der erstaunlich grünen Stadt ist der **Meidân-e Shahid Dr. Beheshti**. Etwa 3 km südlich des Platzes befinden sich der Bahnhof und die Busstation. Fast alle Sehenswürdigkeiten liegen nördlich des Platzes und können zu Fuß besichtigt werden; in den engen Gassen kann man sich allerdings leicht verirren.

Vier Windtürme kühlen ein Wasserreservoir

Nördlich des Stadtzentrums erstreckt sich zu beiden Seiten der Khiâbân-e Qiyâm der ausgedehnte überdachte **Bazar**, der in 12 kleine Bazare untergliedert ist. Seiden- und Brokatstoffe können im nördlich gelegenen Textilbazar erstanden werden.

Nordöstlich des Bazar schließt sich die verwinkelte **Altstadt** von Yazd an, die von der Unesco zum Weltkulturerbe erklärt wurde. Sie ist in weiten Teilen noch von einer bis zu 15 m hohen **Lehmziegelmauer** umgeben, die im Jahr 1119 begonnen und bis ins 14. Jh. erweitert wurde. Die mit geometrischen Ornamenten verzierten Überreste sind besonders gut entlang der Khiâbân-e Seyyed Gol-e Sorkh zu entdecken.

Das wüstenhafte Klima mit über 45° C heißen Sommern hat die Architektur der Altstadt entscheidend geprägt. Die einstökkigen Lehmziegelhäuser sind mit hohen Mauern nach außen völlig abgeschirmt. Ihre flachen oder überkuppelten Dächer werden von unzähligen zylindrischen

Windtürmen (pers. *Bâdgir*) überragt. Sie fangen durch ihre schmalen Öffnungen in der Spitze jeden noch so leichten Luftzug ein und leiten ihn über einen Schacht in die unteren Wohnräume. Dort sorgen sie selbst in den heißesten Monaten für eine kühle Brise. Auch das durch Qanate in die Stadt geleitete Wasser in den überkuppelten Zisternen, die sich in allen Stadtvierteln Yazds befinden, bleibt auf diese Weise frisch und kühl. Heute wird diese äußerst effektive und preiswerte Methode der Kühlung häufig durch elektrische Klimaanlagen ersetzt.

Besichtigung

Mitten im Stadtzentrum stehen am Meidân-e Amir Chaqmaq das **Eingangsportal** der Tekiye Amir Chaqmaq sowie die auf 1437 datierende **Masjed-e Amir Chaqmaq** (früher: *Masjed-e Nou*). Gestiftet wurde die sehenswerte Vier-Iwan-Moschee, die einen fein gearbeiteten Marmor-Mihrab aufweist, von Bibi Fâteme Khâtun, der Ehefrau des timuridischen Gouverneurs Amir Jalâl ad-Din Chaqmaq. Das imposante Eingangsportal wurde jedoch erst im 19. Jh. erbaut. Es besitzt drei aufeinandergesetzte Reihen von Arkaden sowie zwei schlanke Minaretts. Direkt vor ihm steht ein Holzgestell (pers. *Nakhl*), das bei den Âshurâ-Prozessionen geschmückt durch die Stadt getragen wird. Der ehemalige Innenhof der Tekiye wurde in den gegenwärtigen Amir-Chaqmaq-Platz umgewandelt.

Inmitten der Altstadt liegt in einer Seitenstraße der Khiâbân-e Imam Khomeini die elegante **Freitagsmoschee**, die als das besterhaltene iranische Bauwerk des 14./15. Jh. gilt. Ihr schmaler, vollständig gefliester Tor-Iwan stellt mit seinen zwei schlanken Minaretten zudem das höchste Moscheeportal Irans dar und ist mit einem reichen Mukarnasgewölbe verziert. Der überkuppelte Mihrabsaal zeigt die gleichen schlanken und steilen Proportionen wie das Portal. Sowohl die außen überwiegend ockerfarbene Kuppel als auch der auf 1375 datierende Stalaktiten-Mihrab sind mit sehr feinen glasierten Fliesen bedeckt. Auch die in safawidischer Zeit teilweise erneuerte Dekoration des arkadengesäumten Hofes ist überaus fein und kleinteilig und verbindet geometrische und florale Muster mit reliefierten Arabesken und Naskhi-Inschriften. In der Mitte des Hofes befindet sich ein großes Podest, das aus dem matt schimmernden Marmor der Region, genannt *Yash*, errichtet wurde.

Unmittelbar östlich der Freitagsmoschee liegt das aus dem 14. Jh. stammende **Mausoleum von Rokn ad-Din**. Die früher angeschlossenen Gebäude, wie eine Medrese und Bibliothek sowie ein Observatorium, haben sich nicht erhalten. Letzteres gab dem Komplex seinen früheren (arabischen) Namen: *Vaqt-o-Sâ'at* (»Zeit und Stunde«). Die Kuppel des Mausoleums ist außen überwie-

Die Freitagsmoschee in Yazd besitzt das höchste Moscheeportal des Irans.

gend mit blauen Fliesen verziert und besitzt ein Kufi-Inschriftenband; innen ist sie reich mit floralen Wandmalereien geschmückt. Der Mihrab ist mit Stuck verziert.
Nördlich der Freitagsmoschee liegt in einem Netzwerk kleiner Gassen das **Mausoleum der zwölf Imame** (Boq'e-ye Davâzdah Imam). Der seldschukische, aus dem frühen 11. Jh. datierende Ziegelbau besaß ursprünglich an drei Seiten offene Arkaden; seine Ziegelkuppel ist ein frühes Beispiel ihrer Art. Im Inneren nennen Inschriften die Namen der zwölf schiitischen Imame, von denen jedoch keiner hier begraben ist. Der Mihrab ist mit geschnitztem Stuckdekor verziert. Direkt neben dem Mausoleum befindet sich das **Zendân-e Eskandar**, das »Gefängnis Alexanders«. Ursprünglich ebenfalls ein Grabmal, wurde der Ziegelbau später erweitert und als Medrese genutzt. Das eigentliche »Gefängnis«, das entgegen seinem Namen nicht aus der Zeit Alexanders des Großen stammt, ist ein rundes, tiefes Verlies von etwa 10 m Durchmesser, in das kaum Licht fällt.
Nördlich des Zendân-e Eskandar liegt an der Khiâbân-e Maisam-e Tammâr das sehenswerte **Khâne Lârihâ**, das zweistöckige Wohnhaus der Familie Lârihâ. Das aus dem 19. Jh. datierende Gebäude stellt ein traditionelles Hofhaus dar. Neben Windtürmen weist es einen großen bepflanzten Innenhof mit Wasserbecken auf, über dem eine hölzerne Veranda errichtet wurde.
Westlich der Altstadt liegt zwischen den Straßen Kuchek-Zâde und Shahid-Rajâi der weiträumige **Bâgh-e Dowlatâbâd**, der im 18. Jh. von Mohammad Taqi Khân Yazdi, dem Gouverneur von Yazd, in Auftrag gegeben wurde. Im Süden des Gartens steht ein sechseckiger Palastbau, der als Empfangsraum diente. Er ist ein Meisterwerk der Ausnutzung natürlicher Kühlung. Durch den höchsten Bâdgir von ganz Yazd (33 m) wurden die Innenräume angenehm kühl gehalten. Zudem sind alle Räume luftig hoch und auf den grünen Garten hin orientiert. Leuchtend bunte Fenster verhindern darüber hinaus die direkte Sonneneinstrahlung.
Im Süden Yazds liegt an der Ayatollah Kâshâni-Straße ein **zoroastrischer Feuertempel** (Âtashkade). Er befindet sich mitten im zoroastrischen Stadtviertel von Yazd, dem einzigen in Iran, das heute noch eine gewisse Größe besitzt. In Yazd, aber vor allem auch in der Umgebung der Stadt, existiert noch eine große zoroastrische Gemeinde. Während die männlichen Zoroastrier im Stadtbild kaum zu erkennen sind, fallen die Zoroastrierinnen durch ihren farbigen Tschador auf.
Über dem Eingang des um 1940 erbauten Heiligtums ist das geflügelte Symbol Ahura Mazdas dargestellt. Ohne Unterbrechung brennt im Tempel das **heilige Feuer**, das Besucher durch eine Glasscheibe beobachten können. Das Betreten des Raumes ist nur den zoroastrischen Priestern gestattet. Bei der Pflege des

ewigen Feuers, das nicht verlöschen darf, tragen sie einen Mundschutz, um das Feuer nicht zu verunreinigen. Das Feuer gilt den Zoroastriern als Symbol des Guten und des Lichts. Dieses Feuer wurde um 1940 nach Yazd gebracht, doch soll es bereits seit 1500 Jahren ununterbrochen brennen. Ein kleines Museum zeigt zoroastrische Schriften sowie ein Bild Zarathustras.

Außerhalb von Yazd befinden sich mehrere zoroastrische Bestattungstürme, die sogenannten **Türme des Schweigens** (pers. *Dakhme*). Am leichtesten zugänglich sind zwei etwa 12 km südwestlich der Stadt gelegene Grabtürme. Ihr Alter ist wegen der ständigen Restaurierungen nicht bekannt. Ihre aufgemauerte Hügelplattform ist von einer hohen Mauer umgeben – hierher brachten die zoroastrischen Priester in der Vergangenheit die Toten.

Museum Türme des Schweigens
Tägl. 8–11, 14.30–16.30 Uhr.

Den traditionellen zoroastrischen Begräbnisriten liegt der Gedanke zugrunde, daß Feuer, Wasser und Erde nicht verunreinigt werden dürfen, was durch den Kontakt mit den Toten der Fall wäre. Da für Zoroastrier Erd- und Feuerbestattung somit untersagt sind, entwickelte sich der – seit dem 3. Jh. n. Chr. belegte – Brauch, die Leichname auf hochgelegenen Berggipfeln den aasfressenden Vögeln zu überlassen. Wenn Geier und Krähen die Gebeine reingenagt hatten, wurden sie eingesammelt und in Knochenkisten beigesetzt.

Die rituelle Totenzeremonie wurde zu Füßen des Turmes im Kreis der Verwandten durchgeführt. Noch heute sind die Überreste der Gebäude für die Zeremonie unterhalb der Türme zu sehen, einschließlich der von zwei Windtürmen flankierten Zisterne. Als 1970 dieser Ritus aus hygienischen Gründen verboten wurde, begannen auch die Zoroastrier, ihre Toten in der Erde beizusetzen – allerdings wurden die Gräber mit Beton ausgekleidet, um jeden Kontakt des Toten mit der Erde zu vermeiden. Von den Türmen des Schweigens, die man heute betreten kann, ist der moderne zoroastrische Friedhof zu sehen.

Chak Chak

Ein noch heute bedeutender Zoroastrischer Feuertempel befindet sich 52 km nordöstlich von Yazd auf einem Hügel. Zu Beginn des 3. Monats nach Nouruz versammeln sich hier jährlich Tausende von Gläubigen, um an einem zehn Tage währenden Fest teilzunehmen. In der Umgebung von Yazd gibt es zahlreiche weitere zoroastrische Dörfer und Stätten – unter ihnen das **Qale-ye Asadân**, das »Fort der Löwen«, das sich im Nordosten der Stadt erhebt.

Fahraj

Rund 30 km südöstlich von Yazd liegt Richtung Bafq die Ortschaft **Fahraj**, in der sich eine sehr frühe Moschee erhalten hat. Die in ihrem Grundriß quadratische **Freitagsmoschee** wurde wahrscheinlich in der 2. Hälfte des 9. Jh. erbaut. Wie bei der Tarikhâne in Dâmghân handelt es sich um eine hypostyle Moschee ohne Iwan. Der Haram des architektonisch schlichten Sakralbaus weist fünf tonnenüberwölbte Schiffe auf; der Hof ist von Arkaden gesäumt. An der Südwestfassade erhebt sich ein rundes, sich nach oben verjüngendes Minarett, dessen glatter Schaft in eine Zinnenkrone mündet.

Abarkuh

Etwa 140 km südwestlich von Yazd liegt auf dem Weg nach Schiraz die kleine Oasenstadt Abarkuh. Im islamischen Mittelalter war Abarkuh ein prosperierendes Zentrum entlang der Handelsroute, die den Persischen Golf mit Zentralasien und der Türkei verband.

Turm des Schweigens in Yazd, im Vordergrund befinden sich Gebäude zur Abhaltung der Totenzeremonie.

Afghanische Überfälle im Jahr 1723 führten in der Stadt zu erheblichen Zerstörungen. Die aus dem 13./14. Jh. datierende **Freitagsmoschee** ist nicht besonders gut erhalten, besitzt jedoch noch den originalen Stuck-Mihrab.

Im Südwesten Abarkuhs erhebt sich eine riesige **Zypresse**, von der es heißt, daß sie mehr als 1000 Jahre alt sei. Zahlreiche von Besuchern an knorrige Äste geknüpfte Wunschtücher schmücken den Baum. Gegenüber der Zypresse befindet sich das aus dem 14. Jh. stammende Portal einer **Medrese**.

Außerhalb der Stadt erhebt sich auf einem Hügel der **Gonbad-e Ali**, ein oktogonaler Grabturm, der 1056 für den lokalen Herrscher Hazârasp ibn Nâser erbaut wurde. Im Gegensatz zu den meisten iranischen Grabtürmen wurde der gut erhaltene Gonbad-e Ali nicht aus Ziegeln, sondern aus Bruchsteinen erbaut, die mit Mörtel verbunden wurden. Seine markante dreireihige Mukarnas-Verzierung ist eine der ältesten dieses Typs. Ursprünglich war der Turm wohl von einem pyramidenförmigen Dach bedeckt. Bis auf die Kufi-Inschrift aus Ziegeln unterhalb des Gesimses sind die Wände völlig schmucklos.

Der Südosten und die Golfregion

▪Provinz Bushehr

Die 27.650 km² kleine Provinz erstreckt sich nördlich und südlich ihrer Hauptstadt Bandar-e Bushehr entlang des Persischen Golfs. Während die Sommer unerträglich heiß sind, herrschen im Winter angenehm milde Temperaturen – dennoch kommt das ganze Jahr über das Leben während der Mittagszeit vollständig zum Erliegen. Allgemein werden die Bewohner der Golfküste, die eine dunklere Hautfarbe als die Bewohner des Hochlands besitzen, als *Bandari* bezeichnet (pers. *Bandar*: »Hafen«). Wie in der Provinz Hormozgân sind sie größtenteils arabischen oder schwarzafrikanischen Ursprungs und gehören seßhaften Sippen verschiedener Nomadenstämme an. Viele ihrer Traditionen haben sie bis heute bewahrt: Sie sprechen meist Arabisch und gehören überwiegend der sunnitischen Glaubensrichtung an – wobei sie auch den aus Afrika stammenden Zâr-(»Geister«-)Kult pflegen. Insbesondere die Inselbewohner kleiden sich nach wie vor traditionell: Die Männer tragen einen langen Umhang und Turban, die Frauen weite Hosen und farbige Gewänder; zudem tragen sie eine farbige Gesichtsmaske aus besticktem Ziegenleder, die nur Augen und Mund freiläßt.

Bandar-e Bushehr

Unter den größeren Hafenstädten an der iranischen Golfküste gilt Bandar-e Bushehr als die ruhigste und entspannteste Stadt. Ihre jüngere Geschichte ist eng mit der **Kolonialzeit** und den Interessen der Kolonialmächte in dieser Region verknüpft. Bis ins 16. Jh. war sie das Handelszentrum an der Küste, verlor ihre Bedeutung jedoch im frühen 17. Jh. nach der Errichtung des Golfhafens Bandar-e Abbâs. Die kleine Stadt blühte wieder auf, als 1734 Nâder Shâh Bushehr zu seinem Haupthafen ausbaute und die British East India Company 1759 ihre Basis von Bandar-e Abbâs hierher verlegte. Weiteren Aufschwung nahm sie, nachdem Karim Khân Zand das nahegelegene Schiraz zur Hauptstadt Irans machte. In zuneh-

Sunnitische Moschee in Bandar-e Abbâs

SÜDOSTEN UND GOLFREGION

Einige Frauen der Golfregion tragen noch farbige Gesichtsmasken aus besticktem Ziegenleder.

mendem Maße wurde die noch Ende des 19. Jh. nur 15.000 Einwohner zählende Stadt von den Briten kontrolliert – und von 1856 bis 1857 sowie während des Ersten Weltkriegs von ihnen besetzt. Ihr Niedergang begann, als die inneriranische Bahnlinie Bushehr unberücksichtigt ließ und statt dessen die Golfhäfen in Khuzestân mit dem iranischen Hochland verband. Einen gewissen Aufschwung brachten in den 70er Jahren zwar der Ausbau des Hafens und die Fertigstellung einer asphaltierten Straßenverbindung nach Schiraz. Der acht Jahre währende Golfkrieg brachte jedoch das wirtschaftliche Leben Bushehrs erneut zum Erliegen, wovon wiederum Bandar-e Abbâs profitierte.

Bandar-e Bushehr erstreckt sich auf einer Halbinsel, die in der Antike *Mesambria* genannt wurde. Während im Süden die moderne Stadt und der Flughafen liegen, befindet sich auf ihrer nördlichen Spitze beiderseits der Khiâbâne Enqelâb die sehenswerte **Altstadt** (*Shahr-e Qadim*). Hier sind noch zahlreiche Häuser in der traditionellen Lehmbauweise der Golfregion erhalten, die mit ihren schmalen, zur windigen Meerseite hin ausgerichteten Fenstern exzellent an das feucht-heiße Klima angepaßt sind. In der Altstadt befindet sich auch die **Kelisâ-ye Arâmane**, das 1819 von den Briten als anglikanische Kirche errichtete Gotteshaus. Im Südwesten von Bandar-e Bushehr gibt es einen kleinen **Strand**, wo allerdings nur Männer baden dürfen. Im Nordwesten von Bandar-e Bushehr liegt die 37 km² große Insel **Khârg**. Obwohl gänzlich ohne natürliches Süßwasser war sie bereits in der Antike bewohnt, vornehmlich von Perlfischern und ihren Familien. In jüngster Zeit wurde auf dem Eiland eine Freihandelszone eingerichtet und der Hafen zu einem der größten Exporthäfen für Rohöl ausgebaut.

Provinz Hormozgân

An die Provinz Bushehr schließt sich im Süden die Provinz Hormozgân an, die vom Sultanat von Oman und den Vereinigten Arabischen Emiraten nur durch die strategisch bedeutsame **Meerenge von Hormuz** (53 km) getrennt ist. Infolge des sehr heißen Klimas (bis zu 50° C im Sommer) besteht Hormozgân überwiegend aus Wüste. Durch die parallel zum Küstenstreifen verlaufenden Zagrosketten ist die Verbindung zum Hinterland beeinträchtigt, was der Provinz jahrtausendelang ein abseitiges Dasein bescherte. Noch heute ist Hormozgân nur über drei Asphaltstraßen mit den Provinzen Kermân und Fârs verbunden.

Dennoch spielte die Region in der iranischen Geschichte eine wichtige Rolle. Vor allem im 16. und 17. Jh. waren die Häfen am Golf von großer Bedeutung für den Handel mit Luxusgütern wie Seide, Gewürze und Perlen, und die **europäischen Handelsmächte** Portugal, England, Frankreich und Holland konkurrierten hier miteinander. Das Anwachsen des europäischen Kolonialbesitzes im 18. Jh. nahm der Handelsstraße über Hormuz jedoch ihre Bedeutung und führte zum ökonomischen Niedergang Südpersiens. Erst die Entdeckung des **Erdöls** im 20. Jh. rückte die persische Golfküste wieder in den Mittelpunkt (neo)kolonialer Interessen – und bewirkte erneut die Einflußnahme auswärtiger Mächte.

Bandar-e Abbâs

Bis in die 60er Jahre war Bandar-e Abbâs ein kleines Fischerdorf mit rund 35.000 Einwohnern. Heute zählt es etwa 200.000 Einwohner und besitzt den größten Hafen Irans. Gegründet wurden Stadt und Hafen im Jahr 1622 von Shâh Abbâs I., nachdem die portugiesische Kolonie auf der Insel Hormuz zerstört worden war. Seit den 60er Jahren des 20. Jh. erlebte Bandar-e Abbâs dann eine rasante Entwicklung: Es wurde nicht nur zum modernsten Handelshafen des Landes, sondern auch zum wichtigsten iranischen Flottenstützpunkt ausgebaut.

Bis auf einen **Hindu-Tempel** an der Khiâbân-e Imam Khomeini, der auf die einstmals starke Stellung indischer Händler verweist, und den Fischbazar am Bolvâr-e Tâleqâni bietet Bandar-e Abbâs keine Sehenswürdigkeiten.

Zur Hauptstadt der Provinz Hormozgân gelangt man am besten mit dem Flugzeug, da aufgrund der großen Distanzen zu den Städten des iranischen Hochlands Busfahrten sehr lange dauern. Wegen der großen Nachfrage sind die Linienflüge allerdings meist auf zwei bis drei Monate ausgebucht – dies gilt auch für Flüge auf die Inseln des Persischen Golfs.

Wilhelm Wassmuss, der deutsche »Lawrence«

Wilhelm Wassmuss (1880–1935)

Unter den iranischen Stämmen in der Region Schiraz-Bushehr wurde er zur sagenhaften Gestalt. Doch auch die Briten, die er erbittert bekämpfte, sprachen voller Achtung von ihm: »Die bisher in Südpersien operierende deutsche Armee befindet sich seit gestern in britischem Gewahrsam. Sie besteht aus einem Mann, der als Wilhelm Wassmuss bekannt ist«, kommentierte der britische Premierminister im Jahr 1919 dessen Gefangennahme.

Wer war Wilhelm Wassmuss? Statt den väterlichen Bauernhof in der Nähe von Goslar zu übernehmen, hatte er persische Sprache und Kultur studiert und sich für die diplomatische Laufbahn entschieden. Bereits im Alter von 29 Jahren wurde er zum Leiter des neugeschaffenen deutschen Konsulats in Bushehr ernannt. Hier fiel der hochgewachsene, blonde und blauäugige Niedersachse von Beginn an auf: Er hielt sich vom gesellschaftlichen Leben der anderen Ausländer fern und besuchte statt dessen die Stammesführer, Bergbauern und Fischer der Region – durch sein Interesse und seine Sprachkenntnisse gewann er bald überall Freunde. Wassmuss' Engagement als Kämpfer in Südpersien begann nach Ausbruch des Ersten Weltkriegs. Obwohl sich **Persien** neutral erklärt hatte, wurde es zu einem Nebenschauplatz im Krieg zwischen **Großbritannien** und **Deutschland** (sowie dem mit ihm verbündeten Osmanischen Reich). Bereits seit 1907 betrachteten die Briten den Süden Persi-

ens als ihre Einflußsphäre. Im Ersten Weltkrieg versuchte Deutschland, aus dem Unmut der Iraner und Afghanen über die britische Hegemonie politisches Kapitel zu schlagen und die Länder zum »Heiligen Krieg« gegen die Briten anzustacheln.
Die Briten gingen deshalb im Persischen Golf massiv gegen die Deutschen vor. Sie beschlagnahmten ihre Schiffe und verhafteten deutsche Geschäftsleute und Konsulatsangehörige. Konsul Wassmuss gelang es jedoch, sich mit Geld und Waffen zu den Stammesführern abzusetzen und die untereinander zerstrittenen Stämme und Sippen für den antibritischen Kampf zu vereinen. Als Waffen dienten ihnen aus Deutschland herbeigeschaffte Mauser-Gewehre, die in der Region bald als *Wassmussi* berühmt wurden. Als »Quelle seiner Macht« nennt sein Biograph, der Iranist Christopher Sykes, »die Liebe zu Persien« – die ihm unter den Einheimischen eine geradezu mystische Bedeutung verlieh.
Mehr als vier Jahre führte Wassmuss etwa 3000 Stammeskrieger gegen britische Stellungen, überfiel britische Transporte, täuschte Feldzüge vor und streute Falschmeldungen. Auf diese Weise gelang es ihm und den Freischärlern, die strategisch wichtige Verkehrsverbindung von Buschehr nach Schiraz (und weiter nach Teheran) dauerhaft für die Briten zu sperren. Zur Bekämpfung der »deutschen Armee in Südpersien« waren die Briten zudem gezwungen, Kriegsschiffe, Truppentransporter sowie anderswo dringend gebrauchte englische und indische Truppen in den Persischen Golf zu entsenden.
Obwohl die Briten schließlich hunderttausend Goldmark auf Wassmuss' Kopf aussetzten, konnte er zunächst nicht gefaßt werden. Erst als sich Wassmuss im März 1919 mittellos nach Teheran durchschlug, konnten ihn die Briten durch den Verrat eines persischen Gendarmerieoffiziers gefangennehmen.
Trotz der Nadelstiche, die Wassmuss den Briten zugefügt hatte, war der Versuch Deutschlands insgesamt, das neutrale Iran und Afghanistan mit osmanischer Schützenhilfe zum Krieg aufzustacheln, gescheitert. Die Briten waren da erfolgreicher gewesen: 1916 war es ihnen gelungen, den Emir von Mekka und seine arabischen Kämpfer zum Heiligen Krieg gegen das Osmanische Reich zu überreden. Auf Geheiß der Briten versetzten die arabischen Heere dem Osmanischen Reich den Todesstoß – unter der Führung des britischen Archäologen und Agenten Thomas Edward Lawrence, genannt »Lawrence von Arabien«.
Wilhelm Wassmuss gelang wenige Wochen nach seiner Festnahme die Flucht und Rückkehr nach Deutschland. Doch 1924 machte er sich erneut auf den Weg nach Persien, dem Land, dem er nach eigener Auskunft »mit Leib und Seele verfallen« war.

SÜDOSTEN UND GOLFREGION

Die Inseln des Persischen Golfs

Stadt und Insel Hormuz

Von Bandar-e Abbâs erreicht man leicht die Inseln des Persischen Golfs: Fährverbindungen existieren u.a. nach Hormuz, Qeshm und Kish. Das Büro der Valfajre-Shipping-Company befindet sich über dem Iran Air-Büro in der Khiâbân-e Imam Khomeini. Stündlich fahren vom Strand vor der Stadt Motorboote zu den Inseln Hormuz und Qeshm; vom Haupthafen verkehren täglich auch größere Fähren.

Die Fahrt vom Festland nach Hormuz dauert mit dem Motorboot etwa 30 Min. Die Boote verkehren jedoch nur bei ruhiger See und bis zum Einbruch der Dunkelheit; die Abfahrt erfolgt immer dann, wenn das Boot voll besetzt ist.

Rund 20 km südöstlich von Bandar-e Abbâs liegt die 42 km² große Insel Hormuz, deren gleichnamige Stadt die einzige Ortschaft der Insel darstellt. Wie Khârg verfügt Hormuz über keine Wasserquelle, so daß die Versorgung der rund 4000 Einwohner vom Festland aus erfolgt. Im Sommer wird es derart heiß, daß die Bevölkerung die Insel verläßt.

Von seiner Geschichte und Bedeutung her ist **Hormuz** die berühmteste der iranischen Inseln. Ihre Lage an der engsten Stelle des Persischen Golfs gestattete im Mittelalter die Kontrolle der Schiffahrtsstraße zwischen Indien und der Levante: Der gesamte lukrative Handel mit Indien sowie den Golfemiraten und Fernost wurde über Hormuz abgewickelt. Im Jahr 1507 gelang es dem portugiesischen Admiral Don Affonso d'Albuquerque, die Insel zu erobern – mehr als 100 Jahre beherrschte Portugal den Handel am Persischen Golf. Erst im Jahr 1622 konnten die Iraner Hormuz zurückerobern. Allerdings verlegte Shâh Abbâs I. den Handelsverkehr nun nach Bandar-e Abbâs, so daß Hormuz nur noch die Aufgabe blieb, den Festlandshafen zu schützen.

Noch heute ist die von Admiral Don Affonso d'Albuquerque im Jahr 1515 errichtete **Portugiesische Festung** (*Qale-ye Portoghalihâ*) zu besichtigen. Das gut erhaltene Fort aus rotem Stein erhebt sich auf einem Felsen etwa 1 km nördlich des kleinen Hafens, in dem die Boote von Bandar-e Abbâs anlegen.

Qeshm

Mit 1335 km² ist Qeshm die größte der iranischen Golfinseln. Ihre rund 60.000 Bewohner sind überwiegend sunnitische Araber und leben mehrheitlich in der im äußersten Osten gelegenen Hafenstadt Qeshm. Bis vor kurzem lebte die Inselbevölkerung ausschließlich von Fischfang, Schiffsbau, Perlentauchen und Ackerbau; die großen Erdgasvorkommen, die unter der Insel entdeckt wurden, harren noch ihrer Ausbeutung. Im Jahr 1990 wurde Qeshm zur **Freihandelszone** erklärt; ausländische Investoren sollen nun die Insel in ein gigantisches Wirtschafts- und Tourismuszentrum verwandeln. Angelockt werden sie durch extrem niedrige Kosten für Elektrizität, Wasser und Treibstoff, niedrige Grundstückspreise sowie Steuerbefreiung für die ersten 15 Jahre. Derzeit ist Qeshm allerdings vor allem als Schmugglerparadies bekannt. Erhältlich sind in den Bazaren nicht nur japanische Unterhaltungselektronik und Computer, sondern auch in Iran streng verbotene Waren wie Alkoholika, westliche Musik und unzensierte Videokassetten.

Neben den älteren Wohnhäusern mit ihren prägnanten Windtürmen (*Bâdgir*) und Wasserbehältern (*Ambarha*) sind die Überreste zweier **portugiesischer Festungen** aus dem 16. Jh. zu besichtigen, von denen eine in Qeshm selbst, die andere an der Westspitze der Insel steht. Bademöglichkeiten sind vorhanden, allerdings sollte man sich vor Ort über die mögliche Gefahr durch Haie erkundigen.

> Die Fahrt von Bandar-e Abbâs nach Qeshm dauert mit dem Motorboot etwa 45 Min.; gefahren wird nur bei guten Wetterbedingungen und vor Einbruch der Dunkelheit. Zudem kann man auf Qeshm Boote zu den kleinen im Westen und Osten vorgelagerten Inseln Lârak und Hengâm sowie nach Hormuz mieten. Die Fahrt mit der Dhau, dem traditionellen Segelboot, dauert nach Bandar-e Abbâs 1½ Std.

Kish

In den 70er Jahren baute Shâh Mohammad Rezâ die rund 90 km² große Insel Kish zu einem luxuriösen Erholungszentrum aus. Luxushotels, Golf- und Tennisplätze, Bootshäfen und ein internationaler Flughafen entstanden, der nicht nur wohlhabenden Iranern, sondern auch reichen Arabern aus den Golfemiraten und Saudi-Arabien die schnelle Anreise gewährleisten sollte. Nach der Revolution wurden die Einrichtungen wie auch die Privatvillen der königlichen Familie und früherer Regierungsmitglieder konfisziert. In den 80er Jahren wurde dann hier die erste **Freihandelszone** Irans eingerichtet, die unter dem Namen KIDO (*Kish Department of Free Zone*) relativ unabhängig von Teheran operiert. Die Insel, unter der riesige Erdgasvorkommen vermutet werden, besitzt nicht nur eine eigene Flagge, auch die Autokennzeichen sind größtenteils auf Englisch und Persisch. Während elektronische Geräte sehr preiswert sind, sind Lebensmittel teuer, da sie vom Festland importiert werden müssen. Bisher gibt es nur im Nordosten der Insel ein Hotel, das *Hotel-e Kish*, doch in naher Zukunft soll Kish erneut in ein Erholungszentrum verwandelt werden. Bereits heute ist ein **Badeaufenthalt** für ausländische Touristen (einschließlich Tauchkursen) möglich; für Einheimische gibt es nach Geschlechtern getrennte Strände. Zweimal täglich verkehren Schiffe der Valfajre-Shipping-Company nach Bandar-e Abbâs und Bandar-e Lenge; zweimal wöchentlich auch nach Bandar-e Bushehr. Die Company befindet sich ebenso wie die Büros von Iran Air und der KIDO im Nordosten der Stadt; kleine Reiseagenturen informieren auch über Charterflüge.

SÜDOSTEN UND GOLFREGION

▪Provinz Kermân

Die mit 175.069 km² drittgrößte Provinz Irans besitzt nur etwa 1,9 Mio. Einwohner und zählt zu den ärmsten Regionen Irans. Klima und Topographie haben die Besiedlung nicht begünstigt: Während sich im Norden und Osten Kermâns die Wüste Lut erstreckt, liegt im Westen ein unzugängliches Bergmassiv, das Höhen über 4000 m erreicht. Dank der Qanat-Technik produzieren die Oasen Kermâns jedoch reichlich Früchte wie Datteln, Orangen und Pistazien – die Pistazien von Rafsanjân, dem Heimatort des ehemaligen Staatspräsidenten Rafsanjâni, gelten als die besten Irans.

Obwohl abseits der politischen Zentren gelegen, wurde Kermân mehrfach erobert: im 12. Jh. von den turkmenischen Oghuzen, im 13. Jh. von den Mongolen sowie in jüngerer Zeit von Afghanen und Belutschen. Enge Verbindungen besitzt Kermân seit jeher zur Golfregion, vor allem nach Bandar-e Abbâs, dem größten iranischen Golfhafen. Zwei bedeutende Karawanenwege, die zum südlichen Zweig der Seidenstraße gehören, verbanden ihn mit den Städten Sirjân und Sabzavâr. In den letzten 100 Jahren profitierte Kermân von der Anbindung an das nationale Eisenbahnnetz sowie dem Ausbau des Straßennetzes.

Vorherige Doppelseite: Freitagsmoschee in Kermân

Kermân

Hauptstadt der Provinz ist die gleichnamige Stadt Kermân, die rund 250.000 Einwohner zählt. Aufgrund ihrer hohen Lage (1749 m) herrscht selbst im Sommer ein relativ kühles Klima. Gegründet wurde Kermân, dessen Name von der elamischen Bezeichnung der Region, *Caramania*, stammt, wohl von dem Sasaniden Ardashir I. Unter den Samaniden wurde Kermân im Jahr 928 Provinzhauptstadt; unter den Seldschuken entwickelte sie sich zum Zentrum einer lokalen Dynastie. Marco Polo erwähnt die besondere Qualität der Textilien, Stick- und Lederarbeiten Kermâns. Eine erste Blüte erlebte Kermân in safawidischer Zeit durch den regen Indien-Handel. Im 18. Jh. litt die Stadt jedoch unter den einfallenden Afghanen sowie den Feldzügen Nâder Shâhs gegen Indien. Ende des 18. Jh. geriet Kermân zudem in die Auseinandersetzung zwischen dem letzten Zand-Herrscher Lotf Ali Khân und dem Qajarenführer Âghâ Mohammad. Da sie ersterem Schutz gewährt hatte, veranlaßte Âghâ Mohammad 1794 die Verwüstung der Stadt; angeblich ließ er die rund 20.000 männlichen Bewohner blenden, während die Frauen zu Sklavinnen der Qajarenarmee gemacht wurden. Noch im 19. Jh. wurden Stadt und Umland von den Qajaren mit besonders hohen Steuern belegt. Einen erneuten

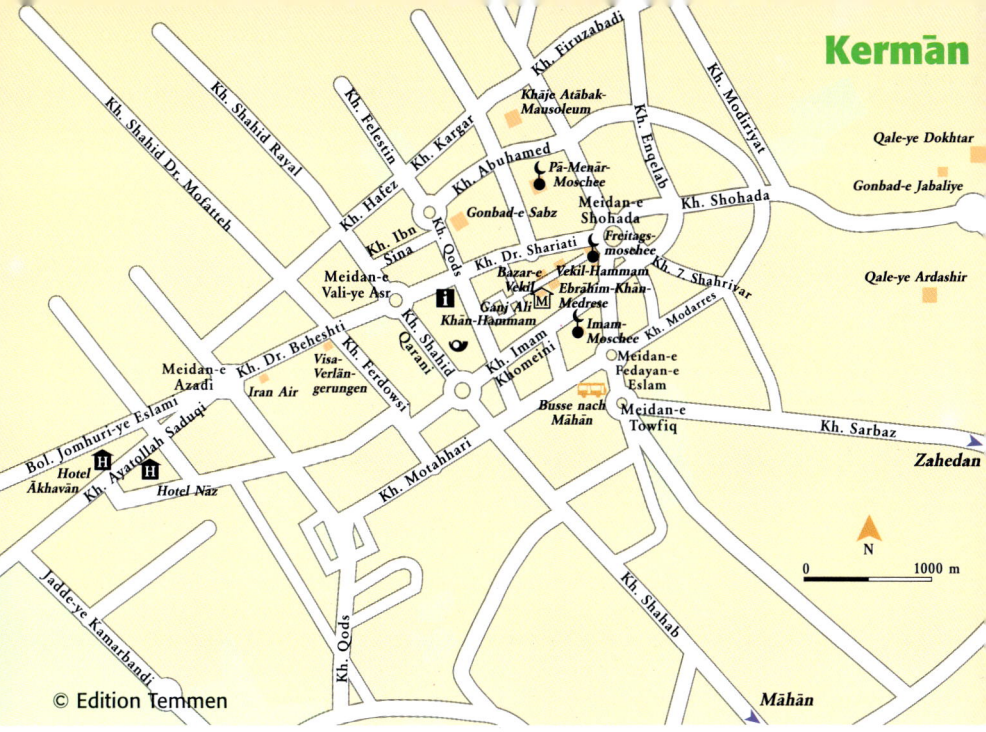

Aufschwung nahm Kermân Mitte des 19. Jh., als der indisch-iranische Handel wiederbelebt wurde – 1879 zählte die Stadt wieder etwa 30.000 Einwohner. Heute lebt Kermân vor allem von der Teppichproduktion sowie vom (Kunst-)Handwerk.

Besichtigung

Das interessanteste Bauwerks Kermâns ist die **Freitagsmoschee**, die mitten im Stadtzentrum nahe des Meidân-e Shohadâ liegt. Sie wurde im Jahr 1348 unter der Lokaldynastie der Muzaffariden errichtet, unter den Safawiden- und Zand-Herrschern jedoch mehrfach erneuert und erweitert. Das Eingangsportal gilt als Meisterwerk des 14. Jh. – sein blauer und weißer Fliesenschmuck mit floralen Motiven datiert allerdings aus späterer Zeit. Unter den Qajaren erhielt die Moschee einen goldenen Uhrenturm, auf dessen Spitze heute eine moderne Leuchtreklame das Wort »Allâh« zeigt. Der Fliesenschmuck der vier Iwane stammt aus unterschiedlichen Epochen: Während die Verzierung des Westiwan aus dem 14. Jh. datiert, erfolgte die Ausschmückung des Südiwan und des Mihrab in safawidischer Zeit.

An die Moschee grenzt im Westen der **Bazar-e Vekil** (»Bazar des Regenten«), der in großen Teilen noch aus safawidischer Zeit stammt. Sehenswert sind die gut erhaltenen Ziegelgewölbe der Bazargassen sowie die zahlreichen Karawansereien und Timches. Besonders schön ist der mitten im Bazar gelegene **Hammam-e Ganj Ali Khân**, der

SÜDOSTEN UND GOLFREGION

Fliesenkunst im Hammam-e Ganj Ali Khân

aus dem 17. Jh. datiert. Zu dem safawidischen Komplex gehörten ursprünglich noch eine Moschee, eine Medrese und ein Wasserreservoir. Der Eingangsiwan ist reich mit Wandmalereien geschmückt. Ein scharfer Knick des Eingangsweges verhinderte die direkte Einsicht in den Badekomplex. Heute befindet sich in dem restaurierten Hammam ein **ethnologisches Museum**, das vor allem Wachsfiguren in traditioneller Kleidung zeigt. Die Wände des Badehauses sind mit Fliesen geschmückt, die florale Motive oder Musikanten zeigen.

In der Nähe des Hammams befinden sich die aus dem frühen 19. Jh. datierende und mit einem Uhrenturm geschmückte **Medrese Ebrâhim Khân** sowie ein weiterer **Hammam**, der noch als Badehaus genutzt wird. Der qajarische **Hammam-e Vekil**, der schräg gegenüber dem Hammam-e Ganj Ali Khân liegt, wurde dagegen in ein sehr gemütliches Teehaus umgewandelt, das **Châi-khâne-ye Sonnati**.

Südlich des Bazar liegt inmitten der historischen Altstadt die seldschukische **Masjed-e Imam** (früher: *Masjed-e Malik*), die im 11./12. Jh. erbaut und später mehrfach restauriert wurde. Die Vier-Iwan-Moschee besitzt noch einen aus dem 12. Jh. datierenden Stuck-Mihrab. Nördlich der Dr. Shariati- und nahe der Falastin-Straße sind die Überreste des **Gonbad-e Sabz** (»Grüner Grabturm«) zu sehen. Das aus dem 13. Jh. datierende Mausoleum wurde bei einem Erdbeben 1896 fast vollständig zerstört; erhalten blieb allein das gefliese Portal. Östlich davon befindet sich die 1390 errichtete **Pâmenâr-Moschee**, deren Eingangsportale sehenswerten Fliesenschmuck aufweist. Weiter nördlich befindet sich das seldschukische **Khâje Atâbak-Mausoleum**, ein oktogonaler Grabturm aus dem 12. Jh. mit geometrischen Mustern. Einen Besuch lohnt des weiteren die in einem Garten gelegene **Nationalbibliothek** Kermâns; das 1894 erbaute Gebäude wird erst seit 1992 als öffentliche Bibliothek genutzt.

Im Osten Kermâns befinden sich auf einem Bergrücken die Überreste zweier sasanidischer Befestigungsanlagen, **Qale-ye Ardashir** und **Qale-ye Dokhtar**, die auf Kermâns Bedeutung bereits in sasanidischer Zeit hinweisen. Zu ihren Füßen erhebt sich ein achteckiges Gebäude, der **Gonbad-e Jabaliye**, dessen Alter und Funktion nicht bekannt sind. Da es keine Ausrichtung nach Mekka besitzt, wird vermutet, daß es sich um ein zoroastrisches Bauwerk handelt. Im Gegensatz zu den meisten iranischen Bauten ist es nicht aus Ziegeln, sondern aus Stein errichtet.

PROVINZ KERMÂN ∎∎∎∎∎∎∎

Gonbad-e Jabaliye in Kerman

Im Norden Kermâns befinden sich die Überreste des alten **Zoroastrierviertels**, das unter dem Afghanenherrscher Ahmad Shâh Dorrâni weitgehend zerstört wurde. Vor allem in der zweiten Hälfte des 19. Jh. spielte die zoroastrische Gemeinde Kermâns, die nach Yazd zweitgrößte Irans, aufgrund ihrer Handelsbeziehungen zu den indischen Zoroastriern (Parsen) eine bedeutende ökonomische Rolle. Rund 6 km nördlich von Kermân ist noch ein **Turm des Schweigens**, eine ehemalige zoroastrische Begräbnisstätte, zu besichtigen.

Mâhân

Rund 35 km südöstlich von Kermân liegt inmitten einer wunderschönen Bergkulisse der Ort Mâhân. Die auf dem Weg nach Bam gelegene Kleinstadt ist von Kermân gut mit dem Bus oder Sammeltaxi zu erreichen.

Im 10. Jh. eine bedeutende Siedlung, stammen die ältesten erhaltenen Gebäude dennoch erst aus dem 15. Jh., darunter das **Mausoleum von Shâh Ne'matollâh Vali**. Der bedeutende Sufi-Scheich und Ordensgründer war im Jahr 1431 in Mâhân verstorben. Einer seiner Anhänger, der aus Indien stammende Ahmad Shâh, stiftete 1437 den quadratischen Kuppelbau, der unter den Safawiden und Qajaren zu einem großen Gebäudekomplex erweitert wurde. Aus safawidischer Zeit stammen die mit einem Netzwerk aus türkisen und weißen Fliesen überzogene Kuppel sowie der Eingangsiwan. Dessen unter den Qajaren erbaute Minarette wurden durch ein Erdbeben im Frühjahr 1998 leicht beschädigt.

Folgende Doppelseite: Prinzengarten in Mâhân

Mausoleum von Shâh Ne'matollâh Vali

Durch zwei mit Zypressen bepflanzte Innenhöfe gelangt man zu dem eigentlichen, mit Wandmalereien geschmückten **Mausoleum**, in dem sich das Grab Ne'matollâh Valis befindet. Daneben liegt das *Chelle-khâne* (»40 Tage-Haus«), in das sich der Sufi-Scheich mehrfach 40 Tage lang zum Beten und Fasten zurückzog. Der kleine Raum ist über und über mit persischen und arabischen Inschriften sowie Gedichten des Sufi-Meisters geschmückt; auch Alis zweischneidiges Schwert wurde abgebildet. An den Grabbau schließt sich ein weiterer Hof an, der – spiegelbildlich zum Eingangsiwan – durch einen Portalbau begrenzt wird.

Vor einigen Jahren wurde in dem Komplex ein kleines **Museum** eingerichtet, das Handschriften und Gegenstände aus dem Sufi-Alltag zeigt, darunter eine überdimensionierte Bettelschale. Einen schönen Blick auf die gesamte Anlage hat man vom Dach aus, auf das man über eine Treppe gelangt.

Während sich der Besuch des Mausoleums für ambitionierte Fotografen aufgrund der Lichtverhältnisse vormittags anbietet, ist der Besuch des sechs km südlich von Mâhân gelegenen **Bâgh-e Shâhzâde** (»Prinzengarten«) am Nachmittag zu empfehlen. Die heute auch **Bâgh-e Tarikhi** (»Historischer Garten«) genannte, ummauerte Anlage wurde Ende des 19. Jh. als einer der letzten klassisch-persischen »Paradiesgärten« errichtet. Über ein Bassin vor dem erhöht liegenden Gartenpavillon fließt Quellwasser aus den nahegelegenen Bergen über mehrere Stufen hinunter zum fliesengeschmückten Eingangsportal. Im kühlenden Schatten hochgewachsener Bäume gibt es Sitzbänke; niederlassen kann man sich jedoch auch im Teehaus oder im Restaurant, die sich in den ehemaligen Eingangs- und Empfangshallen des Pavillons befinden.

Neben lokalen Speisen kann man sich auch dem Genuß der Wasserpfeife hingeben. Besonders schön ist der Besuch des Gartens am frühen Abend, wenn über Lautsprecher klassische persische Musik das Rauschen des Wassers untermalt.

Bam

Ein eindrucksvolles Erlebnis ist der Besuch der verlassenen Oasenstadt Bam (1062 m), deren Ruinen rund 200 km südöstlich von Kermân liegen. Bam wurde wahrscheinlich in sasanidischer Zeit gegründet. Die ältesten erhaltenen Strukturen gehen auf die Zeit vor dem 12. Jh. zurück, die meisten Gebäude stammen jedoch aus safawidischer Zeit. Im Mittelalter war die von mächtigen Lehmmauern umgebene Stadt ein bedeutendes Textilzentrum, das Händler aus ganz Iran anzog. Trotz seiner hohen Mauern wurde Bam mehrfach erobert, zuletzt im 18. Jh. von den Afghanen, die Teile der Stadt zerstörten.

Sufi-Bettelschale als Kunstobjekt

Im späten 19. und frühen 20. Jh. wurde zu Füßen der alten Stadt, genannt **Arg-e Bam**, eine neue Stadt errichtet. Das heutige Bam zählt rund 70.000 Einwohner und besitzt einen sehenswerten Bazar. Hier kann man die berühmten schwarzen Datteln der Oase, genannt *Mozâfati*, kaufen, die zu Recht als die leckersten Datteln Irans gelten. Neben dem Verkauf von Datteln und anderen Früchten lebt Bam vor allem vom Henna-Anbau.

Etwa 1 km nordöstlich der modernen Stadt liegt das verlassene **Arg-e Bam**, das von der Unesco zum Weltkulturerbe erklärt wurde. Der überaus malerische, etwa 20 ha umfassende Ort stellt nicht nur ein beliebtes Ausflugsziel für Iraner dar, sondern wird auch häufig von in- und ausländischen Filmteams als Kulisse benutzt. Fast alle Gebäude, von denen viele gegenwärtig restauriert werden, wurden aus lufttrockenem Lehm erbaut, der mit gehäckseltem Stroh vermischt wurde.

Arg-e Bam
Tägl. 8–12, 14–17 Uhr. Am Eingang sind Schriften über Bam in englischer Sprache erhältlich. Da alle größeren Gebäude in Arg-e Bam auf Englisch (und Persisch) ausgeschildert sind, findet man sich gut in der Anlage zurecht.

Noch heute ist Arg-e Bam von einer intakten zinnenbekrönten Stadtmauer umgeben. Der einzige Zugang ist das **Südtor**, vor dem in jüngster Zeit ein Park mit Restaurant und Teehaus angelegt wurde. Vom Südtor gelangt man zunächst in den aus safawidischer Zeit stammenden, ehemals überdachten **Bazar**, um den sich Wohnviertel gruppieren. Einige Wohnhäuser, wie beispielsweise das Haus eines jüdischen Besitzers, sind von beeindruckender Größe. Nördlich des Bazar befinden sich eine **Tekiye**, deren Kanzel ebenfalls

aus Lehm erbaut wurde, eine **Moschee** sowie eine **Karawanserei**. Im Südosten des Bazar liegt die aus dem 9. Jh. datierende, saffaridische **Freitagsmoschee**, an die sich im Norden der **Mirzâ Na'im-Komplex** samt einer Medrese sowie ein **Zur-Khâne** und eine **Karawanserei** anschließen.

Im Norden Arg-e Bams grenzen hohe Lehmmauern die auf einem natürlichen Felsen erbaute **Zitadelle** sowie weitere Wohnviertel von der übrigen Stadt ab. Die Mauern sind noch intakt, und der einzige Weg führt durch ein kleines Torgebäude, in dem sich heute ein gemütliches Teehaus befindet. Vorbei an Kasernen und Pferdeställen, einem Gefängnis, einer Windmühle sowie dem um einen Innenhof erbauten **Wohnpalast des Gouverneurs** gelangt man zur Spitze der Zitadelle, von wo man einen wunderschönen Blick über Arg-e Bam und die es umgebenden Palmengärten hat. Hier liegen auch die Überreste des safawidischen **Chahâr-Fasl-Palastes**, des »Vierjahreszeiten«-Palastes.

Der Nordosten

■ Provinz Khorâsân

Khorâsân, das »Land der aufgehenden Sonne«, stellt mit 313.340 km² die größte Provinz Irans dar und ist sogar fast so groß wie die Bundesrepublik Deutschland. Obwohl die Provinz den ganzen Nordosten Irans umfaßt, ist sie nur dünn besiedelt; mehr als die Hälfte ihrer rund 6 Mio. Einwohner wohnt zudem in Mashhad. Die Landschaft Khorâsâns ist ausgesprochen heterogen: Während sich im Norden niederschlagsreiche Hochgebirge erstrecken, befinden sich im Süden die extrem trockenheißen Salz- und Sandwüsten **Kavir** und **Lut**. Trotz dieser geographischen Vielfalt erfuhr Khorâsân eine relativ einheitliche Geschichte.

Das historische Khorâsân reichte weit über die heutige Provinz hinaus und umfaßte Teile des heutigen Afghanistan und Usbekistan. Von hier drangen im islamischen Mittelalter die türkischen und mongolischen Völker aus den zentralasiatischen Steppen ins iranische Hochland vor. Mit der zunehmenden Schwäche des abbasidischen Kalifats in Bagdad konnten sich mehrere Lokaldynastien (Tahiriden, Saffariden und Samaniden) etablieren – bis es den turkstämmigen Seldschuken im 11. Jh. gelang, die Region unter ihrer Herrschaft zu vereinen und zum geistigen Zentrum Irans auszubauen.

Nach dem Zusammenbruch des Seldschukenreiches wurde Khorâsân Teil des zentralasiatischen Reiches Chwarezm, bis es im Jahr 1221 von Dschingis-Khan erobert wurde. Bis 1337 blieb Khorâsân unter mongolischer Kontrolle, bis erneut eine lokale Dynastie, die Sarbariden, ihre Unabhängigkeit erklärte. Doch bereits im Jahr 1380 wurde die Dynastie durch die Invasion Timurs beendet. Unter der Herrschaft der Timuriden, insbesondere unter Shâh Rokh und dessen Ehefrau, prosperierte Khorâsân. Im Jahr 1510 eroberte Shâh Ismail die Provinz und etablierte auch hier die safawidische Herrschaft – seitdem besitzt Khorâsân eine gemeinsame Geschichte mit den übrigen Landesteilen Irans.

Mashhad

Die »heiligste Stadt« Irans und Hauptstadt der Provinz Khorâsân liegt in 985 m Höhe inmitten des wasserreichen Tales des Kashaf

Linke Seite: Mashhad

Safran

Echter Safran (*Crocus sativus*) ist eine indigene iranische Pflanze, die in gemäßigtem Klima gedeiht. Durch die Araber wurde sie bis nach Spanien, durch die Mongolen bis nach China gebracht. Als **Gewürzsafran** bezeichnet man ihre getrockneten, aromatisch riechenden Blütennarben, die als färbende Substanz Carotinoide enthalten. Seit der Antike wird Safran in Iran als Gewürz und Farbstoff verwendet; in der traditionellen Medizin war er wegen seiner anregenden Wirkung geschätzt. Die persischen Könige trugen safrangefärbte Gewänder und Schuhe – in der hellenistischen Kunst erhielten auch manche Götter, die wie Dionysos von der orientalischen Mythologie beeinflußt waren, gelbe Gewänder.

Iran produziert heute etwa 65% des Weltverbrauchs an Safran. Zu 96% wird die lila blühende Pflanze in Khorâsân kultiviert, wo rund 80.000 Familien von ihrem Anbau leben. Geerntet wird die mehrjährige Pflanze von Ende Oktober bis Ende November, und zwar in den frühen Morgenstunden. Noch heute kennt die persische Küche zahlreiche Gerichte, die unter Verwendung von Safran hergestellt werden; auch viele wohlschmeckende Süßigkeiten erhalten durch die Hinzufügung von Safran ihren würzigen Geschmack und ihre charakteristische gelbe Farbe.

Rud, das als eine der landwirtschaftlich produktivsten Regionen Irans gilt. Die nahe der Grenzen zu Afghanistan und Turkmenistan gelegene Stadt entwickelte sich darüber hinaus zum zweitgrößten Industriezentrum des Landes; weitere Einnahmequellen sind der Wollhandel, die umfangreiche Teppichproduktion und nicht zuletzt die Wallfahrtsstätte von Imam Rezâ.

Geschichte

Keimzelle der Stadt ist das Grab des achten schiitischen **Imam Ali Rezâ** (gest. 818). Dieser war im Jahr 816 überraschend von dem in Merw residierenden sunnitischen Kalifen Ma'mun zu seinem Nachfolger ernannt worden. Da die Entscheidung bei der abbasidischen Klientel in Bagdad auf großen Widerstand stieß, brach Ma'mun Richtung Zweistromland auf. Zunächst blieb er jedoch einige Zeit in dem Dorf Sanâbâd am Grab seines Vaters Hârun ar-Rashid. In dieser Zeit starb dort unerwartet sein designierter Nachfolger Ali Rezâ – die schiitische Überlieferung spricht traditionell von einer Vergiftung durch seine politischen Widersacher. Der Kalif ließ den Imam in Sanâbâd nahe dem Grab seines Vaters beisetzen – Ali Rezâ sollte der einzige Imam bleiben, der auf iranischem Boden bestattet wurde. Seine »Märtyrerstätte« (*Mashhad ar-Razavi*) entwickelte sich bald zu einem Wallfahrtsort der Schiiten, um den die junge Stadt Mashhad entstand.

Im Jahr 944 wurde der Schrein erstmals von dem Sunniten Saboktagin, dem Begründer der Ghaznawidendynastie, zerstört, doch von seinem Sohn Mahmud im Jahr 1009 wieder aufgebaut. Im Jahr 1220 wurde Mashhad dann von den Mongolen verwüstet; weitere Zerstörungen erfolgten unter Timur. Unter dessen Nachfolger, dem Sunniten **Shâh Rokh** (1405–1447), und seiner Gattin **Gowhar Shâd** begann jedoch eine Blütezeit für Stadt und Heiligtum: Shâh Rokh ließ das Mausoleum erweitern, und Gowhar Shâd stiftete eine der schönsten Moscheen Irans.

Im 16. und 17. Jh. wurde Mashhad erneut zerstört, diesmal von den Turkmenen und Uzbeken. Der schiitische Safawiden-Herrscher

PROVINZ KHORÂSÂN

Abbâs I. ließ Stadt und Heiligtum wieder aufbauen und förderte das Pilgerwesen. Erst jetzt entwickelte sich Mashhad zum bedeutendsten Wallfahrtszentrum Irans. 1722 wurde die Stadt von den Afghanen zerstört. Als im 18. Jh. Nâder Shâh Mashhad zu seiner Hauptstadt erhob, nahm sie einen erneuten Aufschwung, was in der Errichtung zahlreicher Gebäude zum Ausdruck kam. Auch stattete Nâder Shâh, der sich der Vereinigung von Sunna und Schia verschrieben hatte, den Schrein Imam Rezâs generös aus. Nach Nâders Tod – er selbst wurde ebenfalls in Mashhad beigesetzt – wurde die etwa 250.000 Einwohner zählende Stadt Zentrum eines kleinen Reiches, das Nâders Enkel regierte.

Seit Ende des 19. Jh. wuchs Mashhad stark an, und in den 30er Jahren unternahm Rezâ Shâh umfangreiche Modernisierungsmaßnahmen. Breite Straßenzüge und Parkanlagen wurden errichtet, denen viele alte Baustrukturen zum Opfer fielen. Auch um den heiligen Bezirk wurden zahlreiche alte Bazarläden eingeebnet und ein breiter Boulevard mit Grünflächen angelegt.

In den vergangenen Jahrzehnten wuchs Mashhad weiter stark an; neben Iranern leben hier auch viele afghanische Flüchtlinge. Heute ist Mashhad mit knapp 4 Mio. Einwohnern die zweitgrößte Stadt Irans. Zudem pilgern jährlich rund 14 Mio. Menschen zum Heiligtum (womit sie sich den Ehrentitel *Mashhadi* erwerben). Da die alte Stadtstruktur die ständig anwachsende Einwohner- und Besucherzahl nicht mehr aufnehmen kann, soll sie in den nächsten Jahren grundlegend erneuert werden – Investoren werden noch gesucht.

Besichtigung

Im Zentrum Mashhads liegt nicht weit vom Bahnhof entfernt der von einem breiten Boulevard umgebene **heilige Bezirk** (*Haram-e Motahhar*). Mit seinen zahlreichen religiösen und administrativen Gebäuden, darunter Moscheen, Medresen und Museen, stellt er eine einmalige Anlage in der islamischen Welt dar.

Vom westlich gelegenen Abbâsi-Eingang (Ayatollah-Shirâzi-Straße) sowie vom Ost-Eingang (Navvâb-e Safavi-Straße) gelangt man zunächst in den mit schwarzen Steinen gepflasterten **Alten Hof** (*Sahn-e Atiq*), in dessen Mitte sich ein Wasserbecken befindet. Seine doppelstöckigen Arkaden werden von vier Iwanen unterbrochen. Der unter Shâh Abbâs I. (17. Jh.) erbaute **Nordiwan** trägt ein Minarett aus der Regierungszeit von Shâh Tahmâsp (16. Jh.). Der aus dem 15. Jh. datierende Südiwan, der **Talâ-ye Ali Shir Navâ'i** oder **Goldiwan**, ist nach seinem Erbauer, einem timuridischen Wesir und Poeten, benannt. Restauriert wurde der Iwan von Nâder Shâh, der ihn samt Minarett mit Blattgold verkleiden ließ.

Aufgrund der großen Ausdehnung des heiligen Bezirks empfiehlt es sich, die Besichtigung mit einem Führer vorzunehmen – »Guided Tours« werden am Eingang angeboten. Nichtmuslime können viele Gebäude allerdings nur von außen besichtigen. Generell ist darauf zu achten, sich respektvoll und zurückhaltend zu benehmen; dies gilt auch für das Fotografieren. Frauen sind zudem angewiesen, einen Tschador zu tragen. Empfehlenswert ist darüber hinaus ein Besuch bei Nacht, wenn die Gebäude angestrahlt werden.

387

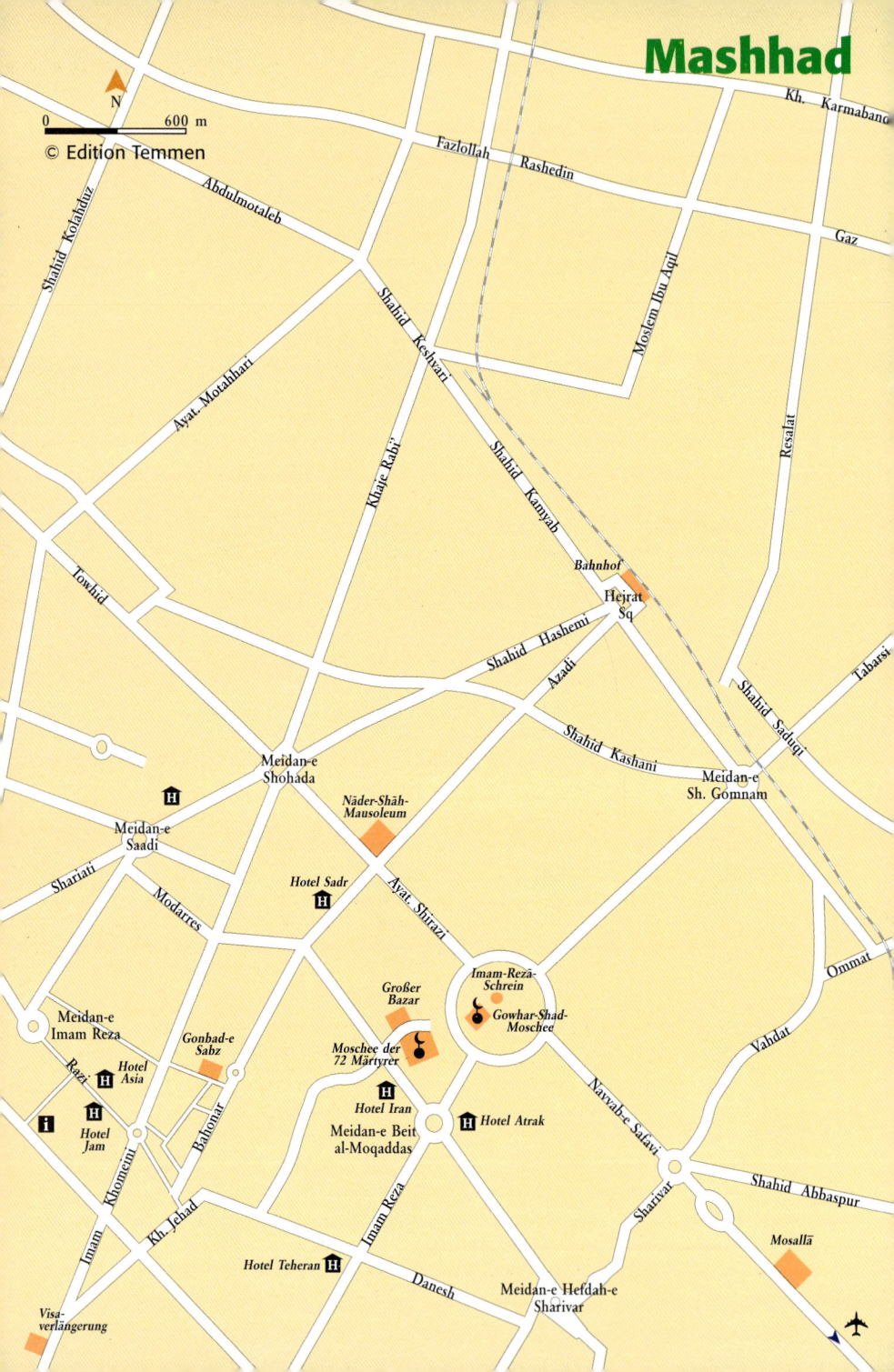

PROVINZ KHORÂSÂN ∎∎∎∎∎∎∎

Im Südosten des Alten Hofes befinden sich die drei **Medresen** *Paizad*, *Do Dar* und *Bâlâsar*; neben letzterer steht eine **Moschee** gleichen Namens. Der Goldiwan führt zum **Towhid-khâne**, dem »Haus der Einheit«, und anschließend zum **Schrein von Imam Rezâ**, dem heiligsten Teil der Anlage, dessen Besuch Nichtmuslimen verboten ist. Seit seinem Baubeginn im 10. Jh. wurde das fliesen- und spiegelgeschmückte Mausoleum ständig restauriert und erweitert, so daß es heute die verschiedensten Stilrichtungen vereint. Die heutige Baustruktur entstand im wesentlichen unter Shâh Safi I. um 1635; die ältesten Teile des Schreins datieren jedoch aus dem 12. Jh. Die Vergoldung der Kuppel wurde im Jahr 1675 unter Shâh Tahmâsp, im 18. Jh. unter Nâder Shâh erneuert. Der goldene Kronleuchter ist ein Geschenk von Shâh Rokh (1418), während der Grabstein selbst von Shâh Abbâs I. stammt. Er hatte nach der Rückeroberung Khorâsâns 1598 den verwüsteten Schrein wiederhergestellt und sich im Jahr 1601 – zur Erfüllung eines Gelübdes – selbst zu Fuß als Pilger nach Mashhad aufgemacht.

Östlich des Mausoleums schließt sich der **Neue Hof** (*Sahn-e Jadid*) an, der von Fath Ali Shâh um 1818 erbaut wurde. Besonders schön ausgestattet ist der Westiwan, der **Talâ-ye Fath Ali Shâh**. Über den Südiwan gelangt man zu einem großen freien Platz, an dem der Haupteingang zur **Gowhar Shâd-Moschee** liegt. Gowhar Shâd, die Gattin von Shâh Rokh, hatte sie ungeachtet ihres sunnitischen Bekenntnisses zwischen 1405 und 1418 erbauen lassen; heute gilt die Moschee als das schönste und am besten erhaltene Bauwerk der Timuridenzeit. Die klassische Vier-Iwan-Anlage grenzt direkt an den nördlich gelegenen Schrein. Ihr quadratischer Hof von etwa 50 m Seitenlänge ist von zweistöckigen Arkadenreihen umgeben, die durch breite Inschriften und Flechtbänder gegliedert sind. Die geometrische Dekoration aus glasierten und stumpfen Ziegeln, die Arabesken aus vielfarbigem Fayence-Mosaik sowie die kalligraphischen Inschriften sind von hoher Qualität – sie wurden von dem berühmten Fliesentechniker Qavâm ad-Din Shirâzi sowie dem bekannten Kalligraphen Bâisonqor Mirzâ, einem Sohn Shâh Rokhs, angefertigt. Die Kuppel des Sakralbaus wirkt vor allem durch ihr mildes einheitliches Blau, das nur sparsam durch die ockerfarbene Inschrift »Es gibt keinen Gott außer Gott« belebt wird. Besonders schön sind der **Mihrab** sowie der **Südiwan**, der von zwei zylindrischen, vom Boden aufsteigenden Minaretten flankiert wird. Auf dem Minbar soll gemäß schiitischer Tradition dereinst der Mahdi Platz nehmen, nach seiner Rückkehr aus der »großen Verborgenheit«.

In dem heiligen Bezirk befinden sich des weiteren zwei **Museen**, die auch Nichtmuslimen offenstehen. Sie beherbergen Objekte, die dem Schrein von frommen Muslimen gestiftet wurden. In dem grö-

Museen
Tägl. 8–14 Uhr.

ßeren, dem **Muze-ye Moqaddas**, sind neben Teppichen, Keramiken und safawidischen Waffen die alten vergoldeten Türen des Schreins zu sehen. Das **Muze-ye Qods-e Razavi**, dessen Eingang in der Nähe der Navvâb-Safavi-Straße liegt, ist ohne Schuhe zu betreten. Während im ersten Stock eine Sammlung von über 100 handschriftlich verfaßten Koranen zu bewundern ist, sind im Erdgeschoß ebenfalls gestiftete Gegenstände ausgestellt – u. a. ein Koranexemplar in Perlmutt von Palästinenserpräsident Yassir Arafat und ein Kronleuchter vom syrischen Staatspräsidenten Hafiz al-Asad.

In dem heiligen Bezirk befindet sich auch eine umfangreiche und erdbebensichere **Bibliothek**. Das moderne Gebäude wurde erst 1995 nach zwölfjähriger Bauzeit eröffnet. Sie soll eine der größten Bibliotheken des Nahen Ostens werden und 5 Mio. Bücher umfassen; gegenwärtig besitzt sie mehr als 500.000 Exemplare in 42 Sprachen. Erbaut wurde sie von der »Stiftung des heiligen Bezirks des Imam Rezâ« (*Âstan-e Qods-e Razavi*), dem bedeutendsten Wirtschaftsunternehmen Mashhads. Die Stiftung besitzt etwa 1200 Produktions-, Handels- und Dienstleistungsgesellschaften, darunter Fabriken, Bauunternehmen, religiöse Dienstleistungsbetriebe, die beiden Universitäten und Sozialdienste. Ihr obliegt auch die Unterhaltung und Reinigung des heiligen Bezirks: Ihre Angestellten säubern jede Nacht das Grabmal und besprengen es mit Rosenwasser; auch die sich ständig abwechselnden Koranrezitatoren (pers. *Hoffâz*) werden von ihr entlohnt. Zuweilen gibt sich die Stiftung auch ganz weltlich: 1993 errichtete sie die erste Fabrik seit der Revolution zur Produktion von Coca Cola, das einstmals als Symbol des »großen Satans« USA verpönt war. Sie befindet sich im Norden Mashhads in der nach ihr benannten Coca-Cola-Straße.

Weitere Sehenswürdigkeiten

Auch außerhalb des heiligen Bezirks sind interessante Bauwerke zu besichtigen. Nicht mehr zu sehen ist allerdings die alte **Masjed-e Fâ'ez**, die einzige sunnitische Moschee Mashhads, die nur etwa 500 m vom Schrein Imam Rezâs entfernt lag. Sie wurde 1993 von Bulldozern niedergerissen, nachdem Sunniten zuvor ein Angebot der regierenden Schiiten abgelehnt hatten, eine neue Moschee am Stadtrand zu errichten.

Um den heiligen Bezirk gruppieren sich drei Bazare, die jedoch wenig sehenswert sind. Nach der Zerstörung eines Großteils der alten Bazarstruktur durch Rezâ Shâh wurden viele Läden 1977 in einem neuen, riesigen Bazarkomplex, dem Bazar-e Imam Rezâ, zusammengefaßt. Der im Südosten des heiligen Bezirks gelegene **Große Bazar** (*Bazar-e Bozorg*) ist dennoch wegen der Türkis-Läden von Interesse, die sich in den ersten Stockwerken befinden. Die Region um Mashhad und Nishâpur ist reich an Türkisminen und bekannt für die Qualität ihrer Steine. Beim Kauf muß man allerdings darauf achten, daß man keine synthetischen Türkise erhält; auch ist der Türkis hier nicht preiswerter als in anderen Städten Irans.

Im Großen Bazar befinden sich auch die Überreste der **Moschee der 72 Märtyrer**. Von der früheren *Shâh-Moschee* sind nur noch die Eingangsfassade sowie das Minarett erhalten. Das dahinterliegende Gebäude beherbergt die Büros der Pâsdârân-Organisation und ist für die Öffentlichkeit nicht zugänglich.

Westlich des heiligen Bezirks liegt in der Shahid Dr. Bâhonar-Straße inmitten eines kleinen Platzes der **Gonbad-e Sabz** (»Grüner Grabturm«). Das quadratische Mausoleum mit der prägnanten grünen Kuppel datiert aus safawidischer Zeit und wurde später restauriert. Bestattet wurde hier der Arzt Mohammad Hakim Mo'men.

Nördlich der Straßenkreuzung Âzâdi und Ayatollah Shirâzi liegt in einem kleinen Park das **Ârâmgâh-e Nâder Shâh**. Das moderne Mausoleum aus dem 20. Jh. beherbergt neben dem Grab Nâder Shahs, das leicht an der großen Statue des Herrschers zu Pferde zu erkennen ist, auch ein kleines Museum. Ein Raum zeigt Waffen und andere Objekte des 18. Jh., ein anderer verschiedene prähistorische Funde aus der Region.

Im Südosten des heiligen Bezirks liegt an der Mosallâ-Straße (der Verlängerung der Navvâb-e Safavi) eine **Mosallâ**, ein religiöser Versammlungsort unter freiem Himmel. Die aus dem Jahr 1677 datierende Mosallâ besitzt lediglich einen Gebetsraum sowie einen Iwan; ihre Außenwände sind noch mit den originalen safawidischen Fliesen verziert.

Vier km nördlich von Mashhad, vom heiligen Bezirk mit Bus Nr. 30 zu erreichen, liegt das **Mausoleum von Khâje Rabi'**. Der im Jahr 1621 unter Shâh Abbâs errichtete Bau ähnelt einem Gartenpavillon und zeigt damit Anlehnungen an die profane Architektur. Mit Mausoleen dieser Art entstand in safawidischer Zeit ein neuer Typ des Grabbaus, der im islamischen Indien mit dem Taj Mahal (1631–48) seine größte Blüte erlebte. Vier tiefe Iwane führen zu einem zentralen Kuppelraum, der mit farbenprächtigen Fliesen und Wandmalereien geschmückt ist. Sehenswert sind vor allem die feinen Inschriften, die von dem berühmten Kalligraphen Rezâ Abbâsi stammen. Der Garten um das Mausoleum wurde während des Irak-Iran-Kriegs zu einem Märtyrerfriedhof umgestaltet.

Ausflüge

An der alten Karawanenroute, die von Mashhad nach Merw führt, lagen im Abstand von jeweils einer Tagesreise **Karawansereien**, die den Reisenden und ihren Tieren Unterkunft und die Versorgung mit Wasser boten. Die größte und eindrucksvollste unter ihnen ist die seldschukische **Rebât-e Sharif**, die etwa 60 km vor Sarakhs südöstlich des Dorfes Shurlukh (und rund 5 km abseits der Hauptstraße) liegt.

Begonnen wurde der Ziegelbau im Jahr 1114 von Sharaf ad-Din Vajih al-Mulk, dem Wesir des Seldschukensultans Sanjar (gest. 1157). 40 Jahre später wurde die Anlage nach einer Plünderung weitgehend neu ausgestattet und mit kunstvollem Stuckdekor versehen. Wie bei den meisten Karawansereien handelt es sich bei der 62 x 100 m großen Rebât-e Sharif um eine Doppelhof-Anlage. Die unterschiedlich großen Höfe werden dabei durch einen Quertrakt mit Innenportal getrennt. Der vordere rechteckige Hof ist nur halb so groß wie der hintere quadratische, auf den sich vier Iwane öffnen. Ringsherum sind Wohnzellen von verschiedener Größe angelegt, die durch Korridore miteinander verbunden sind. Während die einfachen Räume mit Tonnengewölben gedeckt sind, weisen die größeren, kreuzförmigen Räume an den Seiten jedes Iwans Kuppeln auf. Überragt werden alle Gebäudeteile von den mit Ziegelmustern und Inschriften geschmückten Portalbauten. Die Außenmauer der Karawanserei weist halbzylindrische Ecktürme auf. Obwohl die Anlage heute in militärischem Gebiet liegt, ist eine Besichtigung mit Erlaubnis der Stadtverwaltung in Mashhad oder Sarakhs möglich.

Tus

Etwa 25 km nördlich von Mashhad liegt die Kleinstadt Tus, die von Mashhad stündlich mit Minibussen erreicht werden kann. Die einstige Hauptstadt der Region wurde im Mittelalter von Mashhad überflügelt. Bereits unter Dschingis-Khan zerstört, wurde Tus im Jahr 1389 von den Truppen Timurs derart verwüstet, daß es im 15. Jh. aufgegeben wurde. Heute ist Tus ein Dorf – nur die ausgedehnten Ruinenfelder, die eine runde Stadtmauer sowie im Norden die Zitadelle **Qasr-e Ma'mun** erkennen lassen, künden von seiner einstigen Größe.

Tus ist die Heimatstadt mehrerer bedeutender Persönlichkeiten, unter ihnen der Philosoph Ghazzâli (gest. 1111) sowie Ferdowsi, der Dichter des berühmten *Shâhnâme* (»Königsbuch«). Ferdowsis Grabmal, das **Ârâmgâh-e Ferdowsi**, war im Jahr 1934 anläßlich seines 1000. Geburtstages in einem Garten errichtet worden. Der helle, würfelförmige Marmorbau weist mehrere Elemente aus der Bautradition der Achämeniden auf: Die Form mit dem abgestuften Podest erinnert an das Mausoleum von Kyros II. in Pasargadae, die mit Stierkapitellen geschmückten Säulen, die die vier Ecken

PROVINZ KHORÂSÂN ∎∎∎∎∎∎

Mausoleum von Arslân Jâsib in Sangbast

und Scheintüren zieren, an Persepolis. Auch das altpersische Flügelsymbol Ahura Mazdas taucht über einer der Scheintüren auf, die jeweils Verse des Shâhnâme zitieren. In der Grabkammer unterhalb des Mausoleums sind mehrere moderne Felsreliefs angebracht, die Szenen aus dem Shâhnâme zeigen.

Etwa 1 km südlich von Tus liegt ein weiteres Mausoleum, das **Boq'e-ye Hâruniye**. Gemäß lokaler Tradition wurde hier der Kalif Hârun ar-Rashid begraben, der im Jahr 809 in Tus verstarb. Das quadratische, 25 m hohe Kuppelmausoleum stammt möglicherweise aus dem 14. Jh. Nicht weit von Tus entfernt ist darüber hinaus der jüngste isoliert stehende Grabturm Irans zu besichtigen. Der aus dem 15. Jh. datierende **Turm von Âkhanjân** besitzt einen achteckigen Grundriß sowie ein konisches Dach, das türkis, schwarz und ziegelfarben gefliest ist.

Rund 60 km nordwestlich von Tus liegt auf dem halben Weg nach Quchân das Dorf Radkan, in dem ein Grabturm zu besichtigen ist. Errichtet wurde der runde, 24 m hohe **Mil-e Radkan** im Jahr 1281 unter den Ilkhaniden; durch seinen Durchmesser von etwa 12 m wirkt er sehr wuchtig. Sein auf einem rund 3 m hohen Sockel erbauter Mauermantel ist - erstmals in Persien - mit 36 eingebundenen Halbsäulen verkleidet. Unterhalb des Kegeldachs befindet sich ein etwa 1,5 m hoher kufischer Inschriftenfries, der wie alle Teile des Turms einst mit Glasurkeramik überzogen war. Die sich anschließenden »Quasten« unterstreichen den Zeltcharakter des Grabturms.

Sangbast

Etwa 40 km südöstlich von Mashhad befindet sich auf dem Weg nach Torbat-e Jâm das große Dorf Sangbast. Inmitten eines rund 250 x 150 m großen Trümmerfeldes liegt das verhältnismäßig gut erhaltene und teilweise restaurierte **Mausoleum von Arslân Jâsib**, der unter dem Ghaznawiden Mahmud (997–1028) Statthalter von Tus war. Beeindruckend ist vor allem die effektvolle Ziegelornamentik des quadratischen Kuppelbaus. Während sich mehrere Kufi-Inschriften erhalten haben, ist der gemalte Fries, der Sokkel und Torbogen schmückte, verschwunden.

Neben dem Mausoleum erhebt sich ein zylindrisches, etwa 22 m hohes **Ziegelminarett** aus dem Jahr 1028, das zu einer heute zerstörten Moschee gehörte. Unter einem Stalaktitenfries aus herauskragenden Ziegeln verläuft eine Kufi-Inschrift.

Nishâpur

Rund 90 km westlich von Mashhad liegt die Kleinstadt Nishâpur (auch: Neishâbur). Von dem Sasaniden **Shâpur I.** gegründet, wurde sie von Shâpur II. nach ihrer Zerstörung wieder aufgebaut: als *Niv-e Shâpur*, das »gute Werk Shâpurs«. Zu Füßen der Binâlud-Berge an der Seidenstraße gelegen, war Nishâpur in sasanidischer und frühislamischer Zeit eine blühende Handelsmetropole; unter den Taheriden, Saffariden und Samaniden war es zudem Sitz des Gouverneurs von Khorâsân. Im 11. Jh. erhoben die Seldschuken Nishâpur zeitweise zur Hauptstadt ihres Reiches. Unter Malik Shâh (gest. 1092) und seinem Minister Nizâm al-Mulk entwickelte sich Nishâpur zum intellektuellen und künstlerischen Zentrum Persiens. Durch den Bau zahlreicher Medresen unterstützte Nizâm al-Mulk die sunnitische Glaubensrichtung; an einer von ihnen lehrte auch der aus Tus stammende Theologe Ghazzâli (gest. 1111), der in seinem Werk die Sufi-Lehre mit dem orthodoxen Islam harmonisierte.

Doch die geistige Blütezeit währte nicht lange; bereits im 12. Jh. begann durch interne Querelen, Überfälle turkmenischer Stämme, bei denen die reichhaltige seldschukische Bibliothek verbrannte, sowie durch mehrere Erdbeben der Niedergang der Stadt. Im Jahr 1221 wurde Nishâpur schließlich von den Mongolen völlig zerstört und seine Bevölkerung massakriert. Zwar wurde Nishâpur später wieder aufgebaut, doch konnte es an seine frühere Glanzzeit nicht mehr anknüpfen. Heute lebt die Stadt vom Getreide-, Obst- und Baumwollanbau, von der Ausbeutung der nahegelegenen Türkisminen sowie vom Handel mit Teppichen, die in der Region um Mashhad geknüpft werden.

Mausoleum von Farid ad-Din Attâr in Nishâpur

Da fast alle historisch bedeutsamen Gebäude zerstört sind, mag der Besuch der Stadt nach der langen Anfahrt von Mashhad für manche enttäuschend sein. Lediglich einige alte Mausoleen haben sich in den Außenbezirken der Stadt erhalten. Doch wer über die Vergänglichkeit sinnieren möchte, für den lohnt sich ein Spaziergang in den Ruinen des alten Nishâpur allemal. Von Interesse sind zudem drei moderne Grabbauten, die berühmten persischen Persönlichkeiten gewidmet sind.

Der in Europa bekannteste ist der Dichter, Mathematiker und Astronom **Omar Khayyâm**, dessen Mausoleum etwa 1 km südöstlich der Stadt im schönen **Mahruq-Garten** liegt. Das 1934 von dem iranischen Architekten Seyhun entworfene Grabmal soll an die Form eines umgestülpten Weinkelches erinnern, ein Motiv, das an die Vergänglichkeit gemahnt und in Khayyâms Poesie eine bedeutende Rolle spielt. Im gleichen Garten liegt auch das **Imâmzâde Mohammad Mahruq**, ein schönes Kuppelmausoleum aus dem 16. Jh., das zu Ehren eines im 13. Jh. verstorbenen Heiligen errichtet wurde. Zwei weitere Grabbauten befinden sich in einem nahegelegenen Park. Das **Mausoleum von Farid ad-Din**

Attâr, dem beim Einfall der Mongolen um 1220 zu Tode gekommenen mystischen Dichter, entstand im 17. Jh. und wurde 1934 restauriert. Das oktogonale gefliese Gebäude wird von einer gewaltigen, türkisen Kuppel gekrönt; Schriftbänder zitieren Teile des islamischen Glaubensbekenntnisses. Daneben befindet sich das **Mausoleum von Kamâl al-Mulk**, das zu Ehren des 1938 verstorbenen Malers errichtet wurde – von dem gleichen Architekten, der auch das Grabmal Omar Khayyâms erbaute.

Etwa 27 km südöstlich von Nishâpur liegt in der Ortschaft Qadamgâh inmitten eines kleinen, ummauerten Wassergartens das **Boq'e-ye Qadamgâh**, das »Mausoleum des Fußabdrucks«. Der Name des oktogonalen Grabbaus rührt daher, daß im Inneren eine Steinplatte zu sehen ist, auf der sich die – sehr großen – Fußabdrücke von Imam Rezâ befinden sollen. Das aus dem 17. Jh. stammende Mausoleum wurde später restauriert. Es weist einige schöne Inschriften, Haft-rangi-Fliesen von hoher Qualität sowie Mukarnasverzierungen auf. Decke und Wände im Inneren sind

Durch die Salzwüste Kavir

»Vor uns breitete sich eine schier unendliche, nur zum Horizont ansteigende Ebene. Zwei Erhebungen in weitester Ferne zeigten uns die Marschrichtung. Ich holte die Karawane ein und ritt, ihren Staub zu vermeiden und den Weg zu finden, voraus. Immer dunkler wurde die Nacht, die Hügel in der Ferne, die eine Zeitlang noch vor dem inneren Auge standen, waren nun auch für die Einbildung entschwunden. Nur ein Gerippe ab und zu versicherte uns, daß wir in der rechten Richtung waren. Ab und zu hielt man sich auch eine Zeitlang auf einem bei scharfem Zusehen erkennbaren dunklen Streifen, der von einer kleinen, bei Tage gar nicht sichtbaren Senkung des Bodens unter dem Druck Tausender von Kamellasten herrührte. Um ihn zu sehen, durfte man nicht selbst darauf, sondern mußte ihm zur Seite reiten. Da hatte ich bei allem Hinschauen ihn und meine Reisegefährten verloren. Ich wartete, lauschte, hörte aber nichts. Auch meiner Lampe antwortete kein Zeichen. Weiter vorwärts kam ich an jene horizontenfernen Hügel. Nun galt es, die Orientierung zu behalten. Mit dieser Wüste, das wußte ich, spaßte sich nicht. Ihre Lüfte galten als besonders dörrend; so schien es auch mir. Ein trockener, alles Leben tötender Wind wehte mir entgegen.
Nach sechsstündigem Ritt hatte sich meiner ein nie geahnter und noch weniger gekannter Durst bemächtigt ... Zuerst quälte der Gaumen die Zunge ...
An und für sich war es prachtvoll, so halb nackt auf dem ganz nackten Wüstenboden zu ruhen. Ich hatte das Gefühl, auf freiem Meer zu schwimmen, mit der deutlichen Vorstellung, nicht von dem Salzwasser trinken zu dürfen, ich hatte ein Gefühl unendlicher Freiheit, einer Ledigkeit, einer Unverantwortlichkeit, wofür ich der Dursthalluzination tiefdankbar war.«

Otto von Hentig, Meine Diplomatenfahrt ins verschlossene Land, 1918

mit Malereien geschmückt. In der Nähe des Grabbaus befindet sich eine gut erhaltene **Karawanserei**, die unter Shâh Abbâs erbaut wurde.

Sabzavâr

Etwa 110 km westlich von Nishâpur liegt die rund 70.000 Einwohner zählende Stadt Sabzavâr. Von ihrer einstigen Funktion als wichtiger Karawanenstopp an der Seidenstraße künden noch heute zahlreiche **Karawansereien**. Für Touristen interessant ist das mittelalterliche Stadtbild mit seinen zahlreichen kleinen Gassen. In der Nähe von Sabzavâr steht isoliert in der Ebene ein **Minarett**, das im Jahr 1112 erbaut wurde. Hier befand sich einst die Stadt Khosrowgerd, die im Jahr 1220 von den Mongolen zerstört wurde.
Etwa auf halbem Weg nach Nishâpur liegt die seldschukische Karawanserei **Rebât-e Zafrein**, die vermutlich unter Malik Shâh errichtet wurde. Mit etwa 450 x 270 m ist sie die größte Karawanserei Irans - einst umfaßte sie mehrere hundert Wohnzellen. Ein Quertrakt teilt die Anlage in einen vorderen rechteckigen und einen hinteren quadratischen Hof, auf den sich an jeder Seite ein Iwan öffnet.

Tabas

Mehrere hundert Kilometer von jeder größeren Stadt entfernt liegt zwischen den beiden Wüsten Kavir und Lut die Oasenstadt Tabas. Wer die fast zehn Stunden lange Anfahrt per Bus von Mashhad (520 km) oder Yazd (420 km) durch die trostlose Wüste hinter sich gebracht hat, wähnt sich beim Anblick der Palmen, Bazare und Gärten im Paradies. Die Bewohner leben überwiegend vom Anbau von Obst und Datteln; die Bewässerung erfolgt durch Qanate, die das Quellwasser aus den Bergen in die Zisternen leiten. In der Umgebung von Tabas stellen **Kamele** noch immer das wichtigste Transportmittel dar.
Die jahrhundertealte Stadt wurde 1978 durch ein verheerendes Erdbeben, bei dem 25.000 Menschen starben, zerstört, später jedoch wieder aufgebaut. Die aus dem 11. Jh. stammende Zitadelle, **Arg-e Tabas**, war bereits vor dem Erdbeben verfallen, nur ihre Ruinen im Süden der Stadt sind noch zu sehen. Völlig zerstört wurde die **Medrese Do Manâr**, die zwei seldschukische Minarette besaß. Doch noch immer durchziehen zahlreiche Gärten und Parkanlagen die Stadt und sorgen mit ihren Wasserbecken und Bäumen für Kühle und Schatten. Der wunderschöne **Bâgh-e Nou** liegt, von Mauern umgeben, nördlich der Khiâbân-e Golshan, der

Hauptstraße von Tabas. In ihm sind Palast und Wohnhaus von Emâd al-Mulk, einem qajarischen Gouverneur von Tabas, zu besichtigen, die mit Wandmalereien und Stuck verziert sind. Lohnenswert ist auch der Besuch des **Bâgh-e Golshan** östlich der Khiâbân-e Golshan.

▪Provinz Semnân

Die 90.958 km² große Provinz Semnân, das frühere *Qumis*, besitzt trotz ihrer Größe nur eine geringe Einwohnerzahl. Weite Teile der Provinz werden durch die extrem heiße **Salzwüste**, die Dasht-e Kavir, eingenommen und sind nahezu unbewohnbar. Die wenigen Siedlungen liegen in der Ebene zwischen dem Alborz-Gebirge im Norden und der Dasht-e Kavir im Süden – entlang der Route Ray/Teheran-Mashhad, einem Hauptarm der alten **Seidenstraße**. Der berühmten Handelsroute, die in Altertum und Mittelalter China und Zentralasien mit Europa verband, verdankte die Region ihre wirtschaftliche und kulturelle Blüte – wovon noch heute die zahlreichen **Karawansereien** aus seldschukischer, safawidischer und qajarischer Zeit zeugen. Die Fruchtbarkeit der Ebene, die für ihre ausgezeichneten Mandeln und Pistazien berühmt ist, führte bereits im 4. Jt. v. Chr. zur Besiedlung.

Semnân

Die rund 210 km von Teheran entfernte Provinzhauptstadt wurde wahrscheinlich in sasanidischer Zeit gegründet. Aufgrund ihrer Bedeutung als wichtiger Karawanenstopp an der Seidenstraße erholte sie sich meist rasch von den zahlreichen Eroberungen, u.a. durch Mongolen und Timuriden. Da mehrere Stadtviertel der heutigen Kleinstadt bisher nicht modernisiert wurden, ist noch einiges von der mittelalterlichen Bausubstanz erhalten.
Die Bahnstation befindet sich in der Imam-Straße, rund 1 ½ km südlich des zentralen Meidân-e Imam. Die Zugfahrt nach Teheran dauert etwa 3 Stunden, nach Mashhad rund 12.
Wahrzeichen Semnâns ist das qajarische Stadttor **Darvâze-ye Arg** aus dem Jahr 1885. Der vornehmlich gelb und blau gefliese Torbau weist sechs Zierminarette sowie mehrere Fliesenbilder auf. Die Nordseite zeigt im mittleren Bogenfeld eine berühmte Szene aus Ferdowsis *Shâhnâme*: den Kampf des Helden Rostam mit einem weißen Dämon (pers. *Diw*).
Weitere Sehenswürdigkeiten Semnâns liegen in der Nähe des überdachten Bazar – so auch die **Freitagsmoschee**, deren gegenwärtige

Struktur aus dem Jahr 1425 datiert. Aus dem 8. oder 9. Jh. stammen noch einige Teile wie die Säulen in der Nordosthalle. Besonders sehenswert sind das Eingangsportal und der Stuck-Mihrab. In der nahegelegenen Imam-Straße erhebt sich ein freistehendes seldschukisches Ziegelminarett, das **Minarett der Freitagsmoschee** (*Manâr-e Masjed-e Jâme'*). Es stammt aus der ersten Hälfte des 11. Jh. und ist mit Ziegelornamenten und Inschriften geschmückt.

Etwa 200 m östlich der Freitagsmoschee liegt die **Masjed-e Imam Khomeini**, die frühere *Masjed-e Soltâni*. Erbaut wurde die Vier-Iwan-Anlage in den 20er Jahren des 19. Jh. von Fath Ali Shâh; heute stellt sie eines der am besten erhaltenen und schönsten Gebäude der Qajarenzeit dar. Der Innenhof des als Medrese genutzten Baus ist von zweistöckigen, arkadengesäumten Zellen umgeben, die als Wohn- und Unterrichtsräume dienen. Der Mihrab, der sich unüblicherweise in einem Raum hinter dem Westiwan befindet, weist eine sehr feine Mukarnas-Verzierung auf.

Dâmghân

Rund 110 km östlich von Semnân liegt an der Straße nach Mashhad die Kleinstadt Dâmghân (1115 m), die mehrere sehenswerte frühislamische Bauwerke besitzt. Bereits in prähistorischer Zeit befand sich hier eine Siedlung, deren Überreste etwa 4 km südöstlich der heutigen Stadt auf dem **Tepe Hissar** ausgegraben wurden. Die Grabungen der University of Pennsylvania (1931–32) sowie der University of Tokyo (1956) zeigen, daß die Stätte von 3900 bis 1900 v. Chr. durchgehend besiedelt war. Gefunden wurden bedeutende Architekturreste, Metallgegenstände sowie Keramik. Im Südwesten des Haupthügels wurde zudem eine ausgedehnte sasanidische Palastanlage entdeckt, deren Ruinen noch heute zu besichtigen sind.

In der Nähe von Dâmghân wird auch die berühmte hellenistische Stadt Hekatompylos vermutet, die von ihrer Lage an der Seidenstraße profitierte und um 200 v. Chr. zur Hauptstadt des Partherreiches erhoben wurde.

Dâmghân selbst wurde wahrscheinlich in sasanidischer Zeit gegründet und war in frühislamischer Zeit Provinzhauptstadt. Aus dieser Zeit datiert nicht nur die einzigartige **Tarikhâne-Moschee** (8. Jh.), sondern auch die **Umwallung** (frühes 10. Jh.), die Stadt, Gärten und Felder umschloß. Trotz der – in qajarischer Zeit erneuerten – Befestigungsmauer wurde Dâmghân wiederholt von türkischen und mongolischen Eroberern zerstört. Die Invasion der Afghanen im Jahr 1723 führte zum Niedergang der Stadt: Gegen Ende des 19. Jh. zählte Dâmghân nurmehr 1500 Einwohner. Heute leben die rund 20.000 Einwohner vor allem vom Handel mit Mandeln und Pistazien. Die Bahnstation befindet sich im Südosten der Stadt, etwa 2 ½ km vom Hauptplatz an der Shahid Motahhari-Straße entfernt.

Die aus dem 8. Jh. datierende **Tarikhâne-Moschee**, auch *Masjed-e Chehel Sotun* (»Moschee der vierzig Säulen«) genannt, stellt die älteste erhaltene Moschee auf iranischem Boden dar. Berühmt ist der Sakralbau auch deshalb, weil er sasanidische und arabisch-umayyadische Bautraditionen in sich vereint. Mit seinem längsrechteckigen Grundriß und der Aufteilung in Haram und quadratischen Hof folgt er arabischen Vorbildern. Die Arkadengänge (*Riwaq*) sind jedoch nach sasanidischer Tradition rechtwinklig zu den Außenmauern angelegt. Die Bögen über den kurzen massigen Säulen weisen wieder die elliptische Form der spätsasanidischen Bauten auf. Doch laufen sie oben in einer kleinen Spitze zusammen und zeigen damit den Übergang zum islamischen Spitzbogen.

Den Haram bilden sieben Schiffe mit je drei Arkaden. Beachtenswert ist die Verschiebung des Mihrab aus der Achse sowie die Errichtung eines Minbar. Die einfache, nur durch die Wucht ihrer Pfeiler und Bogen wirkende Moschee ist gänzlich schmucklos; auch waren weder der Hof noch die überdachten Teile der Moschee gepflastert.

Im frühen 11. Jh. wurde der Sakralbau von den Seldschuken restauriert. Sie fügten ihm ein zylindrisches, mit geometrischen Ornamenten verziertes **Minarett** hinzu, das noch heute steht. Das ursprüngliche, auf quadratischem Grundriß errichtete Hoheitszeichen war durch ein Erdbeben zerstört worden. Es befand sich, wie bei den frühen Moscheebauten üblich, außerhalb der Moscheemauer.

Noch zwei weitere Minarette in Dâmghân stammen aus seldschukischer Zeit. Im Nordwesten der Stadt befindet sich ein aus dem Jahr 1029 datierendes zylindrisches **Minarett**, das teilweise zerstört ist. Das sich nach oben verjüngende Hoheitszeichen ist kunstvoll mit Inschriften und geometrischen Ziegelmustern verziert, wie es im frühen 11. Jh. üblich war.

Ein weiteres, etwa 30 m hohes **Minarett** aus dem Jahre 1058 erhebt sich östlich des zentralen Platzes. Es war vermutlich der von den Mongolen im Jahr 1315 errichteten Freitagsmoschee eingegliedert, von der nur noch Ruinen erhalten sind. Neben geometrischen Ornamenten befindet sich unterhalb der Spitze ein Fries mit kufischen Ziegelbuchstaben, die von einer dünnen, hellblauen Glasur überzogen waren – möglicherweise wurden hier erstmals in Iran glasierte Ziegel zur Verzierung verwendet.

Neben dem Minarett befindet sich die unter den Qajaren erneuerte **Freitagsmoschee**. Rund 200 m östlich von ihr erhebt sich ein

Tarikhâne-Moschee in Dâmghân

großer, runder Grabturm, der **Pir-e Alamdâr**, der ein kuppelähnliches Dach trägt. Nur im oberen Teil ist der von 1026 datierende Ziegelbau mit geometrischen Verzierungen sowie einem kufischen Schriftband geschmückt. Ein weiterer Grabturm liegt im Westen Dâmghâns hinter der Ruine der Zitadelle. Der aus dem Jahre 1054 datierende, rund 15 m hohe **Chehel-Dokhtar** (»40 Mädchen«) zeigt auffällige Ähnlichkeiten zum Pir-e Alamdâr – wie auch zu anderen Grabtürmen dieser Zeit in den Provinzen Mâzandarân und Gorgân. Wie diese ist der Grabturm von schlichter Form und Ausstattung, und nur der obere Teil des runden Schaftes ist mit Schriftfriesen und geometrischen Mustern geschmückt. Damit unterscheiden sie sich deutlich von den reich verzierten Grabtürmen des 12. Jh.

Südlich des Chehel-Dokhtar liegt außerhalb der Befestigungsmauer das **Imâmzâde Jaafar**. Das quadratische Mausoleum dient als Grabstätte von Jaafar ibn Ali, einem um 900 in Dâmghân verstorbenen Nachkommen des dritten Imam Hosein. Es wurde im 11. Jh. errichtet und unter den Timuriden im 15. Jh. erneuert. Auf dem Grabstein Jaafars befindet sich eine aus dem 10. Jh. datierende Kufi-Inschrift, die eine der ältesten in Iran darstellt.

Bastâm

Rund 8 km nördlich der Stadt Shâhrud, die von Teheran (400 km) und Mashhad (500 km) mit Bus oder Bahn zu erreichen ist, liegt der etwa 5000 Einwohner zählende Ort Bastâm. Wahrscheinlich in sasanidischer Zeit gegründet, ist das Städtchen noch heute von einer qajarischen Befestigungsmauer umgeben.

> »Für einen Menschen gibt es nichts Besseres, als ohne irgend etwas zu sein – ohne Askese, ohne Theorie, ohne Praxis. Wenn er ohne alles ist, ist er mit allem.«
>
> Bastâms

Im Süden Bastâms liegt die **Freitagsmoschee**, deren gegenwärtige Struktur aus seldschukischer Zeit stammt – ebenso wie das auf 1120 datierende **Minarett**, dessen runder Schaft reich mit Ziegeldekor, -inschriften und drei Mukarnasfriesen geschmückt ist. Zu Beginn des 14. Jh. wurde die Moschee unter den Ilkhaniden Ghâzân und Oljâitu restauriert und erweitert. In dieser Zeit entstanden der mit floralen Mustern und Thulth-Inschriften verzierte Stuck-Mihrab sowie der neben der Moschee errichtete runde **Kâshâne-Turm**, der von einem Kegeldach aus Ziegeln gekrönt ist. Das Innere des Grabturms ist mit Stuckornamenten und -inschriften geschmückt.

Unmittelbar an die Freitagsmoschee schließt sich ein großer Mausoleumskomplex an, der **Some'e-ye Bâyâzid**. Die Anlage ist nach dem berühmten Sufi-Scheich Bâyâzid Bastâmi benannt, der mehrere Jahrzehnte in Bastâm lebte und nach seinem Tod im Jahr 874 hier bestattet wurde. Über das Leben des ekstatischen Mystikers, dessen Großvater ein zoroastrischer Priester war, ist wenig bekannt. Er war Pantheist, Asket und Dichter, und es wird vermutet, daß er die Doktrin des *Fanâ* (Nirvana) in die Sufi-Lehre einführte. Der heutige Mausoleumskomplex geht im wesentlichen auf die Restaurierungen und Erweiterungen unter den Ilkhaniden Ghâzân und Oljâitu zurück. Seitdem entwickelte sich die Anlage zu einem bedeutenden Wallfahrtsort, zu dem noch heute Sufis pilgern.

Durch einen prächtigen, mit typisch ilkhanidischem Fliesendekor verzierten Eingangsiwan (1313) sowie eine Vorhalle gelangt man zu dem ausgedehnten Innenhof. Hier liegt das nur von einem Metallgitter umgebene Grab Bâyâzid Bastâmis. Um das Grab entstanden im Lauf der Jahrhunderte weitere Bauteile, wie ein aus dem 12. Jh. datierendes Minarett sowie weitere Mausoleen religiöser oder politischer Persönlichkeiten. Dazu zählt das im Nordwesten des Hofes befindliche **Mausoleum von Ghâzân Khân**, das aus dem 13./14. Jh. datiert. Der quadratische Ziegelbau ist mit einem türkisen Kegeldach bedeckt; ein Iwan dient als Eingang. Hinter dem Westiwan befindet sich das **Bâyâzid-Kloster**, das vermutlich als Meditationsstätte Bastâmis diente. Die Decken und Wände sind mit Stuckdekor und Inschriften geschmückt. Die **Bâyâzid-Moschee**, die im 9. Jh. aus zwei Einzelmoscheen entstand, wurde unter Oljâitu restauriert und erweitert. Nördlich der Moschee befindet sich das aus dem Jahr 1300 datierende **Imâmzâde Mohammad**, ein runder schöner Grabturm, der dem Mausoleum Ghâzâns ähnelt.

Die grünen Seiten

Glossar

Ahura Mazda altiranische Gottheit, im Mittelpersischen *Ormazd* genannt. In der bildlichen Darstellung (*Farawahar*) tritt der Oberkörper aus der geflügelten Sonnenscheibe hervor – was der ägyptischen Ikonographie entspringt, die den Himmel durch die ausgebreiteten Flügel des großen Himmelsgottes Horus darstellte

Anahita altiranische Fruchtbarkeitsgöttin, die gemeinsam mit Mithra in das zoroastrische Götterpantheon aufgenommen wurde – wodurch der ursprünglich monotheistische Charakter der Religion Zarathustras aufgehoben wurde.

Andaruni pers. Privaträume im traditionellen iranischen Wohnhaus

Apadana altpers. Empfangssaal in achämenidischen Palastanlagen mit Säulenreihen

Arg (auch *Ark*) befestigte Zitadelle; meist Sitz des Gouverneurs und der Regierung

Âshurâ arab. Trauerfest zu Ehren des Martyriums von Imam Hosein (gest. 680)

Âtashgâh pers. Ort des Feuers; zoroastrischer Kultbau, in dem das heilige Feuer unterhalten wird

Avesta (mittelpersisch *Apastak*) Grundtext; Gesamtheit der religiösen Texte der Zoroastrier

Avestisch ausgestorbener Zweig der iranischen Sprachen

Ayatollah arab. Titel eines ranghohen schiitischen Geistlichen

Badgir pers. Windfänger (siehe *Yazd*)

Barsom Rutenbündel der zoroastrischen Priester (Magier)

Baschlik Kopfbedeckung der iranischen Reitervölker, die aus Stoff, Filz oder Leder besteht und den ganzen Kopf einhüllt (griech. *Tiara*)

Behesht pers. Paradies; *Hasht Behesht*: »Acht Paradiese«

Biruni pers. für männliche Verwandte und Gäste öffentlich zugängliche Räume eines traditionellen Wohnhauses

Dakhme pers. Grab; Bezeichnung der zoroastrischen »Türme des Schweigens« (siehe *Yazd*)

Darvâze Tor, Stadttor; Portal eines Hauses

Darvish pers. Armer, eingedeutscht »Derwisch« (siehe *Sufismus*)

Dokhtar pers. Mädchen, Tochter

Farawahar Flügelsymbol des zarathustrischen Gottes Ahura Mazda

Fatwâ arab. islamisches Rechtsgutachten, das ein höherer Geistlicher auf Anfrage erstellt

Freitagsmoschee (siehe *Masjed*) (siehe *Moschee*)

Goldaste hölzerner Aufbau auf einem Moschee-Iwan, von wo der Muezzin zum Gebet ruft

Gonbad pers. Kuppel; sprich: *Gombad*

Hadith arab. Gespräch; als Terminus technicus für die Überlieferungen der Taten und Aussprüche des Propheten Mohammad; neben dem Koran bildet es die zweite Quelle des islamischen Rechts (*Shari'a*)

Haram arab. Unerlaubtes, Heiliges; als terminus technicus für Gebetssaal gebraucht. Als *Harîm* (»heiliger, geschützter Ort«) werden in der islamischen Welt die Frauengemächer eines Wohnhauses bezeichnet, daraus deutsch »Harem«; (siehe *Wohnhaus*)

Haoma Rauschtrank der Magier. Von Zarathustra verboten, setzte sich der Haoma-Kult im späteren Zoroastrismus wieder durch

Hejâb arab. Schleier; allgemein für die islamische Frauenkleidung

Hoseiniye (siehe *Tekiye*)

Hypostylon Säulenhalle

Imâm arab. Leiter des Gemeinschaftsgebets; schiitische Ehrenbezeichnung Alis und seiner elf Nachfolger

Imâmzâde pers. Nachkomme eines Imâm; meist in der Bedeutung »Heiligengrab« verwendet. Fast jede Ortschaft besitzt ein Imâmzâde, ein Ort der Wallfahrt und Verehrung

Iwan eine dreiseitig eingefaßte, überwölbte Torhalle mit portalartiger Öffnung; fälschlich auch als »Liwan« bezeichnet. Seit dem 12. Jh. zentrales Bauelement in iranischen Medresen, Moscheen und Wohnhäusern (siehe *Moschee*)

Kalif arab. *Khalîfa*: »Stellvertreter«. Bei den Sunniten die Kennzeichnung des religiösen und weltlichen Oberhaupts der muslimischen Gemeinde (*Umma*)

Kanneluren vertikal verlaufende Hohlkehlen zur Gliederung der Säulen

Kapitell meist kunstvoll ausgearbeiteter oberer Säulenschlußstein

Karavân-saray eingedeutscht »Karawanserei«; Unterkunft für Reisende und deren Tiere, die in Tagesetappen von etwa 30 km die alten Handelsstraßen säumten

Kâshi, Khâshâni glasierte Fayencefliesen, deren Herstellungsverfahren in Kâshân entwickelt wurde

Khân pers. Herrschertitel; Rasthaus für Reisende

Khânaqâh klosterähnliche Institution zur Aufnahme und Unterweisung von Sufis

Khutba arab. öffentliche Freitagspredigt; *Khatîb*: Prediger

Korymbos Seidentuch, das wie eine Kugel das Haar der sasanidischen Könige umfaßte

Kufi Arabischer Schriftduktus; benannt nach dem frühislamischen Kulturzentrum Kufa (siehe *Kalligraphie*)

Medrese pers. *Madrase*, von arab. *darasa* (»studieren«); im engeren Sinne theologische Lehranstalt (siehe *Medrese*)

Majles arab. eigentlich: Sitzplatz, Raum, auch: Parlament

Maqsura arab. Herrscherloge in einer Moschee

Masjed von arab. *Masjid*: Moschee. Die Hauptmoscheen einer Stadt werden als *Masjed-e Jâme'*, die »Versammelnde«, oder *Masjed-e Jom'e*, »Freitagsmoschee«, bezeichnet

Mashhad arab. »Ort des Martyriums« (siehe *Mashhad*). *Mashhadi* ist ein Ehrentitel für einen Pilger, der zum Schrein Imam Rezâs nach Mashhad gepilgert ist

Mihrâb arab., pers. *Mehrâb*: Gebetsnische als Richtzeichen nach Mekka (siehe *Moschee*)

Mil Turm; eigentlich: Stift, Spindel

Minbar Kanzel im Gebetsraum einer Moschee, sprich: *Mimbar*

Mohr pers. Gebetsstein; bedrucktes Tonsteinchen, das aus der Erde heiliger Stätten wie Mashhad oder Kerbela hergestellt wurde. Beim Beten legen die Schiiten ihre Stirn darauf

Mulk arab. Herrschaft, Macht; Ehrentitel *Nizâm al-Mulk*: »Ordnung des Staates«

Mullah In der persischen Umgangssprache ist *Mollâ* – daher deutsch: Mullah – die Bezeichnung für einen Religionsgelehrten – abgeleitet vom arabischen *Maulâ* (»Meister, Gelehrter«); ein weiteres gebräuchliches Wort ist *Akhond* (»Lehrer«)

Mukarnas pers. *Moqarnas*: Stalaktitennischen; von arab. *qarana* »verbinden« (siehe *Mukarnas*)

Nakhl arab. Holzgestell, das während des Âshurâ-Festes geschmückt und bei den Prozessionen mitgetragen wird

Olemâ pers. (von arab. *Ulamâ'*) »die Gelehrten«; kennzeichnet die muslimischen Geistlichen in Sunna und Schia

GLOSSAR

Pahlavi mittelpersische Sprache, unter den Sasaniden Amtssprache; Name der letzten Schahdynastie in Iran

Pilaster nur zum Teil aus der Wand hervorragende Stützpfeiler

Portikus meist von Säulen gestüze Vorhalle

Qanat arab. Bezeichnung für einen unterirdischen Bewässerungskanal (Plural: *Qanawât*) (siehe *Geographie*)

Qibla arab. Gebetsrichtung (siehe *Moschee*)

Rahbar pers. Führer; den Titel »Revolutionsführer« (*Rahbar-e Enqelâb*) hatte in der Islamischen Republik erst Ayatollah Khomeini, nach dessen Tod Ayatollah Khâmenei inne

Ramazân islam. Fastenmonat (siehe *Feste*)

Rebât befestigte Klosteranlage; Rasthaus für Reisende (auch *Robat, Rabat*)

Riwâq Säulengang einer Moschee

Sahn arab. Hof; meist der offene Innenhof einer Moschee

Scheich von arab. *Sheikh* Ältester; tribaler oder religiöser Führer; ehrenvolle Bezeichnung für einen Mullah, der kein Prophetennachfahre ist

Seyyed (arab. *Sayyid*); Bezeichnung für einen männlichen Nachkommen des Propheten Mohammad. Ein *Seyyed* ist der gegenwärtige Staatspräsident Khâtami, erkennbar an seinem schwarzen Turban. Sein Amtsvorgänger Rafsanjâni war kein Seyyed und daher nicht befugt, einen schwarzen Turban zu tragen

Shabestân pers. »Ort der Nacht«, Wintermoschee. Meist unterhalb der eigentlichen Moschee gelegener Raum, der im Sommer Kühle, im Winter Wärme spendet

Shâh pers. König; *Shâhanshâh*: König der Könige, altiran. Königstitel

Shahrestân der befestigte Kern der mittelalterlichen iranischen Stadt; von pers. *Shahr* »Stadt«

Sotun pers. Säule

Stele freistehende, meist mit Inschriften oder Reliefs versehene Säule

Talar verandaartiger Wohniwan, zum Teil mit Flachdach versehen

Tambour im Kuppelunterbau eingebauter zylindrischer Körper

Taq arab. Bogen; *Chahar Taq* pers. Vier-Bogen-Bau

Tekiye (auch: Hoseiniye) ummauerter Hof, in dem die schiitischen Passionsspiele aufgeführt wurden

Tell (auch: Tall, Tappe, Tepe) Ruinenhügel; pers. *Tappe*: »Hügel«

Timche meist zweigeschossiges Bazargebäude mit Innenhof, ähnlich einer Karawanserei, das dem Großhandel zur Lagerung und Verwaltung dient

Trompe eine nischenartig vorgekragte Wölbung zur Überführung eines quadratischen Raumes in eine runde Kuppel

Tschador pers. Zelt; weiter, knöchellanger Umhang, der den ganzen Körper der Frau verhüllt. Von den Trägerinnen wird er meist vor dem Kinn mit einer Hand zusammengehalten. In Iran ist der Tschador häufig schwarz

Waqf arab. Stiftung religiösen Charakters

Yahudiye arab. Stadtviertel, in dem vorrangig Juden leben

Zikkurat stufenförmiger Tempel der sumerischen, babylonischen, assyrischen und elamischen Baukunst; von akkad. *ziqquratu* (»Spitze, Tempelturm«)

Zur-Khâne traditionelle iranische Sportart

Reiseinformationen von A–Z

Alkohol

Der Genuß von Alkohol ist in Iran strikt verboten; dies gilt auch für Ausländer. Bei Zuwiderhandlung drohen Gefängnis- oder Prügelstrafen.

An- und Abreise

Flug Alle acht internationalen Flughäfen Irans können direkt von Europa aus angeflogen werden: Teherân Mehrâbâd, Ahvâz, Bandar-e Abbâs, Isfahan, Mashhad, Schiraz, Tabriz und Zâhedân. Der Teheraner Flughafen wird von zahlreichen ausländischen Fluggesellschaften angeflogen. Lufthansa fliegt von Frankfurt viermal wöchentlich nonstop (hin: Di, Do, Sa, So; zurück: Mo, Mi, Fr, So); der Flug dauert gut vier Stunden. Auch Iran Air fliegt mehrere europäische Städte an, wie Frankfurt, Hamburg, Wien, Genf, Zürich, Amsterdam, London und Paris. Wer mit Iran Air reist, muß bereits während des Fluges die islamischen Bekleidungsvorschriften beachten.
Vom Teheraner Mehrâbâd fahren zahlreiche Busse und Taxen ins Stadtzentrum; die Fahrt dauert 30 bis 40 Minuten. Ein zweiter internationaler Flughafen in Teheran, der Imam Khomeini International Airport, ist derzeit in Bau.
Bei der **Abreise** aus Iran ist zu beachten, daß der Flug 72 Stunden vor Abflug bestätigt werden muß; dies kann durch ein Reise- oder Iran Air-Büro erfolgen.
Iran Air The Airline of the Islamic Republic of Iran, P.O. Box 13185, 775 Mehrabad Airport Tehran, Tel. 9111, Telefax 6003248, Telex 212795 Iran IR
Weitere Büros der Iran Air in Teheran:
Ferdowsi Office Tel. 8826532
Hotel Homa Office Tel. 2269026
Nejatollahi Office Tel. 8829080
Landweg Preiswerter, wenn auch wesentlich unbequemer und zeitaufwendiger ist die Anreise auf dem Landweg. Sie kann über die Grenzübergänge der Türkei (Übergang Bâzargân), Pakistans (Übergang Mirjave) und Turkmenistans (Übergang Baj-Giran) erfolgen. Die Einreise auf dem Landweg aus Afghanistan, Aserbeidschan, Armenien und dem Irak ist für Ausländer nicht möglich. Für diejenigen, die aus Mitteleuropa mit dem **eigenen Pkw** anreisen wollen, ist die Balkanroute die kürzeste und am besten ausgebaute Strecke. Auch die Hauptstraßen durch Anatolien sind durchgehend asphaltiert; von der iranischen Grenze über Tabriz nach Teheran ist die Straße ausgezeichnet. Ab Istanbul fahren zudem täglich **Busse** türkischer und iranischer Gesellschaften nach Teheran, die allerdings meist nicht sehr bequem sind. Am komfortabelsten sind diejenigen türkischen Busse, die lediglich bis Dogubayazit am Fuß des Ararat fahren; ein Minibus fährt von dort zur iranischen Grenze (etwa 30 Min.). Nach der Zoll- und Paßkontrolle, die bis zu einem halben Tag dauern kann (zwischen der Türkei und Iran besteht zudem 1½ Stunden Zeitdifferenz!), kann man mit dem Taxi nach Maku und von dort weiter nach Teheran fahren. Vor einigen Jahren wurde nordwestlich von Orumiye zusätzlich der Grenzübergang Seru geöffnet, der allerdings von beiden Seiten nur mit Taxis zu erreichen ist. Die direkte **Zugverbindung** zwischen Istanbul und Teheran ist gegenwärtig unterbrochen; generell benötigt die Bahn etwa einen Tag länger als der Bus und ist etwas teurer.
Schiff Verbindungen bestehen von den iranischen Golfhäfen Bandar-e Bushehr, Bandar-e Abbâs und Bandar-e Lenge nach Qatar, Bahrain und in die Vereinigten Arabischen Emirate (Sharja). Die sehr preisgünstigen Tikkets, die man sich mindestens einen Tag vor Abreise besorgen sollte, sind in den Büros der staatlichen *Valfajr 8*-Gesellschaft sowie in Reisebüros erhältlich; außerhalb Irans sind sie in US-Dollar zu bezahlen und daher teurer. Eine wöchentliche Fährverbindung existiert desweiteren zwischen den Kaspihäfen Bandar-e Anzali und Baku.
Büros der **Valfajr 8 Shipping Co.**:
Teheran, Abyar Alley, Ecke Kh. Shahid Azudi, Tel. 8892933, 889288, Fax 892409.
Bandar-e Abbâs, Imam Khomeini Ave, Tel. 29095, 29064, Fax 29285.
Bandar-e Lenge, Tel. 4124, Fax 3632.
Bandar-e Bushehr, Tel. 24234/6, Fax 23567.

Bademöglichkeiten

In Teheran und anderen Großstädten gibt es zahlreiche öffentliche Schwimmbäder, die allerdings nicht gleichzeitig von Frauen und Männern benutzt werden dürfen - dies gilt auch für die Swimming-pools der großen Hotels, von denen manche sogar nur Männern offenstehen. Während des langen Sommers (April bis September) empfiehlt sich ein Badeausflug ans Kaspische Meer, der iranischen »Riviera«: Die besten Strände, meist aus grauem Sand, finden sich bei Bâbolsar, Bandar-e Anzali,

REISEINFORMATIONEN VON A–Z

Châlus und Râmsar. Die See ist selten rauh, und die Gezeiten sind gering. Zahlreiche Badeplätze gibt es auch entlang der persischen Golfküste, insbesondere auf der Insel Kish. Hier, wie auch auf den zahlreichen, durch Staudämme künstlich geschaffenen Seen im ganzen Land, besteht die Möglichkeit zu Wasserski, segeln und fischen. Für einen Tagesausflug von Teheran eignen sich die Stauseen Amir Kabir (63 km nordwestlich), Lâr (84 km östlich) und Latyân (25 km nordöstlich) (siehe *Teheran*).

Banken

Alle staatlichen Banken sind Sa-Mi von 8:30 bis 16 Uhr, Do bis etwa 12:30 Uhr geöffnet.

Camping

Gut ausgestattete Camping-Plätze sucht man in Iran vergeblich. Einige Städte wie Teheran, Isfahan und Tabriz bieten lediglich Plätze mit großräumigen Zelten an, die von Reisenden gemietet werden können; die sanitären Anlagen lassen allerdings zu wünschen übrig. Freicamper sollten aus Sicherheitsgründen um die Erlaubnis bitten, in der Nähe eines Hotels, einer Tankstelle oder einer Polizeistation übernachten zu dürfen. Am schönsten ist das Campen jedoch fernab der Zivilisation inmitten der Wüste – sofern man genug Wasser dabei hat.

Diplomatische Vertretungen

... der Islamischen Republik Iran in Deutschland, Österreich und der Schweiz
Botschaft, Bonn
Godesberger Allee 133-137, 53175 Bonn, Tel. 0228-8161-0, Fax 0228-376154, Sprechzeiten: Mo-Fr 8.30-12.30 Uhr.
Generalkonsulat, Berlin
Podbielski Allee 67, 14195 Berlin, Tel. 030-841918, Fax 030-8329874, Sprechzeiten: So-Do 8.30-12.30 Uhr.
Generalkonsulat, Frankfurt
Eichendorffstr. 54, 60320 Frankfurt a.M., Tel. 069-56007-0, Fax 069-56000713/28, Sprechzeiten: Mo-Fr 8-16 Uhr.
Generalkonsulat, Hamburg
Bebelallee 18, 22299 Hamburg, Tel. 040-5144060, Fax 040-5113511, Sprechzeiten: So-Do 8.30-13 Uhr.
Generalkonsulat, München
Mauerkircher Straße 59, 81679 München, Tel. 089-9279060, Fax 089-9810105, Mo-Fr 8.30-12.30 und 14-16.30 Uhr (telefonisch).
Botschaft in Österreich
Jaurèsgasse 9, A-1030 Wien, Tel. 0043-1-7122650, Fax 7134694.
Botschaft in der Schweiz
Thunstr. 68, CH-3006 Bern, Tel. 0041-21-3510801, Fax 3515652.

... Deutschsprachige Vertretungen in Teheran
Botschaft der Bundesrepublik Deutschland 324 Ferdowsi Ave., Teheran, POB 11365-179. Tel. 0098-21-3114111 bis 3114115, Fax 021-398474, Telex 212488.
Österreich
78 Argentine Sq., Teheran, 3rd floor, POB 15115-455. Tel. 021-8710753, Fax 021-8710778, Telex 212872.
Schweiz
13/1 Bustan Ave., 19649 Teheran, POB 19395-4683. Tel. 021-268227, Fax 021-269448.

Einreisebestimmungen

Angehörige der EU-Staaten sowie der Schweiz benötigen für die Ein- und Durchreise ein Visum, das bei der zuständigen iranischen Auslandsvertretung beantragt werden kann; für Bürger Japans, der Türkei, Rumäniens, Bulgariens sowie Ex-Jugoslawiens ist kein Visum erforderlich. Zur Erteilung eines Visums müssen Reisende im Besitz eines mindestens sechs Monate über das Reiseende hinaus gültigen **Reisepasses** sein, in dem sich kein Visum oder Einreisevermerk für Israel befinden darf (israelischen Staatsbürgern wird die Einreise generell verweigert). Grundsätzlich ist zwischen drei verschiedenen Visa zu unterscheiden: Touristen-, Transit und Geschäftsreise- bzw. Arbeitsvisum. Ein **Touristenvisum** sollte mindestens zwei Monate vor Abreise beantragt werden. Neben zwei ausgefüllten Antragsformularen sind drei Paßbilder einzureichen, wobei sich Frauen mit Kopftuch fotografieren lassen müssen; über die weitere Prozedur sowie die damit verbundenen Kosten informiert die jeweilige konsularische Vertretung.
Bei **Gruppenreisen** organisiert der Veranstalter das Visum. Generell ist es für **Individualreisende**, insbesondere für unverheiratete Frauen, nach wie vor schwierig, ein Visum zu erhalten. Von einer möglichen Ablehnung sollte man sich dennoch nicht entmutigen lassen, sondern es noch einmal versuchen und der

411

diplomatischen Vertretung sein besonderes Interesse an Land und Leuten bekunden.

Für ein **Transitvisum** muß neben dem gültigen Reisepaß, zwei Paßbildern, den ausgefüllten Antragsformularen auch das Visum des Ziellandes vorgelegt werden.

Das **Geschäftsreise- oder Arbeitsvisum** wird von der einladenden Firma in Iran beantragt; das Visum erteilt dann die zuständige konsularische Vertretung Irans im jeweiligen Land. Die Visa gestatten in der Regel einen einmonatigen Aufenthalt in Iran und sind ab dem Ausstellungsdatum ein bis drei Monate gültig. **Visa-Verlängerungen** sind bei den *Police offices of foreign affairs* in den Provinzstädten zu beantragen; in Teheran wende man sich an die Ausländerbehörde (*Daftar-e Bigânegân*) in der Kh. Motahhari. Grundsätzlich liegt es im Ermessen der jeweiligen Behörde, um welchen Zeitraum das Visum verlängert wird. Die beiden benötigten Fotos können vom Reisepaß abfotografiert werden, es empfiehlt sich dennoch, zwei weitere Paßfotos mitzunehmen.

Reisende mit **eigenem Kfz** benötigen darüber hinaus ein **Carnet de Passage**; dabei ist unbedingt auf das genaue und richtige Ausfüllen aller Einreise-, Zoll- und Devisenformulare zu achten.

Elektrizität

In Iran beträgt die Netzspannung 220 Volt. Da es relativ häufig zu Stromausfällen kommt, empfiehlt sich die Mitnahme einer kleinen Taschenlampe. Reisende, die eigene elektrische Geräte mitbringen, benötigen keinen Adapter – es sei denn, die Apparate stammen aus Großbritannien, Kanada oder den USA.

Essen und Trinken

Die persische Küche ist vielfältig und lecker (siehe *Küche* und *Sprachführer*), unterliegt allerdings einigen religiös bedingten Speisevorschriften. So darf nur Fleisch von Tieren verzehrt werden, die rituell geschlachtet wurden, d.h. völlig ausgeblutet sind. Manche Tierarten gelten als unrein und sind daher tabu; zu ihnen zählen Schwein, Hund, Kaninchen sowie alle schuppenlosen Wassertiere wie Delphin, Aal, Hai und früher auch Stör (siehe *Kaviar*). Für die Besucher spielen diese Vorschriften allerdings kaum eine Rolle, da verbotene Speisen gar nicht angeboten werden.

Besonders schmackhaft ist in Iran auch das **Brot**, wobei sich jede Bäckerei meist auf eine Sorte spezialisiert: *Barbari*, *Lavash*, *Sangak* oder *Taaftun*. Da die Iraner die Fladenbrote aus weißem oder braunem Mehl gern warm und frisch essen, gehen sie häufig mehrfach am Tag zum Bäcker – wenn das Brot nicht, wie traditionell üblich, zuhause gebacken wird.

Neben Cola, Limonade und 100% alkoholfreiem Bier wird in Iran vor allem **Tee** getrunken. **Kaffee** ist dagegen nur selten zu finden und zudem sehr teuer, da er importiert werden muß. Wer auf seinen morgendlichen Kaffee nicht verzichten möchte, sollte sich Instant-Kaffee kaufen; heißes Wasser ist überall zu bekommen. Große Hotels bieten Instant-Kaffee auch zum Frühstück an.

Feiertage

In Iran gibt es zahlreiche religiöse und nationale Feiertage (siehe *Feiertage*). Für Touristen von besonderer Bedeutung ist der Fastenmonat **Ramazân** (arab. *Ramadân*), da tagsüber fast alle Restaurants geschlossen sind. Zudem ist Essen und Trinken auf offener Straße zu vermeiden und die Kleidungsvorschriften sind streng zu beachten. Wie die übrigen Monate des islamischen Mondkalenders beginnt und endet der Ramazân jedes Jahr etwa 11 Tage früher: 9.12.1999–7.1.2000, 28.11.–27.12.2000, 17.11.–16.12.2001. Anders als in vielen arabischen Ländern laufen in Iran die Geschäfte während des Ramazân normal weiter; auch die Öffnungszeiten von Banken und Büros ändern sich meist nicht.

Film und Fotografie

Fotografieren ist in Iran meist problemlos möglich; seit kurzem können auch Videokameras mitgeführt werden. Nicht fotografiert werden dürfen militärische Anlagen, Polizeistationen, Flughäfen sowie alle anderen öffentlichen Einrichtungen, manche Banken und Botschaften (auf keinen Fall die ehemalige US-Botschaft in Teheran!).

Beim Fotografieren von Menschen ist generell Zurückhaltung geboten. Auch wenn sich viele Iraner durchaus gerne fotografieren lassen – manche bitten sogar von sich aus darum – sollte man auf jeden Fall das Einverständnis der Fotografierten einholen, was auch ohne Sprachkenntnisse möglich ist. Generell sollten männliche Touristen Zurückhaltung bei der Aufnahme von Iranerinnen üben. Darüber hinaus passiert es nicht selten, daß Iraner(innen) uns fotografieren möchten – das

Interesse an der fotografischen Abbildung des »Exotischen« beruht also durchaus auf Gegenseitigkeit.
Papierfilme können in Iran überall gekauft werden, sie sind jedoch etwas teurer als in Deutschland. Dies gilt ebenso für Diafilme und Batterien, die allerdings nicht ohne weiteres erhältlich sind.

Frauen

Für ausländische Frauen ist es durchaus möglich, allein Iran zu bereisen - auch wenn es häufig etwas komplizierter ist als für Männer. Viele Touristinnen haben sogar ausgesprochen positive Erfahrungen gemacht, da einer unbegleiteten Frau in Iran oft mit besonderer Höflichkeit und Hilfsbereitschaft begegnet wird. Zudem stehen Ausländerinnen meist sowohl die iranische Frauen-, als auch die Männerwelt offen. Allerdings ist es sehr bedeutsam, sich als alleinreisende Frau respektvoll zu verhalten und die islamisch-iranischen Werte zu beachten. Dazu zählt insbesondere die gewissenhafte Befolgung der Kleidungsvorschriften, um iranischen Männern keinen Anlaß zu geben, Ausländerinnen in ungebührlicher Weise anzusprechen oder »anzumachen«. Frauen sollten es zudem vermeiden, Männern in der Öffentlichkeit die Hand zu geben oder ihnen in die Augen zu schauen - eine verspiegelte Sonnenbrille ist bei letzterem sehr hilfreich. Desweiteren sollten Frauen eine Einladung zum Essen nur dann annehmen, wenn sie von einer Familie ausgesprochen wird. Grundsätzlich empfiehlt es sich, sich als verheiratet auszugeben und einen Ehering zu tragen.

Falls eine Touristin dennoch Opfer von Belästigungen wird, sollte sie den Belästiger höflich, aber bestimmt zurechtweisen und um die Hilfe anderer Iraner nachsuchen - keinesfalls jedoch laut schreien, da dies in Iran als sehr unhöflich gilt und möglicherweise dazu führt, daß sich Umstehende abwenden.

Gastfreundschaft

In einem iranischen Reiseprospekt der 70er Jahre heißt es: »Die Perser sind ein ausgesprochen friedliches, liebenswertes Volk, dessen Gastfreundschaft berühmt ist. Sie werden kaum einen Perser finden, der nicht bereit ist, Ihnen in jeder Weise mit Rat und Tat zur Verfügung zu stehen.« Tatsächlich sind die Iraner überaus höflich und gastfreundlich - was das Reisen für uns sehr angenehm macht. Da bisher nur wenige ausländische Touristen das Land besuchen, ist das Interesse vieler Iraner zudem groß, mit Fremden in Kontakt zu treten. Einladungen zum Essen oder auf einen Tee sind keine Seltenheit - wer nicht nur das Land, sondern auch die Leute kennenlernen möchte, sollte sie ruhig annehmen. Wer sich für die Einladung revanchieren möchte, kann Blumen für die Gastgeberin oder Souvenirs aus dem eigenen Land (z.B. Postkarten oder Briefmarken für die Kinder) mitbringen.

Geld

Die iranische **Währungseinheit** ist der Rial (Rl). Es gibt Banknoten zu 10.000, 5.000, 1.000, 200 und 100 Rl sowie Münzen zu 50, 20, 10, 5, 2 und 1 Rl. Im Alltag wird jedoch meist in der alten Währungseinheit »Tuman« gerechnet, wobei 1 Tuman 10 Rial entspricht. Aufgrund der hohen Inflation in Iran ändert sich der **Kurs** gegenüber DM oder Euro ständig. Im April 1999 bekam man für 1 DM 959,98 Rl; 1 Rl. 1000 Rl. entsprach 1,04 DM.

Geldwechsel ist am Flughafen, in allen Banken und manchen Hotels möglich. Zudem gibt es private Wechselstuben, deren Kurse sich nicht wesentlich von denen der Banken unterscheiden. Generell ist zu beachten, daß ein **Rücktausch** iranischer in westliche Währung nicht möglich ist. Mit **Kreditkarte** kann man nur in wenigen größeren Firmen oder Hotels bezahlen; auch das Zahlen mit **Reiseschecks** ist zuweilen problematisch. Empfehlenswert ist daher die Mitnahme von DM oder US-Dollar in bar.

Geschlechtertrennung

Ob im Bus, in der Schule, beim Skifahren oder Baden - an vielen öffentlichen Orten in Iran herrscht Geschlechtertrennung. Obwohl der gegenwärtige Staatspräsident Khâtami erklärte, daß »jede Anstrengung, Männer und Frauen zu trennen, eine Grausamkeit gegen Männer, Frauen und die menschliche Gesellschaft darstellt«, wird die Geschlechtertrennung gegenwärtig sogar noch verschärft. Ende 1997 beschloß das konservativ dominierte Parlament, daß Schulkinder künftig nur noch von gleichgeschlechtlichen Lehrern unterrichtet werden dürfen. Zudem dürfen Männer und Frauen nicht nur in Omnibussen, sondern auch in den zahlreichen Minibussen des Nahverkehrs nicht mehr nebeneinander sitzen. Eine Verwirklichung erscheint allerdings wenig praktikabel, und in den

Sammeltaxen sitzen Frauen und Männer problemlos nebeneinander. An die Geschlechtertrennung müssen sich auch Ausländer(innen) halten: In den Bussen nehmen Männer in der vorderen, Frauen in der hinteren Hälfte Platz. Seit Herbst 1998 gibt es in iranischen Zügen ausschließlich Frauen vorbehaltene Abteile: Beim Kauf einer Fahrkarte können weibliche Passagiere um einen Platz im Sonderabteil bitten.

Gesundheitsversorgung

In den größeren Städten ist die medizinische Versorgung relativ gut. Die Adressen englischsprachiger Ärzte können über das Hotel oder die Botschaft erfragt werden, ebenso die Adressen von Krankenhäusern, deren Personal Englisch spricht. Auf dem Land ist das Gesundheitswesen dagegen lückenhaft.
Da die medizinische Versorgung in Iran nicht kostenlos ist, sollte zuhause eine Krankenversicherung abgeschlossen werden. Magen-Darm-Probleme sind meist nicht auf unsauberes Trinkwasser zurückzuführen, da dessen Qualität relativ gut ist (siehe *Trinkwasser*). Sie können durch den Verzehr von frischem Salat oder Kräutern hervorgerufen werden. Auch durch zuviel Sonne oder aufgrund der Klimaunterschiede können Darmstörungen auftreten. Die Reiseapotheke sollte Medikamente gegen Fieber, Durchfall und Erbrechen sowie Kopf- und Halsschmerzen enthalten, desweiteren ein Sportgel, Pflaster und Mullbinden.
Impfungen sind für Iran nicht vorgeschrieben. Empfehlenswert sind jedoch Impfungen gegen Polio, Tetanus und Diphterie, Typhus und Hepatitis. Für Reisen in die Südprovinzen zwischen März und November empfehlen die Gesundheitsämter eine Malaria-Prophylaxe.

Krankenhäuser
Isfahan
Bu Ali Hospital Tel. 25011/3; Ekbatan Hospital, Taleghani St, Tel. 23017/9.
Mashhad
Imam Reza Hospital, Imam Reza Sq, Tel. 93031/9; Mashhad Clinic, Shohada Sq, Tel. 815333.
Schiraz
Hafez Hospital, 16th Azar Sq, Tel. 671531/6; Sa'di Hospital, Karim Khan Zand Blvd, Tel. 51090/8; Shiraz Hospital, Zand Ave, Tel. 41161/4.
Tabriz
Azar Hospital, Khayyam St, Tel. 57851/3; Imam Khomeini Hospital, Tabriz University, Tel. 347045/9.
Teheran
Azam Hospital Tel. 2152151; Mehrad Hospital Tel. 859004-6; Mehr Hospital Tel. 656130-9; Pars Hospital Tel. 655051-6; Tehran Clinic Tel. 623013, 628113.

Hotels (siehe Unterkunft)

Internet

Sowohl von islamischen Staaten und Organisationen, als auch von Institutionen der Orientalistik wird das World Wide Web intensiv zum Informationsaustausch genutzt - entsprechend zahlreich sind die Internet-Adressen. Aktuelle Informationen über Iran vermittelt beispielsweise NetIran (http://www.netiran.com); hier finden sich *links* zur Nachrichtenagentur IRNA sowie zu den englischsprachigen Tageszeitungen *Iran News* und *Tehran Times*. Eine gute Zusammenstellung von »Internet-Ressourcen zur Orientalistik« bietet das Gießener Institut für Orientalistik (http://www.uni-giessen.de/gp1001/orient.htm); viele weitere Informationen, auch zur Altorientalistik, finden sich auf den Seiten der Göttinger Universitätsbibliothek (http://www.sub.uni-goettingen.de/fâsitmap.htm). Eine muslimisch-kritische Sicht auf die Entwicklungen innerhalb der Zwölfer-Schia bietet der World Council for Imamiah Affairs (http://www.imamiah.org); zeitgenössische schiitische Rechtspositionen können Interessierte auf den Seiten »Contemporary legal rulings in Shi'i Islam« einsehen (http://www.al-islam.org/laws/contemporary/index.html). Wer sich mit der Religion des Zoroastrismus beschäftigen möchte, wird ebenfalls im Internet fündig (http://www.zoroastrian.org). Abgefragt werden können darüber hinaus die aktuellen Reisehinweise des Auswärtigen Amtes (http://www.auswaertiges-amt.de/5âlaende/index.htm).

Kleidung

Die iranisch-islamischen Bekleidungsvorschriften gelten auch für Nichtmuslime und Ausländer(innen). Für **Männer** bedeutet dies zurückhaltende europäische Kleidung, wobei kurze Hosen und Krawatten tabu sind; letztere gelten als Symbol »westlicher Verkommenheit«. Kurzärmelige Hemden werden geduldet, sind jedoch für den Moscheebesuch unangemessen.
Frauen sind angehalten, in allen öffentlich zugänglichen Räumen, also auch in den Eingangshallen oder Speisesälen der Hotels, einen untaillierten Mantel in

gedeckten Farben sowie ein dezentes Kopftuch zu tragen. Unter dem Mantel, der bis über die Knie reichen sollte, können Hosen oder dunkle Strümpfe getragen werden; Sandalen sind zu vermeiden. Für diejenigen, die mit **Iran Air** aus Europa anreisen, gelten die Vorschriften bereits für den Flug nach Iran - sowie für den Rückflug. Einen **Tschador**, d.h. ein lakenähnliches Tuch, müssen Frauen nur beim Besuch besonderer Heiligtümer tragen.

Viele Iranerinnen halten sich in den Großstädten nicht mehr streng an die Bekleidungsvorschriften: Sie tragen taillierte Mäntel mit Schulterpolstern, und unter dem farbenfrohen Kopftuch rutscht schon mal eine blondierte Haarsträhne hervor. Immer häufiger sieht man auch geschminkte Gesichter, und unter den Mänteln werden Jeans und moderne schwarze Lederschuhe mit hohen Absätzen getragen. An den Straßen, vor den Rezeptionen der Hotels oder am Schwarzen Brett der Universität warten Schilder daher mit Mahnungen auf: »Frauen, achtet auf eure korrekte islamische Kleidung (*Hejâb*)!«

Maße und Gewichte

Im Geschäftsverkehr wird das dezimale und metrische Zahlen-, Maß- und Gewichtssystem verwendet.

Mietwagen

In den größeren Städten und Tourismuszentren ist das Mieten eines Pkw unproblematisch; die Touristeninformationen verfügen über die jeweiligen Agentur-Adressen. Mit einem Mietwagen das ganze Land zu bereisen, ist jedoch sehr kostspielig, da die Entfernungen sehr groß sind. Für Tagestouren empfiehlt es sich, bei einer Telefon-Taxi-Agentur ein Taxi mit Fahrer zu mieten; englischsprechende Fahrer können hier zusätzlich als Reiseführer agieren.
Insgesamt verfügt Iran über ein gut ausgebautes **Straßennetz** von rund 160.000 km Länge. Allerdings sind die meist einspurigen Überlandstraßen stark frequentiert, da die gesamte iranische Güterversorgung auf Lastwagen erfolgt - pro Tag schafft man daher kaum mehr als 500 km. Zu beachten ist zudem, daß **Paßstraßen** im Winter und bis ins Frühjahr hinein meist nicht befahrbar sind. **Geschwindigkeitsbeschränkungen**: 110 km/h auf Überlandstrecken; in bebauten Gebieten tagsüber 80 km/h, nachts 70 km/h.

Moscheen

Moscheen dürfen in Iran meist auch von Nichtmuslimen betreten werden. Einschränkungen gelten nur für die beiden bedeutenden schiitischen Wallfahrtsstätten in Qom und Mashhad, die Touristen lediglich von außen besichtigen dürfen. Während für das Betreten der meisten Moscheen Kopftuch und Mantel für Frauen ausreichend sind, ist der Besuch von Heiligtümern (*Imâmzâdes*) wie das Shâh Cherâgh in Shiraz für Frauen nur mit Tschador gestattet; dieser kann meist am Eingang entgeliehen werden. Männer sollten keine kurzärmeligen Hemden tragen.
Generell ist es in islamischen Gebetshäusern üblich, vor dem Betreten der Moschee seine Schuhe auszuziehen. In manchen iranischen Moscheen gilt dies jedoch nur für den eigentlichen Gebetsbereich, wo Teppiche ausliegen. Der Gebetsbereich ist zudem nach Geschlechtern getrennt; in den Heiligtümern gibt es meist zwei Eingänge: einen für Frauen, einen für Männer.

Museen

Die meisten Museen sind täglich außer montags geöffnet; manche schließen mittags für ein oder zwei Stunden. In der Regel ist das Filmen sowie das Fotografieren *ohne* Blitzlicht erlaubt; zuweilen muß eine Extra-Gebühr entrichtet werden. 1998 wurde der Eintrittspreis drastisch erhöht und beträgt nun - für Ausländer - meist 10.000 Rial.

Öffnungszeiten

Banken sind Sa-Mi von 8-16 Uhr geöffnet, Do bis etwa 12:30 Uhr. **Behörden** können meist nur vormittags (bis etwa 14 Uhr) aufgesucht werden. Die **Geschäfte** haben häufig von etwa 9-12 und 15-21 Uhr geöffnet. Wie in anderen islamischen Ländern ist **Freitag** der wöchentliche Ruhetag, an dem Behörden und Banken geschlossen sind; viele Geschäfte haben - wie auch an Feiertagen - dennoch vormittags geöffnet. **Museen** sind überwiegend montags geschlossen.

Post

Es empfiehlt sich, Briefe und Postkarten bei den Postämtern oder in den großen Hotels abzugeben, da die Leerung der Briefkästen unregelmäßig erfolgt. Postämter haben von 8 bis 12 Uhr, zum Teil auch nachmittags geöffnet; die Postgebühren sind sehr günstig. Von Teheran nach Europa benötigen Briefe und Karten rund eine Woche.

Reiseveranstalter

Zahlreiche europäische Reiseveranstalter bieten mittlerweile ein- bis dreiwöchige Iran-Reisen an, darunter:
Aeroplan, Tel. 0211/322626, Fax 0211/322611
Djoser Reisen, Tel. 0221/920158-0, Fax 0221/920158-58, E-mail: Djoser-Reisen@t-online.de
Gebeco, Tel. 0431/546570
Geo Tours Expeditionen, Tel. 040/4919832
Hauser Exkursionen, Tel. 089/2350060
Ikarus Tours, Tel. 0721/931400
Indo Orient Tours, Tel. 0041/13630104
Kultur & Reisen, Tel. 0261/160793, Fax 0261/160376
Marco Polo Reisen, Tel. 06173/70970
Meiers Weltreisen, Tel. 0211/907801
New Adventure, Tel. 06221/809151, Fax 06221/809931
Studiosus Reisen, Tel. 089/50060-0, Fax 089/5021541
Dr. Tigges (TUI-Gruppe), Tel. 0511/29912478
UNIAIR Tour, Tel. 07623/20077, Fax 07623/20076

Zu empfehlen ist desweiteren der iranische Veranstalter:
Iran Doostan Tourist, No. 15, 3rd St opposite to Motahhari Ave, Vali-ye Asr Ave, 14336 Teheran oder: P.O.Box 14185, 454 Teheran, Tel. 0098/21/8722975, 624214, Fax 0098/21/8862927, 6462990, der auch in Hamburg (Tel. 040/246616) und Düsseldorf (Tel. 0211/322626) eine Niederlassung besitzt.

Reisezeit

Iran besitzt starke klimatische Gegensätze, und man trifft sowohl kontinentales, als auch subtropisches Klima an. Für eine Rundreise eignen sich am besten die Monate April-Mai und Oktober-November mit ihren gemäßigten Temperaturen (siehe genauer *Klima*).

Restaurants

Die persische Küche ist vorzüglich – sie wird allerdings vor allem in der Familie gepflegt, weniger in öffentlichen Restaurants. Essen gehen ist in Iran noch wenig verbreitet und die Restaurantküche meist eintönig: Kabâb-Gerichte aus Schaf-, Lamm- oder Hähnchenfleisch überwiegen. Dennoch verfügt jede Region über lokale Spezialitäten (*Ghazâ-ye Makhsusi Mantaqe*), nach denen man sich im Restaurant unbedingt erkundigen sollte. Generell sind die **Hotel-Restaurants** besonders empfehlenswert (siehe *Unterkunft*); in den großen Hotels zahlt man allerdings die international üblichen Preise. Weitere Restaurant-Adressen sind über die jeweilige Touristen-Information erhältlich.

Isfahan
Entlang der Kh. Chahâr Bâgh gibt es mehrere Restaurants, die die lokale Spezialität *Beryâni*, im eigenen Saft gebratenes Lammfleisch, anbieten. Gut und preiswert essen kann man auch im **Tac**, das im Nordosten an der Kh. Ahmad Abad liegt, Tel. 51087. Indische Speisen bietet das **Mâhârâjâh** in der Nähe der Si-o-se Pol. Probieren sollte man auch die typische Isfahaner Süßigkeit *Gaz*, einen kaugummiartigen weißen Nougat-Würfel mit Mandeln und Pistazien.

Schiraz
Rund um den Meidân-e Shohadâ gibt es zahlreiche preisgünstige *Chelo Kabâbis*. Wesentlich teurer sind die Restaurants um das Homa Hotel, das selbst über internationale Küche verfügt. Gute Restaurants sind darüber hinaus entlang des Karim-Khân-Zand-Boulevards zu finden. Eine lokale Süßigkeit ist das *Falude*, bestehend aus gefrorenem Wasser, Reisstärke und Rosenwasser. Auch das Speiseeis (*Bastani*) ist empfehlenswert.

Tabriz
Viele Restaurants entlang der Kh. Imam Khomeini bieten die lokale Spezialität *Âbgusht* (oder *Dizi*) an, einen Eintopf mit fettem Fleisch (Schaf oder Rind), Kartoffeln und Linsen, der in einer Schale gegessen wird. Als eines der besten *Chelo Kabâbis* gilt das **Ulduz** auf der südlichen Seite der Kh. Imam Khomeini (nicht in Englisch ausgeschildert). Empfehlenswert sind auch das **Momtâz**, Kh. Sharifi, Tel. 57187 sowie das **Luna Park**, El-Goli, Tel. 309912.

Teheran
In Teheran gibt es zahlreiche sehr gute Restaurants, die persische, aber auch westliche Speisen anbieten; an den Wochenenden empfiehlt sich hier eine Reservierung. Persische Küche bei klassischer persischer Musik bietet das **Ali Qâpu**, Kh. Gandhi, Tel. 2267803; seit Mitte der 90er Jahre tritt auch wieder ein professioneller Geschichtenerzähler auf, der Geschichten aus dem *Shâhnâme* vorträgt. Mit persischem Kunsthandwerk ausgeschmückt ist das **Ravâq**, das inmitten eines kleinen Gartens an der Kh. Vali-ye Asr (Nähe

Esteqlal-Hotel) liegt. Empfehlenswert ist weiter die chinesische Küche des **Chini** in der Vali-ye Asr (Stadtteil Amir Âbâd) sowie die persische des **Epikur** in der Kh. Sanâ'i, das ein sehr preiswertes Büffet bietet. Sehr günstig sind auch die zahlreichen Lokale in der Kh. Ferdowsi und um den Meidân-e Imam Khomeini. Leckere Forellen gibt es im Jagdrestaurant **Golsarâ** im nördlichen Vorort Lavâsân. Abends feiern junge Iranerinnen und Iraner der gehobenen Einkommensklasse im **Sonati Azari** an der Kh. Vali-ye Asr, unweit vom Hauptbahnhof, Tel. 5373665; auf Kissen sitzend kann man hier Musikanten und Geschichtenerzählern lauschen.

Sicherheit

Die allgemeine Sicherheitslage gilt bisher als gut; Banden- und Diebstahlkriminalität halten sich in Grenzen. Dennoch sollte man Wertgegenstände und Fotoausrüstung nicht unbeaufsichtigt lassen. Denn die Kriminalität ist – trotz drakonischer Strafandrohungen – in den letzten Jahren, vor allem in Teheran, leicht angestiegen; die Ursache liegt wohl in der stark angespannten wirtschaftlichen Lage. Es empfiehlt sich, Fotokopien der Reisedokumente (Paß, Ticket, Reiseversicherung) dabeizuhaben und diese getrennt von den Originalen aufzubewahren. Unbedingt meiden sollte man Demonstrationen oder größere Menschenaufläufe.

Souvenirs

In den Geschäften und Bazarläden kann man hochwertige kunsthandwerkliche Mitbringsel erstehen, die aufgrund des noch wenig entwickelten Tourismus relativ preisgünstig sind: Miniaturmalereien, Schmuck, Metall-, Holz- und Lederarbeiten, Keramik und Glas, bestickte oder handbedruckte Stoffe usw. Nicht erlaubt ist die Ausfuhr von Kunsthandwerk, das älter als 80 Jahre ist; handgewebte Teppiche dürfen nicht mehr als 12 m² umfassen (siehe *Zoll*).

Sport

In und um Teheran bestehen viele Möglichkeiten, Sport zu treiben: von der alten Tradition des *Zur-Khâne* (siehe *Teheran*) über Fußball, Wassersport, Volleyball oder Golf; in den umliegenden Bergen kann man zudem im Winter Skilaufen (siehe *Teheran*). Die größten Teheraner Sportcenter sind die folgenden:
Âzâdi Sports Complex, der mit 100.000 Sitzen das größte Stadium Irans besitzt, liegt etwa 5 km außerhalb Teherans am Tehran-Karaj-Highway. In dem 450 ha umfassenden Gelände, zu dem auch ein künstlicher See gehört, kann man nahezu jede Sportart ausüben.
Enqelâb Sports Complex, gelegen im nördlichen Teil der Vali-ye Asr Avenue, bildet mit 130 ha das größte Sportzentrum innerhalb Teherans. Es verfügt über Fußball-, Volleyball und Basketballfelder, zwei bedeckte und ein offenes Schwimmbad sowie über Golf- und Tennisplätze.
Imam Khomeini Cultural-Athletic Complex wurde auf einem früheren königlichen Jagdgrund erbaut und überblickt den eindrucksvollen Latyân-Staudamm. Das 220 ha große Gelände umfaßt neben einem offenen Theater Baderäume, Reitmöglichkeiten und ein Restaurant.
Shahid Chamrân Cultural Athletic Complex, an der Dr. Shariati Avenue gelegen, besitzt Hallen für Basket- und Volleyball, Tennis, Schwimmen und Sauna; zudem ein Kino und ein Theater.
Vanak Cultural-Athletic Complex, gelegen an der Vali-ye Asr Avenue, Attar-Straße, wurde erst 1995 eröffnet. Es umfaßt neben Schwimmbad und Bodybuilding-Zentrum auch eine Bibliothek, ein Restaurant sowie ein Teehaus.
Darüber hinaus gibt es in und um Teheran zahlreiche Reitklubs; als beste gelten der 1991 gegründete **Niâvarân Riding Complex** sowie der **Now-Ruz Âbâd Riding Complex** am Tehran-Karaj-Highway.

Sprache

Die offizielle Landessprache ist Persisch (*Fârsi*). In den verschiedenen Regionen Irans werden allerdings zahlreiche weitere Sprachen gesprochen wie Kurdisch, Azeri, Belutschi oder Arabisch (siehe *Bevölkerung*). Die Geschäftssprache im Außenhandel ist durchweg Englisch. Im Land selbst trifft man jedoch nicht viele Englisch sprechende Iraner(innen) - Grundkenntnisse in Fârsi sind daher empfehlenswert (siehe *Sprachführer*).

Strafmaß

Mit Errichtung der Islamischen Republik im Jahr 1979 wurde in vielen Bereichen islamisches Recht eingeführt, an das sich auch Nichtiraner und Nichtmuslime zu halten haben. Grundsätzlich ist davon auszugehen, daß Handlungen, die nach westlichem Rechtsverständnis strafbar sind, auch in Iran gerichtlich geahndet werden. Allerdings geht die Schwere der verhängten Strafen häufig über das Maß hinaus, welches im westlichen Kulturkreis als angemessen empfunden wird. So steht bereits auf den Besitz von geringen Mengen Rauschgift die Todesstrafe, was auch für Ausländer gilt. Auch die Einfuhr alkoholischer Getränke ist verboten; keinesfalls sollte Alkohol in der Öffentlichkeit genossen werden. Besondere Vorsicht ist zudem bezüglich der strengen Gesetze geboten, die das Verhältnis zwischen Frauen und Männern betreffen. Jede sexuelle Beziehung außerhalb der Ehe gilt als »Unzucht«, und wird streng, teilweise bis hin zur Todesstrafe, geahndet. Verboten ist auch die Einfuhr von Publikationen, die das sehr strenge islamische Moralverständnis verletzen könnten.

Telefon

Das iranische Telefonnetz ist leistungsstark, und von privaten Haushalten und größeren Hotels ist die Verbindung nach Europa meist problemlos möglich. In den Hotels werden Fern- und internationale Gespräche durch das Personal an der Rezeption vermittelt, gelegentlich kann es zu längeren Wartezeiten kommen. In Iran sind die Gebühren für Inlands- und Auslandsgespräche sehr niedrig; allerdings sind sie in den Hotels wesentlich teurer als in den Telefonämtern, die bis 22 Uhr geöffnet haben. Auch hier wird das Gespräch vermittelt: Sobald die Verbindung hergestellt ist, wird einem eine Telefonzelle zugewiesen. Das Telefonieren von öffentlichen Münztelefonen gestaltet sich dagegen als schwierig, da die entsprechenden Rial-Münzen nur schwer zu bekommen sind. Die Landesvorwahl von Iran nach **Deutschland** ist 0049, nach **Österreich** 0043 und in die **Schweiz** 0041; von Deutschland nach **Iran** ist es die 0098.

Telefonvorwahlen (Inland)

Âbâdân	0631
Ahvâz	061
Ardabil	0451
Bandar-e Abbâs	0761
Bandar-e Anzali	02321
Bandar-e Bushehr	0771
Bam	03447
Dezful	0641
Hamadân	0261
Isfahan	031
Kâshân	02521
Kermân	0341
Kermânshâh	0431
Khorramabad	0661
Lâhijân	02351
Mashhad	051
Minâb	07623
Nâ'in	03267
Nishâpur	05231
Orumiye	0441
Qazwin	0281
Qeshm	07625
Qom	0251
Râmsar	02332
Rasht	0231
Sabzavâr	05221
Sanandaj	0471
Sâri	02431
Semnân	02231
Schiraz	071
Shush	06493
Tabas	05324
Tabriz	041
Teheran	021
Varâmin	02255
Yazd	0351
Zâhedân	0541
Zanjân	02821

Toiletten

In den Hotels und Restaurants sind die Toiletten meist sauber. Abgesehen von den großen Hotels handelt es sich vornehmlich um Steh- bzw. Hockklos. Toilettenpapier ist nur in den großen Hotels vorhanden, da man sich in Iran mit Wasser reinigt – dabei benutzt man ausschließlich die linke Hand, die daher als unrein gilt. Weniger sauber sind die Toiletten an den Raststätten der Überlandstraßen. Da man jedoch im überwiegend wüstenhaften Iran nicht einfach hinter einem Baum verschwinden kann, bleibt einem meist keine Alternative.

Touristeninformation

In jeder größeren Stadt gibt es eine Touristeninformation, die über regionale Karten und Hotellisten verfügt; sie alle unterstehen dem Ministerium für Kultur und Islamische Führung. **Teheran:** Die Haupttouristeninformation liegt in der Dameshq Str. 11, nahe der Vali-ye Asr Ave, Tel. 892212-5. Darüber hinaus gibt es das Tourist Information Office am Mehrâbâd-Flughafen in Teheran, Tel. 667785, 91022305, sowie das Tourist Information Office am Teheraner Bahnhof, Tel. 555067.

Touristische Auskünfte gibt auch die Teheraner **Azadi International Tourism Organization (AITO)**, die der Mostazefân-Stiftung gehört: Ahmad Ghassir Ave, 8th Street, No. 37, Tel. 8732191, 8737885/93, Fax 8732195, 8737875. Hier können zudem Autos mit landeskundlichen Fahrern gemietet werden.

Touristeninformationen anderer Städte (Lage siehe Stadtplan):

Ahvâz	Tel. 32725
Bandar-e Bushehr	Tel. 23848
Hamadân	Tel. 20093, 27022
Isfahan	Tel. 221555, 227667, 233035-7
Kermanshâh	Tel. 20095
Orumiye	Tel. 20241
Qazwin	Tel. 33363
Qom	Tel. 32307
Schiraz	Tel. 34080, 38032
Tabriz	Tel. 23841
Yazd	Tel. 35077

Trinkgeld

In Restaurants ist es üblich, etwa 10% Trinkgeld zu bezahlen, ebenso bei Fahrten mit Privattaxis.

Trinkwasser

In vielen iranischen Städten ist das Leitungswasser durchaus trinkbar, wenn auch häufig stark gechlort. Touristen sollten dennoch vorsichtshalber auf Mineralwasser und Tee zurückgreifen. Unbedenklich trinken kann man das Leitungswasser in Teheran, wo das Wasser direkt aus den Quellen des Alborz-Gebirges kommt.

Unterkunft

In allen großen Städten Irans gibt es **gute bis luxuriöse Hotels**, die mit Bad und WC im Zimmer in etwa westlichem Standard entsprechen. Die meisten Hotels stammen aus den 60er und 70er Jahren, als der Tourismus von staatlicher Seite gefördert wurde. Nach der Revolution sank der Standard der Hotels, da die Islamische Republik an dieser Einnahmequelle zunächst nicht interessiert war; einige dienten zudem während des Irak-Iran-Krieges als Notunterkünfte. Seit den 90er Jahren setzt die Regierung nun vermehrt auf den Tourismus, und in den nächsten Jahren sollen mehrere neue Hotels entstehen. In den kleineren Provinzstädten überwiegen bis heute einfache Hotels.

Inspiziert und mit einem **Stern-System** klassifiziert werden die Hotels von der Tourismus- und Pilgerfahrt-Abteilung des Ministeriums für Kultur und Islamische Führung. Mit **vier bzw. fünf Sternen** werden die Hotels der gehobenen Mittelklasse und der Luxushotels ausgezeichnet; sie verfügen meist über eigene Restaurants und Teehäuser, Boutiquen, Buchläden und Wäsche-Service. Bisweilen besitzen sie auch Sauna oder Swimming-pool, zu denen Frauen meist nur an einem Tag in der Woche Zutritt haben. Gezahlt wird grundsätzlich in westlicher Währung, üblicherweise in US-Dollar: Ein Doppelzimmer kostet in den Großstädten zwischen 45 und 150 Dollar, eine Suite zwischen 95 und 250 Dollar.

Auch Hotels mit **zwei oder drei Sternen** verfügen über Zimmer mit Bad und heißer Dusche, westlichen Toiletten sowie Telefon; zu bezahlen ist gleichfalls mit Dollar. Die Preise liegen zwischen 30 und 60 US-Dollar, doch gibt es hier in der Regel einen Verhandlungsspielraum. **Ein-Stern-Hotels** sind meist heruntergekommene Mittelklasse-Hotels. Auch hier kann man Zimmer mit privatem Bad finden; die Toiletten sind jedoch meist Stehklos. Darüber hinaus gibt es sehr preiswerte **Mosâferkhânes** (»Herbergen«), die meist mehrere Betten in einem Zimmer anbieten. Die sanitären Anlagen sind auf dem Flur; heißes Wasser gibt es, wenn überhaupt, nur zu bestimmten Tageszeiten.

Mosâferkhânes sind meist nicht leicht zu finden, da sie lediglich in Persisch ausgeschildert sind. Entgegen anderen Angaben ist es vielfach auch alleinreisenden Frauen möglich, in einem Mosâferkhâne unterzukommen. Paare ohne Trauschein können nach den iranischen Gesetzen generell kein Doppelzimmer beziehen; man sollte sich daher als verheiratet ausgeben.

Eine preiswerte Alternative zu den großen Hotels bilden auch die staatlich unterstützten **Gasthäuser**

(*Mehmânsarâ, Tourist Inn*), die seit den 70er Jahren in zahlreichen Städten und Tourismus-Zentren errichtet wurden. Sie sind vom Komfort und Service her einfach, doch sehr sauber; die angegliederten Restaurants und Teehäuser sind ebenfalls sehr preisgünstig. Adressen sind bei den Tourismusbüros oder bei der AITO erhältlich. **Jugendherbergen** gibt es in Iran nicht. In allen Hotelzimmern wird durch einen kleinen Pfeil die Gebetsrichtung (*Qibla*) angezeigt. Außerdem ist meist ein Koran vorhanden sowie ein Gebetsstein (pers. *Mohr*). (Wer für letztere eine Sammelleidenschaft entwickelt, sollte dieser lieber im Bazar frönen!) Die folgenden Hoteladressen sind auf Englisch verfaßt, da sie auch als Postadressen fungieren (Sq = square: »Platz«).

Hoteladressen/Kategorie/Zimmer/Telefon/Fax
Âbâdân
Keyvan, gegenüber Imam Khomeini Hospital ** (22), Tel. 23651
Ahvâz
Fajr Grand Hotel, Shahid Abedi St, 24m Blvd **** (139), Tel. 220091/5, 221091/5/ Fax 218677
Karun, Dr. Shariati Ave ** (52), Tel.22111
Khorram, Imam Khomeini Ave ** (56), Tel. 23491
Naderi, Imam Khomeini Ave ** (136), Tel. 29000
Oxin, Masjed-e Soleiman St ** (52), Tel. 442133/4
Ardabil
Sabalan, Sheikh Safi St, Imam Khomeini-Crossroads ** (32), Tel. 448080/1, Fax 449991
Sheikh Safi, Dr. Shariati St * (32), Tel. 24111
Ardestân
Tourist Inn * (17), Tel. 3501/2
Bâbol
Telar, Ghaem Shahr-Babol St *** (42), Tel. 8006/8
Bâbolsar
South, Khazar Shahr Villas *** (165), Tel. 24434
Bam
Tourist Inn, Imam Khomeini Ave * (8), Tel. 3223
Bandar-e Abbâs
Amin, Ayatollah Taleqani Blvd ** (44), Tel. 20541
Homa, Imam Khomeini Blvd **** (180), Tel. 23080/9
Bandar-e Anzali
Anzali Grand Hotel, Pasdaran St *** (76), Tel. 23001/4
Iran, nahe Anzali Blvd ** (38), Tel. 22524
Sefid Kenar, Talesh St **** (98), Tel. 823034/5
Bandar-e Bushehr
Reza, Imam Khomeini Ave ** (40), Tel. 27171
Tourist Inn, Saheli Ave ** (79), Tel. 22346, Fax 22411

Châlus
Donia Motel, Abbas Abad Region ** (46), Tel. 2347/8
Gol, Abbas Abad Region ** (46)
Khazar Enqelab Grand Hotel, Namakabrud, 12 km Richtung Râmsar ***** (174), Tel. 22001/9, Fax: 22012
Dâmghân
Tourist Inn, Dr. Shariati Blvd * (10), Tel. 2070
Firuzâbâd
Tourist Inn, Imam Khomeini Ave, Hang Sq * (10), Tel. 2105,3599
Gorgân
Ma'ruf, Jomhuri-ye Eslami St * (44), Tel. 5591
Taslimi, Imam Khomeini St, Vahdat Sq ** (22), Tel. 4814
Hamadân
Bu Ali, Bu Ali Ave *** (45), Tel. 33070/1, Fax 33072
Enqelab, Eram Blvd ****, Tel. 52001/4, Fax 30035
Tourist Inn, Ali-Sadr-Dorf * (24), Tel. 08262-2099
Ilâm
Dalaho, Vaaseti Ave * (31), Tel. 36898, 32703
Isfahan
Abbasi Hotel, Shahid Ayatollah Madani Ave ***** (245), Tel. 226011/9
Ali Qapu, Chahar Bagh Abbasi Ave **** (96), Tel. 231282/4, Fax 239519
Esfahan, Shahid Motahari Ave *** (54), Tel. 260586
Espadana, Ayene Khane Blvd *** (28), Tel. 615273
Jolfa, Fakhra St, nahe der Vank-Kathedrale ** (72), Tel. 244441/2
Kowsar, Mellat Blvd, nahe der Si-o-se-Brücke **** (138), Tel. 240230/9, Fax 249975
Piruzi, Imam Hosein Ave **** (99), Tel. 234143
Pol-o-Park, Ayene Khane Blvd ** (33), Tel. 243944
Suite, 1 Ayene Khane Blvd *** (35), Tel. 619482, 616071, Fax 243876
Tourist, Abbas Abad Ave ** (28), Tel. 263094
Kashan
Amir Kabir, Fin Ave *** (88), Tel. 30091/4
Sayyah, Fin Ave * (45), Tel. 4535
Kermân
Akhavan, Shahid Ayat. Sadoghi St ** (40), Tel. 41411/2, Fax 49113
Hezar, Saadi St, Neshat St **, Tel. 260040/42
Kerman Grand Inn, Jomhuri-ye Eslami Blvd *** (51), Tel. 45203/5
Naz, Shahid Ayat. Sadoghi St, Tehran Rd ** (32), Tel. 46786
Kermânshâh
Azadi, Azadi Sq *, Tel. 33476
Ba'sat, Modarres St, Jelokhan **, Tel. 26131
Bisotun, Ayatollah Kashani St **, Tel. 23792
Resalat, Ferdowsi Sq **, Tel. 26105, 24056, Fax 30422
Sorush, Modarres Intersection ***, Tel. 27002/3

REISEINFORMATIONEN VON A–Z

Khorramâbâd
Shaghayegh, Shaghayegh Sq ** (40), Tel. 22648
Shahdari Inn, Dr. Shariati Blvd ** (42), Tel. 24044

Kish (Insel)
Kish Grand Hotel (195), Tel. 2771/4
Saha (104), Tel. 2067
Simorgh Villas (88), Tel. 2522

Lâhijân
Fajr, 8 km Lahijan-Langerud Rd ** (24), Tel. 3081/2
Tourist Inn, Sepah Sq ** (20), Tel. 3051/2

Mâhân
Tourist Inn, Imam Khomeini Ave * (6), Tel. 2700

Mâku
Lale, Imam Ave * (20), Tel. 3441
Tourist Inn, Imam Ave * (32), Tel. 3085,3212

Marâghe
Darya, Darvaze Vorudi, Tel. 250304, 252220, Fax 250533

Mashhad
Amir, Azadi Ave ** (57), Tel. 21300
Asia, Pasdaran Ave *** (160), Tel. 96031
Atlas, Beit al-Moqaddas Sq ** (84), Tel. 20071/4
Atrak, Beit al-Moqaddas Sq **** (146), Tel. 57093/7
Azadi, Azadi-e Now Ave ** (84), Tel. 51927/9
Bostan, Khosravi Nou St ** (47), Tel. 22663/5
Homa, Ahmad Abad Ave ***** (121), Tel. 832001/9
Iran, Shahid Andarzgu St *** (122), Tel. 28010/11
Jam, Pasdaran Ave ** (154), Tel. 90041/5
Javaheri, Imam Reza Ave ** (103), Tel. 91519
Khayyam, Shirazi St ** (72), Tel. 20160
Sadr, Daneshgah Ave *** (70), Tel. 836801/6
Tehran, Imam Reza Ave *** (179), Tel. 20091/6

Mâs'ule
Monfared *, Tel. 3250/1

Nâ'in
Tourist Inn, Shahid Rajai Ave * (9), Tel. 3081

Natanz
Saraban, Saraban Ave ** (21), Tel. 2602/3

Nishâpur
Tourist Inn, Imam Khomeini Ave * (11), Tel. 33445, 33476

Orumiye
Darya, Imam Khomeini Ave, Chamran St ** (55), Tel. 29564
Khorram, Imam Ave ** (30), Tel. 39908
Reza, Ba'sat Ave ** (52), Tel. 26580/3

Persepolis
Takht-e Jamshid * (12), Tel. 51124

Qazwin
Alborz, Taleqani Ave, Khayyam Junction ** (40), Tel. 26631

Marmar, Ayatollah Khamenei Blvd ***, Tel. 21222, 24044

Qom
An-Nabi, Shahid Montazeri Ave ** (26), Tel. 744270/4
Ah-Zahra, Shahid Montazeri Ave ** (20), Tel. 744004/7
Eram, Ayatollah Mar'ashi Najafi Ave ** (28), Tel. 744089/91
Rose, Imam Khomeini Sq ** (39), Tel. 49994, 42550

Rafsanjan
Pariz, Rafsanjan Blvd *** (34). Tel. 2052

Râmsar
Motel Khazar ** (37), Tel. 5176/7
Ramsar Grand Hotel Shahid Reja'i St, Kalantari Sq **** (153), Tel. 3592/4, Fax 5174

Rasht
Imamzade Hashem **, Tel. 3596/8
Kadus, Manzarie **** (99), Tel. 30991/2
Ordibehesht, Shahrdari Sq ** (30), Tel. 29210/1
Pardis, Imam Khomeini Blvd ** (42), Tel. 31177/31188

Sabzavâr
Tourist Inn, Seyyed Jamal ad-Din Ave * (17), Tel. 8880/1

Sanandaj
Hedayat, Ferdowsi St * (28), Tel. 24117
Kaj, Ferdowsi St * (50). Tel. 23499
Tourist Inn, nahe IRIB ** (51), Tel. 38025

Sâri
Badale, 10 km Sari Neka St *** (54), Tel. 3128
Jangali Salardare, 12 km Sari-Semnan St ** (54), Tel. 7223-5

Semnân
Tourist Inn, Shahmirzad St * (32), Tel. 27028, 31345

Schiraz
Arg, Takhti St ** (40), Tel. 28989
Apadana, Ahli St *** (45), Tel. 59332
Atlas, Atlasi Sq ** (50), Tel. 47748
Eram, Zand Ave ** (61), Tel. 335292
Ghan'e, Towhid St ** (19), Tel. 25374
Homa, Meshkin Fam St, Azadi Sq ***** (160), Tel. 28000/12, Fax: 27123, 48021
Kowsar, Zand Ave ** (53), Tel. 35724-5
Mahdi, Ahli St ** (65), 33770
Park, Zand Ave **** (126), Tel. 21426/31
Rudaki, Rudaki St ** (25), Tel. 26900
Parsian, Rudaki St ** (60), Tel. 331000, Fax 337512
Talar, Ferdowsi Ave ** (51), Tel. 92807

Tabriz
Asia, Dr. Shariati Intersection ** (56), Tel. 59051/3
Darya, 22. Bahman St *** (106), Tel. 449501/9
Marmar, Tehran Gateway ** (35), Tel. 306680
Sina, Bagh-e Golestan Sq ** (56), Tel. 54583-56453

Tabriz, Imam Khomeini Ave, Daneshgah Sq **** (134), Tel. 341082/9, Tel. 341080
Teheran
Atlas, 206 Taleqani Ave *** (40), Tel. 890286-8
Azadi, Somayye St ** (45), Tel. 8829542
Azadi Grand Hotel, Chamran Highway, Evin Crossroads ***** (482), Tel. 8083021/9, Fax 8083039
Bolur, 191 Gharani Ave ** (49), Tel. 8823080
Bolvar, Keshavarz Blvd, Opp Lale Park ** (58), Tel. 650533
Enqelab, 50 Taleqani St **** (253), Tel. 6466285
Esteqhlal (früher: *Hilton*), Chamran-Vali-ye-Asr Crossroads ***** (542), Tel. 290011/9, Fax 292760
Evin, Chamran Highway, Evin Crossroads *** (54), Tel. 8090124, Fax 291039
Fars, 6th East Block, Saadi Ave ** (52), Tel. 306491
Ferdowsi Grand, Ferdowsi St, Forughi St *** (66), Tel. 6459991/3, Fax 6451449
Homa (früher: *Sheraton*), Shahid Khodami St, Vanak Sq ***** (172), Tel. 2263021/91
Hoveize, Taleqani-Nejatollahi Crossroads *** (178), Tel. 895827/9
Jahan, Vali-ye Asr-Taleqani Crossroads *** (60), Tel. 6465596
Kian, 77 Vali-ye Asr Ave *** (37), Tel. 650235/7
Kowsar, Vali-ye Asr Sq, 8 Khosrow Khavar Alley **** (86), Tel. 898121/4, 898371/2, Fax 8891615
Lale (früher: *Intercontinental*), Dr. Fatemi Ave ***** (378), Tel. 655021/9, 656021/9
Marmar, 49 Shahid Gharani Ave *** (88), Tel. 830083/7
Mashhad, 190 Ayatollah Taleqani Ave *** (80), Tel. 8825145/7
Mina, 140 Dr Mofatteh Ave ** (77), Tel. 8823255
Naderi-e Now, Jomhuri Ave, Goharshad Alley *** (98), Tel. 679530/1
Ramtin, 1081 Vali-ye Asr Ave *** (57), Tel. 8717856
Rudaki, Hafez Ave, Arfa' St *** (48), Tel. 676955/6
Shahr Hotel (East), Tehranpars Junction **** (110), Tel. 7860366
Tehran Grand Hotel, Vali-ye Asr-Motahhari-Junction **** (98), Tel. 8860312
Yazd
Enqelab, Jomhuri-ye Eslami Blvd ***, Tel. 53000, Fax 56444
Eram, Ostad Motahhari St ** (16), Tel. 3191
Motel Safaye, Ayatollah Kashani St, Shahid Falahi St, Tel. 49811/15, Fax 49811/15
Tourist Inn, Abshar Rd, Sheikh Bahai Ave ** (10), Tel. 2445/6

Zâhedân
Bahar, Rasuli Intersection ** (24), Tel. 20018
Khavar, Imam Khomeini Ave ** (57), Tel. 28881/4
Saleh, Daneshgah Ave ** (35), 20326
Tourist Inn, Airport Blvd ** (22), 24898

Verkehrsmittel

Aufgrund des iranischen Erdölreichtums und der billigen Benzin- und Dieselpreise sind öffentliche Verkehrsmittel sehr preisgünstig. Überaus preiswert sind die zahlreichen **Linienbusse**, die in allen **größeren Städten** verkehren. Allerdings sind sie meist sehr überfüllt und die Zielorte lediglich in Persisch angegeben. Fahrkarten kauft man an den Kiosks nahe der Haltestellen. Schneller und nur wenig teurer sind die weißen **Mini-Busse**; im Gegensatz zu den Linienbussen besitzen sie keine eigene Frauen- und Männersektion.

Für Touristen ebenfalls sehr preisgünstig ist die Fahrt mit einem **Sammeltaxi**. Die mit orangenem oder blauem Streifen gekennzeichneten Pkws fahren allesamt feste Routen, so daß man sich in der Topographie der Stadt etwas auskennen sollte; bei längeren Strecken wird man um das (auch mehrfache) Wechseln eines Taxis nicht herumkommen. Grundsätzlich winkt man das Sammeltaxi am Straßenrand heran, nennt sein Fahrtziel und setzt sich – wenn der Fahrer zustimmend nickt – zu den anderen Fahrgästen. Viele Iraner arbeiten zudem mit ihren **Privatautos** zeitweise als Taxifahrer. Wesentlich teurer, wenn auch sehr bequem, sind die **Telefon-** oder **Agence-Taxen**. Die telefonisch bestellten Wagen fahren direkt zum Zielort und nehmen keine weiteren Fahrgäste auf (Teheran: Tel. 840011/9).

Seit 1978 wird in Teheran zudem an einem **U-Bahn-Netz** (*Metro*) gebaut, das eine Länge von rund 140 km haben soll; bisher wurde allerdings nur ein oberirdisch verlaufendes Teilstück im Süden der Stadt fertiggestellt.

Auch im **Überlandverkehr** spielen **Sammeltaxen** eine große Rolle. Wegen ihrer häufigen Abfahrten muß man sich an keine festen Zeiten halten: Sie fahren los, wenn der Wagen voll besetzt ist. Wie die **Überlandbusse** starten sie von den großen Busbahnhöfen, von denen Teheran allein drei besitzt: Vom West-Terminal (*Terminâl-e Gharb*) starten die Fahrzeuge nach Hamadân, Orumiye und in die Türkei, vom Ost-Terminal (*Terminâl-e Sharq*) nach Mashhad und ans Kaspische Meer, vom Süd-Terminal (*Terminâl-e Janub*) Richtung Qom, Kermân, Schiraz und Yazd. Die Fahrkarten für die sehr preisgünstigen, komfortablen und klimatisierten Überlandbusse kauft man an den Terminals bei der jeweiligen Busgesellschaft: am besten einen Tag im voraus. (Die Fahrt von Teheran nach Isfahan dauert beispielsweise 8 Stunden, nach Tabriz 12 und nach Kermân 16 Stunden.)

Das 5433 km umfassende **Eisenbahnnetz** ist überwiegend eingleisig. Die Fahrt mit dem Zug geht daher recht langsam vonstatten; zudem verkehren Züge wesentlich seltener als Überlandbusse. Doch kann man in der 1. oder 2. Klasse – auf Langstrecken mit Schlafwagen – sehr preisgünstig und eben beschaulich reisen. Zwecks einer Platzreservierung sollte man das Ticket auf jeden Fall einen Tag zuvor kaufen; eine frühere Reservierung (als 24 Stunden vor Abfahrt) ist nicht möglich. Anders als in Europa sind die Bahnhöfe meist nicht direkt im Stadtzentrum gelegen.

Besser ausgebaut als das Eisenbahn- ist das inneriranische **Flugnetz**: Iran Air fliegt die rund 20 iranischen Flughäfen mehrmals täglich oder wöchentlich an [siehe Karte!!]. Dabei sind die Inlandsflüge ausgesprochen preiswert: Ein einfaches Ticket von Teheran nach Schiraz kostet etwa 30 US-Dollar. Da viele Iraner diese günstige und schnelle Art des Reisens nutzen, sind die Kapazitäten allerdings sehr begrenzt und man sollte rechtzeitig ein Ticket reservieren - entweder gleich nach der Ankunft in Iran oder sogar schon vor der Abreise bei der Iran Air in Frankfurt. Bei Inlandsflügen reicht es völlig aus, eine Stunde vor Abflug auf dem Flughafen zu sein. Das Rauchen ist bei allen Inlandsflügen nicht gestattet.

Wäsche

Viele Hotels verfügen über eigene Wäschereien, die meist einen 24-Stunden- oder »Über Nacht«-Service anbieten. In jeder Stadt gibt es zudem zahlreiche kleine Wäschereien, die preiswert und zuverlässig sind.

Zeitdifferenz

Iran besitzt nur eine Zeitzone. Der Unterschied zur mitteleuropäischen Zeit (MEZ) beträgt fast ganzjährig + 2½ Std, da auch in Iran die Uhren während der Sommerzeit umgestellt werden. Allerdings weicht die Dauer der iranischen Sommerzeit geringfügig von der mitteleuropäischen ab: Sie dauert jeweils vom 23. März bis zum 23. September (Mitteleuropa: Ende Oktober). Zur Türkei beträgt die Zeitdifferenz 1½ Std.

Zeitungen

In Teheran erscheinen drei englischsprachige Tageszeitungen: *Kayhan International*, *The Tehran Times* und *Iran News*; die beiden letzteren sind auch im Internet abrufbar (http://www.netiran.com/). Zur Rolle der Medien in Iran siehe *Medien*.

Zoll

Wertvolle Gegenstände dürfen keinesfalls verkauft, sondern müssen bei der Ausreise wieder vorgezeigt werden; ihr Verlust sollte unbedingt der Polizei gemeldet werden. Reisende, die mit dem gleichen Paß erneut nach Iran einreisen möchten, sollten darauf achten, daß der Vermerk bei der Ausreise gestrichen wird. Generell wechseln die iranischen Zollbestimmungen häufig; zuweilen werden sie auch unterschiedlich ausgelegt. Auf übliche iranische Souvenirs wird bei der **Ausreise** kein Zoll erhoben. Zollfrei ist auch die Ausfuhr eines oder mehrerer handgewebter **Teppiche**; insgesamt dürfen sie jedoch nicht mehr als 12 m² umfassen und nicht älter als 30 Jahre sein. Die Ausfuhr von **Antiquitäten** ist dagegen verboten. **Kaviar** darf nur mitgeführt werden, wenn er nachweisbar mit Devisen erworben wurde, wie es in der Duty-Free-Zone am Teheraner Flughafen möglich ist. Die **deutschen** Bestimmungen erlauben Reisenden die zollfreie Einfuhr von Kaviar im Wert bis zu DM 100,-; für Mengen über 250 g bedarf es einer Einfuhrgenehmigung durch das Bundesamt für Naturschutz in Bonn.

Literatur

Geschichte, Kultur und Politik
Adrian, Karin: *Teppiche. Von den Anfängen der Teppichkunst bis heute*, München 1993.
Bianca, Stefano: *Hofhaus und Paradiesgarten. Architektur und Lebensformen in der islamischen Welt*, München 1991.
Brandenburg, D./Brüsehoff K.: *Die Seldschuken. Baukunst des Islam in Persien und Turkmenien*, Graz 1980.
Ehlers, Eckart: *Iran. Grundzüge einer geographischen Landeskunde*, Darmstadt 1980.
Gabriel, Alfons: *Die Erforschung Persiens. Die Entwicklung der abendländischen Kenntnis der Geographie Persiens*, Wien 1952.
Ghirshman, Roman: *Iran. Protoiraner, Meder, Achämeniden*, München 1964.
ders.: *Iran. Parther und Sasaniden*, München 1962.
Gronke, Monika: *Derwische im Vorhof der Macht. Sozial- und Wirtschaftsgeschichte Nordwestirans im 13. und 14. Jahrhundert*, Stuttgart 1993.
Halm, Heinz: *Die Schia*, Darmstadt 1988.
Hicks, Him: *Die Perser*, Time-Life International 1975.
Hillenbrand, Robert: *Islamic Architecture. Form, function and meaning*, Edinburgh 1994.
Hinz, Walther: *Zarathustra*, Stuttgart 1961.
Hoag, John: *Islamische Architektur*, Stuttgart 1976.
Koch, Heidemarie: *Es kündet Dareios der König. Vom Leben im persischen Großreich*, Mainz 1992.
Lewis, Bernard: *Die Assassinen. Zur Tradition des religiösen Mordes im radikalen Islam*, Frankfurt 1989.
Meissner, Hans-Otto: *Abenteuer Persien*, München 1975.
Mosig-Walburg, Karin: *Die frühen sasanidischen Könige ...*, Frankfurt am Main 1982.
Mottahedeh, Roy: *Der Mantel des Propheten oder Das Leben eines persischen Mullah zwischen Religion und Politik*, München 1987.
Rashad, Mahmoud: *Iran. Geschichte, Kultur und Traditionen - antike Stätten und islamische Kunst in Persien*, Dumont-Kunstreiseführer 1998.
Renz, Alfred: *Geschichte und Stätten des Islam von Spanien bis Indien*, München 1977.
Rypka, Jan: *Iranische Literaturgeschichte*, Leipzig 1959.
Schweizer, Gerhard: *Iran. Drehscheibe zwischen Ost und West*, Stuttgart 1991.
Stierlin, Henri: *Isfahan. Spiegel des Paradieses*, Genf 1976.
Sykes, Christopher: *Wassmuss. »The German Lawrence«.* Leipzig 1937.
Trümpelmann, Leo: *Persepolis. Ein Weltwunder der Antike*, Mainz 1988.
Weiss, Walter M.: *Der Basar. Mittelpunkt des Lebens in der islamischen Welt*, Edition Ch. Brandstätter 1994.
Wiesehöfer, Josef: *Das antike Persien. Von 550 v. Chr. bis 650 n. Chr.*, Düsseldorf /Zürich 1998.
Ziegler, Karl-Heinz: *Die Beziehungen zwischen Rom und dem Partherreich*, Wiesbaden 1964.

Historische und zeitgenössische Reiseberichte
Bell, Gertrude: *Miniaturen aus dem Morgenland*, Wien 1997.
Bietenholz, Peter G.: *Pietro Della Valle (1586-1652). Studien zur Geschichte der Orientkenntnis und des Orientbildes im Abendlande*, Basel 1962.
Brugsch, Heinrich: *Reise der k.preussischen Gesandtschaft nach Persien. 1860 und 1861*, Leipzig 1862.
Hentig, Otto von: *Meine Diplomatenfahrt ins verschlossene Land*, Berlin 1918.
Hinz, Walther: *Iranische Reise. Eine Forschungsfahrt durch das heutige Persien*, Gießen 1938.
Loti, Pierre: *Nach Isfahan*, Bremen 1996.
Kaempfer, Engelbert: *Am Hofe des persischen Großkönigs. 1684-1685*, Tübingen/Basel 1977.
Nooteboom, Cees: *Im Frühling der Tau. Östliche Reisen*, Frankfurt am Main 1997.
Olearius, Adam: *Moskowitische und persische Reise*, Berlin 1959.
Rosen, F.: *Persien in Wort und Bild*, Berlin 1926.
Sackville-West, Vita: *Zwölf Tage in den Bakhtiari-Bergen*, Frankfurt am Main 1990.
Stark, Freya: *Das Tal der Mörder. Persische Reisen*, Hamburg 1949.

Iranische Belletristik
Die Rubaijat des Omar Khaijam, Frankfurt/Main 1963.
Firdausi: *Geschichten aus dem Schahnameh*, Köln 1984.
Frauen in Persien, Erzählungen, München 1990.
Hafis: *Liebesgedichte*, Frankfurt 1980.
Hedayat, Sadeq: *Die blinde Eule. Ein Roman und neun Erzählungen*, Frankfurt 1990.
Im Atem des Drachen. Moderne persische Erzählungen, Frankfurt 1981.
Rückert, Friedrich: *Hafisische Vierzeilen*, Dessau und Leipzig 1940.
Sa'di, Muslih ad-Din: *Der Rosengarten*, Leipzig und Weimar 1982.
Sadighi, Parviz: *Die Kinder des Windes*, Hamburg 1992.
Scheich Saadi: *Bostan. Diwan. Gulistan*. Aus dem Persischen von Friedrich Rückert, München 1988.

SPRACHFÜHRER

Kleiner Sprachführer

Kleiner Sprachführer
Die persische Sprache hat eine mehrere tausend Jahre alte Geschichte: Aus dem *Altpersischen*, das zur indoeuropäischen Sprachfamilie gehört, entwickelte sich in arsakidischer Zeit das *Mittelpersische*, auch *Pahlavi* genannt. Es wurde mit einem aus dem Aramäischen entlehnten Alphabet geschrieben und avancierte unter den Sasaniden zur Amtssprache. Nach der arabischen Eroberung im 7. nachchristlichen Jh. entstand das *Neupersische* oder *Fârsi*, in das zahlreiche arabische Wörter Eingang fanden. Seit den Reformbestrebungen im 20. Jahrhundert werden vielfach neue Wörter mit Mitteln der persischen Sprache gebildet, um arabische Wörter zu ersetzen. Dennoch ist das heutige Persisch in lexikalischer Hinsicht eine ausgesprochene Mischsprache. Ihre Verwandtschaft zur deutschen und anderen indoeuropäischen Sprachen zeigen Begriffe wie *Barâdar* (Bruder), *Dokhtar* (Tochter, Mädchen) oder *Pedar* (Vater).

Fârsi wird mit arabischen Buchstaben von rechts nach links geschrieben. Das Alphabet umfaßt allerdings 32 Buchstaben, vier mehr als das Arabische. Die persische Sprache unterscheidet nicht nach Maskulinum, Femininum oder Neutrum; auch der Artikel in unserem Sinn ist unbekannt. Eigennamen tragen jedoch zuweilen den arabischen Artikel *al-*, der umgangssprachlich *ol-* gesprochen wird. Der Plural entsteht durch die Endung *-hâ* oder *-ân* (*sib-hâ* = Äpfel). Während der Akkusativ durch Hinzufügung der Postposition *-râ* gebildet wird (*u kitâb-râ mikhânad* = er/sie liest das Buch), entsteht der Genitiv durch die Ezâfe-Verbindung *-e* oder *-ye* (*Gol-e Dokhtar* = die Blume des Mädchens; *kKhâne-ye Madâr* = das Haus der Mutter).

Umschrift des persischen Alphabets

a, â	ا, آ
b	ب
p	پ
t	ت
s	ث
j	ج
ch	چ
h	ح
kh	خ
d	د
z	ذ
r	ر
z	ز
zh	ژ
s	س
sh	ش
s	ص
z	ض
t	ط
z	ظ
ʿ	ع
gh	غ
f	ف
q	ق
k	ک
g	گ
l	ل
m	م
n	ن
u,v	و
h	ه
i,y	ی

Zur Aussprache der Umschrift

a	offenes a wie in englisch »hat«
â	nasales, langes a
ch	wie »tsch« in Deutschland
kh	Rachenlaut; etwa wie »ch« in Buch oder Nacht
j	wie »dsch« in Dschungel
q	kehliger Laut, zwischen k und r
gh	ähnlich wie »q«
s	stimmloses s, gesprochen wie ß
sh	wie »sch« in Schale
v	wie »w« in Wald
z	stimmhaftes s, wie in Sand
zh	weicher Zischlaut, wie in Gendarm
y	wie »j« in Jaguar
ʿ	Stimmabsatz

Begrüßung

Hallo	salâm, dorud	سلام، درود
Willkommen	khosh âmadid	خوش آمدید
Guten Morgen	sobh be-kheir	صبح به خیر
Guten Tag	ruz be-kheir	روز به خیر
Guten Abend	shab be-kheir	شب به خیر
Friede sei mit euch	salâm aleikum	سلام علیکم
Wie geht's?	cheturi?	چطوری؟
Wie geht es Ihnen?	hâl-e shomâ cheture?	حال شما چطوره؟
Danke, es geht mir gut	mersi, khubam	مرسی خوبم.
Auf Wiedersehen	khodâ hâfez, be-omid-e didâr	خداحافظ، به امید دیدار

Allgemeines

ja	bale oder âre	بعله، آره
nein	na	نه
bitte	lotfan	لطفاً
danke	mersi, kheyli mamnun, motshakeram	مرسی، خیلی ممنون، متشکرم
Entschuldigung	bebakhshid	ببخشید
Gott sei Dank	alhamdullah	الحمدلله
Wenn Gott will	insha'allah	انشاالله
ich	man	من
du	to	تو
er, sie, es	u	او
wir	mâ	ما
ihr, Sie	shomâ	شما
sie	ishân, anhâ	ایشان، آنها
gut	khub	خوب
schlecht	bad	بد
(das ist) möglich	momkin ast	ممکن است
genug	kâfi, bas	کافی، بس
macht nichts	aib nadâre	عیب نداره (ندارد).

DIE GRÜNEN SEITEN

SPRACHFÜHRER

ok, in Ordnung	bâshe, chashm	باشه (باشد)، چشم
ich möchte ...	mikhâham	می خواهم
ich brauche ...	lâzem dâram	لازم دارم
Ich verstehe kein Persisch	fârsi nemifahmam	فارسی نمی‌فهمم.
Sprechen Sie Englisch (Deutsch)?	shomâ englisi (almâni) harf mizanid?	شما انگلیسی (آلمانی) حرف می زنید؟
Wie heißt das?	Esm-e in chist?	اسم این چیست؟
Deutsche(r)	âlmâni	آلمانی
Österreicher(in)	otrishi	اطریشی
Schweizer(in)	swisi	سویسی
Wer?	ki?	کی؟
warum?	cherâ?	چرا؟
viel, sehr	kheyli, ziyâd	خیلی، زیاد
(ein) wenig	(yek) kam	(یک) کم
alt	pir	پیر
jung	javân	جوان
groß	bozorg	بزرگ
klein	kuchek	کوچک
heiß (warm)	dâgh (garm)	داغ (گرم)
kalt	sard	سرد
schnell	tond	تند
langsam	javâsh	یواش
Achtung	tavajjoh	توجه

Zeit

Wie spät ist es?	sâ'at chand ast?	ساعت چند است؟
wann?	key?	کی؟
heute	emruz	امروز
morgen	fardâ	فردا
übermorgen	pas fardâ	پس‌فردا
gestern	diruz	دیروز
Samstag	shambe	شنبه
Sonntag	yek-shambe	یکشنبه
Montag	do-shambe	دوشنبه

DIE GRÜNEN SEITEN

Dienstag	se-shambe	سه شنبه
Mittwoch	chahâr-shambe	چهارشنبه
Donnerstag	panj-shambe	پنجشنبه
Freitag	jom'e	جمعه
Feiertag	ruz-e taatil	روز تعطیل

Ort

wo ist ...?	... kojâst?	...کجاست؟
rechts, nach rechts	râst, be-taraf-e râst	راست، به طرف راست
links, nach links	chap, be-taraf-e chap	چپ، به طرف چپ
geradeaus	mostaqim	مستقیم
oben/unten	bâlâ/pâyin	بالا / پایین
Osten	sharq	شرق
Süden	jonub	جنوب
Westen	gharb	غرب
Norden	shomâl	شمال

Zahlen

1	yek	۱
2	do	۲
3	se	۳
4	chahâr	۴
5	panj	۵
6	shish	۶
7	haft	۷
8	hasht	۸
9	noh	۹
10	dah	۱۰
11	yâzdah	۱۱
12	davâzdah	۱۲
13	sizdah	۱۳
14	chahârdah	۱۴

15	pânzdah	۱۵
16	shânzdah	۱۶
17	hevdah	۱۷
18	hezhdah	۱۸
19	nozdah	۱۹
20	bist	۲۰
21	bist-o-yek	۲۱
30	si	۳۰
40	chehel	۴۰
50	panjâh	۵۰
60	shast	۶۰
70	haftâd	۷۰
80	hashtâd	۸۰
90	navad	۹۰
100	sad	۱۰۰
200	divist	۲۰۰
300	sisad	۳۰۰
400	chahârsad	۴۰۰
500	pânzsad	۵۰۰
600	shishsad	۶۰۰
700	haftsad	۷۰۰
800	hashtsad	۸۰۰
900	nohsad	۹۰۰
1000	hezâr	۱۰۰۰
Million	melion	۱۰۰۰٬۰۰۰
Milliarde	meliârd	میلیارد
0	sefr	صفر
1/2	nesf, nim	نصف، نیم
1/3	yek sevvom	یک سوم
1/4	rob', yek chahârom	ربع، یک چهارم

Einkaufen

Haben Sie ...?	... dârid?	... دارید؟
Wo können wir ... kaufen?	Mâ kojâ ... mitavânim bekharim?	ما کجا ... می توانیم بخریم؟

DIE GRÜNEN SEITEN

Wieviel kostet das?	Qeimat-e in chand-e? Cheqadr-e?	قیمت این چند است؟ چقدره؟
Ich möchte ein Kilo ...	Man yek kilo ... mikhâham.	من یک کیلو ... می خواهم.
Gramm	gerâm	گرم
billig	arzân	ارزان
teuer	gerân	گران

Lebensmittel

Apfel	sib	سیب
Auberginen	bâdemjân	بادمجان
Banane	mowz	موز
Bohne	lubia	لوبیا
Butter	kare	کره
Ei	tokhm-e morgh	تخم مرغ
Gurke	khiâr	خیار
Honig	asal	عسل
Käse	panir	پنیر
Kartoffel	sib zamini	سیب زمینی
Kekse	shirini	شیرینی
Kuchen	keik	کیک
Mandeln	bâdâm	بادام
Milch	shir	شیر
Obst	mive	میوه
Oliven	zeitun	زیتون
Orange	nârenj, portoqâl	نارنج، پرتقال
Pistazien	peste	پسته
Reis	berenj	برنج
Salz	namak	نمک
Tomaten	gowj-e farangi	گوجه فرنگی
Wassermelone	hendvâne	هندوانه
Weintrauben	angur	انگور
Zitrone	limu	لیمو
Zucker	shekar	شکر

SPRACHFÜHRER ■ ■ ■ ■ ■

Im Restaurant

Restaurant	*restorân*	رستوران
Speisekarte	*kârt-e ghazâ*	کارت غذا
Frühstück	*sobhâne*	صبحانه
Mittagessen	*nahâr*	نهار
Abendessen	*shâm*	شام
Guten Appetit	*nush-e jân*	نوش جان
Wir möchten bestellen	*mâ mikhâhim sefâresh bedahim*	ما می‌خواهیم سفارش بدهیم.
Bringen Sie mir ...	*bârâ-ye man ... biyâvarid*	برای من ... بیاورید.
Die Rechnung bitte	*surat-hesâb, lotfan*	صورتحساب لطفاً
Flasche	*botri*	بطری
Gabel	*changâl*	چنگال
Glas	*liwân*	لیوان
Löffel	*qâshoq*	قاشق
Messer	*châqu*	چاقو
Serviette	*dastmâl*	دستمال
Teller	*boshqâb*	بشقاب

Speisen und Getränke

âb	Wasser	آب
âb mive	Obstsaft	آب میوه
âb-e âshâmidani	Trinkwasser	آب آشامیدنی
âb-e maadani	Mineralwasser	آب معدنی
âsh	Suppe	آش
Barre	Lamm	بره
Bastani	Speiseeis	بستنی
Châi	Tee	چای
Chelo	gekochter und gezogener Reis	چلو
Chelo Kabâb-e Kubide / Hackspieß aus Schaf/Lamm/Rindfleisch		چلوکباب کوبیده
Chelo Kabâb-e Barg / Rückenfilet vom Lamm oder Kalb		چلوکباب برگ
Chelo Kabâb-e Makhsus / Kombination aus *Barg* und *Kubide*		چلوکباب مخصوص
Chelo Kabâb-e Morgh / Hühnchen-Spieß		چلوکباب مرغ
Deser	Nachspeise, Dessert	دسر
Dugh	Joghurt-Getränk	دوغ

Felfel	Pfeffer	فلفل
Juje	Hähnchen	جوجه
Juje Kabâb	gebratenes Hühnerfleisch	جوجه کباب
Gâv	Rind	گاو
Gusfand	Hammel	گوسفند
Gusht	Fleisch	گوشت
Kabâb	Spieß aus Lamm- oder Rindfleisch	کباب
Khâviâr	Kaviar	خاویار
Mâhi	Fisch	ماهی
Mâst	Joghurt	ماست
Mâst-o-khiâr	Joghurt mit Gurken, Knoblauch, Minze	ماست و خیار
Meygu	Garnele, Shrimps	میگو
Musir	wilder Knoblauch (mild)	موسیر
Nân (Nun)	Brot	نان (نون)
Nimru	Spiegelei	نیمرو
Piâz	Zwiebel	پیاز
Pish Ghazâ	Vorspeise	پیش غذا
Polow	mit Butter oder Öl gekochter Reis; Reisgericht	پلو
Qahve	Kaffee	قهوه
Qezelâlâ	Forelle	قزل آلا
Qorm-e Sabzi	Lammfleisch in Kräuter- und Gemüsesauce	قرمه سبزی
Sabzi	Kräuter	سبزی
Sâlâd	Salat	سالاد
Sir	Knoblauch	سیر
Uzunburun	Stör	اوزونبورون
Zereshk	Berberitzen	زرشک

Öffentliche Einrichtungen

Bank	*bank*	بانک
Botschaft	*sefârat*	سفارت
Büro	*edâre*	اداره
Fluggesellschaft	*sherkat-e havâ-peymâ'i*	شرکت هواپیمایی
Geld	*pul*	پول
Geldwechsel	*avaz*	عوض

SPRACHFÜHRER

Markt	bâzâr	بازار
Moschee	masjed	مسجد
Park	park	پارک
Polizei	polis, kalântari	پلیس، کلانتری
Schwimmbad	estakhr	استخر
Universität	dâneshgâh	دانشگاه

Im Hotel

Hotel	hotel	هتل
Pension	mosâferkhâne	مسافرخانه
Zimmer	otâq	اطاق
... mit Bad	bâ hammâm	با حمام
... mit Dusche	bâ dush	با دوش
... mit Toilette	bâ tovâlet	با توالت
Was kostet ein Zimmer?	qeimat-e otâq chand-e?	قیمت اطاق چنده؟
... für eine (zwei) Person	barâye yek (do) nafar	برای یک (دو) نفر
... ein Doppelzimmer	otâq-e do nafare	اطاق دونفره
Wir möchten ... reservieren / mâ mikhâhim reserv bekonim		ما می‌خواهیم رزرو بکنیم.
Gibt es warmes Wasser?	âb-e garm hast?	آب گرم هست؟
Schlüssel	kelid	کلید
Bitte geben Sie mir den Schlüssel	kelid-râ be man bedehid	کلید را به من بدهید.

Post / Telefon

Brief	nâme	نامه
Postkarte	kârt-e post-i	کارت پستی
Briefmarke	tambr	تمبر
Geben Sie mir bitte ... Briefmarken	lotfan ... tambr bedahid.	لطفاً ... تمبر بدهید.
Einschreiben	nâme-ye sefâreshi	نامه سفارشی
postlagernd	âdres-e postkhâne	آدرس پستخانه

Ich möchte telefonieren / Man mikhâham telefon bekonam / zang bezanam

من می‌خواهم تلفن بکنم / زنگ بزنم.

... telegrafieren / Man mikhâham telegrâf bezanam

من می‌خواهم تلگراف بزنم.

Gesundheit

Hilfe!	komak	کمک
Es gibt einen Unfall	injâ tasâdof shode ast	اینجا تصادف شده است.
Ambulanz	âmbulâns	آمبولانس
Krankenhaus	bimârestân	بیمارستان
Arzt	pezeshk	پزشک
Apotheke	dârukhâne	داروخانه
Medikament	dâru	دارو
Ich bin krank	mariz hastam	مریض هستم.
Ich bin erkältet	sarmâ khordam	سرما خوردم.
Ich habe Durchfall	eshâl dâram	اسهال دارم.
... Fieber	tab dâram	تب دارم.
... Schmerzen	dard dâram	درد دارم.

Reise und Verkehr

Abfahrt	sâ'at-e harakat	ساعت حرکت
Ankunft	sâ'at-e residan	ساعت رسیدن
Auto, Pkw	mâshin, otomobil	ماشین، اتومبیل
Autobahn	bozorgrâh	بزرگراه
Bahnhof	terminâl, istegâh	ترمینال، ایستگاه
Bitte hier halten!	injâ negah dârid	اینجا نگهدارید!
Bus	otobus	اتوبوس
Fahrkarte	belit	بلیط
Flughafen	forudgâh	فرودگاه
Führerschein	tasdiq rânandegi	تصدیق رانندگی، گواهی نامه
gegenüber	ruberu, moqâbel	روبرو، مقابل
Gepäck	bâgh	باغ
geradeaus	mostaqim	مستقیم
Haltestelle	istegâh (istegâh-e otobus)	ایستگاه (ایستگاه اتوبوس)
ins Stadtzentrum	be-markaz-e shahr	به مرکز شهر
Luft	havâ	هوا
Motorschaden	motor kharâb ast	موتور خراب است
Panne	aib	عیب
Raststätte	esterâhat-gâh	استراحتگاه
Reifen	lâstik-e otomobil	لاستیک اتومبیل

DIE GRÜNEN SEITEN

SPRACHFÜHRER

Reisebüro	âzhâns-e mosâferat	آژانس مسافرتی
Reisepaß	pas	پس
reservieren	reserv kardan	رزرو کردن
Schiff	keshti	کشتی
Straße	khiâbân	خیابان
Tankstelle	pomp-e benzin	پمپ بنزین
Tasche, Koffer	kif, chamadân	کیف، چمدان
Taxi	tâksi	تاکسی
Bitte volltanken	lotfan tank-râ por bekonid	لطفاً تانک را پر بکنید.
Wasser	âb	آب
Werkstatt	taamirgâh-e otomobil	تعمیرگاه اتومبیل
Zoll	gomrok	گمرک
Zug	qatâr, tren	قطار، ترن

Register

A

Âb-e Ali 186
Âbâdân 275
Abarkuh 362
Abbâs I. 110, 162, 347
Abbâs Mirzâ 113
Abbâsi, Rezâ 152
Abbasiden 102
Achämenes 91
Achämeniden 11, 91
Afghanen 37
Afshâr 37
Âghâ Mohammad 162, 374
Ahriman 40
Ahura Mazda 39, 93
Ahvâz 262
Âl-e Ahmad, Jalâl 79
Alamut 222
Alavi, Bozorg 118
Alborz-Gebirge 185
Alexander der Große 95, 292
Alexanderdamm 210
Ali ibn Abi Tâlib 48
Ali Rezâ, shiitischer Imam 386
Ali Sadr-Höhlen 254
Amir Kabir 114, 350
Amir-Kabir-Stausee 186
Âmol 206
Anahita 40, 310
Anahita-Tempel 259
Anubanini 258
Arabisierung 102
Arabistân 262
Ararat 238
Ardabil 226
Ardashir I. 98, 308, 318, 319
Ardawân III. 42
Ardawân V. 98
Ardestân 351
Arg-e Bam 381
Armenier 43, 344
Arsakes I. 96
Artaxerxes I. 94, 307
Artaxerxes II. 268
Aserbeidschan 225
Aserbeidschan, Demokratische Republik 225
Aserbeidschaner 35
Assassinen 106, 222
Assurbanipal 265
Assyrer 43
Attâr, Farid ad-Din 395
Augustinus 44
Avesta 97

B

Bâbâ Tâher 253
Bâbol 206
Babylonische Gefangenschaft 91
Bahai 49
Bahrâm II. 308, 316
Bahrâm V. 320
Bakhtiâri 16, 35
Bakhtiâr, Shâpur 123
Bam 381
Bandar-e Abbâs 37, 367
Bandar-e Anzali 198
Bandar-e Bushehr 365
Bani-Sadr, Abol-Hasan 124
Bastâm 239
Bastam 403
Bauornamentik 142
Bâzargân, Mehdi 123
Behrangi, Samad 79, 231
Behshahr 207
Behzâd, Kamâl ad-Din 152
Bell, Gertrude 16
Belutschen 34
Bibi Shahrbânu 185
Biruni (al-) 104
Bishâpur 314
Bisotun 257
Buchara 143
Buyiden 103

C

Chak Chak 377
Chaldäer 43
Châlus 29, 205
Chardin, Jean 14, 347
Chelo Kabâb 62
Chogha Zanbil 142, 270
Christen 43
Chubak, Sâdeq 79

D

Damâvand 185
Daniel, Prophet 42
Daniel, Grabmal des Propheten 268
Darband 185
Dareios I. 92, 291, 307
Dareios II. 307
Dareios III. 95
Dasht-e Kavir 19, 29, 385
Dasht-e Lut 19, 385
Dehkhodâ, Ali Akbar 79
Deiokes 90, 247
Delegationen der Völker 298
Della Valle, Pietro 14, 20, 207, 307
Doulatâbâdi, Siddiqa 76
Doulatabadi, Mahmud 82
Dschingis-Khan 107
Dur-Untash 270

E

Elam 92
Erdgas 70
Erdöl 70
Esther 42, 249, 268
Etesâmi, Parvin 74

F

Fahraj 374
Fâtema al-Ma'sume 189
Feiertage 60
Ferdowsi 166
Firuzâbâd 319
Fischerei 71
Fliesen Kunst 143
Frauenbewegung 74

G

Gartenteppich 140
Ghasel 286, 289
Ghâzân 108
Ghaznawiden 104
Ghirshman, Roman 131, 314, 350
Gilân 34, 197
Golestân-Nationalpark 28, 210
Golfküste 365
Golshiri, Hushang 79
Gonbad-e Ali 363
Gonbad-e Kabud 143

INDEX

Gonbad-e Qâbus 209
Gorgân 207
Gowhar Shâd 109, 389
Grabbauten 135

H

Hadith 46
Hafis 289
Haft Tepe 268
Hamadân 246
Harrâz 29
Hârun ar-Rashid 393
Hasanlu 243
Hâshemi, Faize 74, 78, 171
Hâshemi Rafsanjâni, Ali Akbar 125
Hedâyat, Sâdeq 79, 188, 335
Hentig, Werner Otto von 15, 397
Herodot 13, 24, 94, 196, 306
Hormozgân 367
Hormuz 370
Hosein, schiitischer Imam 58
Howeidâ, Premierminister 122
Hülegü 107

I

Ibn Sina 103, 253
Id-e Qadir 58
Id-e Qorbân (Opferfest) 57
Ilkhaniden 13, 42, 107, 137
Irak-Iran Krieg 180, 263
Isfahan 44, 111, 143, 146, 323
   Abbâsi-Karawanserei 341
   Ali-Qâpu-Palast 337
   Allâh-Verdi-Khân-Brücke 341
   Bazar-e Honar 340
   Betlehem Kirche 346
   Chehel-Sotun-Palast 337
   Dâr al-Ziyâfe 332
   Feuertempel 346
   Freitagsmoschee 325
   Imam-Moschee (Königsmoschee) 335
   Imâmzâde Jaafar 332
   Jolfâ 344
   Masjed-e Scheich Lotfollâh 333
   Mausoleum von Bâbâ Qâsem 329
   Mausoleum von Bâbâ Rokn ad-Din 346
   Medrese Chahâr Bâgh 340

Isfahan ...
   Meidân-e Imam 333
   Pavillon Hasht Behesht 338
   Pol-e Jubi 341
   Pol-e Shahrestân 344
   Qaisariye-Tor 333
   Vank-Kathedrale 344
   Zâyande-Rud 341
Islam 45
Islamisierung Persiens 102
Ismail, Ismailiten 110, 229
Istakhr 311
Iwan 98, 134
Izad-Khâst 347

J

Jamâlzâde, Mohammad Ali 79
Jangali 197
Jub 166
Juden 42

K

Kaaba-ye Zardosht 310
Kabudân-Insel 239
Kaempfer, Engelbert 14
Kalârdasht 205
Kalligraphie 150
Kandovân 235
Kangâvar 259
Karaj 28, 29
Karbâschi, Gholâm-Hosein 165, 325
Karter, zoroastrischer Priester 100, 306
Kâshân 143, 347
Kâshi 143
Kaspisches Meer 196
Keramik 147
Kermân 374
Kermânshâh 254
Khâmenei, Seyyed Ali 71, 125
Khamse 36
Khâtami, Seyyed Mohammad 126
Khayyâm, Omar 86
Khomeini, Ayatollah Ruhollâh 36, 80, 120, 123
Khorâsân 385
Khuzestân 261
Kish 371
Koran 46
Ktesiphon 98, 134

Kuchek Khân, Mirzâ 197
Kufi 150
Kuh-e Alvand 246
Kulturrevolution 77, 123
Kurangun 318
Kurden 34, 246, 254
Kyaxares 90
Kyros II. 42, 91, 140

L

Lâhijân 200
Literatur 79
Loti, Pierre 15, 59, 324
Luren 34, 35
Lyder 91

M

Maarufi, Abbas 82
Mâhân 377
Mahdi 48, 71
Mahmud von Ghazna 104
Makhmalbâf, Mohsen 154
Mani; Manichäismus 44
Marâghe 241
Marco Polo 13
Märtyrer 180
Mashhad 385
Mâs'ule 200
Mâzandarân 34, 207
Mazdak; Mazdakismus 44, 99
Meder 90
Medien 82
Medrese 136
Miniaturmalerei 151
Mithra 38, 256
Mithridates I. 96
Mithridates II. 97
Mohammad, Prophet 45
Mohammad Rezâ Pahlavi 119
Mongolen 146, 107
Morier, James 14, 314
Mosaddeq, Mohammad 118
Moschee 132
Mozaffariden 109
Mukarnas 147
Mundân-Höhle 316

N

Nâder Shâh 112
Nâ'in 143, 354
Naqsh-e Rajab 305

437

Naqsh-e Rostam 307, 312
Nâser ad-Din Shâh 114, 163
Natanz 350
Nationale Front 118
Nebukadnezar I. 90, 265
Ne'matollâh Vali 50
Nestorius 43
Nietzsche, Friedrich 39, 289
Nishâpur 394
Nizâm al-Mulk 105, 136, 223, 328
Nizâmi 96, 320
Nomadentum 31, 137
Nouruz 54, 291
Nush-e Jân 254

O

Olearius, Adam 14, 339
Oljâitu 108, 218
Ormazd 40
Orumiye 240
Orumiye-See 29, 239

P

Parsipur, Shahrnush 82
Pasargadae 140, 312
Passionsspiel (Takht-e Jamshid) 58
Persepolis 291
Perser 33
Persische Küche 61
Persischer Kalender 54
Pfeiffer, Ida 15
Portugiesische Festung 370
Prozessionen 58

Q

Qajaren 61, 113
Qale-ye Dokhtar 319
Qamsar 349
Qanate 25
Qara Qoyunlu 109
Qashqâi 35, 276
Qazwin 214
Qeshm 370
Qizilbâsh 111
Qom 189

R

Ramazân 57
Râmsar 203
Rasht 198
Rastâkhiz-Partei 121
Ray 182
Rebât-e Zafrein 397
Rezâ Shâh Pahlavi 116, 163, 184
Rosen, Friedrich 184
Rosenwasser 349
Rückert, Friedrich 289
Rushdie, Salman 80
Ruza Ururtu 239

S

Saadi 123, 286
Sabbâh, Hasan 182, 222
Sabzavâr 397
Sackville-West, Vita 16, 32, 35, 293
Sadd-e Eskandar 210
Sadighi, Parviz 122
Sâ'edi, Gholâm-Hosein 79, 231
Safawiden 110
Safawiye-Orden 229
Safi ad-Din Ishâq 201, 227, 229
Safran 386
Salmâs 241
Sangbast 394
Sardebarians 109
Sâri 205
Sarvestân 321
Sasaniden 11, 26, 98, 131, 141
Sâve 192
Schia 46
Schiraz 277
   Bâgh-e Delgoshâ 286
   Bâgh-e Eram 285
   Bâgh-e Narenjestân 285
   Freitagsmoschee 285
   Grabstätte von Hafis 286
   Grabstätte von Saadi 287
   Haus des Koran 285
   Koran-Tor 287
   Madrase-ye Khân 282
   Masjed-e Atiq 285
   Masjed-e Nou 284
   Masjed-e Shohadâ 284
   Mausoleum von Seyyed Mir Mohammad 285

Shiraz ...
   Mausoleum von Shâh Cherâgh 284
   Nasr-al-Mulk-Moschee 285
   Pars-Museum 281
   Sarây-e Moshir 282
   Vekil-Bazar 282
   Vekil-Hammam 282
   Vekil-Moschee 281
   Zitadelle 280
Seldschuken 104, 143, 146
Seleukiden 96
Shâh Rokh 109, 289
Shâhsevan 37
Shâpur I. 44, 98, 308, 316
Shâpur II. 318
Shemshak 187
Shushan 263
Shushtar 274
Shutrukiden 264
Siebenerschiiten 48
Sklavenhandel 37
Soltâniye 143, 217
Stark, Freya 16
Stiftungen 72
Stuck 146
Sufi-Orden 50, 108
Sunna 46
Susa 42, 263

T

Tabakrevolte 114
Tabarestân 203
Tabas 397
Tabriz 230
Tahmâsp I. 162
Takht-e Soleimân 244
Tâq-e Bostân 255
Teheran 161
   Bazar 177
   Behesht-e Zahrâ 181
   Borj-e Âzâdi 168
   Ethnologisches Museum 176
   Glas-und Keramik-Museum 173, 174
   Golestân-Palast 176
   Grüner Palast 169
   Imam-Khomeini-Moschee 176
   Juwelenmuseum 173
   Kelisâ-ye Hazrat-e Sarkis 172
   Meidân-e Tajrish 170

DIE GRÜNEN SEITEN

Bildnachweis

Hubert Derda: 11; Regina Kraus: 18, 208; Naser Mizbani: 179; Dietmar Preisler: 138, 191, 220, 281, 328, 393, 403 und Titelbild; Mark Preisler: 22, 155, 160, 177, 193, 211, 212, 219, 248, 250, 272, 284, 362, 364, 395; Ali Akbar Sadeghi: 55; Otto Senger: 342; Claudia Stodte: 2, 4, 12, 27, 28, 29, 30, 33, 34, 41, 47, 49, 51, 62, 64, 66, 75, 87, 88, 93, 101, 128, 130, 139, 141, 144, 145, 146, 150, 157, 158, 169, 173, 175, 180, 181, 183, 194, 200, 201, 202, 204, 227, 228, 236, 239, 256, 260, 263, 269, 279, 290, 293, 294, 301, 302, 309, 311, 313, 315, 317, 318, 321, 322, 334, 337, 345, 346, 349, 351, 352, 355, 357, 359, 372, 376, 378, 380, 381, 382, 384, 398, 405, 406; Museum für Kunst und Gewerbe, Hamburg: 26, 98, 99, 106; Museum für Kunsthandwerk, Frankfurt a. M.: 105, 149; Rezâ-Abbâsi-Museum, Teheran: 152

Alle übrigen Abbildungen: Archiv der Autorin und Verlagsarchiv

Kartographie: Elsner & Schichor, Karlsruhe

Dank

Viele haben zur Entstehung dieses Buches beigetragen – durch ihre tatkräftige Mitarbeit vor Ort, ihre inhaltlichen Anregungen und kritischen Anmerkungen, durch Korrekturlesen oder durch ihre Freundschaft in vielbeschäftigten Zeiten. Ganz besonders herzlich danke ich Esther Borner, Dr. Julia Bummel, Prof. Dr. Claus-Peter Haase, Dr. Karin Hörner, Prof. Dr. Verena Klemm, Regina Kraus, Mark und Dietmar Preisler, Dr. Parviz Sadighi, Beate Schmermbeck, Christian und Gerhard Stodte.

Impressum

Die Deutsche Bibliothek – CIP-Einheitsaufnahme
Stodte, Claudia: Iran / Claudia Stodte. - Bremen: Ed. Temmen, 1999
(Edition-Erde-Reiseführer) ISBN 3-86108-860-6

Dieser Edition Erde Reiseführer wurde nach bestem Wissen zusammengestellt. Im Sinne des Produkthaftungsgesetzes weisen Autoren und Verlag darauf hin, daß inhaltliche Fehler und Änderungen nach Drucklegung dennoch nicht auszuschließen sind. Aus diesem Grund übernehmen Verlag und Autoren keine Verantwortung und Haftung. Alle Angaben erfolgen ohne Gewähr.

© bei Edition Temmen
Hohenlohestr. 21
28209 Bremen
Tel. 0421-34843-0, Fax 0421-348094

INDEX

Teheran ...
   Museum für Moderne Kunst
      172
   Museum für Schöne Künste
      169
   Nationalmuseum 174
   Nationalpalast 168
   Niâvarân-Palast 170
   Park-e Lâle 172
   Park-e Mellat 170
   Park-e Niâvarân 170
   Park-e Shahr 175
   Rezâ-Abbâsi-Museum 170
   Saad-Âbâd-Museum 168
   Schwarzer Palast 169
   Teppichmuseum 172
   Weißer Palast 176
Tepe Hissar 92
Tepe Mil 187
Tepe Sialk 89
Tepe Yahya 92
Teppiche 71
Thaddäus-Kirche 238
Timur Leng 43, 109
Toghril Beg 183
Towchâl 185
Tudeh-Partei 118
Turkmenen 35, 203
Turkmenensteppe 22, 203
Turkvölker 35
Tus 392

U

Umayyaden 102

V

Verein der Schriftsteller Irans 121
Vertrag von Golestân 113
Vertrag von Torkmanchâi 113
Vier-Iwan-Bauten 137
Volksfedayin 120
Volksmojahedin 120

W

Wassmuss, Wilhelm 368
Windtürme 358
Wohnarchitektur 137

X

Xerxes I. 94, 307

Y

Yazd 355
   Bâgh-e Dowlatâbâd 387
   Feuertempel 389
   Freitagsmoschee 358
   Khâne Lârihâ 387
   Masjed-e Amir Chaqmaq 358
   Mausoleum der zwölf Imame
      360
   Mausoleum von Rokn ad-Din
      358
   Türme des Schweigens 361

Z

Zand, Karim Khân 112, 162, 278
Zanj-Rebellion 262
Zarathustra; Zarathustrismus 38,
   39
Zavâre 351
Zendân-e Soleimân 245
Zervân; Zervanismus 40
Ziegel 142
Zoroastrismus 40, 100, 355, 361
Zwölferschiiten 48